부산교통공사
관계법령

부산교통공사
관계법령

초판 발행	2025년 01월 10일
개정판 발행	2025년 10월 13일

편 저 자	취업적성연구소
발 행 처	(주)서원각
등록번호	1999-1A-107호
주 소	경기도 고양시 일산서구 덕산로 88-45(가좌동)
대표번호	031-923-2051 / 070-4233-2507
팩 스	02-324-2057
교재문의	카카오톡 플러스 친구 [서원각]
홈페이지	www.goseowon.com

부산교통공사는 1985년 1호선 개통을 시작으로 지난 40년간 시민들의 든든한 발이 되어, 부산교통의 중추적 역할을 수행해 왔습니다.

2025년부터 부산교통공사 필기시험에 관계법령 과목이 추가되었습니다. 법령을 이해하고 문제로 연결하는 것은 결코 쉽지 않은 과정입니다. 방대한 조문 속에서 반드시 알아야 할 핵심을 추려내고, 실제 시험에서 어떻게 출제되는지 확인하며, 반복적으로 연습하는 것이 합격으로 가는 가장 확실한 방법이라 할 수 있습니다.

이에 따라 본서는 법조문 핵심 정리, 기출복원문제, 출제예상문제를 구성하여 법령의 중요 조문을 간결하게 정리하여 독자가 효율적으로 학습할 수 있도록 하였으며, 이어지는 출제예상문제를 통해 조문 이해도를 점검할 수 있도록 구성했습니다. 또한 실제 시험에서 반복적으로 다루어졌던 유형을 기출복원문제로 수록하여, 출제 경향을 파악하고 실전 감각을 기를 수 있도록 하였습니다.

본서가 법령 학습을 체계적으로 정리하고, 수험생 여러분이 자신 있게 시험에 임하는 데 든든한 길잡이가 되기를 바랍니다.

신념을 가지고 도전하는 사람은 반드시 그 꿈을 이룰 수 있습니다. 처음 품은 신념과 열정이 취업 성공의 그날까지 빛바래지 않도록 서원각이 수험생 여러분을 응원합니다.

Structure

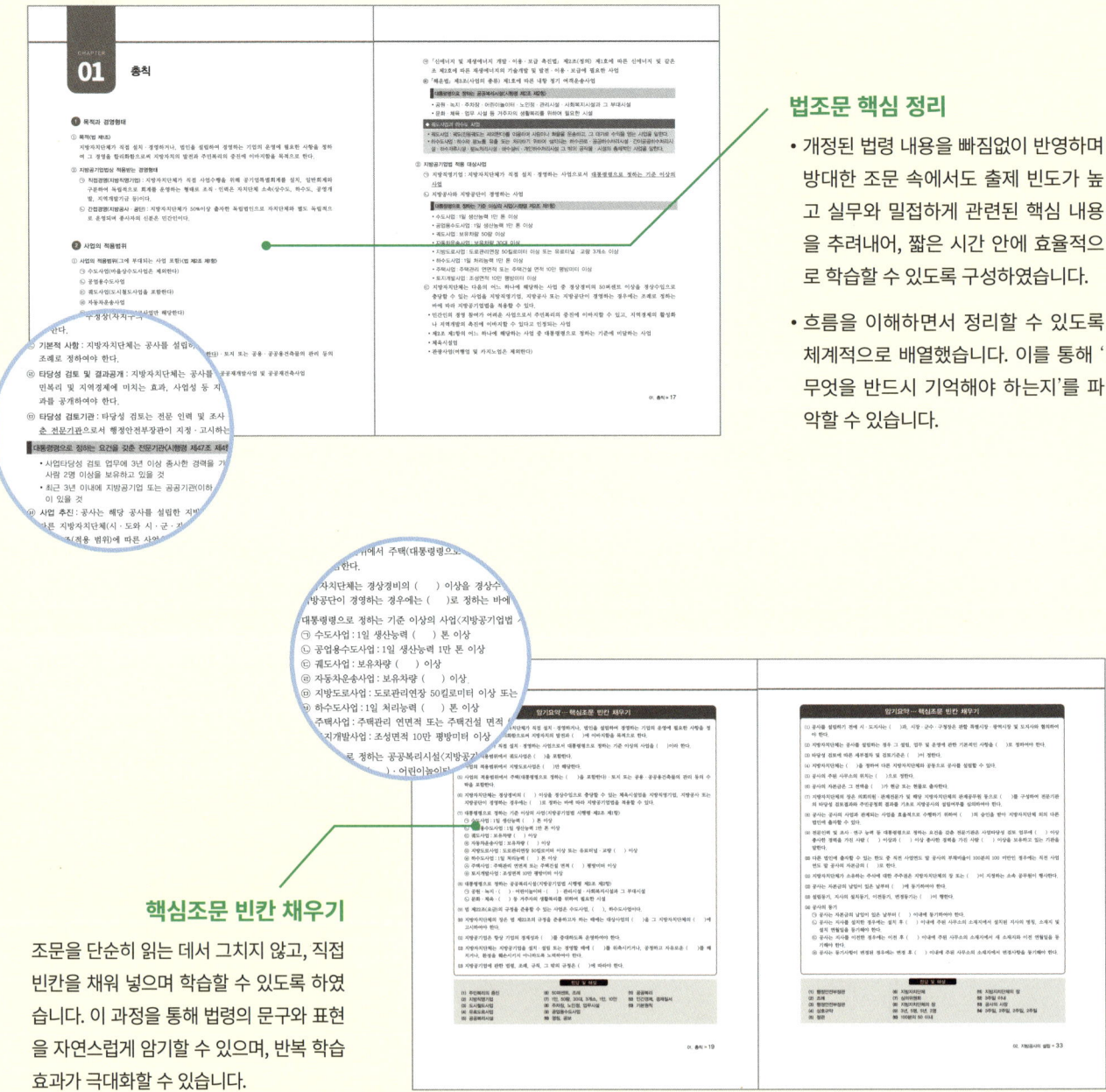

법조문 핵심 정리

- 개정된 법령 내용을 빠짐없이 반영하며 방대한 조문 속에서도 출제 빈도가 높고 실무와 밀접하게 관련된 핵심 내용을 추려내어, 짧은 시간 안에 효율적으로 학습할 수 있도록 구성하였습니다.

- 흐름을 이해하면서 정리할 수 있도록 체계적으로 배열했습니다. 이를 통해 '무엇을 반드시 기억해야 하는지'를 파악할 수 있습니다.

핵심조문 빈칸 채우기

조문을 단순히 읽는 데서 그치지 않고, 직접 빈칸을 채워 넣으며 학습할 수 있도록 하였습니다. 이 과정을 통해 법령의 문구와 표현을 자연스럽게 암기할 수 있으며, 반복 학습 효과가 극대화할 수 있습니다.

Structure

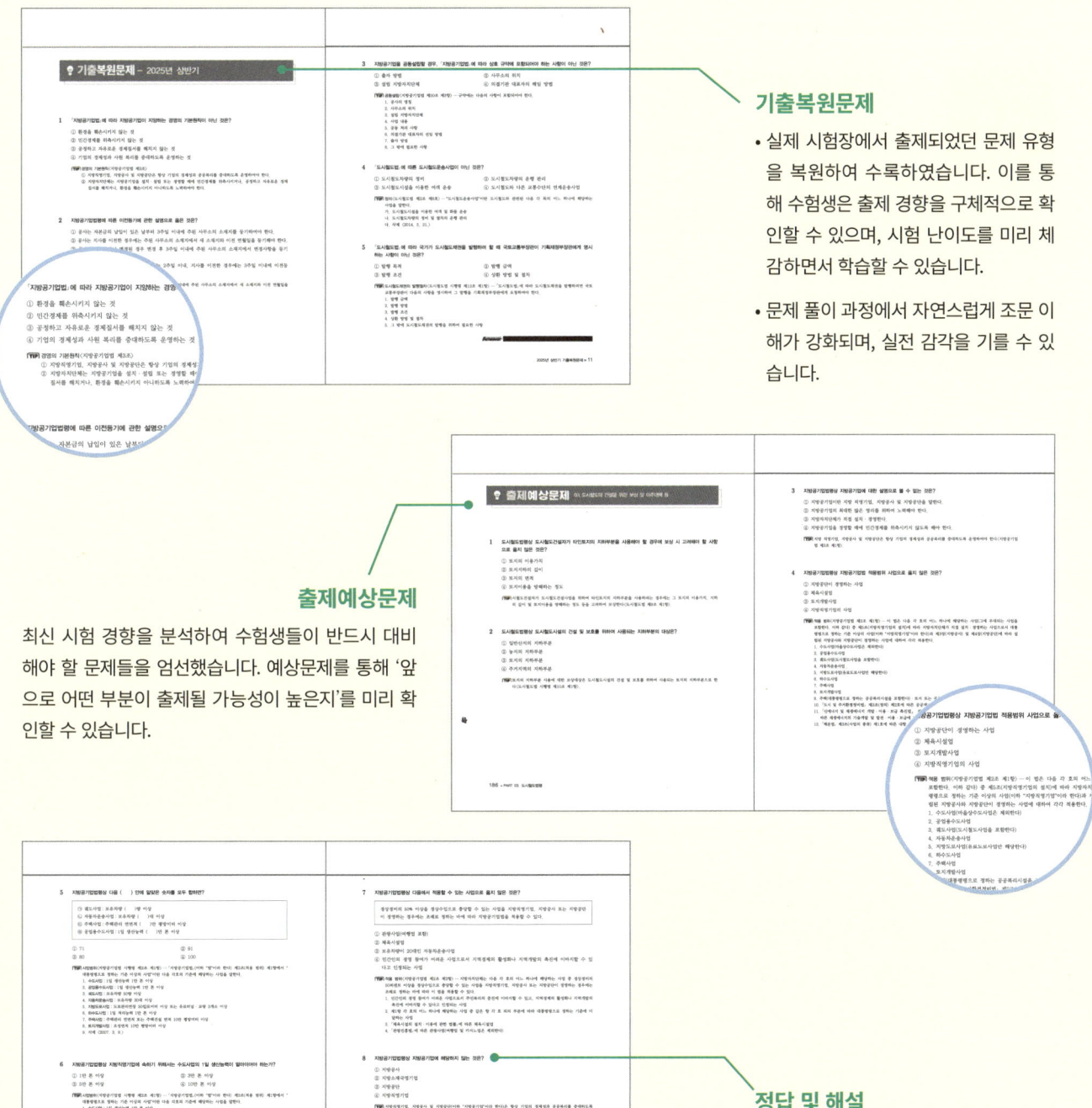

기출복원문제

- 실제 시험장에서 출제되었던 문제 유형을 복원하여 수록하였습니다. 이를 통해 수험생은 출제 경향을 구체적으로 확인할 수 있으며, 시험 난이도를 미리 체감하면서 학습할 수 있습니다.

- 문제 풀이 과정에서 자연스럽게 조문 이해가 강화되며, 실전 감각을 기를 수 있습니다.

출제예상문제

최신 시험 경향을 분석하여 수험생들이 반드시 대비해야 할 문제들을 엄선했습니다. 예상문제를 통해 '앞으로 어떤 부분이 출제될 가능성이 높은지'를 미리 확인할 수 있습니다.

정답 및 해설

상세한 해설을 통해 법령 이해가 자연스럽게 연결되며, 응용력까지 기를 수 있습니다.

Contents

Contents

PART

01

기출복원문제

2025년 상반기 기출복원문제

1 「지방공기업법」에 따라 지방공기업이 지향하는 경영의 기본원칙이 아닌 것은?

① 환경을 훼손시키지 않는 것

② 민간경제를 위축시키지 않는 것

③ 공정하고 자유로운 경제질서를 해치지 않는 것

④ 기업의 경제성과 사원 복리를 증대하도록 운영하는 것

TIP 경영의 기본원칙〈지방공기업법 제3조〉

    ① 지방직영기업, 지방공사 및 지방공단은 항상 기업의 경제성과 공공복리를 증대하도록 운영하여야 한다.

    ② 지방자치단체는 지방공기업을 설치 · 설립 또는 경영할 때에 민간경제를 위축시키거나, 공정하고 자유로운 경제질서를 해치거나, 환경을 훼손시키지 아니하도록 노력하여야 한다.

2 지방공기업법령에 따른 이전등기에 관한 설명으로 옳은 것은?

① 공사는 자본금의 납입이 있은 날부터 3주일 이내에 주된 사무소의 소재지를 등기하여야 한다.

② 공사는 지사를 이전한 경우에는 주된 사무소의 소재지에서 새 소재지와 이전 연월일을 등기해야 한다.

③ 공사는 등기사항이 변경된 경우 변경 후 3주일 이내에 주된 사무소의 소재지에서 변경사항을 등기해야 한다.

④ 공사는 주된 사무소를 이전한 경우에는 2주일 이내, 지사를 이전한 경우에는 3주일 이내에 이전등기를 해야 한다.

TIP ②④ 공사는 지사를 이전한 경우에는 이전 후 2주일 이내에 주된 사무소의 소재지에서 새 소재지와 이전 연월일을 등기해야 한다〈지방공기업법 시행령 제51조(이전등기)〉.

    ① 「지방공기업법 시행령」 제49조(설립등기)

    ③ 「지방공기업법 시행령」 제52조(변경등기)

3 지방공기업을 공동설립할 경우, 「지방공기업법」에 따라 상호 규약에 포함되어야 하는 사항이 아닌 것은?

① 출자 방법　　　　　　　　　　　　　　② 사무소의 위치

③ 설립 지방자치단체　　　　　　　　　　④ 의결기관 대표자의 해임 방법

TIP 공동설립〈지방공기업법 제50조 제3항〉 … 규약에는 다음의 사항이 포함되어야 한다.
　　　1. 공사의 명칭
　　　2. 사무소의 위치
　　　3. 설립 지방자치단체
　　　4. 사업 내용
　　　5. 공동 처리 사항
　　　6. 의결기관 대표자의 선임 방법
　　　7. 출자 방법
　　　8. 그 밖에 필요한 사항

4 「도시철도법」에 따른 도시철도운송사업이 아닌 것은?

① 도시철도차량의 정비　　　　　　　　　② 도시철도차량의 운행 관리

③ 도시철도시설을 이용한 여객 운송　　　④ 도시철도와 다른 교통수단의 연계운송사업

TIP 정의〈도시철도법 제2조 제6호〉 … "도시철도운송사업"이란 도시철도와 관련된 다음 각 목의 어느 하나에 해당하는 사업을 말한다.
　　　가. 도시철도시설을 이용한 여객 및 화물 운송
　　　나. 도시철도차량의 정비 및 열차의 운행 관리
　　　다. 삭제〈2014. 5. 21.〉

5 「도시철도법」에 따라 국가가 도시철도채권을 발행하려 할 때 국토교통부장관이 기획재정부장관에게 명시하는 사항이 아닌 것은?

① 발행 목적　　　　　　　　　　　　　　② 발행 금액

③ 발행 조건　　　　　　　　　　　　　　④ 상환 방법 및 절차

TIP 도시철도채권의 발행절차〈도시철도법 시행령 제12조 제1항〉 … 「도시철도법」에 따라 도시철도채권을 발행하려면 국토교통부장관이 다음의 사항을 명시하여 그 발행을 기획재정부장관에게 요청하여야 한다.
　　　1. 발행 금액
　　　2. 발행 방법
　　　3. 발행 조건
　　　4. 상환 방법 및 절차
　　　5. 그 밖에 도시철도채권의 발행을 위하여 필요한 사항

Answer　1.④　2.②　3.④　4.④　5.①

6 폐쇄회로 텔레비전을 설치할 때 도시철도법령상 설치 기준으로 옳지 않은 것은?

① 해당 도시철도차량 내에 사각지대가 없도록 설치할 것

② 해상도는 운행 상황 파악에 지장이 없도록 할 것

③ 도시철도를 이용하는 승객 누구나 쉽게 인식할 수 있는 위치에 설치할 것

④ 해상도는 범죄 예방에 지장이 없도록 할 것

> **TIP** 폐쇄회로 텔레비전의 설치기준〈도시철도법 시행령 제25조〉…「도시철도법」에 따른 폐쇄회로 텔레비전의 설치 기준은 다음과 같다.
> 1. 해당 도시철도차량 내에 사각지대가 없도록 설치할 것
> 2. 해상도는 범죄 예방 및 교통사고 상황 파악에 지장이 없도록 할 것
> 3. 도시철도를 이용하는 승객 누구나 쉽게 인식할 수 있는 위치에 설치할 것

7 도시철도법령에 따라 도시철도건설자가 도시철도건설사업을 위해 할 수 있는 행위가 아닌 것은?

① 나무를 제거하는 행위

② 임시 울타리를 설치하는 행위

③ 타인의 토지에 출입하는 행위

④ 타인의 토지를 재료 적치장으로 일시 사용하는 행위

> **TIP** ①②③ 도시철도건설자는 도시철도건설사업을 위하여 필요하면 타인의 토지에 출입하는 행위, 타인의 토지를 일시 사용하는 행위, 나무·흙·돌 또는 그 밖의 장애물을 변경하거나 제거하는 행위를 할 수 있다〈도시철도법 제14조(토지에의 출입 등) 제1항〉.
> ④ 「국토의 계획 및 이용에 관한 법률」 제130조(토지에의 출입 등) 제1항

8 「철도안전법」에 따른 "정거장"을 모두 고른 것은?

㉠ 여객이 승하차하는 장소	㉡ 화물의 적하(積荷) 장소
㉢ 열차의 조성(組成) 장소	㉣ 열차의 교차통행 장소
㉤ 대피를 목적으로 사용되는 장소	

① ㉠㉡

② ㉢㉣㉤

③ ㉡㉢㉣㉤

④ ㉠㉡㉢㉣㉤

> **TIP** "정거장"이란 여객의 승하차(여객 이용시설 및 편의시설을 포함한다), 화물의 적하(積荷), 열차의 조성(組成: 철도차량을 연결하거나 분리하는 작업을 말한다), 열차의 교차통행 또는 대피를 목적으로 사용되는 장소를 말한다〈철도안전법 시행령 제2조(정의) 제1호〉.

9 「철도안전법」에 따른 철도종사자가 아닌 것은?

① 여객승무원

② 운전업무종사자

③ 철도차량정비기술자

④ 관제업무에 종사하는 사람

TIP 정의〈철도안전법 제2조 제10호〉… "철도종사자"란 다음 각 목의 어느 하나에 해당하는 사람을 말한다.
　가. 철도차량의 운전업무에 종사하는 사람(이하 "운전업무종사자"라 한다)
　나. 철도차량의 운행을 집중 제어·통제·감시하는 업무(이하 "관제업무"라 한다)에 종사하는 사람
　다. 여객에게 승무(乘務) 서비스를 제공하는 사람(이하 "여객승무원"이라 한다)
　라. 여객에게 역무(驛務) 서비스를 제공하는 사람(이하 "여객역무원"이라 한다)
　마. 철도차량의 운행선로 또는 그 인근에서 철도시설의 건설 또는 관리와 관련한 작업의 협의·지휘·감독·안전관리 등의 업무에 종사하도록 철도운영자 또는 철도시설관리자가 지정한 사람(이하 "작업책임자"라 한다)
　바. 철도차량의 운행선로 또는 그 인근에서 철도시설의 건설 또는 관리와 관련한 작업의 일정을 조정하고 해당 선로를 운행하는 열차의 운행일정을 조정하는 사람(이하 "철도운행안전관리자"라 한다)
　사. 그 밖에 철도운영 및 철도시설관리와 관련하여 철도차량의 안전운행 및 질서유지와 철도차량 및 철도시설의 점검·정비 등에 관한 업무에 종사하는 사람으로서 대통령령으로 정하는 사람

10 「철도안전법」에 따라 면허 취득이 가능한 사람은?

① 19세 미만인 사람

② 정신질환자 또는 뇌전증환자

③ 한 귀의 청력을 완전히 상실한 사람

④ 운전면허의 효력정지기간 중인 사람

TIP 운전면허의 결격사유 등〈철도안전법 제11조 제1항〉… 다음 각 호의 어느 하나에 해당하는 사람은 운전면허를 받을 수 없다.
　1. 19세 미만인 사람
　2. 철도차량 운전상의 위험과 장해를 일으킬 수 있는 정신질환자 또는 뇌전증환자로서 대통령령으로 정하는 사람
　3. 철도차량 운전상의 위험과 장해를 일으킬 수 있는 약물(「마약류 관리에 관한 법률」 제2조(정의) 제1호에 따른 마약류 및 「화학물질관리법」 제22조(환각물질의 흡입 등의 금지) 제1항에 따른 환각물질을 말한다. 이하 같다) 또는 알코올 중독자로서 대통령령으로 정하는 사람
　4. 두 귀의 청력 또는 두 눈의 시력을 완전히 상실한 사람
　5. 운전면허가 취소된 날부터 2년이 지나지 아니하였거나 운전면허의 효력정지기간 중인 사람

Answer 6.② 7.② 8.④ 9.③ 10.③

PART

02

지방공기업법령

총칙

1 목적과 경영형태

① 목적〈법 제1조〉

지방자치단체가 직접 설치·경영하거나, 법인을 설립하여 경영하는 기업의 운영에 필요한 사항을 정하여 그 경영을 합리화함으로써 지방자치의 발전과 주민복리의 증진에 이바지함을 목적으로 한다.

② 지방공기업법상 적용받는 경영형태

ⓖ 직접경영(지방직영기업) : 지방자치단체가 직접 사업수행을 위해 공기업특별회계를 설치, 일반회계와 구분하여 독립적으로 회계를 운영하는 형태로 조직·인력은 자치단체 소속(상수도, 하수도, 공영개발, 지역개발기금 등)이다.

ⓛ 간접경영(지방공사·공단) : 지방자치단체가 50%이상 출자한 독립법인으로 자치단체와 별도 독립적으로 운영되며 종사자의 신분은 민간인이다.

2 사업의 적용범위

① 사업의 적용범위(그에 부대되는 사업 포함)〈법 제2조 제1항〉

ⓖ 수도사업(마을상수도사업은 제외한다)

ⓛ 공업용수도사업

ⓒ 궤도사업(도시철도사업을 포함한다)

ⓔ 자동차운송사업

ⓜ 지방도로사업(유료도로사업만 해당한다)

ⓗ 하수도사업

ⓢ 주택사업

ⓞ 토지개발사업

ⓩ 주택(대통령령으로 정하는 공공복리시설을 포함한다)·토지 또는 공용·공공용건축물의 관리 등의 수탁

ⓒ 「도시 및 주거환경정비법」 제2조(정의) 제2호에 따른 공공재개발사업 및 공공재건축사업

ⓒ 「신에너지 및 재생에너지 개발·이용·보급 촉진법」 제2조(정의) 제1호에 따른 신에너지 및 같은 조 제2호에 따른 재생에너지의 기술개발 및 발전·이용·보급에 필요한 사업

ⓔ 「해운법」 제3조(사업의 종류) 제1호에 따른 내항 정기 여객운송사업

> **대통령령으로 정하는 공공복리시설〈시행령 제2조 제2항〉**
>
> • 공원·녹지·주차장·어린이놀이터·노인정·관리시설·사회복지시설과 그 부대시설
> • 문화·체육·업무 시설 등 거주자의 생활복리를 위하여 필요한 시설

> **◆ 궤도사업과 하수도 사업**
>
> • 궤도사업 : 궤도(전용궤도는 제외한다)를 이용하여 사람이나 화물을 운송하고, 그 대가로 수익을 얻는 사업을 말한다.
> • 하수도사업 : 하수와 분뇨를 유출 또는 처리하기 위하여 설치되는 하수관로·공공하수처리시설·간이공공하수처리시설·하수저류시설·분뇨처리시설·배수설비·개인하수처리시설 그 밖의 공작물·시설의 총체적인 사업을 말한다.

② 지방공기업법 적용 대상사업

ⓐ 지방직영기업 : 지방자치단체가 직접 설치·경영하는 사업으로서 <u>대통령령으로 정하는 기준 이상의 사업</u>

ⓑ 지방공사와 지방공단이 경영하는 사업

> **대통령령으로 정하는 기준 이상의 사업〈시행령 제2조 제1항〉**
>
> • 수도사업 : 1일 생산능력 1만 톤 이상
> • 공업용수도사업 : 1일 생산능력 1만 톤 이상
> • 궤도사업 : 보유차량 50량 이상
> • 자동차운송사업 : 보유차량 30대 이상
> • 지방도로사업 : 도로관리연장 50킬로미터 이상 또는 유료터널·교량 3개소 이상
> • 하수도사업 : 1일 처리능력 1만 톤 이상
> • 주택사업 : 주택관리 연면적 또는 주택건설 면적 10만 평방미터 이상
> • 토지개발사업 : 조성면적 10만 평방미터 이상

ⓒ 지방자치단체는 다음의 어느 하나에 해당하는 사업 중 경상경비의 50퍼센트 이상을 경상수입으로 충당할 수 있는 사업을 지방직영기업, 지방공사 또는 지방공단이 경영하는 경우에는 조례로 정하는 바에 따라 지방공기업법을 적용할 수 있다.

• 민간인의 경영 참여가 어려운 사업으로서 주민복리의 증진에 이바지할 수 있고, 지역경제의 활성화나 지역개발의 촉진에 이바지할 수 있다고 인정되는 사업

• 제2조 제1항의 어느 하나에 해당하는 사업 중 대통령령으로 정하는 기준에 미달하는 사업

• 체육시설업

• 관광사업(여행업 및 카지노업은 제외한다)

3 요금의 준용과 경영원칙

① **요금의 준용**

지방자치단체의 장은 제2조 제1항 각 호의 어느 하나에 해당하는 사업 중 같은 항 각 호 외의 부분에 따라 대통령령으로 정하는 기준에 미달하는 사업에 대하여 대통령령으로 정하는 바에 따라 제22조(요금)를 준용할 수 있다〈법 제2조 제3항〉.

② **요금〈법 제22조〉**

㉠ 지방자치단체는 지방직영기업의 급부에 대하여 조례로 정하는 바에 따라 요금을 징수할 수 있다.

㉡ ㉠에 따른 요금은 적정하여야 하고, 지역 간 요금수준의 형평을 도모하여야 하며, 급부의 원가를 보상하면서 기업으로서 계속성을 유지할 수 있도록 결정되어야 한다.

㉢ ㉠에 따른 요금의 산정방식은 영업비용, 자본비용 등을 고려하여 대통령령으로 정한다.

㉣ 지방자치단체는 ㉠에 따른 요금을 내야 하는 자가 납부기한까지 요금을 납부하지 아니하면 내야 할 요금의 100분의 3의 범위에서 조례로 정하는 바에 따라 연체금을 가산하여 징수할 수 있다.

㉤ 요금 및 연체금의 징수에 관하여는 지방세 징수 및 체납처분의 예에 따른다.

③ **요금에 관한 규정을 준용할 수 있는 사업(대통령령으로 정하는 바)〈시행령 제2조의2 제1항〉**

㉠ 수도사업

㉡ 공업용수도사업

㉢ 하수도사업

※ 지방자치단체의 장은 제2조의2 제1항의 규정에 의하여 법 제22조(요금)의 규정을 준용하고자 하는 때에는 대상사업의 명칭을 그 지방자치단체의 공보에 고시하여야 한다.

④ **경영의 기본원칙〈법 제3조〉**

㉠ 지방직영기업, 지방공사 및 지방공단(이하 "지방공기업"이라 한다)은 항상 기업의 경제성과 공공복리를 증대하도록 운영하여야 한다.

㉡ 지방자치단체는 지방공기업을 설치·설립 또는 경영할 때에 민간경제를 위축시키거나, 공정하고 자유로운 경제질서를 해치거나, 환경을 훼손시키지 아니하도록 노력하여야 한다.

⑤ **지방공기업에 관한 법령 등의 제정 및 시행〈법 제4조〉**

지방공기업에 관한 법령, 조례, 규칙, 그 밖의 규정은 법 제3조에 따른 기본원칙에 따라야 한다.

◆ **지방공기업의 특징**
- 사업영역 : 주민의 복리증진을 위한 공익사업으로서 수익성이 있는 사업 중 지방공기업법 제2조에서 정한 사업
- 경영원칙 : 공익성과 수익성의 조화, 독립채산원칙
- 예산회계 : 기업회계기준에 의한 복식부기 예산관리 및 회계 운영
- 재원조달 : 수익자 및 원인자 부담원칙
- 관리책임 : 지방직영기업 → 관리자 지정, 지방공사(공단) → 사장(이사장) 임명

(1) 지방공기업법은 지방자치단체가 직접 설치·경영하거나, 법인을 설립하여 경영하는 기업의 운영에 필요한 사항을 정하여 그 경영을 합리화함으로써 지방자치의 발전과 (　　) 에 이바지함을 목적으로 한다.

(2) 지방자치단체가 직접 설치·경영하는 사업으로서 대통령령으로 정하는 기준 이상의 사업을 (　　) 이라 한다.

(3) 사업의 적용범위에서 궤도사업은 (　　) 을 포함한다.

(4) 사업의 적용범위에서 지방도로사업은 (　　) 만 해당한다.

(5) 사업의 적용범위에서 주택(대통령령으로 정하는 (　　) 을 포함한다)·토지 또는 공용·공공용건축물의 관리 등의 수탁을 포함한다.

(6) 지방자치단체는 경상경비의 (　　) 이상을 경상수입으로 충당할 수 있는 체육시설업을 지방직영기업, 지방공사 또는 지방공단이 경영하는 경우에는 (　　) 로 정하는 바에 따라 지방공기업법을 적용할 수 있다.

(7) 대통령령으로 정하는 기준 이상의 사업〈지방공기업법 시행령 제2조 제1항〉
　　㉠ 수도사업 : 1일 생산능력 (　　) 톤 이상
　　㉡ 공업용수도사업 : 1일 생산능력 1만 톤 이상
　　㉢ 궤도사업 : 보유차량 (　　) 이상
　　㉣ 자동차운송사업 : 보유차량 (　　) 이상
　　㉤ 지방도로사업 : 도로관리연장 50킬로미터 이상 또는 유료터널·교량 (　　) 이상
　　㉥ 하수도사업 : 1일 처리능력 (　　) 톤 이상
　　㉦ 주택사업 : 주택관리 연면적 또는 주택건설 면적 (　　) 평방미터 이상
　　㉧ 토지개발사업 : 조성면적 10만 평방미터 이상

(8) 대통령령으로 정하는 공공복리시설〈지방공기업법 시행령 제2조 제2항〉
　　㉠ 공원·녹지·(　　)·어린이놀이터·(　　)·관리시설·사회복지시설과 그 부대시설
　　㉡ 문화·체육·(　　) 등 거주자의 생활복리를 위하여 필요한 시설

(9) 법 제22조(요금)의 규정을 준용할 수 있는 사업은 수도사업, (　　), 하수도사업이다.

(10) 지방자치단체의 장은 법 제22조의 규정을 준용하고자 하는 때에는 대상사업의 (　　) 을 그 지방자치단체의 (　　) 에 고시하여야 한다.

(11) 지방공기업은 항상 기업의 경제성과 (　　) 를 증대하도록 운영하여야 한다.

(12) 지방자치단체는 지방공기업을 설치·설립 또는 경영할 때에 (　　) 를 위축시키거나, 공정하고 자유로운 (　　) 를 해치거나, 환경을 훼손시키지 아니하도록 노력하여야 한다.

(13) 지방공기업에 관한 법령, 조례, 규칙, 그 밖의 규정은 (　　) 에 따라야 한다.

정답 및 해설

(1) 주민복리의 증진	(6) 50퍼센트, 조례	(11) 공공복리
(2) 지방직영기업	(7) 1만, 50량, 30대, 3개소, 1만, 10만	(12) 민간경제, 경제질서
(3) 도시철도사업	(8) 주차장, 노인정, 업무시설	(13) 기본원칙
(4) 유료도로사업	(9) 공업용수도사업	
(5) 공공복리시설	(10) 명칭, 공보	

1 지방공기업법의 목적으로 다음 (   ) 안에 알맞은 것은?

> 지방공기업법은 지방자치단체가 직접 설치 · 경영하거나, 법인을 설립하여 경영하는 기업의 운영에 필요한 사항을 정하여 그 경영을 합리화함으로써 지방자치의 발전과 _____의 증진에 이바지함을 목적으로 한다.

① 경제성   ② 공공복리
③ 주민복리   ④ 사회복지

TIP 지방공기업법은 지방자치단체가 직접 설치 · 경영하거나, 법인을 설립하여 경영하는 기업의 운영에 필요한 사항을 정하여 그 경영을 합리화함으로써 지방자치의 발전과 <u>주민복리</u>의 증진에 이바지함을 목적으로 한다〈지방공기업법 제1조〉.

2 지방공기업법령상 지방직영기업에 대한 설명으로 옳은 것은?

① 지방자치단체의 조례로 정하여 설치 · 경영하는 사업을 말한다.
② 국토교통부령에 따라 설립되어 지방자치단체가 직접 경영하는 사업을 말한다.
③ 지방자치단체의 장이 지방의회의 동의를 얻어 직접 설립하여 경영하는 사업을 말한다.
④ 지방자치단체가 직접 설치 · 경영하는 사업으로서 대통령령으로 정하는 기준 이상의 사업을 말한다.

TIP 지방자치단체가 직접 설치 · 경영하는 사업으로서 대통령령으로 정하는 기준 이상의 사업(이하 "지방직영기업"이라 한다)을 말한다〈지방공기업법 제2조 제1항 후단〉.

3 지방공기업법령상 지방공기업에 대한 설명으로 볼 수 없는 것은?

① 지방공기업이란 지방 직영기업, 지방공사 및 지방공단을 말한다.
② 지방공기업의 최대한 많은 영리를 위하여 노력해야 한다.
③ 지방자치단체가 직접 설치·경영한다.
④ 지방공기업을 경영할 때에 민간경제를 위축시키지 않도록 해야 한다.

TIP 지방 직영기업, 지방공사 및 지방공단은 항상 기업의 경제성과 공공복리를 증대하도록 운영하여야 한다〈지방공기업법 제3조 제1항〉.

4 지방공기업법령상 지방공기업법 적용범위 사업으로 옳지 않은 것은?

① 지방공단이 경영하는 사업
② 체육시설업
③ 토지개발사업
④ 지방직영기업의 사업

TIP 적용 범위〈지방공기업법 제2조 제1항〉… 이 법은 다음 각 호의 어느 하나에 해당하는 사업(그에 부대되는 사업을 포함한다. 이하 같다) 중 제5조(지방직영기업의 설치)에 따라 지방자치단체가 직접 설치·경영하는 사업으로서 대통령령으로 정하는 기준 이상의 사업(이하 "지방직영기업"이라 한다)과 제3장(지방공사) 및 제4장(지방공단)에 따라 설립된 지방공사와 지방공단이 경영하는 사업에 대하여 각각 적용한다.
1. 수도사업(마을상수도사업은 제외한다)
2. 공업용수도사업
3. 궤도사업(도시철도사업을 포함한다)
4. 자동차운송사업
5. 지방도로사업(유료도로사업만 해당한다)
6. 하수도사업
7. 주택사업
8. 토지개발사업
9. 주택(대통령령으로 정하는 공공복리시설을 포함한다)·토지 또는 공용·공공용건축물의 관리 등의 수탁
10. 「도시 및 주거환경정비법」 제2조(정의) 제2호에 따른 공공재개발사업 및 공공재건축사업
11. 「신에너지 및 재생에너지 개발·이용·보급 촉진법」 제2조(정의) 제1호에 따른 신에너지 및 같은 조 제2호에 따른 재생에너지의 기술개발 및 발전·이용·보급에 필요한 사업
12. 「해운법」 제3조(사업의 종류) 제1호에 따른 내항 정기 여객운송사업

5 지방공기업법령상 다음 (　　) 안에 알맞은 숫자를 모두 합하면?

㉠ 궤도사업 : 보유차량 (　　)량 이상

㉡ 자동차운송사업 : 보유차량 (　　)대 이상

㉢ 주택사업 : 주택관리 연면적 (　　)만 평방미터 이상

㉣ 공업용수도사업 : 1일 생산능력 (　　)만 톤 이상

---

① 71　　　　　　　　　　　　　② 91

③ 80　　　　　　　　　　　　　④ 100

TIP 사업범위〈지방공기업법 시행령 제2조 제1항〉…「지방공기업법」(이하 "법"이라 한다) 제2조(적용 범위) 제1항에서 "대통령령으로 정하는 기준 이상의 사업"이란 다음 각호의 기준에 해당하는 사업을 말한다.
　　1. 수도사업 : 1일 생산능력 1만 톤 이상
　　2. 공업용수도사업 : 1일 생산능력 1만 톤 이상
　　3. 궤도사업 : 보유차량 50량 이상
　　4. 자동차운송사업 : 보유차량 30대 이상
　　5. 지방도로사업 : 도로관리연장 50킬로미터 이상 또는 유료터널·교량 3개소 이상
　　6. 하수도사업 : 1일 처리능력 1만 톤 이상
　　7. 주택사업 : 주택관리 연면적 또는 주택건설 면적 10만 평방미터 이상
　　8. 토지개발사업 : 조성면적 10만 평방미터 이상
　　9. 삭제〈2007. 3. 9.〉

6 지방공기업법령상 지방직영기업에 속하기 위해서는 수도사업의 1일 생산능력이 얼마이어야 하는가?

① 1만 톤 이상　　　　　　　　② 3만 톤 이상

③ 5만 톤 이상　　　　　　　　④ 10만 톤 이상

TIP 사업범위〈지방공기업법 시행령 제2조 제1항〉…「지방공기업법」(이하 "법"이라 한다) 제2조(적용 범위) 제1항에서 "대통령령으로 정하는 기준 이상의 사업"이란 다음 각호의 기준에 해당하는 사업을 말한다.
　　1. 수도사업 : 1일 생산능력 1만 톤 이상
　　2. 공업용수도사업 : 1일 생산능력 1만 톤 이상
　　3. 궤도사업 : 보유차량 50량 이상
　　4. 자동차운송사업 : 보유차량 30대 이상
　　5. 지방도로사업 : 도로관리연장 50킬로미터 이상 또는 유료터널·교량 3개소 이상
　　6. 하수도사업 : 1일 처리능력 1만 톤 이상
　　7. 주택사업 : 주택관리 연면적 또는 주택건설 면적 10만 평방미터 이상
　　8. 토지개발사업 : 조성면적 10만 평방미터 이상
　　9. 삭제〈2007. 3. 9.〉

7 지방공기업법령상 다음에서 적용할 수 있는 사업으로 옳지 않은 것은?

> 경상경비의 50% 이상을 경상수입으로 충당할 수 있는 사업을 지방직영기업, 지방공사 또는 지방공단이 경영하는 경우에는 조례로 정하는 바에 따라 지방공기업법을 적용할 수 있다.

① 관광사업(여행업 포함)
② 체육시설업
③ 보유차량이 20대인 자동차운송사업
④ 민간인의 경영 참여가 어려운 사업으로서 지역경제의 활성화나 지역개발의 촉진에 이바지할 수 있다고 인정되는 사업

TIP 적용 범위〈지방공기업법 제2조 제2항〉… 지방자치단체는 다음 각 호의 어느 하나에 해당하는 사업 중 경상경비의 50퍼센트 이상을 경상수입으로 충당할 수 있는 사업을 지방직영기업, 지방공사 또는 지방공단이 경영하는 경우에는 조례로 정하는 바에 따라 이 법을 적용할 수 있다.
 1. 민간인의 경영 참여가 어려운 사업으로서 주민복리의 증진에 이바지할 수 있고, 지역경제의 활성화나 지역개발의 촉진에 이바지할 수 있다고 인정되는 사업
 2. 제1항 각 호의 어느 하나에 해당하는 사업 중 같은 항 각 호 외의 부분에 따라 대통령령으로 정하는 기준에 미달하는 사업
 3. 「체육시설의 설치 · 이용에 관한 법률」에 따른 체육시설업
 4. 「관광진흥법」에 따른 관광사업(여행업 및 카지노업은 제외한다)

8 지방공기업법령상 지방공기업에 해당하지 않는 것은?

① 지방공사
② 지방소재국영기업
③ 지방공단
④ 지방직영기업

TIP 지방직영기업, 지방공사 및 지방공단(이하 "지방공기업"이라 한다)은 항상 기업의 경제성과 공공복리를 증대하도록 운영하여야 한다〈지방공기업법 제3조 제1항〉.

9 지방공기업법령상 지방공기업의 법령, 조례, 규칙은 무엇을 따라야 하는가?

① 경영의 효율성
② 기본원칙
③ 정부지침
④ 지방자치단체의 규정

TIP 지방공기업에 관한 법령, 조례, 규칙, 그 밖의 규정은 기본원칙에 따라야 한다〈지방공기업법 제4조〉.

10 지방공기업법 제2조 제1항 제9호의 대통령령으로 정하는 공공복리시설에 해당하지 않는 것은?

① 녹지 · 주차장 · 어린이놀이터
② 사회복지시설과 그 부대시설
③ 문화 · 체육 · 쇼핑몰 · 업무시설 등 거주자의 생활복지를 위한 시설
④ 노인정 · 관리시설 · 사회복지시설

TIP 사업범위〈지방공기업법 시행령 제2조 제1항〉… 법 제2조(적용 범위) 제1항 제9호에서 "대통령령으로 정하는 공공복리시설"이란 수탁 대상 주택의 기능발휘와 이용을 위하여 필요한 부대시설과 편익시설로서 다음 각 호의 시설을 말한다.
1. 공원 · 녹지 · 주차장 · 어린이놀이터 · 노인정 · 관리시설 · 사회복지시설과 그 부대시설
2. 문화 · 체육 · 업무 시설 등 거주자의 생활복리를 위하여 필요한 시설

11 지방공기업법령상 지방자치단체는 지방공기업법에 규정된 사업이 기준에 도달한 날부터 몇 개월 이내에 법 적용을 위한 필요한 사항을 조례로 정하여야 하는가?

① 3월 이내
② 6월 이내
③ 9월 이내
④ 12월 이내

TIP 지방자치단체는 규정된 사업이 기준에 새로이 도달하게 된 사업에 대하여는 그 기준에 도달한 날부터 6월 이내에 그 사업에 대한 법 적용을 위하여 필요한 사항을 조례로 정하여야 한다〈지방공기업법 시행령 제2조 제3항〉.

지방공사의 설립

1 설립 및 타당성 검토

① 설립〈법 제49조〉

　㉠ 설립 : 지방자치단체는 사업을 효율적으로 수행하기 위하여 필요한 경우에는 지방공사(이하 "공사"라 한다)를 설립할 수 있다.

　㉡ 협의

　　• 공사를 설립하기 전에 특별시장, 광역시장, 특별자치시장, 도지사 및 특별자치도지사(이하 "시·도지사"라 한다)는 행정안전부장관과 협의하여야 한다.

　　• 시장·군수·구청장(자치구의 구청장을 말한다)은 관할 특별시장·광역시장 및 도지사와 협의하여야 한다.

　㉢ 기본적 사항 : 지방자치단체는 공사를 설립하는 경우 그 설립, 업무 및 운영에 관한 기본적인 사항을 조례로 정하여야 한다.

　㉣ 타당성 검토 및 결과공개 : 지방자치단체는 공사를 설립하는 경우 대통령령으로 정하는 바에 따라 주민복리 및 지역경제에 미치는 효과, 사업성 등 지방공기업으로서의 타당성을 미리 검토하고 그 결과를 공개하여야 한다.

　㉤ 타당성 검토기관 : 타당성 검토는 전문 인력 및 조사·연구 능력 등 <u>대통령령으로 정하는 요건을 갖춘 전문기관</u>으로서 행정안전부장관이 지정·고시하는 기관에 의뢰하여 실시하여야 한다.

> **대통령령으로 정하는 요건을 갖춘 전문기관〈시행령 제47조 제4항〉**
>
> • 사업타당성 검토 업무에 3년 이상 종사한 경력을 가진 사람 5명 이상과 5년 이상 종사한 경력을 가진 사람 2명 이상을 보유하고 있을 것
> • 최근 3년 이내에 지방공기업 또는 공공기관(이하 "공기업"이라 한다)이나 지방재정 관련 연구용역 실적이 있을 것

　㉥ 사업 추진 : 공사는 해당 공사를 설립한 지방자치단체와 다른 지방자치단체 간의 상호 합의를 거쳐 다른 지방자치단체(시·도와 시·군·자치구 모두 합의한 지방자치단체로 한정한다)의 관할 구역에서 제2조(적용 범위)에 따른 사업을 추진할 수 있다.

② 설립 타당성 검토〈시행령 제47조〉

　　㉠ 타당성 검토 시 포함해야 할 사항
- 사업의 적정성 여부
- 사업별 수지분석
- 조직 및 인력의 수요판단
- 주민의 복리증진에 미치는 영향
- 지역경제와 지방재정에 미치는 영향

　※ 타당성 검토에 따른 세부절차 및 검토기준은 행정안전부장관이 정한다.

　　㉡ 심의위원회 구성 및 위원위촉
- 구성 : 지방자치단체의 장은 의회의원·관계전문가 및 해당 지방자치단체의 관계공무원 등으로 심의위원회를 구성하여야 한다.
- 심의 : 전문기관의 타당성 검토결과와 주민공청회 결과를 기초로 공사의 설립여부를 심의하여야 한다.
- 운영에 필요한 사항 : 심의위원회의 구성과 운영에 필요한 사항은 해당 지방자치단체의 장이 정한다.
- 위원 위촉 : 심의위원회 위원 중 2분의 1 이상은 민간위원으로 위촉하여야 한다.

③ 공동설립〈법 제50조〉

　　㉠ 상호규약 : 지방자치단체는 상호규약을 정하여 다른 지방자치단체와 공동으로 공사를 설립할 수 있다.
　　㉡ 상호규약에 포함되어야 할 사항
- 공사의 명칭
- 사무소의 위치
- 설립 지방자치단체
- 사업내용
- 공동처리사항
- 의결기관 대표자의 선임방법
- 출자방법
- 그 밖에 필요한 사항

2 법인 및 정관

① 법인격 및 사무소

　　㉠ 법인격〈법 제51조〉 : 공사는 법인으로 한다.
　　㉡ 사무소〈법 제52조〉
- 공사의 주된 사무소의 위치는 정관으로 정한다.
- 공사는 지방자치단체의 장의 승인을 받아 필요한 곳에 지사(支社) 또는 출장소를 둘 수 있다.

② 정관〈법 제56조〉

    ㉠ 공사의 정관에 포함되어야 할 사항
- 목적
- 명칭
- 사무소의 소재지
- 사업에 관한 사항
- 임직원에 관한 사항
- 이사회에 관한 사항
- 재무회계에 관한 사항
- 공고에 관한 사항
- 자본금에 관한 사항
- 사채발행에 관한 사항
- 정관변경에 관한 사항
- 그 밖에 <u>대통령령으로 정하는 사항</u>

     ■ 대통령령으로 정하는 사항〈시행령〉

     제49조(설립등기), 제50조(지사의 설치등기), 제51조(이전등기), 제52조(변경등기), 제53조(등기의 신청), 제54조(등기기간의 기산)

    ※ 정관(定款) ··· 법인 설립 시 필요로 하는 기본적인 규정을 담은 문서를 말하며, 법인의 설립과 운영에 있어서 중요한 역할을 한다.

    ㉡ 출차에 따른 공사의 정관에 포함되어야 할 사항
- 주식 발행에 관한 사항
- 주주총회에 관한 사항

    ㉢ 공사의 정관변경
- 공사는 정관을 변경하려는 경우 지방자치단체의 장의 인가를 받아야 한다.
- 다른 지방자치단체와 공동으로 설립된 공사의 경우에는 지방자치단체 간의 규약으로 정하는 바에 따른다.

③ 공사의 자본금 출자

① 출자〈법 제53조〉

    ㉠ **지방자치단체 출자** : 공사의 자본금은 그 전액을 지방자치단체가 현금 또는 현물로 출자한다.

    ※ **자본금(資本金)** … 회사를 처음 시작할 때 모인 자금으로, 주식회사 등의 기업을 설립할 때 투자자, 즉 주주들이 출자하는 금액을 기준으로 하여 계산한 일정한 액수를 말한다.

    ㉡ **지방자치단체 외의 자 출자**
- 공사의 운영을 위하여 필요한 경우에는 자본금의 2분의 1을 넘지 아니하는 범위에서 지방자치단체 외의 자(외국인 및 외국법인을 포함한다)로 하여금 공사에 출자(出資)하게 할 수 있다.
- 증자(增資)의 경우에도 또한 같다.

    ㉢ **주식분할**
- 공사의 자본금은 주식으로 분할하여 발행한다.
- 발행하는 주식의 종류, 1주의 금액, 주식 발행의 시기, 발행 주식의 총수와 주금(株金)의 납입시기 및 납입방법은 조례로 정한다.

    ㉣ **공사에 의한 출자** : 공사가 해당 지방자치단체가 설립한 다른 공사로부터 출자를 받거나 해당 지방자치단체가 설립한 다른 공사에 출자하는 경우에는 이를 해당 지방자치단체가 출자한 것으로 본다.

    ◆ **출자(出資)와 증자(增資)**
- **출자** : 출자는 특정목적을 위해 자본을 투입하는 행위로 개인이나 법인이 특정 사업에 참여하기 위해 자금을 제공하는 것을 말한다.
- **증자** : 증자는 회사가 자본금을 늘리는 것을 말한다. 주로 새로운 주식을 발행하여 자금을 조달하는 방식으로 이루어지는데, 회사의 재무 구조를 강화하고, 사업 확장을 위한 자금을 마련하는 데 사용된다.

② 다른 법인에 대한 출자〈법 제54조〉

    ㉠ **다른 법인에 출자** : 공사는 공사의 사업과 관계되는 사업을 효율적으로 수행하기 위하여 지방자치단체의 장의 승인을 받아 지방자치단체 외의 다른 법인에 출자할 수 있다.

    ㉡ **출자보고 및 의회의결** : 출자를 하기 위하여 공사의 사장은 대통령령으로 정하는 방법 및 절차에 따라 출자의 필요성 및 타당성을 검토하여 지방자치단체의 장에게 보고하고 의회의 의결을 받아야 한다.

    ㉢ **출자한도** : 출자의 한도는 대통령령으로 정한다.

◆ **대통령령으로 정하는 방법 및 절차, 출자 한도〈시행령 제47조의2〉**

㉠ 공사는 법 제54조(다른 법인에 대한 출자) 제2항에 따라 다른 법인에 출자할 때에는 출자의 필요성 및 타당성에 대하여 제47조(사업 조정) 제4항의 요건을 갖춘 전문기관 중 행정안전부장관이 지정·고시하는 전문기관의 사전검토를 거쳐야 한다. 다만, 출자규모가 5억 원 미만인 경우에는 「지방자치단체출연 연구원의 설립 및 운영에 관한 법률」에 따른 지방자치단체출연 연구원(제47조 제4항 각 호의 요건을 모두 갖춘 경우로 한정한다)의 사전검토를 거칠 수 있다.

㉡ 행정안전부장관은 ㉠에 따른 사전검토의 효율적 수행을 위해 필요한 경우에는 ㉢의 각 호의 사항에 대한 세부내용 및 검토기준을 정하여 고시할 수 있다.

㉢ ㉠에 따라 사전검토를 하는 전문기관은 다음 각 호의 사항을 고려하여 검토하여야 한다.
- 출자대상 법인이 수행하는 사업의 적정성 여부
- 출자대상 법인이 수행하는 사업별 수지분석
- 재원 조달방법
- 출자대상 법인이 수행하는 사업이 지역경제에 미치는 영향

㉣ 공사가 법 제54조(다른 법인에 대한 출자) 제3항에 따라 다른 법인에 출자할 수 있는 한도는 다음 각 호의 구분에 따른다.
- 직전 사업연도 말 공사의 부채비율이 100분의 100 미만인 경우 : 직전 사업연도 말 공사의 자본금의 100분의 50 이내
- 직전 사업연도 말 공사의 부채비율이 100분의 100 이상 100분의 200 미만인 경우 : 직전 사업연도 말 공사의 자본금의 100분의 25 이내
- 직전 사업연도 말 공사의 부채비율이 100분의 200 이상인 경우 : 직전 사업연도 말 공사의 자본금의 100분의 10 이내

※ 출자한 법인에 최대주주의 변경 등 대통령령으로 정하는 경영상의 중대한 변화가 발생하는 경우 공사의 사장은 그 사실을 지체 없이 지방자치단체의 장에게 보고하여야 한다.

③ 다른 법인에 대한 출자타당성 검토〈시행령 제47조의2〉

㉠ 출자 필요성 및 타당성
- 공사는 다른 법인에 출자할 때에는 출자의 필요성 및 타당성에 대하여 제47조(설립 타당성 검토) 제4항의 요건을 갖춘 전문기관 중 행정안전부장관이 지정·고시하는 전문기관의 사전검토를 거쳐야 한다.
- 출자규모가 5억 원 미만인 경우에는 지방자치단체출연 연구원(제47조 제4항 각 호의 요건을 모두 갖춘 경우로 한정한다)의 사전검토를 거칠 수 있다.

조문참고 시행령 제47조 제4항
- 사업타당성 검토 업무에 3년 이상 종사한 경력을 가진 사람 5명 이상과 5년 이상 종사한 경력을 가진 사람 2명 이상을 보유하고 있을 것
- 최근 3년 이내에 지방공기업 또는 공공기관(이하 "공기업"이라 한다)이나 지방재정 관련 연구용역 실적이 있을 것

㉡ 세부내용 및 검토기준 : 행정안전부장관은 사전검토의 효율적 수행을 위해 필요한 경우에는 ㉢의 사항에 대한 세부내용 및 검토기준을 정하여 고시할 수 있다.

㉢ 사전 검토하는 전문기관이 검토 시 고려해야 할 사항

- 출자대상 법인이 수행하는 사업의 적정성 여부
- 출자대상 법인이 수행하는 사업별 수지분석
- 재원 조달방법
- 출자대상 법인이 수행하는 사업이 지역경제에 미치는 영향

ㄹ 공사가 법인에 출자할 수 있는 한도
- 직전 사업연도 말 공사의 부채비율이 100분의 100 미만인 경우 : 직전 사업연도 말 공사의 자본금의 100분의 50 이내
- 직전 사업연도 말 공사의 부채비율이 100분의 100 이상 100분의 200 미만인 경우 : 직전 사업연도 말 공사의 자본금의 100분의 25 이내
- 직전 사업연도 말 공사의 부채비율이 100분의 200 이상인 경우 : 직전 사업연도 말 공사의 자본금의 100분의 10 이내

ㅁ 최대주주의 변경 등 대통령령으로 정하는 경영상의 중대한 변화가 발생하는 경우
- 최대주주의 변경
- 출자한 법인의 사업목적의 변경
- 다음의 어느 하나에 해당하는 재무구조의 급격한 변화가 발생한 경우
  - 3개 사업연도 이상 계속하여 당기순손실이 발생한 경우
  - 직전 사업연도 말일을 기준으로 부채비율이 100분의 200 이상인 경우
  - 직전 사업연도 말일을 기준으로 자본잠식률(자본금에서 자본총계를 뺀 값을 자본금으로 나눈 값을 말한다)이 100분의 50을 초과하는 경우

대통령령을 정하는 사항〈시행령〉

제49조(설립등기), 제50조(지사의 설치등기), 제51조(이전등기), 제52조(변경등기), 제53조(등기의 신청), 제54조(등기기간의 기산)

④ 지방자치단체의 주주권 행사〈법 제55조〉

ㄱ 주주권의 개념 : 주주가 주식회사의 구성원, 즉 주주로서의 자격으로 가지는 권리의무를 말한다.

ㄴ 지방자치단체의 주주권 행사 : 지방자치단체가 소유하는 주식에 대한 주주권은 지방자치단체의 장 또는 지방자치단체의 장이 지정하는 소속 공무원이 행사한다.

※ 주주(株主)권리 … 이익배당청구권, 이자배당청구권, 잔여재산분배청구권, 신주인수권, 전환사채인수권, 신주인수권, 부사채의인수권, 주식의 자유양도권, 명의개서청구권, 주권의 불소지 신고권, 주권발행청구권 등의 자익권이 있으며 단독주주권, 소수주주권 등의 공익권이 있고 주권교부청구권 같은 고유권이 있다.

❹ 등기

① 등기〈법 제57조〉

　ㄱ 공사 설립 : 공사는 그 주된 사무소의 소재지에서 설립등기를 함으로써 성립한다.

　ㄴ 등기에 필요한 사항 : 공사의 설립등기 및 그 밖의 등기에 필요한 사항은 <u>대통령령으로</u> 정한다.

> **대통령령을 정하는 사항〈시행령〉**
>
> 제49조(설립등기), 제50조(지사의 설치등기), 제51조(이전등기), 제52조(변경등기), 제53조(등기의 신청), 제54조(등기기간의 기산)

② 설립등기〈시행령 제49조〉

　ㄱ 등기시한 : 공사는 자본금의 납입이 있은 날부터 3주일 이내에 등기하여야 한다.

　ㄴ 등기하여야 할 사항
- 목적
- 명칭
- 주된 사무소의 소재지
- 자본금
- 임원의 성명과 주소
- 공고의 방법
- 출자의 방법을 정한 때에는 그 방법

③ 지사의 설치등기〈시행령 제50조〉

　ㄱ 공사가 지사를 설치하는 때의 등기 시한 : 공사는 지사 설치 후 2주일 이내에 주된 사무소의 소재지에서 설치된 지사의 명칭, 소재지 및 설치 연월일을 등기해야 한다.

　ㄴ 공사의 설립과 동시에 지사를 설치하는 경우에는 지사의 설치등기를 공사의 설립등기와 함께 한다.

④ 이전등기〈시행령 제51조〉

　ㄱ 공사가 주된 사무소를 이전한 때의 등기 시한 : 이전 후 2주일 이내에 종전 소재지 또는 새 소재지에서 새 소재지와 이전 연월일을 등기해야 한다.

　ㄴ 공사가 지사를 이전한 때의 등기 시한 : 이전 후 2주일 이내에 주된 사무소의 소재지에서 새 소재지와 이전 연월일을 등기해야 한다.

⑤ 변경등기〈시행령 제52조〉

공사는 제49조(설립등기) 각 호 또는 제50조(지사의 설치등기)의 등기사항이 변경된 경우(제51조에 따른 이전등기에 해당하는 경우는 제외한다)에는 변경 후 2주일 이내에 주된 사무소의 소재지에서 변경사항을 등기해야 한다.

> **조문참고** 시행령 제49조
> - 목적
> - 명칭
> - 주된 사무소의 소재지
> - 자본금
> - 임원의 성명과 주소
> - 공고의 방법
> - 출자의 방법을 정한 때에는 그 방법

⑥ 등기의 신청〈시행령 제53조〉

　　㉠ 등기이행 자 : 등기는 공사의 사장이 행한다.

　　㉡ 등기를 신청하는 때에 첨부할 서류

　　　• 설립등기 : 정관 · 주식인수 · 현물출자 · 주금납입 및 임원의 자격을 증명하는 서류

　　　• 지사의 설치등기 : 지사의 설치를 증명하는 서류

　　　• 이전등기 : 주된 사무소 또는 지사의 이전을 증명하는 서류

　　　• 변경등기 : 그 변경사항을 증명하는 서류

　　※ 이 영의 규정에 의한 등기사항으로서 인가기관의 인가 또는 승인을 얻어야 할 사항이 있는 때에는 그 인가서 또는 승인서가 도달한 날부터 등기기간을 기산한다.

5 공사의 해산〈법 제57조의2〉

① 상법(제517조)에 따른 해산 사유

　　㉠ 제227조(해산원인) 제1호, 제4호 내지 제6호에 정한 사유

　　㉡ 회사의 분할 또는 분할합병

　　㉢ 주주총회의 결의

　　　조문참고 상법 제517조
　　　　• 존립기간의 만료 기타 정관으로 정한 사유의 발생
　　　　• 합병
　　　　• 법원의 명령 또는 판결

② 행정안전부장관의 해산 요구〈법 제78조의3〉

　　㉠ 부채 상환 능력이 현저히 낮은 경우

　　㉡ 사업 전망이 없어 회생이 어려운 경우

　　㉢ 설립 목적의 달성이 불가능한 경우

　　※ 행정안전부장관은 지방공기업정책위원회의 심의를 거쳐 지방자치단체의 장이나 공사의 사장 또는 공단의 이사장에게 해산을 요구할 수 있으며 해산을 요구받은 지방자치단체의 장이나 공사의 사장 또는 공단의 이사장은 정당한 사유가 없으면 지체 없이 이에 따라야 한다.

　　◆ 해산(解散)과 청산(清算)
　　• 해산 : 해산은 회사가 영업을 종료하고 법적으로 존재하지 않게 되는 첫 번째 단계로, 회사가 더 이상 영업을 하지 않겠다고 선언하는 것이다.
　　• 청산 : 청산은 해산한 회사의 자산과 부채를 정리하는 과정으로, 해산한 회사의 자산과 부채를 정리하여 법적실체를 완전히 종료하는 절차이다.

암기요약 … 핵심조문 빈칸 채우기

(1) 공사를 설립하기 전에 시·도지사는 (   )과, 시장·군수·구청장은 관할 특별시장·광역시장 및 도지사와 협의하여야 한다.

(2) 지방자치단체는 공사를 설립하는 경우 그 설립, 업무 및 운영에 관한 기본적인 사항을 (   )로 정하여야 한다.

(3) 타당성 검토에 따른 세부절차 및 검토기준은 (   )이 정한다.

(4) 지방자치단체는 (   )을 정하여 다른 지방자치단체와 공동으로 공사를 설립할 수 있다.

(5) 공사의 주된 사무소의 위치는 (   )으로 정한다.

(6) 공사의 자본금은 그 전액을 (   )가 현금 또는 현물로 출자한다.

(7) 지방자치단체의 장은 의회의원·관계전문가 및 해당 지방자치단체의 관계공무원 등으로 (   )를 구성하여 전문기관의 타당성 검토결과와 주민공청회 결과를 기초로 지방공사의 설립여부를 심의하여야 한다.

(8) 공사는 공사의 사업과 관계되는 사업을 효율적으로 수행하기 위하여 (   )의 승인을 받아 지방자치단체 외의 다른 법인에 출자할 수 있다.

(9) 전문인력 및 조사·연구 능력 등 대통령령으로 정하는 요건을 갖춘 전문기관은 사업타당성 검토 업무에 (   ) 이상 종사한 경력을 가진 사람 (   ) 이상과 (   ) 이상 종사한 경력을 가진 사람 (   ) 이상을 보유하고 있는 기관을 말한다.

(10) 다른 법인에 출자할 수 있는 한도 중 직전 사업연도 말 공사의 부채비율이 100분의 100 미만인 경우에는 직전 사업연도 말 공사의 자본금의 (   )로 한다.

(11) 지방자치단체가 소유하는 주식에 대한 주주권은 지방자치단체의 장 또는 (   )이 지정하는 소속 공무원이 행사한다.

(12) 공사는 자본금의 납입이 있은 날부터 (   )에 등기하여야 한다.

(13) 설립등기, 지사의 설치등기, 이전등기, 변경등기는 (   )이 행한다.

(14) 공사의 등기
  ㉠ 공사는 자본금의 납입이 있은 날부터 (   ) 이내에 등기하여야 한다.
  ㉡ 공사는 지사를 설치한 경우에는 설치 후 (   ) 이내에 주된 사무소의 소재지에서 설치된 지사의 명칭, 소재지 및 설치 연월일을 등기해야 한다.
  ㉢ 공사는 지사를 이전한 경우에는 이전 후 (   ) 이내에 주된 사무소의 소재지에서 새 소재지와 이전 연월일을 등기해야 한다.
  ㉣ 공사는 등기사항이 변경된 경우에는 변경 후 (   ) 이내에 주된 사무소의 소재지에서 변경사항을 등기해야 한다.

정답 및 해설

(1) 행정안전부장관
(2) 조례
(3) 행정안전부장관
(4) 상호규약
(5) 정관
(6) 지방자치단체
(7) 심의위원회
(8) 지방자치단체의 장
(9) 3년, 5명, 5년, 2명
(10) 100분의 50 이내
(11) 지방자치단체의 장
(12) 3주일 이내
(13) 공사의 사장
(14) 3주일, 2주일, 2주일, 2주일

1 지방공기업법령상 지방공사의 설립에 대한 설명으로 옳지 않은 것은?

① 공사를 설립하는 경우 설립 및 업무·운영에 관한 사항은 대통령령으로 정한다.

② 타당성 검토는 전문 인력 및 조사·연구 능력을 갖춘 전문기관에 의뢰해야 한다.

③ 공사를 설립하기 전에 시·도지사는 행정안전부장관과 협의해야 한다.

④ 지방자치단체는 지방공기업으로서의 타당성을 검토한 후 그 결과를 공개하여야 한다.

TIP 지방자치단체는 공사를 설립하는 경우 그 설립, 업무 및 운영에 관한 기본적인 사항을 조례로 정하여야 한다〈지방공기업법 제49조 제2항〉.

2 다음은 지방공기업 설립에 관한 법조항이다. 밑줄 친 것에 해당하는 것은?

> 지방공사의 설립을 위한 타당성 검토는 전문 인력 및 조사·연구 능력 등 <u>대통령령으로 정하는 요건을 갖춘 전문기관</u>으로서 행정안전부장관이 지정·고시하는 기관에 의뢰하여 실시하여야 한다.

① 사업타당성 검토 업무에 5년 이상 종사한 경력을 가진 사람 3명 이상을 보유하고 있을 것

② 최근 5년 이내에 공기업이나 지방재정 관련 연구용역 실적이 있을 것

③ 사업타당성 검토 업무에 3년 이상 종사한 경력을 가진 사람 5명 이상과 5년 이상 종사한 경력을 가진 사람 2명 이상을 보유하고 있을 것

④ 지방재정 관련 연구용역 실적이 있거나 사업타당성 검토업무 경력이 5년 이상 있을 것

TIP 설립타당성 검토 등〈지방공기업법 시행령 제47조 제4항〉 … "전문인력 및 조사·연구 능력 등 대통령령으로 정하는 요건을 갖춘 전문기관"이란 다음 각 호의 요건을 모두 갖춘 기관을 말한다.
  1. 사업타당성 검토 업무에 3년 이상 종사한 경력을 가진 사람 5명 이상과 5년 이상 종사한 경력을 가진 사람 2명 이상을 보유하고 있을 것
  2. 최근 3년 이내에 법 제3조(경영의 기본원칙)에 따른 지방공기업 또는 「공공기관의 운영에 관한 법률」 4조(공공기관)에 따른 공공기관(이하 "공기업"이라 한다) 이나 지방재정 관련 연구용역 실적이 있을 것

3 지방공기업법령상 공사의 기본적인 설립, 업무 및 운영에 관한 사항을 정하는 방식은?

① 행정규칙   ② 법령

③ 조례   ④ 국토교통부령

TIP 지방자치단체는 공사를 설립하는 경우 그 설립, 업무 및 운영에 관한 기본적인 사항은 조례로 정해야 한다〈지방공기업법 제49조 제2항〉.

4 지방공기업법령상 타당성 검토의 세부절차 및 검토기준을 정하는 주체는?

① 대통령령   ② 행정안전부장관

③ 국토교통부장관   ④ 지방자치단체장

TIP 타당성 검토의 세부절차 및 검토기준은 행정안전부장관이 정한다〈지방공기업법 시행령 제47조 제1항〉.

5 지방공기업법령상 타당성 검토 시 포함해야 할 사항으로 옳지 않은 것은?

① 조직 및 인력의 수요판단   ② 공사의 총 자본금

③ 주민의 복리증진에 미치는 영향   ④ 사업별 수지분석

TIP 설립타당성 검토 등〈지방공기업법 시행령 제47조 제1항〉… 타당성 검토에는 다음 각 호의 사항이 포함되어야 하며, 이에 따른 세부절차 및 검토기준은 행정안전부장관이 정한다.
1. 사업의 적정성 여부
2. 사업별 수지분석
3. 조직 및 인력의 수요판단
4. 주민의 복리증진에 미치는 영향
5. 지역경제와 지방재정에 미치는 영향

6 지방공기업법령상 지방공사의 설립 여부를 심의 시 해당하지 않는 것은?

① 심의위원회

② 지방자치단체장

③ 주민공청회

④ 행정안전부

TIP 지방자치단체의 장은 심의위원회를 구성하여 전문기관의 타당성 검토결과와 주민공청회 결과를 기초로 지방공사의 설립 여부를 심의하여야 한다〈지방공기업법 시행령 제47조 제2항〉.

7 지방공기업법령상 지방공사설립에 대한 설명으로 옳지 않은 것은?

① 공사는 지방자치단체에서 설립할 수 있다.

② 지방자치단체는 다른 지방자치단체와 공동으로 공사를 설립할 수 있다.

③ 공사의 지사를 둘 경우에는 국토부장관에게 승인을 받아야 한다.

④ 공사는 반드시 법인으로 설립하여야 한다.

TIP 공사는 지방자치단체의 장의 승인을 받아 필요한 곳에 지사 또는 출장소를 둘 수 있다〈지방공기업법 제52조 제2항〉.

8 지방공기업법령상 다른 지방자치단체와 공동으로 공사를 설립할 때 포함되어야 할 사항으로 옳지 않은 것은?

① 사무소의 위치　　　　　　　　　　② 공사의 명칭

③ 자본금에 관한 사항　　　　　　　　④ 공동처리 사항

TIP 공동설립〈지방공기업법 제50조 제3항〉 ··· 상호 규약에는 다음 각 호의 사항이 포함되어야 한다.
1. 공사의 명칭
2. 사무소의 위치
3. 설립 지방자치단체
4. 사업 내용
5. 공동 처리 사항
6. 의결기관 대표자의 선임 방법
7. 출자 방법
8. 그 밖에 필요한 사항

9 지방공기업법령상 공사의 자본금 출자에 대한 설명 중 옳지 않은 것은?

① 자본금의 절반은 지방자치단체의 외의 자가 출자할 수 있다.

② 공사의 자본금은 주식으로 분할하여 발행한다.

③ 공사는 다른 공사에 출자할 수 없다.

④ 자본금의 전액을 지방자치단체가 현금 또는 현물로 출자한다.

TIP 공사가 해당 지방자치단체가 설립한 다른 공사로부터 출자를 받거나 해당 지방자치단체가 설립한 다른 공사에 출자하는 경우에는 이를 해당 지방자치단체가 출자한 것으로 본다〈지방공기업법 제53조 제4항〉.

10 지방공기업법령상 외국인 및 외국법인으로 하여금 공사에 출자하게 할 수 있는 자본금의 범위는?

① 2분의 1 이내

② 3분의 1 이내

③ 4분의 1 이내

④ 5분의 1 이내

TIP 공사의 운영을 위하여 필요한 경우에는 자본금의 2분의 1을 넘지 아니하는 범위에서 지방자치단체 외의 자(외국인 및 외국법인을 포함한다)로 하여금 공사에 출자하게 할 수 있다. 증자의 경우에도 또한 같다〈지방공기업법 제53조 제2항〉.

11 지방공기업법령상 지방자치단체가 다른 법인에 출자할 때 필요한 절차가 아닌 것은?

① 의회의 의결

② 국회 소관 상임위원회에 현황내역 제출

③ 출자의 필요성 및 타당성 검토

④ 지방자치단체의 장에게 보고

TIP 출자를 하기 위하여 공사의 사장은 대통령령으로 정하는 방법 및 절차에 따라 출자의 필요성 및 타당성을 검토하여 지방자치단체의 장에게 보고하고 의회의 의결을 받아야 한다〈지방공기업법 제54조 제2항〉.

Answer 6.④ 7.③ 8.③ 9.③ 10.① 11.②

12 지방공기업법령상 다른 법인에 대하여 출자할 때 지방자치단체출연 연구원의 사전검토를 거칠 수 있는 출자규모는?

① 3억 원 미만   ② 5억 원 미만

③ 7억 원 미만   ④ 10억 원 미만

TIP 공사는 다른 법인에 출자할 때에는 출자의 필요성 및 타당성에 대하여 요건을 갖춘 전문기관 중 행정안전부장관이 지정·고시하는 전문기관의 사전검토를 거쳐야 한다. 다만, 출자규모가 5억원 미만인 경우에는 지방자치단체출연 연구원의 사전검토를 거칠 수 있다〈지방공기업법 시행령 제47조의2 제1항〉.

13 지방공기업법령상 공사의 타당성 검토 시 고려해야 할 사항으로 옳지 않은 것은?

① 재원 조달방법

② 출자대상 법인의 자본금 및 사채발행 여부

③ 출자대상 법인이 수행하는 사업의 적정성 여부

④ 출자대상 법인이 수행하는 사업이 지역경제에 미치는 영향

TIP 다른 법인에 대한 출자타당성 검토 등〈지방공기업법 시행령 제47조의2〉… 사전검토를 하는 전문기관은 다음 각 호의 사항을 고려하여 검토하여야 한다.
1. 출자대상 법인이 수행하는 사업의 적정성 여부
2. 출자대상 법인이 수행하는 사업별 수지분석
3. 재원 조달방법
4. 출자대상 법인이 수행하는 사업이 지역경제에 미치는 영향

14 다음은 지방공기업법령상 공사가 다른 법인에 출자할 수 있는 한도이다. (   ) 안에 알맞은 것은?

> 직전 사업연도 말 공사의 부채비율이 100분의 100 이상 100분의 200 미만인 경우에는 직전 사업연도 말 공사의 자본금의 (   ) 이내에서 출자 할 수 있다.

① 100분의 50   ② 100분의 25

③ 100분의 15   ④ 100분의 10

TIP 직전 사업연도 말 공사의 부채비율이 100분의 100 이상 100분의 200 미만인 경우에는 직전 사업연도 말 공사의 자본금의 100분의 25 이내에서 출자 할 수 있다〈지방공기업법 시행령 제47조의2 제4항 제2호〉.

15 지방공기업법령상 공사의 정관에 포함되어야 할 사항이 아닌 것은?

① 주주총회에 관한 사항　　　　　　② 출자방법에 관한 사항

③ 이사회에 관한 사항　　　　　　　④ 사채발행에 관한 사항

TIP 출자방법에 관한 사항은 공사의 정관에 포함되어야 할 사항이 아니다〈지방공기업법 제56조 제1항〉.

16 지방공기업법령상 공사의 정관에 포함되어야 할 사항을 모두 고르면?

┌───┐
│ ㉠ 목적 및 명칭　　　　　　　　　　 ㉡ 임직원에 관한 사항 │
│ ㉢ 사업에 관한 사항　　　　　　　　 ㉣ 공고에 관한 사항 │
│ ㉤ 대표자 선임방법에 관한 사항　　　 ㉥ 정관변경에 관한 사항 │
└───┘

① ㉠㉡㉢㉤㉥　　　　　　　　　　② ㉡㉢㉣㉤㉥

③ ㉠㉡㉢㉣㉥　　　　　　　　　　④ ㉠㉡㉢㉣㉤㉥

TIP 정관〈지방공기업법 제56조 제1항〉 … 공사의 정관에는 다음 각 호의 사항이 포함되어야 한다.
　　1. 목적
　　2. 명칭
　　3. 사무소의 소재지
　　4. 사업에 관한 사항
　　5. 임직원에 관한 사항
　　6. 이사회에 관한 사항
　　7. 재무회계에 관한 사항
　　8. 공고에 관한 사항
　　9. 자본금에 관한 사항
　　10. 사채 발행에 관한 사항
　　11. 정관 변경에 관한 사항
　　12. 그 밖에 대통령령으로 정하는 사항

Answer 12.② 13.② 14.② 15.② 16.③

17 지방공기업법령상 공사의 정관변경 시 필요한 절차는?

① 정관 작성 　　　　　　　　　② 지방자치단체의 장의 인가
③ 주주총회의 의결 　　　　　　 ④ 사업 타당성 검토

TIP 공사는 정관을 변경하려는 경우 지방자치단체의 장의 인가를 받아야 한다〈지방공기업법 제56조 제3항〉.

18 지방공기업법령상 공사설립 등기사항으로 옳지 않은 것은?

① 주된 사무소의 소재지 　　　　② 주식발행의 수
③ 자본금 　　　　　　　　　　　 ④ 설립목적

TIP 설립등기〈지방공기업법 시행령 제49조〉
　　1. 목적
　　2. 명칭
　　3. 주된 사무소의 소재지
　　4. 자본금
　　5. 출자의 방법을 정한 때에는 그 방법
　　6. 임원의 성명과 주소
　　7. 공고의 방법

19 지방공기업법령상 공사 해산사유로 옳지 않은 것은?

① 신규 사업을 개시한 경우 　　　② 상법에 따른 해산사유가 있을 경우
③ 존립기간의 만료된 경우 　　　 ④ 행정안전부장관의 해산 요구가 있을 경우

TIP 해산〈지방공기업법 제57조의2〉
　　1. 「상법」 제517조에 따른 해산사유
　　2. 제78조의3에 따른 행정안전부장관의 해산 요구
　　※ 해산원인〈상법 제227조〉
　　　　1. 존립기간의 만료 기타 정관으로 정한 사유의 발생
　　　　2. 총사원의 동의
　　　　3. 사원이 1인으로 된 때
　　　　4. 합병
　　　　5. 파산
　　　　6. 법원의 명령 또는 판결

20 지방공기업법령상 상법에 따른 해산사유에 해당하지 않는 것은?

① 매각   ② 합병

③ 회사의 분할   ④ 파산

TIP 해산사유〈상법 제517조〉

    1. 제227조 제1호, 제4호 내지 제6호에 정한 사유

    1의2. 제530조의2의 규정에 의한 회사의 분할 또는 분할합병

    2. 주주총회의 결의

    ※ 해산원인〈상법 제227조〉

        1. 존립기간의 만료 기타 정관으로 정한 사유의 발생

        2. 총사원의 동의

        3. 사원이 1인으로 된 때

        4. 합병

        5. 파산

        6. 법원의 명령 또는 판결

21 지방공기업법령상 공사가 지사를 설치하는 경우 주된 사무소의 소재지에서 설치된 지사의 명칭, 소재지 및 설치 연월일을 등기해야 하는 기간은?

① 1주일 이내   ② 2주일 이내

③ 3주일 이내   ④ 4주일 이내

TIP 공사는 지사를 설치한 경우에는 설치 후 2주일 이내에 주된 사무소의 소재지에서 설치된 지사의 명칭, 소재지 및 설치 연월일을 등기해야 한다. 다만, 공사의 설립과 동시에 지사를 설치하는 경우에는 지사의 설치등기를 공사의 설립등기와 함께 한다〈지방공기업법 시행령 제50조(지사의 설치등기)〉.

22 지방공기업법령상 공사가 설립과 동시에 지사를 설치하는 경우 주된 사무소의 소재지에서 지사의 설치등기는 언제까지 해야 하는가?

① 공사의 설립등기와 함께   ② 공사의 설립등기 후 1주일 이내

③ 공사의 설립등기 후 2주일 이내   ④ 공사의 설립등기 후 4주일 이내

TIP 공사는 지사를 설치한 경우에는 설치 후 2주일 이내에 주된 사무소의 소재지에서 설치된 지사의 명칭, 소재지 및 설치 연월일을 등기해야 한다. 다만, 공사의 설립과 동시에 지사를 설치하는 경우에는 지사의 설치등기를 공사의 설립등기와 함께 한다〈지방공기업법 시행령 제50조(지사의 설치등기)〉.

Answer   17.②   18.②   19.①   20.①   21.②   22.①

23 지방공기업법령상 다음 (   ) 안에 알맞은 것은?

> 설립등기의 등기사항에 변경이 있는 때에는 주된 사무소의 소재지에 있어서는 2주일 이내에, 지사의 소재지에 있어서는 3주일 이내에 (   )를 하여야 한다.

① 설치등기

② 설립등기

③ 이전사항

④ 변경사항

TIP 공사는 등기사항이 변경된 경우에는 변경 후 2주일 이내에 주된 사무소의 소재지에서 (   )을 등기해야 한다.

※ 공사는 등기사항이 변경된 경우에는 변경 후 2주일 이내에 주된 사무소의 소재지에서 <u>변경사항</u>을 등기해야 한다.

24 지방공기업법령상 등기신청 및 등기기간의 기산에 대한 설명으로 틀린 것은?

① 등기는 지방자치단체의 장이 행한다.

② 설립등기를 신청할 때에는 등기신청서에 임원의 자격을 증명하는 서류도 첨부하여야 한다.

③ 인가기관의 승인을 얻어야 할 사항이 있을 경우 승인서가 도달한 날부터 등기기간을 기산한다.

④ 변경등기를 신청할 때에는 변경사항을 증명하는 서류를 첨부하여야 한다.

TIP 등기는 공사의 사장이 행한다〈지방공기업법 시행령 제53조 제1항〉.

지방공사의 임원 및 직원

1 임원의 임면

① 임원의 임면〈법 제58조〉

　㉠ 임원구성
　　• 공사의 임원은 사장을 포함한 이사 및 감사로 한다.
　　• 임원의 수는 정관으로 정한다.

　㉡ 이사〈시행령 제55조〉
　　• 이사는 정관이 정하는 바에 의하여 상임이사와 비상임 이사로 구분한다.
　　• 사장을 포함한 상임이사의 정수는 이사정수의 100분의 50 미만으로 한다.

　㉢ 사장과 감사의 임면
　　• 사장과 감사는 대통령령으로 정하는 바에 따라 지방공기업의 경영에 관한 전문적인 식견과 능력이 있는 사람 중에서 지방자치단체의 장이 임면(任免)한다.
　　• 공동 설립된 공사의 경우에는 지방자치단체 간의 규약으로 정하는 바에 따른다.

　㉣ 사장과 감사의 임명
　　• 지방자치단체의 장은 사장과 감사(조례 또는 정관으로 정하는 바에 따라 당연히 감사로 선임되는 사람은 제외한다)를 임명할 경우 대통령령으로 정하는 임원추천위원회가 추천한 사람 중에서 임명하여야 한다.
　　• 인사청문회를 실시하는 경우에는 임원추천위원회의 추천 절차를 생략할 수 있다.

> ◆ 임원(任員)
> • 회사나 조직의 중요한 직책을 맡아 경영 및 운영에 책임을 지는 사람을 말한다.
> • 회사의 전략적 결정과 일상적인 운영을 관리하며, 기업의 성과와 목표 달성을 위해 중요한 역할을 한다.
> • 임원은 일반적으로 이사회와 주주총회에 의해 선임되며, 임원으로는 이사와 감사 등이 있다.

② 사장의 해임과 연임〈법 제58조 제4항〉

　㉠ 심의 후 해임 및 연임 : 지방자치단체의 장은 사장의 경영성과에 따라 임기 중에 해임하거나 임기가 끝나더라도 임원추천위원회의 심의를 거쳐 연임시킬 수 있다.

ⓛ 임원추천위원회의 심의 후 연임 시 고려해야 할 사항
- 경영성과 계약의 이행실적
- 경영평가의 결과
- 사장의 업무성과 평가 결과

ⓒ 지방자치단체의 장이 사장을 임기 중에 해임할 수 있는 경우
- 경영개선 명령을 정당한 사유 없이 이행하지 아니한 경우
- 그 밖에 업무 수행 중 관계 법령을 중대하고 명백하게 위반한 경우

③ 사장의 연임 또는 해임의 기준

ⓐ 대통령령 : 사장의 연임 또는 해임의 기준 등에 관하여 필요한 사항은 대통령령으로 정한다.

ⓑ 연임기준〈시행령 제56조의2 제1항 제1호〉
- 사장의 임기 중 경영성과 계약 이행실적 평가, 경영 평가 및 업무성과 평가에서 상위 평가를 받은 경우
- 사장의 임기 중 경영성과 계약 이행실적 평가, 경영 평가 및 업무성과 평가 결과가 직전 연도에 비하여 현저히 상승한 경우

ⓒ 해임기준〈시행령 제56조의2 제1항 제2호〉
- 사장의 임기 중 경영성과 계약 이행실적 평가, 경영 평가 및 업무성과 평가에서 하위 평가를 받은 경우
- 사장의 임기 중 경영성과 계약 이행실적 평가, 경영 평가 및 업무성과 평가 결과가 직전 연도에 비하여 현저히 하락된 경우

ⓓ 평가적용순서 : 사장의 연임기준 또는 해임기준을 적용함에 있어서는 업무성과 평가 결과, 경영 평가 결과 및 경영성과 계약 이행실적 평가 결과의 순으로 적용한다.

ⓔ 판단기준 : 상위 평가 및 하위 평가의 범위와 현저히 상승하거나 하락된 경우에 해당하는지 여부에 관한 판단기준은 지방공기업정책위원회의 심의를 거쳐 행정안전부장관이 정한다.

④ 이사〈법 제58조 제7항〉

ⓐ 이사 및 상임이사 임면
- 이사 : 이사(조례 또는 정관으로 정하는 바에 따라 당연히 이사로 선임되는 사람은 제외한다)는 임원추천위원회가 추천한 사람 중에서 임명한다.
- 상임이사 : 상임이사는 사장이 임면하고 비상임 이사는 지방자치단체의 장이 임면한다.
- 대통령령 : 이사의 임면에 필요한 사항은 대통령령으로 정한다.

ⓑ 후보자 공개모집〈법 제58조 제8항〉
- 공개모집 : 임원추천위원회
- 모집방법 : 임원후보자를 추천하려는 경우 대통령령으로 정하는 바에 따라 후보자를 공개모집하여야 한다.

추천위원회는 법 제58조(임원의 임면 등) 제8항에 따라 임원후보를 공개모집하는 경우에는 해당 지방자치단체와 공사의 인터넷 홈페이지, 행정안전부장관이 지정하는 인터넷 사이트 및 1개 이상의 전국을 보급지역으로 하는 일간신문 또는 해당 지방자치단체의 지역을 주된 보급지역으로 하는 일간신문에 임원의 모집공고를 하되 그 모집 기간은 15일 이상으로 하여야 한다. 다만, 신속한 채용을 위하여 부득이한 경우에는 지방자치단체의 장의 승인을 받아 모집기간을 단축할 수 있다

⑤ **사장과의 경영성과 계약**〈법 제58조의2〉

㉠ **경영성과계약 체결** : 지방자치단체의 장은 사장을 임명하는 경우 사장과 경영성과계약을 체결하여야 한다.

㉡ **경영성과 계약에 포함되어야 할 내용**
- 임기 중 사장이 수행하여야 할 경영목표
- 권한과 성과에 따른 보상 및 책임

㉢ **계약방법 및 절차** : 경영성과 계약의 방법 및 절차 등에 관하여 필요한 사항은 행정안전부령으로 정한다.

❷ 임원추천위원회

① **임원추천위원회의 구성**〈시행령 제56조의3〉

㉠ **추천위원회** : 임원추천위원회(이하 "추천위원회"라 한다)는 공사에 둔다.

㉡ **추천위원회 구성**〈시행령 제56조의3 제1항〉
- 지방자치단체의 장이 추천하는 사람 2명
- 의회가 추천하는 사람 3명
- 공사의 이사회가 추천하는 사람 2명

㉢ **공사설립 때 추천위원회 구성**
- 지방자치단체의 장이 추천하는 사람 4명
- 의회에서 추천하는 사람 3명으로 구성한다.

㉣ **추천위원회의 위원의 자격**〈시행령 제56조의3 제3항〉
- 경영전문가
- 경제관련 단체의 임원
- 4급 이상 공무원 또는 고위공무원단에 속하는 일반직공무원으로 퇴직한 자
- 공인회계사
- 공기업경영에 관한 지식과 경험이 있다고 인정되는 자

㉤ **의결참여 금지 및 위원의 자격제한**〈시행령 제 56조의 3〉
- 그 지방자치단체의 공무원인 당연직이사 또는 임원후보 공개모집에 응모하려는 임원은 추천위원회의 위원을 추천하기 위한 이사회의 의결에 참여할 수 없다.
- 공사의 임·직원(비상임 이사를 제외한다) 및 그 지방자치단체의 공무원(의회의원을 포함한다)은 추천위원회의 위원이 될 수 없다.

② 임원추천위원회의 운영〈시행령 제56조의3 제5항〉

　㉠ 의결 : 추천위원회는 재적위원 과반수의 찬성으로 의결한다.

　㉡ 위원장 : 추천위원회의 위원장은 위원 중에서 호선하며, 위원장은 추천위원회를 대표하고 회의를 주재한다.

　㉢ 임원의 임기만료 : 공사는 임원의 임기만료나 그 밖의 사유로 임원을 새로 임명하려면 지체 없이 추천위원회를 구성하여야 하며, 지방자치단체의 장 및 의회에 추천위원회 위원의 추천을 요청하여야 한다.

　㉣ 추천위원회의 임기 : 추천위원회는 추천된 자가 임원에 임명되는 때까지 존속한다.

　㉤ 회의록 공개
　　• 추천위원회는 추천위원회 회의의 심의·의결 내용 등이 기록된 회의록을 작성·보존하고 이를 공개하여야 한다.
　　• 「공공기관의 정보공개에 관한 법률」 제9조 제1항 각 호의 어느 하나에 해당하는 경우에는 공개하지 아니할 수 있다.

　㉥ 정관 : 시행령에서 규정한 사항 외에 추천위원회의 구성 및 운영 등에 필요한 사항은 공사의 정관으로 정한다.

`조문참고` 「공공기관의 정보공개에 관한 법률」 제9조 제1항
• 다른 법률 또는 법률에서 위임한 명령(국회규칙·대법원규칙·헌법재판소규칙·중앙선거관리위원회규칙·대통령령 및 조례로 한정한다)에 따라 비밀이나 비공개 사항으로 규정된 정보
• 국가안전보장·국방·통일·외교관계 등에 관한 사항으로서 공개될 경우 국가의 중대한 이익을 현저히 해칠 우려가 있다고 인정되는 정보
• 공개될 경우 국민의 생명·신체 및 재산의 보호에 현저한 지장을 초래할 우려가 있다고 인정되는 정보
• 진행 중인 재판에 관련된 정보와 범죄의 예방, 수사, 공소의 제기 및 유지, 형의 집행, 교정(矯正), 보안처분에 관한 사항으로서 공개될 경우 그 직무수행을 현저히 곤란하게 하거나 형사피고인의 공정한 재판을 받을 권리를 침해한다고 인정할 만한 상당한 이유가 있는 정보
• 감사·감독·검사·시험·규제·입찰계약·기술개발·인사관리에 관한 사항이나 의사결정 과정 또는 내부검토 과정에 있는 사항 등으로서 공개될 경우 업무의 공정한 수행이나 연구·개발에 현저한 지장을 초래한다고 인정할 만한 상당한 이유가 있는 정보. 다만, 의사결정 과정 또는 내부검토 과정을 이유로 비공개할 경우에는 제13조 제5항에 따라 통지를 할 때 의사결정 과정 또는 내부검토 과정의 단계 및 종료 예정일을 함께 안내하여야 하며, 의사결정 과정 및 내부검토 과정이 종료되면 제10조에 따른 청구인에게 이를 통지하여야 한다.
• 해당 정보에 포함되어 있는 성명·주민등록번호 등 「개인정보 보호법」 제2조 제1호에 따른 개인정보로서 공개될 경우 사생활의 비밀 또는 자유를 침해할 우려가 있다고 인정되는 정보
• 법인·단체 또는 개인(이하 "법인 등"이라 한다)의 경영상·영업상 비밀에 관한 사항으로서 공개될 경우 법인 등의 정당한 이익을 현저히 해칠 우려가 있다고 인정되는 정보
• 공개될 경우 부동산 투기, 매점매석 등으로 특정인에게 이익 또는 불이익을 줄 우려가 있다고 인정되는 정보

③ 추천위원회의 임원후보의 추천절차

　㉠ 모집공고〈시행령 제56조의4 제1항〉

　• 공고방법

　－해당 지방자치단체와 공사의 인터넷 홈페이지

　－행정안전부장관이 지정하는 인터넷 사이트

　－1개 이상의 전국을 보급지역으로 하는 일간신문

　－해당 지방자치단체의 지역을 주된 보급지역으로 하는 일간신문

　• 모집기간 : 15일 이상

　• 모집기간 단축 : 신속한 채용을 위하여 부득이한 경우에는 지방자치단체의 장의 승인을 받아 모집기간을 단축할 수 있다.

　㉡ 임원후보 추천〈시행령 제56조의4 제2항〉

　• 추천위원회는 공개모집에 응모한 사람 중에서 공사 임원의 업무수행에 필요한 학식과 경험이 풍부하고 능력을 갖춘 사람을 임원후보로 추천하여야 한다.

　• 추천위원회가 임원후보를 추천하려는 때에는 특별한 사유가 없는 한 두 사람 이상을 추천하여야 한다.

　㉢ 임원후보의 재 추천 요구〈시행령 제56조의4 제4항〉

　• 임명권자인 지방자치단체의 장 또는 공사의 사장은 추천된 임원후보가 임원의 결격사유에 해당하거나 공사의 경영에 현저하게 부적당하다고 인정되는 때에는 추천위원회에 임원후보의 재추천을 요구할 수 있다.

　• 임원후보의 재추천 요구가 있는 경우 추천위원회는 지체 없이 임원후보를 재추천하여야 한다.

　㉣ 모집·조사 등의 업무대행 : 추천위원회는 임원후보의 모집·조사 등의 업무를 전문기관에 대행시킬 수 있다.

③ 임원의 임기 및 결격사유

① 임기 및 직무〈법 제59조〉

　㉠ 임원임기

　• 임기 : 공사의 사장, 이사 및 감사의 임기는 3년으로 한다.

　• 직무대행 : 지방자치단체의 장은 <u>대통령령으로 정하는</u> 바에 따라 임기가 만료된 임원으로 하여금 그 후임자가 임명될 때까지 직무를 수행하게 할 수 있다.

　• 연임 : 공사의 사장, 이사 및 감사는 1년 단위로 연임될 수 있다.

　■ 대통령령으로 정하는 바〈시행령 제57조〉

　• 연임을 위하여 그 재임명에 관한 절차가 진행 중인 경우

　• 후임자가 임명될 때까지 직무대행이 반드시 필요하다고 지방자치단체의 장이 인정하는 경우

     ⓛ 공사의 사장
- 그 공사를 대표하고 업무를 총괄한다.
- 임기 중 그 공사의 경영성과에 대하여 책임을 진다.
- 그 공사의 이익과 자신의 이익이 상반되는 사항에 대하여는 공사를 대표하지 못한다. 이 경우 감사가 공사를 대표한다.

     ⓒ 직무에 필요한 사항 : 그 밖에 공사의 사장, 이사 및 감사의 직무에 필요한 사항은 정관으로 정한다.

② 임원의 결격사유〈법 제60조〉

     ㉠ 임원 결격사유
- 미성년자
- 「지방공무원법」 제31조 각 호의 어느 하나에 해당하는 사람
- 제58조(임원의 임면 등) 제4항 또는 제5항에 따라 해임된 후 3년이 지나지 아니한 사람
- 지방공기업법을 위반하여 벌금형을 선고받고 2년이 지나지 아니한 사람

     ⓛ 당연퇴직

     공사의 임원이 제1항 각 호의 어느 하나에(제3호는 제외한다) 및 「지방공무원법」 제61조(당연퇴직) 제1호에 해당하게 되거나 임명 당시 그에 해당하였음이 판명되었을 때에는 당연히 퇴직한다.

> **조문참고** 지방공무원법 제31조
> - 피성년후견인
> - 파산선고를 받고 복권되지 아니한 사람
> - 금고 이상의 실형을 선고받고 그 집행이 끝나거나(집행이 끝난 것으로 보는 경우를 포함한다) 집행이 면제된 날부터 5년이 지나지 아니한 사람
> - 금고 이상의 형의 집행유예를 선고받고 그 집행유예기간이 끝난 날부터 2년이 지나지 아니한 사람
> - 금고 이상의 형의 선고유예를 선고받고 그 선고유예기간 중에 있는 사람
> - 법원의 판결 또는 다른 법률에 따라 자격이 상실되거나 정지된 사람
> - 공무원으로 재직기간 중 직무와 관련하여 「형법」 제355조 및 제356조에 규정된 죄를 범한 사람으로서 300만 원 이상의 벌금형을 선고받고 그 형이 확정된 후 2년이 지나지 아니한 사람
> - 다음 각 목의 어느 하나에 해당하는 죄를 범한 사람으로서 100만 원 이상의 벌금형을 선고받고 그 형이 확정된 후 3년이 지나지 아니한 사람
>   - 「성폭력범죄의 처벌 등에 관한 특례법」 제2조에 따른 성폭력범죄
>   - 「정보통신망 이용촉진 및 정보보호 등에 관한 법률」 제74조 제1항 제2호 및 제3호에 규정된 죄
>   - 「스토킹범죄의 처벌 등에 관한 법률」 제2조 제2호에 따른 스토킹범죄
> - 미성년자에 대한 다음 각 목의 어느 하나에 해당하는 죄를 저질러 파면 · 해임되거나 형 또는 치료감호를 선고받아 그 형 또는 치료감호가 확정된 사람(집행유예를 선고받은 후 그 집행유예기간이 경과한 사람을 포함한다)
>   - 「성폭력범죄의 처벌 등에 관한 특례법」 제2조에 따른 성폭력범죄
>   - 「아동 · 청소년의 성보호에 관한 법률」 제2조 제2호에 따른 아동 · 청소년대상 성범죄
> - 징계로 파면처분을 받은 날부터 5년이 지나지 아니한 사람
> - 징계로 해임처분을 받은 날부터 3년이 지나지 아니한 사람

지방공기업법 제58조 제4항 또는 제5항
- 지방자치단체의 장은 사장의 경영성과에 따라 임기 중에 해임할 수 있다〈지방공기업법 제58조 제4항〉
- 지방자치단체의 장이 사장을 임기 중에 해임할 수 있는 경우〈지방공기업법 제58조 제5항〉
  - 경영 개선 명령을 정당한 사유 없이 이행하지 아니한 경우
  - 업무 수행 중 관계 법령을 중대하고 명백하게 위반한 경우

지방공무원법 제61조
- 제31조 제2호부터 제6호까지, 제6호의2부터 제6호의4까지, 제7호 및 제8호의 어느 하나에 해당하는 경우. 다만, 제31조 제2호는 파산선고를 받은 사람으로서 「채무자 회생 및 파산에 관한 법률」에 따라 신청기한 내에 면책신청을 하지 아니하였거나 면책불허가 결정 또는 면책 취소가 확정된 경우만 해당하고, 제31조 제5호는 「형법」 제129조부터 제132조까지, 「성폭력범죄의 처벌 등에 관한 특례법」 제2조, 「정보통신망 이용촉진 및 정보보호 등에 관한 법률」 제74조 제1항 제2호·제3호, 「스토킹범죄의 처벌 등에 관한 법률」 제2조제2호, 「아동·청소년의 성보호에 관한 법률」 제2조 제2호 및 직무와 관련하여 「형법」 제355조 또는 제356조에 규정된 죄를 범한 사람으로서 금고 이상의 형의 선고유예를 받은 경우만 해당한다.
- 임기제공무원의 근무기간이 만료된 경우

③ **공사 임직원의 겸직 제한**〈법 제61조〉

  ㉠ 임원 및 직원 : 공사의 임원 및 직원은 그 직무 외에 <u>영리를 목적으로 하는 업무</u>에 종사하지 못한다.

  ※ 영리를 목적으로 하는 업무 … 해당 업무에 종사함으로써 직무에 부당한 영향을 끼치거나 직무능률을 떨어뜨릴 우려가 있는 업무 등으로서 <u>대통령령으로 정하는 업무</u>를 말한다.

  ㉡ 임원 : 임원은 지방자치단체의 장의 허가 없이 다른 직무를 겸할 수 없다.

  ㉢ 직원 : 직원은 사장의 허가 없이 다른 직무를 겸할 수 없다.

  ㉣ 상근 아닌 임원 : 상근(常勤)이 아닌 임원은 그러하지 아니하다.

  ※ 상근(常勤) … 날마다 일정한 시간에 출근하여 정해진 시간 동안 근무하는 것을 말한다.

  대통령령으로 정하는 업무〈시행령 제57조의2〉
  - 공사의 임원 및 직원이 상업, 공업, 금융업 또는 그 밖의 영리적인 업무를 스스로 경영하여 영리를 추구함이 뚜렷한 업무
  - 공사의 임원 및 직원이 상업, 공업, 금융업 또는 그 밖에 영리를 목적으로 하는 사기업체(私企業體)의 이사, 감사, 업무를 집행하는 무한책임사원, 지배인, 발기인 또는 그 밖의 임원이 되어 수행하는 업무
  - 공사의 임원 및 직원 본인의 직무와 관련 있는 타인의 기업에 대하여 하는 투자
  - 그 밖에 계속적으로 재산상의 이득을 목적으로 하는 업무

④ 이사회 및 직원임면 및 임직원 교육 등

① 이사회〈법 제62조〉

   ㉠ 목적 : 공사의 업무에 관한 중요 사항을 의결하기 위하여 공사에 이사회를 둔다.

   ㉡ 구성 : 이사회는 사장을 포함한 이사로 구성한다.

   ㉢ 운영에 필요한 사항 : 이사회의 권한과 운영에 필요한 사항은 정관으로 정한다.

② 직원의 임면〈법 제63조〉

   ㉠ 임면 : 공사의 직원은 정관으로 정하는 바에 따라 사장이 임면한다.

   ㉡ 임용 : 공사의 직원은 시험성적, 근무성적, 그 밖의 능력의 실증(實證)에 따라 임용되어야 한다.

   ㉢ 채용공고 : 공사의 사장은 직원의 채용절차와 방법 등에 관한 사항을 사전에 규정하고, 직원의 채용 시에는 공고 등을 통하여 구체적인 절차와 방법 등을 공개하여야 한다.

   ㉣ 공개경쟁시험
- 공사의 사장이 직원을 채용하는 경우 공개경쟁시험으로 채용하는 것을 원칙으로 한다.
- 임직원의 가족 또는 임직원과 이해관계가 있는 등 채용의 공정성을 해칠 우려가 있는 사람을 특별히 우대하여 채용하여서는 아니 된다.

③ 임직원에 대한 교육훈련 및 보수

   ㉠ 임직원에 대한 교육훈련〈법 제63조의2〉
- 교육실시권자 : 공사의 사장
- 교육내용 : 임직원에 대하여 경영의 기본원칙을 달성하기 위하여 필요한 교육훈련을 실시하여야 한다.

   ㉡ 임직원의 보수〈법 제63조의3〉 : 공사의 임직원의 보수기준은 공사의 경영성과가 반영될 수 있도록 하여야 한다.

④ 권리행사와 대리인의 선임

   ㉠ 대리인 선임〈법 제63조의4〉
- 선임 : 공사의 사장이 정관으로 정하는 바에 따라 선임한다.
- 지명임직원 : 대리인으로 지명하는 임직원은 공사의 업무수행에 필요한 재판상 또는 재판 외의 모든 행위를 할 수 있다.

   ㉡ 대리인의 선임등기〈시행령 제57조의3 제1항〉
- 선임등기 : 공사의 사장은 대리인을 선임한 때에는 선임한 날부터 2주일 이내에 등기
- 등기장소 : 주된 사무소의 소재지

   ㉢ 선임 시 등기사항〈시행령 제57조의3 제1항〉
- 대리인의 성명, 주민등록번호와 주소
- 대리인을 둔 주된 사무소, 지사 또는 출장소
- 대리인의 권한을 제한한 경우에는 그 제한의 내용

② 대리인의 해임〈시행령 제57조의3 제2항〉

• 해임등기 : 공사의 사장은 대리인을 해임한 때에는 해임한 날부터 2주일 이내에 등기
• 등기장소 : 주된 사무소의 소재지
• 등기사항 : 그 해임의 뜻

5 임직원 징계 및 징계부가금

① 임직원 징계〈법 제63조의6 제1항〉

㉠ 징계 : 공사가 임직원을 징계할 수 있다.

㉡ 임직원의 징계 : 공사는 정관에서 정하는 바에 따라 공사의 임직원을 징계할 수 있다.

② 징계부가금 부과〈법 제63조의6 제2항〉

㉠ 부과사유 : 공사의 징계권자는 공사의 임직원의 금품 및 향응 수수, 공금의 횡령·유용을 이유로 징계를 하는 경우

㉡ 부과범위 : 금품 및 향응 수수액, 공금의 횡령액·유용액의 5배 내의 징계부가금 부과

③ 징계부가금 초과부과 금지〈법 제63조의6 제3항〉

㉠ 초과부과사유 : 공사의 임직원이 금품 및 향응 수수, 공금의 횡령·유용으로 다른 법률에 따라 형사처벌을 받거나 변상책임 등을 이행한 경우(몰수나 추징을 당한 경우를 포함한다)

㉡ 초과금액 부과금지 : 벌금, 변상금, 몰수 또는 추징금에 해당하는 금액과 징계부가금액의 합계액은 금품 및 향응 수수액, 공금의 횡령액·유용액의 5배를 초과해서는 아니 된다.

④ 징계부가금 부과요구〈법 제63조의6 제4항〉

㉠ 부과요청권자 : 지방자치단체의 장

㉡ 부과요청 : 지방자치단체의 장은 징계 또는 징계부가금의 부과가 필요함에도 불구하고 공사의 징계권자가 필요한 조치를 하지 아니하는 경우에는 공사의 징계권자에게 징계 또는 징계부가금의 부과를 요청할 수 있다.

⑤ 소멸시효〈법 제63조의6 제5항〉

㉠ 징계 및 징계부가금 부과 : 징계 및 징계부가금 부과는 그 사유가 발생한 날부터 3년

㉡ 금품수수 및 공금의 횡령 : 금품 및 향응 수수, 공금의 횡령·유용의 경우에는 5년

6 **비위행위자에 대한 조치**〈법 제63조의7〉

① 윤리경영의 강화

    ㉠ 강화주체 : 공사

    ㉡ 윤리경영 강화 : 공사는 투명하고 공정한 인사운영 등 윤리경영을 강화하기 위하여 노력하여야 한다.

② 수사 또는 감사의뢰

    ㉠ 의뢰기관 : 지방자치단체의 장

    ㉡ 의뢰사유

- 의뢰사유 : 공사의 임원이 <u>금품비위, 성범죄, 채용비위 등 대통령령으로 정하는 비위행위</u>를 한 사실이 있거나 혐의가 있는 경우로서 윤리경영을 저해한 것으로 판단되는 경우
- 의뢰 : 해당 공사의 임원에 대하여 검찰, 경찰 등 수사기관과 감사원 등 감사기관(이하 이 조에서 "수사기관 등"이라 한다)에 수사 또는 감사를 의뢰하여야 한다.

    ▌**금품비위, 성범죄, 채용비위 등 대통령령으로 정하는 비위행위**〈시행령 제57조의4 제1항〉

- 직무와 관련하여 위법하게 금전, 물품, 부동산, 향응 또는 그 밖의 재산상 이익을 주고받거나 주고받을 것을 약속하는 행위
- 해당 공사의 공금, 재산 또는 물품의 횡령, 배임, 절도, 사기 또는 유용(流用)
- 「성폭력범죄의 처벌 등에 관한 특례법」 제2조에 따른 성폭력범죄
- 「성매매알선 등 행위의 처벌에 관한 법률」 제4조에 따른 금지행위
- 법령이나 정관·내규 등을 위반하여 채용·승진 등 인사에 개입하거나 영향을 주는 행위로서 인사의 공정성을 현저하게 해치는 행위
- 법, 「상법」, 「형법」, 「조세범 처벌법」, 「지방세기본법」, 「독점규제 및 공정거래에 관한 법률」 또는 그 밖에 해당 공사의 업무와 관련되는 법령 등을 위반하여 이루어진 채용비위, 조세포탈, 회계부정, 불공정거래행위 등과 관련한 중대한 위법행위

    ㉢ 직무정지 요구

- 요구사유 : 수사 또는 감사 의뢰를 한 경우
- 정지요구 : 지방자치단체의 장은 해당 임원의 직무를 정지시키거나 그 공사의 사장에게 직무를 정지시킬 것을 요구할 수 있다.

    ㉣ 수사 또는 감사의뢰 구분〈시행령 제57조의4 제2항〉

- 범죄의 사실 또는 혐의가 있어 수사의 필요성이 있다고 인정되는 경우 : 수사기관에 수사 의뢰
- 지방자치단체의 장이 직접 감사하기 어려운 부득이한 사유가 있고 「감사원법」에 따른 감사가 필요하다고 인정되는 경우 : 감사원에 감사 의뢰

    ㉤ 수사 또는 감사의뢰 시 자료제출

- 제출시기 : 지방자치단체의 장은 수사 또는 감사를 의뢰하는 경우
- 제출서류 : 비위행위 사실 또는 혐의에 관한 자료 등을 함께 제출

※ 감사원에 감사를 의뢰하는 경우에는 감사원과 미리 협의해야 한다.

③ 수사 또는 감사결과 확인 시〈법 제63조의7 제3항〉

　㉠ 해임요구 : 수사기관 등의 수사 또는 감사결과에 따라 필요한 경우 해당 공사 임원을 해임할 것을 요구할 수 있다.

　㉡ 해임요구권자

　　• 행정안전부장관 : 지방자치단체의 장에게 해임요구

　　• 지방자치단체의 장 : 해당 공사 임원을 해임하거나 그 공사의 사장에게 해임요구

④ 유죄판결 확정 시

　㉠ 공개사유 : 지방자치단체의 장은 공사의 임원이 비위행위 중 채용비위와 관련하여 유죄판결이 확정된 경우로서 「특정범죄 가중처벌 등에 관한 법률」 제2조에 따라 가중 처벌되는 경우

　㉡ 인적사항 및 비위행위 사실공개 : 해당 지방자치단체 소속의 심의·의결기구로서 심의·의결을 거쳐 그 인적사항 및 비위행위 사실 등을 공개할 수 있다.

> **조문참고** 특정범죄 가중처벌 등에 관한 법률 제2조
> • 「형법」 제129조·제130조 또는 제132조에 규정된 죄를 범한 사람은 그 수수(收受)·요구 또는 약속한 뇌물의 가액(價額)(이하 이 조에서 "수뢰액"이라 한다)에 따라 다음 각 호와 같이 가중 처벌한다.
>   – 수뢰액이 1억 원 이상인 경우에는 무기 또는 10년 이상의 징역에 처한다.
>   – 수뢰액이 5천만 원 이상 1억 원 미만인 경우에는 7년 이상의 유기징역에 처한다.
>   – 수뢰액이 3천만 원 이상 5천만 원 미만인 경우에는 5년 이상의 유기징역에 처한다.
> • 「형법」 제129조·제130조 또는 제132조에 규정된 죄를 범한 사람은 그 죄에 대하여 정한 형(㉠의 경우를 포함한다)에 수뢰액의 2배 이상 5배 이하의 벌금을 병과(倂科)한다.

⑤ 인사상의 불이익 조치〈시행령 제57조의6〉

　㉠ 합격취소 등의 요건 : 지방자치단체의 장은 공사의 임직원이 비위행위 중 채용비위와 관련하여 유죄판결이 확정된 경우

　㉡ 합격취소 등 요구 : 해당 채용비위로 인하여 채용시험에 합격하거나 승진 또는 임용된 사람에 대하여는 해당 공사의 사장에게 합격·승진·임용의 취소 또는 인사상의 불이익 조치(이하 이 조에서 "합격취소 등"이라 한다)를 취할 것을 요구할 수 있다.

　㉢ 소명기회 부여 : 합격취소 등의 경우 공사의 사장은 그 내용과 사유를 당사자에게 통지하여 소명할 기회를 주어야 한다.

7 지방공기업 채용비위자 공개심의위원회〈시행령 제57조의5〉

① 공개심의위원회

　　㉠ 구성목적 : 인적사항 및 비위행위 사실 등의 공개에 관한 사항을 심의·의결하기 위함이다.

　　㉡ 위원회설치 : 지방자치단체에 지방공기업 채용비위자 공개심의위원회(이하 "공개심의위원회"라 한다) 를 둔다.

② 공개심의위원회의 구성

　　㉠ 위원장 : 1명

　　㉡ 위원 : 위원장 1명을 포함한 15명 이내의 위원으로 구성

③ 공개심의위원회 위원장이 될 수 있는 자

　　㉠ 특별시·광역시·특별자치시·도 및 특별자치도(이하 "시·도"라 한다)의 부시장·부지사(행정업무 를 총괄하는 부시장·부지사를 말한다)

　　㉡ 시·군·자치구(이하 "시·군·구"라 한다)의 부시장·부군수·부구청장

④ 회의 및 위원

　　㉠ 타법준용 : 공개심의위원회의 회의 및 위원에 관하여는 <u>「지방자치단체 출자·출연 기관의 운영에 관 한 법률 시행령」 제4조 제2항부터 제7항까지, 제5조 및 제6조를 준용한다.</u>

　　㉡ 이 경우 "심의위원회"는 "공개심의위원회"로, "출자·출연 기관"은 "공사"로 본다.

> **조문참고** 지방자치단체 출자·출연 기관의 운영에 관한 법률 시행령 제4조 제2항 ~ 제7항까지
> - 위원장은 심의위원회의 회의를 소집하고 그 의장이 된다.
> - 위원장이 부득이한 사유로 직무를 수행할 수 없을 때에는 위원장이 미리 정한 위원이 위원장의 직무를 대행한다.
> - 심의위원회 위원은 다음 각 호에 해당하는 사람 중에서 지방자치단체의 장이 임명하거나 위촉한다.
>   − 지방의회에서 추천하는 사람(지방의원은 제외한다) 3명 이내
>   − 전체 위원 수의 4분의 1 범위에서 해당 지방자치단체의 장이 지명하는 공무원
>   − 법조계·경제계·언론계·학계 및 노동계 등의 분야에서 출자·출연 기관의 운영에 관한 전문지식과 경험을 가진 사람 중 위원장이 추천하는 사람
> - 심의위원회의 회의는 위원 과반수의 출석으로 개의(開議)하고, 출석위원 과반수의 찬성으로 의결한다.
> - 심의위원회는 업무 수행을 위하여 필요할 때에는 관계 공무원이나 출자·출연 기관의 임직원 등에게 출석, 자료 제출 및 의견 진술을 요구할 수 있다.
> - 심의위원회의 민간위원에게는 예산의 범위에서 수당, 여비 또는 그 밖에 필요한 경비를 지급할 수 있다.

> **조문참고** 지방자치단체 출자·출연 기관의 운영에 관한 법률 시행령 제5조 및 제6조
> 제5조(심의위원회 위원의 해임 등)
> - 지방자치단체의 장은 심의위원회 위원이 다음 각 호의 어느 하나에 해당하는 경우에는 해당 위원을 해임 하거나 해촉할 수 있다.
>   − 해당 지방자치단체의 출자·출연 기관의 임원이 된 경우. 다만, 당연직 임원인 경우는 제외한다.

- 직무와 관련한 형사사건으로 기소된 경우
- 심신장애로 인하여 직무를 수행할 수 없게 된 경우
- 직무태만, 품위손상이나 그 밖의 사유로 인하여 위원으로서 직무를 수행하기에 적합하지 아니하다고 인정되는 경우
• 해임 또는 해촉된 위원의 후임으로 임명된 위원의 임기는 전임 위원 임기의 남은 기간으로 한다.

제6조(심의위원회 위원의 제척·기피·회피)
• 심의위원회 위원은 다음 각 호의 어느 하나에 해당하는 사항에 대한 심의·의결에서 제척(除斥)된다.
  - 위원과 직접적인 이해관계가 있는 사항
  - 위원의 배우자, 4촌 이내의 혈족, 2촌 이내의 인척 또는 위원이 속한 기관과 이해관계가 있는 사항
  - 위원 또는 위원이 속한 기관이 자문·고문(顧問) 등을 하고 있는 자와 이해관계가 있는 사항
• 당사자는 위원에게 공정한 심의·의결을 기대하기 어려운 사정이 있는 경우에는 위원회에 기피 신청을 할 수 있고, 위원회는 의결로 이를 결정한다. 이 경우 기피 신청의 대상인 위원은 그 의결에 참여하지 못한다.
• 위원이 제1항 각 호에 따른 제척 사유에 해당하는 경우에는 스스로 해당 안건의 심의·의결에서 회피(回避)하여야 한다.

⑤ **위원의 임기 및 연임**

　㉠ **위원의 임기** : 공무원이 아닌 위원의 임기는 2년으로 한다.

　㉡ **연임여부** : 한 차례만 연임할 수 있다.

⑥ **기타 필요한 사항** : 공개심의위원회의 구성과 운영에 필요한 사항은 지방자치단체의 조례로 정한다.

⑧ 채용비위자에 대한 조치〈시행령 제57조의6〉

① **인적사항 및 비위행위 사실 등 공개**

　㉠ **공개주체** : 지방자치단체의 장

　㉡ **공개방법**
　• 관보에 게시
　• 행정안전부장관이 지정하는 인터넷 사이트에 게시
　• 해당 지방자치단체의 인터넷 홈페이지에 게시

　㉢ **게시 기간** : 1년간 게시

　㉣ **인적사항 및 비위행위 사실 등을 공개할 경우 포함사항**
　• 채용비위와 관련하여 유죄판결이 확정된 임원의 이름, 나이, 직업 및 주소(상세주소는 생략할 수 있음)
　• 채용비위 행위 당시 소속 공사의 명칭 및 주소, 담당 직무 및 직위
　• 채용비위 행위의 내용 및 방법
　• 채용비위 행위와 관련된 유죄의 확정판결 내용

② 합격취소 등의 요구

  ㉠ 요구주체 : 지방자치단체의 장

  ㉡ 요구조치의 기준

   • 공사의 사장에게 합격·승진·임용의 취소 또는 인사상의 불이익 조치(이하 이 조에서 "합격취소등"
     이라 한다)를 취할 것을 요구하는 경우에는 기준에 따라야 한다.

   • 합격취소등 불이익조치의 사유를 함께 통지해야 한다.

  ㉢ 합격취소 등의 조치에 대한 요구기준

   • 채용비위로 인하여 채용시험에 합격하거나 채용된 경우 : 해당 채용시험의 합격 또는 채용의 취소
     요구

   • 채용비위에 가담하거나 협조하여 승진, 전직, 전보 또는 파견 등이 된 경우 : 해당 승진, 전직, 전보 또
     는 파견 등의 취소 요구. 이 경우 필요하다고 인정하면 인사상의 불이익 조치를 함께 요구할 수 있다.

③ 합격취소 등의 결정통지

  ㉠ 통지자 : 공사의 사장

  ㉡ 통지기일 : 합격취소등을 결정하기 10일 전까지

  ㉢ 합격취소 등의 당사자에게 통지해야 할 사항

   • 지방자치단체의 장의 합격취소등의 요구 내용 및 사유

   • 소명기한

   • 소명방법

   • 소명하지 않는 경우의 처리방법

   • 그 밖에 소명에 필요한 사항

④ 추가소명의 기회

  ㉠ 합격취소 등의 결정 : 공사의 사장

  ㉡ 합격취소 등의 취소 : 통지를 받은 합격취소등의 당사자가 정당한 사유 없이 소명하지 않는 경우에는
     추가로 소명기회를 주지 않고 합격취소등을 할 수 있다.

⑤ 관계인 의견제시 요구 및 통지

  ㉠ 의견제시 및 증거물의 제출요구 : 공사의 사장은 합격취소등을 결정하기 위하여 필요하다고 인정하는
     경우에는 관계인 의견 제시 또는 증거물의 제출을 요구할 수 있다.

  ㉡ 결정결과 통지 : 공사의 사장은 합격취소등을 결정한 경우 그 내용을 합격취소등의 당사자와 지방자
     치단체의 장에게 지체 없이 통지해야 한다.

9 **인사감사**〈법 제63조의8〉

① 인사운영의 적정여부 감사

　　㉠ 감사 : 지방자치단체의 장은 비위행위 중 채용비위의 근절 등을 위하여 대통령령으로 정하는 바에 따라 공사의 인사운영의 적정 여부를 감사(이하 이 조에서 "인사감사"라 한다)할 수 있다.

　　㉡ 서류제출의 요구 : 인사감사에 필요한 경우 관계 서류를 제출하도록 요구할 수 있다.

② 인사감사의 대상〈지방공기업법 시행령 제57조의7〉

　　㉠ 감사대상 : 인사감사는 인사운영 전반 또는 채용, 승진, 평가 등 특정 사항을 대상으로 한다.

　　㉡ 인사감사에 따르는 법률

　　　• 지방자치단체의 장이 인사감사를 하는 경우에는 「공공감사에 관한 법률」에 따른다.

　　　• 제주특별자치도지사가 인사감사를 하는 경우에는 「제주특별자치도 설치 및 국제자유도시 조성을 위한 특별법」 제131조부터 제139조까지의 규정에 따른다.

　　㉢ 필요한 사항 : 인사감사의 효율적인 수행을 위하여 필요한 사항은 지방자치단체의 장이 정한다.

③ 인사상 조치 등의 요구

　　㉠ 요구사유 : 지방자치단체의 장은 인사감사 결과 위법 또는 부당한 사실이 발견된 경우

　　㉡ 요구조치 : 지체 없이 해당 공사의 사장에게 그 시정(是正)과 관련자에 대한 인사상의 조치 등을 요구

③ 요구조치 이행 및 결과통보

　　㉠ 요구조치의 이행 : 공사의 사장은 인사상 조치 등의 요구가 있을 경우 정당한 사유가 없으면 이를 즉시 이행하여야 한다.

　　㉡ 이행결과 통보 : 공사의 사장은 요구조치의 이행결과를 해당 지방자치단체의 장에게 통보하여야 한다.

(1) 공사의 임원은 사장을 포함한 이사 및 감사로 하며, 그 수는 (　　)으로 정한다.

(2) 이사는 상임이사와 비상임이사로 구분하며, 사장을 포함한 상임이사의 정수는 이사정수의 (　　) 미만으로 한다.

(3) 지방자치단체의 장은 사장과 감사를 임명할 경우 대통령령으로 정하는 (　　)가 추천한 사람 중에서 임명하여야 한다.

(4) 지방자치단체의 장은 사장의 (　　)에 따라 임기 중에 해임하거나 임기가 끝나더라도 임원추천위원회의 심의를 거쳐 연임시킬 수 있다.

(5) 이사는 임원추천위원회가 추천한 사람 중에서 임명하되, 상임이사는 (　　)이 임면하고 비상임이사는 (　　)이 임면한다.

(6) 이사의 임면에 필요한 사항은 (　　)로 정한다.

(7) 지방자치단체의 장은 사장을 임명하는 경우 사장과 (　　)을 체결하여야 한다.

(8) 경영성과계약의 방법 및 절차 등에 관하여 필요한 사항은 (　　)로 정한다.

(9) 사장의 연임기준 또는 해임기준을 적용함에 있어서는 (　　), (　　) 및 경영성과계약 이행실적평가결과의 순으로 적용한다.

(10) 임원추천위원회는 (　　)에 두며 공사를 설립하는 때에는 그 지방자치단체의 장이 추천하는 사람 (　　)과 그 의회에서 추천하는 사람 (　　)으로 구성한다.

(11) 임원추천위원회의 구성
　　㉠ 그 지방자치단체의 장이 추천하는 사람 (　　)명
　　㉡ 그 의회가 추천하는 사람 (　　)명
　　㉢ 그 공사의 이사회가 추천하는 사람 (　　)명

(12) 공사의 사장, 이사 및 감사의 임기는 (　　)으로 하며, 공사의 사장, 이사 및 감사는 (　　) 단위로 연임될 수 있으며, 공사의 사장, 이사 및 감사의 직무에 필요한 사항은 (　　)으로 정한다.

(13) 이사회는 사장을 포함한 (　　)로 구성하며, 이사회의 권한과 운영에 필요한 사항은 (　　)으로 정한다.

(14) 공사의 직원은 (　　), (　　), 그 밖의 능력의 (　　)에 따라 임용되어야 한다.

(15) 공사의 임직원의 보수기준은 공사의 (　　)가 반영될 수 있도록 하여야 하며, 공사는 (　　)에서 정하는 바에 따라 공사의 임직원을 징계할 수 있다.

정답 및 해설

(1) 정관
(2) 100분의 50
(3) 임원추천위원회
(4) 경영성과
(5) 사장, 지방자치단체의 장

(6) 대통령령
(7) 경영성과계약
(8) 행정안전부령
(9) 업무성과 평가결과, 경영 평가 결과
(10) 공사, 4명, 3명

(11) 2, 3, 2
(12) 3년, 1년, 정관
(13) 이사, 정관
(14) 시험성적, 근무성적, 실증
(15) 경영성과, 정관

1 지방공기업법령상 지방공사 임원의 임면에 대한 설명으로 옳지 않은 것은?

① 공사의 임원의 수는 정관으로 정한다.
② 감사를 임명할 경우에는 임원추천위원회가 지명한 사람을 임명하여야 한다.
③ 상임이사는 사장이 임면하고 비상임 이사는 지방자치단체의 장이 임면한다.
④ 임원추천위원회가 임원후보자를 추천할 경우에는 공개모집하여야 한다.

TIP 사장과 감사를 임명할 경우 대통령령으로 정하는 임원추천위원회가 추천한 사람 중에서 임명하여야 한다〈지방공기업법 제58조 제3항〉.

2 지방공기업법령상 지방공기업 사장과 감사의 임면권 자는?

① 지방의회의장
② 지방자치단체의 장
③ 행정안전부장관
④ 대통령

TIP 사장과 감사는 대통령령으로 정하는 바에 따라 지방공기업의 경영에 관한 전문적인 식견과 능력이 있는 사람 중에서 지방자치단체의 장이 임면(任免)한다〈지방공기업법 제58조 제2항〉.

3 지방공기업법령상 공사의 사장을 포함한 상임이사의 정수의 비율은?

① 100분의 20 미만
② 100분의 30 미만
③ 100분의 40 미만
④ 100분의 50 미만

TIP 사장을 포함한 상임이사의 정수는 이사정수의 100분의 50 미만으로 한다〈지방공기업법 시행령 제55조 제2항〉.

Answer 1.② 2.② 3.④

4 지방공기업법령상 사장의 연임기준 또는 해임기준의 적용순서로 옳은 것은?

① 경영 평가결과 – 경영성과계약 이행실적 평가결과 – 업무성과 평가결과
② 업무성과 평가결과 – 경영 평가결과 – 경영성과계약 이행실적 평가결과
③ 경영성과계약 이행실적 평가결과 – 업무성과 평가 결과 – 경영 평가결과
④ 경영이행실적 평가결과 – 업무성과 평가결과 – 경영 평가결과

TIP 사장의 연임기준 또는 해임기준을 적용함에 있어서는 업무성과 평가 결과, 경영 평가 결과 및 경영성과계약 이행실적 평가 결과의 순으로 적용한다〈지방공기업법 시행령 제56조의2 제2항〉.

5 지방공기업법령상 공사를 설립할 때 추천위원회의 구성원은 총 몇 명인가?

① 5명   ② 7명
③ 9명   ④ 11명

TIP 공사를 설립하는 때에는 그 지방자치단체의 장이 추천하는 사람 4명과 그 의회에서 추천하는 사람 3명으로 구성한다〈지방공기업법 시행령 제56조의3 제1항〉.

6 지방공기업법령상 추천위원회의 위원이 될 수 없는 사람은?

① 경영전문가   ② 공인중개사
③ 경제 관련단체의 임원   ④ 4급 이상 공무원

TIP 추천위원회의 위원의 자격〈지방공기업법 시행령 제56조의3 제3항〉
  1. 경영전문가
  2. 경제 관련단체의 임원
  3. 4급 이상 공무원 또는 고위공무원단에 속하는 일반직공무원으로 퇴직한 자
  4. 공인회계사
  5. 공기업경영에 관한 지식과 경험이 있다고 인정되는 자

7 지방공기업법령상 추천위원회의 의결은?

① 재적위원 전원의 찬성
② 재적위원 과반수의 찬성
③ 재적위원 3분의 2 이상의 찬성
④ 재적위원 4분의 3 이상의 찬성

TIP 추천위원회는 재적위원 과반수의 찬성으로 의결한다〈지방공기업법 시행령 제56조의3 제5항〉.

8 지방공기업법령상 추천위원회의 회의록을 공개하지 않아도 되는 경우는?

① 지방공기업법을 따를 경우
② 공사의 정관을 따를 경우
③ 공공기관의 정보공개에 관한 법률을 따를 경우
④ 지방자치단체의 조례를 따를 경우

TIP 「공공기관의 정보공개에 관한 법률」 제9조 제1항에 해당하는 경우에는 추천위원회 회의의 심의 · 의결 내용 등이 기록된 회의록을 공개하지 않을 수 있다〈지방공기업법 시행령 제56조의3 제9항〉.

9 지방공기업법령상 임원후보를 공개모집할 때 모집공고 방법으로 옳지 않은 것은?

① 행정안전부장관이 지정하는 인터넷 사이트
② 해당 지방자치단체와 공사의 인터넷 홈페이지
③ 5개 이상의 전국을 보급지역으로 하는 일간신문
④ 해당 지방자치단체의 지역을 주된 보급지역으로 하는 일간신문

TIP 추천위원회는 법 제58조(임원의 임면 등) 제8항에 따라 임원후보를 공개모집하는 경우에는 해당 지방자치단체와 공사의 인터넷 홈페이지, 제44조의2(통합공시) 제4항에 따른 행정안전부장관이 지정하는 인터넷 사이트 및 1개 이상의 전국을 보급지역으로 하는 일간신문 또는 해당 지방자치단체의 지역을 주된 보급지역으로 하는 일간신문에 임원의 모집공고를 하되 그 모집 기간은 15일 이상으로 하여야 한다. 다만, 신속한 채용을 위하여 부득이한 경우에는 지방자치단체의 장의 승인을 받아 모집기간을 단축할 수 있다〈지방공기업법 시행령 제56조의4 제1항〉.

Answer 4.② 5.② 6.② 7.② 8.③ 9.③

10 지방공기업법령상 추천위원회가 공사의 임원후보를 추천할 때 추천해야 하는 인원은?

① 2명 이상
② 3명 이상
③ 4명 이상
④ 5명 이상

TIP 추천위원회가 임원후보를 추천하려는 때에는 특별한 사유가 없는 한 두 사람 이상을 추천하여야 한다〈지방공기업법 시행령 제56조의4 제3항〉.

11 지방공기업법령상 지방자치단체장이 공사의 사장을 임명할 때 체결해야 하는 계약은?

① 지역발전계약
② 책임보상계약
③ 경영평가계약
④ 경영성과계약

TIP 지방자치단체의 장은 사장을 임명하는 경우 사장과 경영성과계약을 체결하여야 한다〈지방공기업법 제58조의2 제1항〉.

12 지방공기업법령상 지방자치단체의 장이 사장을 임명할 때 체결해야 하는 계약내용으로 옳지 않은 것은?

① 권한과 성과에 따른 보상
② 사장의 개인재산 내역공개
③ 사장이 수행해야 할 경영목표
④ 권한과 성과에 따른 책임

TIP 경영성과계약에는 임기 중 사장이 수행하여야 할 경영목표, 권한과 성과에 따른 보상 및 책임이 포함되어야 한다〈지방공기업법 제58조의2 제1항〉.

13 지방공기업법령상 다음 (   ) 안의 숫자를 모두 합하면?

> • 공사의 사장, 이사 및 감사의 임기는 (   )년으로 한다.
> • 공사의 사장, 이사 및 감사는 (   )년 단위로 연임될 수 있다.

① 3
② 4
③ 5
④ 6

TIP 공사의 사장, 이사 및 감사의 임기는 3년으로 한다. 공사의 사장, 이사 및 감사는 1년 단위로 연임될 수 있다〈지방
공기업법 제59조 제1항 및 제2항〉.

14 지방공기업법령상 공사임원의 결격사유에 해당하지 않는 사람은?

① 지방공기업법을 위반하여 벌금형을 선고받고 3년이 지나지 아니한 사람
② 공무원 결격사유에 해당하는 사람
③ 경영성과에 따라 해임된 후 3년이 지나지 아니한 사람
④ 미성년자

TIP 임직원의 결격사유 등〈지방공기업법 제60조 제1항〉… 다음 각 호의 어느 하나에 해당하는 사람은 공사의 임원이 될
수 없으며, 제3호에 해당하는 사람은 공사의 직원이 될 수 없다.
1. 삭제〈2019. 12. 3.〉
2. 미성년자
3. 「지방공무원법」 제31조(결격사유) 각 호의 어느 하나에 해당하는 사람
4. 해임된 후 3년이 지나지 아니한 사람
5. 이 법을 위반하여 벌금형을 선고받고 2년이 지나지 아니한 사람
6. 삭제〈2015. 12. 15.〉

Answer   10.① 11.④ 12.② 13.② 14.①

15 지방공기업법령상 공사의 임원 중 다른 직무를 겸할 수 있는 사람은?

① 이사의 허가를 받은 경우 직원　　　　② 상근이 아닌 비상임이사

③ 의회의 허가를 받은 사장　　　　　　　④ 사장의 허가를 받은 상근인 상임이사

TIP 공사의 임원 및 직원은 그 직무 외에 영리를 목적으로 하는 업무에 종사하지 못하며, 임원은 지방자치단체의 장의 허가 없이, 직원은 사장의 허가 없이 다른 직무를 겸할 수 없다. 다만, 상근(常勤)이 아닌 임원은 그러하지 아니하 다〈지방공기업법 제61조 제1항〉.

16 지방공기업법령상 공사의 임원 및 직원이 종사할 수 없는 업무의 범위에 포함되지 않는 것은?

① 공사의 임원 및 직원이 금융업의 이사가 되어 수행하는 업무

② 사기업체의 이사, 감사 등 임원으로서 수행하는 업무

③ 본인의 직무와 관련 없는 타인의 기업에 대하여 하는 투자

④ 사기업체의 발기인이 되어 수행하는 업무

TIP 겸직이 금지되는 임직원의 영리업무〈지방공기업법 시행령 제57조의2〉
　　1. 공사의 임원 및 직원이 상업, 공업, 금융업 또는 그 밖의 영리적인 업무를 스스로 경영하여 영리를 추구함이 뚜 렷한 업무
　　2. 공사의 임원 및 직원이 상업, 공업, 금융업 또는 그 밖에 영리를 목적으로 하는 사기업체(私企業體)의 이사, 감 사, 업무를 집행하는 무한책임사원, 지배인, 발기인 또는 그 밖의 임원이 되어 수행하는 업무
　　3. 공사의 임원 및 직원 본인의 직무와 관련 있는 타인의 기업에 대하여 하는 투자
　　4. 그 밖에 계속적으로 재산상의 이득을 목적으로 하는 업무

17 지방공기업법령상 공사 이사회에 대한 설명으로 틀린 것은?

① 사장을 포함한 이사로 구성한다.

② 공사의 업무에 관한 중요사항을 의결한다.

③ 이사회는 공사에 둔다.

④ 이사회의 권한과 운영에 필요한 사항은 조례로 정한다.

TIP 공사의 이사회〈지방공기업법 제62조〉
　　① 공사의 업무에 관한 중요 사항을 의결하기 위하여 공사에 이사회를 둔다.
　　② 이사회는 사장을 포함한 이사로 구성한다.
　　③ 이사회의 권한과 운영에 필요한 사항은 정관으로 정한다.

18 지방공기업법령상 공사 직원의 임면에 대한 설명으로 틀린 것은?

① 공사 직원의 임면절차는 정관으로 정한다.
② 직원채용은 공고를 통하여 채용절차와 방법을 공개하여야 한다.
③ 공사의 직원은 사장이 임면한다.
④ 직원채용은 수시로 채용하는 것을 원칙으로 한다.

TIP 공사의 사장이 직원을 채용하는 경우 공개경쟁시험으로 채용하는 것을 원칙으로 한다〈지방공기업법 제63조 제4항〉.

19 지방공기업법령상 다음 (   ) 안에 알맞은 것은?

> 공사의 사장은 임직원에 대하여 경영의 기본원칙을 달성하기 위하여 필요한 (   )을 실시하여야 한다.

① 교육훈련
② 필기시험
③ 집단토론
④ 경영교육

TIP 공사의 사장은 임직원에 대하여 경영의 기본원칙을 달성하기 위하여 필요한 <u>교육훈련</u>을 실시하여야 한다〈지방공기업법 제63조의2〉.

20 지방공기업법령상 공사의 사장이 정관으로 정해서 지명한 임직원이 할 수 없는 행위는?

① 권리행사
② 등기행위
③ 재판행위
④ 대리인선임

TIP 공사의 사장이 정관으로 정하는 바에 따라 지명하는 임직원은 공사의 업무수행에 필요한 재판상 또는 재판 외의 모든 행위를 할 수 있다〈지방공기업법 제63조의4〉.

21 지방공기업법령상 대리인의 선임등기사항이 아닌 것은?

① 대리인의 성명, 학력 및 주소

② 대리인의 권한을 제한한 경우에는 그 제한의 내용

③ 대리인의 주민등록번호

④ 대리인을 둔 주된 사무소, 지사 또는 출장소

TIP 대리인의 선임 등기〈지방공기업법 시행령 제57조의3 제1항〉 ··· 공사는 사장이 대리인을 선임한 경우에는 선임 후 2주일 이내에 주된 사무소의 소재지에서 다음 각 호의 사항을 등기해야 한다.
  1. 대리인의 성명, 주민등록번호와 주소
  2. 대리인을 둔 주된 사무소, 지사 또는 출장소
  3. 대리인의 권한을 제한한 경우에는 그 제한의 내용

22 지방공기업법령상 공사의 사장은 대리인을 해임한 때 등기해야 할 내용은?

① 명칭과 소재지

② 해임목적

③ 해임의 뜻

④ 임원의 성명과 주소

TIP 공사는 사장이 선임한 대리인을 해임한 때에는 해임한 날부터 2주일 이내에 주된 사무소의 소재지에서 그 해임의 뜻을 등기하여야 한다〈지방공기업법 시행령 제57조의3 제2항〉.

23 지방공기업법령상 행정안전부장관이 공사의 인사운영에 공통적으로 적용해야 할 사항을 통보해야 할 사람은?

① 지방자치단체의 장 ② 지방자치단체의회의 의장

③ 고용노동부장관 ④ 공사의 사장

TIP 행정안전부장관은 공사의 인사운영에 공통적으로 적용하여야 할 사항에 관한 기준을 작성하여 지방자치단체의 장에게 통보할 수 있다〈지방공기업법 제63조의5〉.

24 지방공기업법령상 공사의 임직원에 대한 징계부가금의 부과범위는? (금품 및 향응 수수액, 공금의 횡령액·유용액 기준)

① 2배 ② 3배

③ 5배 ④ 10배

TIP 금품 및 향응 수수액, 공금의 횡령액·유용액의 5배 내의 징계부가금을 부과할 수 있다〈지방공기업법 제63조의6 제2항〉.

25 지방공기업법령상 다음 (   ) 안에 알맞은 것은?

> 비위행위를 예방하기 위하여 공사는 투명하고 공정한 인사운영 등 (   )(을)를 강화하기 위하여 노력하여야 한다.

① 정직·청렴 ② 윤리경영

③ 책임경영 ④ 품위유지

TIP 공사는 투명하고 공정한 인사운영 등 윤리경영을 강화하기 위하여 노력하여야 한다〈지방공기업법 제63조의7 제1항〉.

26 지방공기업법령상 공사의 임원이 비위행위를 한 사실이 있거나 혐의가 있는 경우 조치할 수 있는 방법으로 옳지 않은 것은?

① 수사기관에 수사를 요청한다.
② 해당 임원의 직무를 정지시킨다.
③ 감사원에 감사를 의뢰한다.
④ 공사의 사장이 직무를 정지시킬 것을 요구할 수 있다.

TIP 지방자치단체의 장은 해당 임원의 직무를 정지시키거나 그 공사의 사장에게 직무를 정지시킬 것을 요구할 수 있다 〈지방공기업법 제63조의7 제2항〉.

27 지방공기업법령상 비위행위를 한 공사의 임원에 대한 수사 또는 감사의뢰에 대한 설명으로 옳지 않은 것은?

① 감사의뢰는 지방자치단체의 장이 한다.
② 감사원에 감사를 의뢰하는 경우에는 감사원과 사전 통보하여야 한다.
③ 범죄의 사실 또는 혐의가 인정되는 경우에는 수사기관에 수사를 의뢰하여야 한다.
④ 지방자치단체의 장이 감사가 필요하다고 인정되는 경우에는 감사원에 감사를 의뢰하여야 한다.

TIP 감사원에 감사를 의뢰하는 경우에는 감사원과 미리 협의해야 한다〈지방공기업법 시행령 제57조의4 제2항〉.

28 지방공기업법령상 비위행위자에 대한 수사기관등의 수사 또는 감사결과에 따른 조치로 옳지 않은 것은?

① 행정안전부장관은 지방자치단체의 장에게 해당 공사 임원을 해임할 것을 요구할 수 있다.
② 지방자치단체의 장은 해당 공사 임원을 해임할 수 있다.
③ 공사의 사장은 해당 공사 임원에 대한 해임을 행정안전부장관에게 건의할 수 있다.
④ 지방자치단체의 장은 해당 공사 임원을 그 공사의 사장에게 해임을 요구할 수 있다

TIP 행정안전부장관은 지방자치단체의 장에게 수사기관 등의 수사 또는 감사 결과에 따라 필요한 경우 해당 공사 임원을 해임할 것을 요구할 수 있고, 지방자치단체의 장은 해당 공사 임원을 해임하거나 그 공사의 사장에게 해임을 요구할 수 있다〈지방공기업법 제63조의7 제3항〉.

29 지방공기업법령상 유죄판결이 확정된 비위행위를 한 공사의 임원이 가중 처벌된 경우 인적사항 및 비위행위사실 등의 공개여부를 결정하는 심의·의결기구의 소속기관은?

① 국무총리실
② 행정안전부
③ 지방자치단체
④ 공사

TIP 공개여부를 결정하는 심의·의결기구인 공개심의위원회는 해당 지방자치단체 소속이다〈지방공기업법 제63조의7 제4항〉.

30 지방공기업법령상 비위행위자에 대한 조치에 대한 설명으로 옳지 않은 것은?

① 지방자치단체의 장은 공사의 임원이 비위행위를 한 경우 수사기관에 수사 의뢰를 할 수 있다.
② 합격취소등의 기준·내용·소명 절차 등에 필요한 사항은 행정안전부령으로 정한다.
③ 행정안전부장관은 수사기관의 수사 결과에 따라 공사임원의 해임을 요구할 수 있다.
④ 공사의 임원이 채용비위로 유죄판결을 받은 경우 지방자치단체의 장은 해당 임원의 인적사항을 공개할 수 있다.

TIP 합격취소 등의 기준·내용·소명 절차 등에 필요한 사항은 대통령령으로 정한다〈지방공기업법 제63조의7 제6항〉.

31 지방공기업법령상 인적사항 및 비위행위 사실 등의 공개에 관한 사항을 심의·의결하기 위한 기구는?

① 공개조정위원회
② 상임위원회
③ 공정심의위원회
④ 공개심의위원회

TIP 인적사항 및 비위행위 사실 등의 공개에 관한 사항을 심의·의결하기 위하여 지방자치단체에 지방공기업 채용비위자 공개심의위원회를 둔다〈지방공기업법 시행령 제57조의5 제1항〉.

32 지방공기업법령상 채용비위자의 인적사항 및 비위행위 사실 등을 공개하는 경우 게시기간은?

① 3개월
② 6개월
③ 1년
④ 2년

TIP 지방자치단체의 장이 인적사항 및 비위행위 사실 등을 공개하는 경우 1년간 게시한다〈지방공기업법 시행령 제57조의6 제1항〉.

Answer 27.② 28.③ 29.③ 30.② 31.④ 32.③

33 지방공기업법령상 공개심의위원회에 대한 설명으로 옳지 않은 것은?

① 시·군·구의 부시장·부군수·부구청장이 위원장을 할 수 있다.

② 공무원이 아닌 위원은 연임에 제한이 없다.

③ 위원이 직무와 관련한 형사사건으로 기소된 경우에는 위원에서 해임할 수 있다.

④ 구성과 운영에 필요한 사항은 지방자치단체의 조례로 정한다.

TIP 공무원이 아닌 위원의 임기는 2년으로 하되, 한 차례만 연임할 수 있다〈지방공기업법 시행령 제57조의5 제5항〉.

34 지방공기업법령상 채용비위임원에 대한 인적사항을 공개할 때 포함해야 할 사항으로 옳지 않은 것은

① 직업 및 주소

② 이름 및 가족관계

③ 채용비위 행위 당시 소속 공사의 명칭 및 주소

④ 임원의 나이

TIP 채용비위와 관련하여 유죄판결이 확정된 임원의 가족관계는 공개에 포함사항이 아니다〈지방공기업법 시행령 제57조의6 제1항〉.

35 지방공기업법령상 다음의 경우 지방자치단체의 장이 공사의 사장에게 취할 수 있는 조치는?

> 공사의 임직원이 채용비위로 인하여 채용시험에 합격하거나 채용된 경우

① 해당 임직원의 승진 및 전직제한 요구

② 인사상의 불이익 조치 요구

③ 전보 또는 파견 등의 취소 요구

④ 해당 채용시험의 합격 또는 채용의 취소 요구

TIP 채용비위로 인하여 채용시험에 합격하거나 채용된 경우에 지방자치단체의 장은 공사의 사장에게 해당 채용시험의 합격 또는 채용의 취소를 요구할 수 있다〈지방공기업법 시행령 제57조의6 제2항 제1호〉.

36 지방공기업법령상 다음에 해당하는 당사자에게 통지해야 할 내용으로 옳지 않은 것은?

> 공사의 사장은 합격취소 등을 결정하기 전에 당사자에게 소명할 기회를 부여하여야 한다.

① 지방자치단체의 장의 합격취소등의 요구 내용 및 사유
② 소명기한 및 소명방법
③ 소명 후에 재 응시할 수 있는 방법
④ 소명하지 않는 경우의 처리방법

TIP 채용비위자에 대한 조치〈지방공기업법 시행령 제57조의6 제3항〉… 공사의 사장은 합격취소등을 결정하기 10일 전까지 합격취소 등의 당사자에게 다음 각 호의 사항을 통지해야 한다.
1. 지방자치단체의 장의 합격취소 등의 요구 내용 및 사유
2. 소명 기한
3. 소명 방법
4. 소명하지 않는 경우의 처리방법
5. 그 밖에 소명에 필요한 사항

37 지방공기업법령상 인사감사에 대한 설명이다. 옳지 않은 것은?

① 인사감사란 비위행위 중 채용비위의 근절 등을 위하여 공사의 인사운영의 적정여부를 감사하는 것을 말한다.
② 인사감사는 인사 및 재무회계에 관한 특정사항을 대상으로 한다.
③ 지방자치단체의 장은 인사감사 결과 부당한 사실이 발견되면 해당 공사의 사장에게 관련자의 인사상의 조치를 요구할 수 있다.
④ 지방자치단체의 장이 인사감사를 하는 경우에는 「공공감사에 관한 법률」에 따른다.

TIP 인사감사는 인사운영 전반 또는 인사에 관한 특정사항을 대상으로 한다〈지방공기업법 시행령 제57조의7 제1항〉.

지방공사의 재무회계 및 감독

1 회계의 처리

① 공사의 사업연도〈법 제64조〉

  ㉠ 사업연도 : 공사의 사업연도는 지방자치단체의 일반회계의 회계연도에 따른다.

  ㉡ 회계연도 : 지방자치단체의 회계연도는 매년 1월 1일에 시작하여 12월 31일에 끝난다〈지방재정법 제6조〉.

② 회계의 구분〈지방재정법 제9조〉

  ㉠ 회계구분 : 지방자치단체의 회계는 일반회계와 특별회계로 구분한다.

  ㉡ 일반회계 : 조세수입 등을 주요 세입으로 하여 국가의 일반적인 세출에 충당하기 위하여 설치한다〈국가재정법 제4조 제2항〉.

  ㉢ 특별회계 설치시기

  • 지방직영기업이나 그 밖의 특정사업을 운영할 때

  • 특정자금이나 특정세입·세출로서 일반세입·세출과 구분하여 회계 처리할 필요가 있을 때

◆ 일반회계와 특별회계
  • 일반회계 : 지방자치단체의 주요한 세입과 세출에 관한 일을 종합하여 처리하는 회계를 말한다.
  • 특별회계 : 지방자치단체가 특정한 목적을 달성하기 위하여 특정한 세입으로 특정한 세출에 충당하고자 설치하는 회계를 말한다.

2 회계처리 및 계약의 방식〈법 제64조의2〉

① 회계처리의 원칙

  ㉠ 회계처리 : 공사는 경영성과 및 재무상태를 명확히 하기 위하여 회계거래를 발생사실에 따라 기업회계기준에 따라 회계처리한다.

  ㉢ 사업 분야별로 회계처리 : 공사는 사업 분야별로 구분하여 회계처리할 수 있다.

  ※ 기업회계기준 … 기업회계기준이란 기업이 회계처리 및 재무제표 작성 시 준수해야 할 통일된 기준을 말한다.

◆ 용어의 정의〈지방재정법 제2조〉

- 지방재정 : 지방자치단체의 수입·지출 활동과 지방자치단체의 자산 및 부채를 관리·처분하는 모든 활동을 말한다.
- 세입 : 한 회계연도의 모든 수입을 말한다.
- 세출 : 한 회계연도의 모든 지출을 말한다.
- 채권 : 금전의 지급을 목적으로 하는 지방자치단체의 권리를 말한다.
- 채무 : 금전의 지급을 목적으로 하는 지방자치단체의 의무를 말한다.

② 공사의 계약방식

　㉠ 일반경쟁의 방식 : 공사가 계약을 체결하려는 경우에는 일반경쟁의 방식으로 하여야 한다.

　㉠ 수의계약 : 계약의 목적·성질 및 규모 등을 고려하여 참가자의 자격을 제한하거나 참가자를 지명하여 경쟁에 부치거나 수의계약으로 할 수 있다.

　※ 수의계약(隨意契約) … 경쟁이나 입찰에 의하지 않고 상대편을 임의로 선택하여 체결하는 계약을 말한다.

③ 입찰참가자격의 제한

　㉠ 제한기관 : 공사

　㉡ 제한기간 : 2년 이내의 범위

　㉢ 제한대상 : 공사는 계약을 체결하는 경우 공정한 경쟁 또는 계약의 적정한 이행을 해칠 것이 명백하다고 판단되는 자

　　- 부정당업자로 입찰 참가자격 제한된 자〈지방계약법 제31조〉

　　- 조세포탈 등을 한 자로 입찰 참가자격 제한된 자〈지방계약법 제31의5조〉

④ 수의계약 체결금지

　㉠ 체결금지 : 공사는 입찰참가자격을 제한받은 자와 수의계약을 체결하여서는 아니 된다.

　㉡ 금지예외 : 입찰참가자격을 제한받은 자 외에는 적합한 시공자·제조자가 존재하지 아니하는 등 부득이한 사유가 있는 경우에는 그러하지 아니하다.

　※ 회계처리, 계약의 기준 및 절차, 입찰참가자격의 제한 등에 관하여 필요한 사항은 대통령령으로 정한다.

⑤ 계약의 기준 및 절차 등 필요한 사항〈시행령 제57조의8〉

　㉠ 타 법률 준용 : 회계처리, 계약의 기준 및 절차와 입찰참가자격의 제한 등에 관하여는 그 성질에 반하지 않는 범위에서 「지방자치단체를 당사자로 하는 계약에 관한 법률」 제31조 및 제31조의5와 같은 법 시행령 제2조, 제6조, 제6조의2, 제7조부터 제32조까지, 제32조의2, 제33조부터 제42조까지, 제42조의3, 제42조의4, 제43조, 제44조, 제44조의2, 제45조부터 제49조까지, 제51조, 제52조, 제54조부터 제56조까지, 제64조, 제64조의2, 제66조부터 제71조까지, 제71조의2, 제71조의3, 제72조부터 제75조까지, 제75조의2, 제76조부터 제78조까지, 제78조의2, 제79조, 제81조부터 제86조까지, 제87조부터 제89조까지, 제89조의2, 제90조부터 제92조까지, 제93조, 제94조부터 제97조까지, 제97조의2, 제98조, 제98조의2, 제99조, 제100조, 제100조의2, 제101조 및 제103조를 준용한다.

ⓛ **타 법률 준용 시 용어변경** : "지방자치단체"는 "공사"로, "회계관계공무원"은 "회계관계담당자"로, "소속공무원"은 "소속직원"으로, "지방자치단체의 장"은 "공사의 사장"으로, "공무원"은 "직원"으로, "관계 공무원"은 "관계 직원"으로 본다.

ⓒ **공사의 사장 또는 계약담당자가 수의계약으로 할 수 있는 경우**
- 공사의 업무를 위탁하거나 대행시키기 위하여 그 자회사 또는 출자회사와 계약을 체결하는 경우
- 해당 공사가 소유하고 있는 시설·설비 또는 1종 시설물의 유지관리 등을 위하여 불가피하게 그 자회사 또는 출자회사와 계약을 체결하는 경우

※ 계약담당자 ··· 공사의 사장으로부터 계약사무의 전부 또는 일부를 위임 또는 위탁받아 계약 사무를 담당하는 직원을 말한다.
- 공사가 성과공유제를 시행하여 성과공유제 확산 추진본부로부터 그 성과를 확인받은 후 2년 이내에 해당 수탁기업과 계약을 체결하는 경우

※ 성과공유제 ··· 성과공유제란 수탁기업이 원가절감 등 수탁·위탁기업 간에 합의한 공동목표를 달성할 수 있도록 위탁기업이 지원하고 그 성과를 수탁·위탁기업이 공유하는 계약모델을 말한다.

◆ **용어의 정의〈지방계약법 시행령 제2조〉**
- 추정가격 : 물품·공사·용역 등의 조달계약을 체결할 때 국제입찰의 대상인지를 판단하는 기준 등으로 삼기 위하여 예정가격이 결정되기 전에 산정된 가격을 말한다.
- 예정가격 : 입찰이나 계약체결 전에 낙찰자 및 계약금액의 결정기준으로 삼기 위하여 미리 작성하여 갖춰 두는 가액으로서 작성된 가격을 말한다.
- 고시금액 : 국제입찰 적용대상으로 행정안전부장관이 고시한 금액을 말한다.
- 공사이행보증서 : 공사계약에 있어서 계약상대자가 계약상의 의무를 이행하지 못하는 경우 그 계약상대자를 대신하여 계약상의 의무를 이행할 것을 보증하되, 이를 보증한 기관이 의무를 이행하지 아니하는 경우에는 일정 금액을 낼 것을 보증하는 증서를 말한다.

③ 국제입찰 대상 도시철도공사의 조달계약의 범위〈시행령 제57조의9〉

① **조달계약 체결**
  ⓐ **국제입찰의 방법** : 도시철도공사(별표1)는 정부가 가입하거나 체결한 정부조달에 관한 협정 및 이에 근거한 국제규범(이하 "정부조달협정 등"이라 한다)에 따라 행정안전부장관이 정하여 고시하는 금액 이상인 조달계약을 체결하는 경우에는 국제입찰의 방법으로 해야 한다.
  ⓑ **국제입찰의 방법으로 조달계약을 해야 하는 도시철도공사**〈제57조의9 제1항 별표 1〉
  - 서울교통공사
  - 부산교통공사
  - 대구도시철도공사
  - 인천교통공사(도시철도 분야로 한정)
  - 광주광역시도시철도공사
  - 대전광역시도시철도공사

② 국제입찰대상에서 제외하는 대상

　㉠ 재판매 또는 판매를 위한 생산에 필요한 물품 및 용역을 조달하는 경우

　㉡ 재판매 또는 판매할 목적이나 재판매 또는 판매를 위한 물품 및 용역의 공급에 사용할 목적으로 물품 및 용역을 조달하는 경우

　㉢ 중소기업 제품을 제조·구매하는 경우

　㉣ 농·수·축산물을 구매하는 경우

　㉤ 공공의 질서·안정을 유지하거나 인간 또는 동식물의 생명·건강 및 지적소유권을 보호하기 위하여 필요한 경우

　㉥ 자선단체, 장애인이나 재소자가 생산한 물품과 용역 등을 조달하는 경우

　㉦ 급식 프로그램의 증진을 위하여 조달하는 경우

　㉧ 그 밖에 정부조달협정등에 규정된 내용으로서 행정안전부령으로 정한 경우

③ 타 법률 준용

　㉠ 국제입찰의 방법으로 계약을 체결하는 경우 : 이 영에서 정한 것 외의 계약의 방법 및 절차 등에 관하여는 「특정조달을 위한 국가를 당사자로 하는 계약에 관한 법률 시행령 특례규정」 제1조, 제2조, 제4조부터 제25조까지 및 제39조부터 제46조까지의 규정과 「특정물품 등의 조달에 관한 국가를 당사자로 하는 계약에 관한 법률 시행령 특례규정」 제1조부터 제11조까지, 제13조, 제14조 및 제17조를 준용한다.

　㉡ 타 법률 준용 시 용어변경 : "중앙관서의 장"은 "도시철도공사의 사장"으로, "기획재정부장관"은 "행정안전부장관"으로, "기획재정부령"은 "행정안전부령"으로, "계약담당공무원"은 "계약담당자"로, "국가" 및 "정부"는 각각 "도시철도공사"로 본다.

④ 공표사항 공고 및 국제입찰의 방법

　㉠ 공표사항 공고 : 국제입찰의 이행에 따른 공표사항은 정부조달협정등에서 정한 출판물에 공고하여야 한다.

　㉡ 국제입찰의 방법 : 도시철도공사의 사장 또는 계약담당자는 계약의 목적과 성질 등을 고려하여 필요하다고 인정되면 국제입찰 대상이 아닌 경우에도 국제입찰의 방법으로 조달계약을 체결할 수 있다.

4 중장기재무관리계획

① 중장기재무관리계획의 수립〈법 제64조의3〉

　㉠ 수립 : 자산·부채규모 등을 고려하여 대통령령으로 정하는 기준에 해당하는 공사의 사장은 매년 해당 연도를 포함한 5회계연도 이상의 중장기재무관리계획을 수립하여야 한다.

　㉡ 제출 : 공사의 사장은 중장기재무관리계획 수립 후 이사회의 의결을 거쳐 확정한 후 대통령령으로 정하는 기한까지 지방자치단체의 장과 의회에 제출하여야 한다.

ⓒ 중장기재무관리계획에 포함되어야 할 사항

- 5회계연도 이상의 중장기 경영목표
- 사업계획 및 투자방향
- 재무 전망과 그 근거 및 관리계획
- 부채의 증감에 대한 전망과 그 근거 및 관리계획 등이 포함된 부채관리계획
- 전년도 중장기재무관리계획 대비 변동사항, 변동요인 및 관리계획 등에 대한 평가·분석

② 중장기재무관리계획의 제출〈시행령 제57조의11〉

ㄱ 중장기재무관리계획 제출대상 공사

- 직전 회계연도 말일을 기준으로 부채규모가 3천억 원 이상인 공사
- 직전 회계연도 말일을 기준으로 부채비율이 100분의 200 이상인 공사
- 직전 회계연도 말일을 기준으로 부채가 자산보다 큰 공사

ㄴ 제출기한 및 제출처

- 제출기한 : 중장기재무관리계획의 제출기한을 매년 9월 30일까지
- 제출처 : 지방자치단체의 장과 의회에 제출

5 청렴서약서

① 청렴서약서의 제출〈법 제64조의4〉

ㄱ 제출 : 공사는 계약의 투명성과 공정성을 높이기 위하여 입찰참가자 또는 수의계약의 계약상대자에게 청렴서약서를 제출하도록 하여야 한다.

ㄴ 청렴서약서 제출 시 포함되어야 할 사항

- 입찰, 낙찰, 계약의 체결 및 이행 등의 과정(준공·납품 이후를 포함한다)에서 직접 또는 간접적인 사례, 증여, 금품·향응, 취업특혜 제공 금지에 관한 사항
- 특정인의 낙찰을 위한 담합 등 입찰의 자유경쟁을 방해하는 행위나 불공정한 행위의 금지에 관한 사항
- 그 밖에 계약의 투명성과 공정성을 높이기 위하여 <u>대통령령으로 정하는 사항</u>

대통령령으로 정하는 사항〈시행령 제57조의12 제1항〉

공정한 직무수행을 방해하는 알선·청탁을 통하여 입찰 또는 계약과 관련된 특정 정보의 제공을 요구하거나 제공받는 행위의 금지에 관한 사항을 말한다.

② 청렴서약 위반에 따른 계약의 해제·해지〈법 제64조의5〉

ㄱ 계약해제 및 해지 : 공사는 입찰참가자 또는 수의계약의 계약상대자가 입찰, 수의계약 및 계약 이행 과정에서 공사의 임직원에게 직접 또는 간접적으로 사례, 증여, 금품·향응, 취업특혜 제공을 하는 등 청렴서약서의 내용을 위반할 때에는 낙찰자 결정을 취소하거나 계약을 해제 또는 해지하여야 한다.

ⓛ 낙찰자 결정취소 및 계약해제 또는 해지하지 않아도 되는 경우
- 다른 법률에서 낙찰자 결정의 취소 또는 계약의 해제·해지를 특별히 금지한 경우
- 낙찰자 결정을 취소하거나 계약을 해제 또는 해지하면 계약 목적을 달성하기 곤란하거나 공사에 손해가 발생하는 등 대통령령으로 정하는 경우

대통령령으로 정하는 경우〈시행령 제57조의12 제2항〉

- 재난의 복구 등을 위하여 계약의 긴급한 이행이 필요한 경우로서 새로운 계약을 체결하면 계약 목적을 달성하기 곤란하다고 공사가 판단하는 경우
- 그 밖에 계약의 이행 정도 등을 고려하여 낙찰자 결정을 취소하거나 계약을 해제 또는 해지하면 계약 목적을 달성하기 곤란하거나 공사에 상당한 손해가 발생할 것으로 공사가 판단하는 경우

❻ 입찰계약 등의 이의신청

① 이의신청〈법 제64조의6〉

ⓐ 이의신청 제기 : 국제입찰에 의한 계약 또는 대통령령으로 정하는 규모 이상의 입찰에 의한 계약과정에서 불이익을 받은 자는 해당 공사의 사장에게 그 행위의 취소 또는 시정을 위한 이의신청을 제기할 수 있다.

ⓛ 이의신청을 제기할 수 있는 사항
- 국제입찰에 의한 계약의 범위와 관련된 사항
- 입찰참가자격과 관련된 사항
- 입찰 공고와 관련된 사항
- 낙찰자 결정과 관련된 사항
- 그 밖에 대통령령으로 정하는 사항

대통령령으로 정하는 규모〈시행령 제57조의10 제1항〉

- 종합공사 : 추정가격 10억 원
- 전문공사 : 추정가격 1억 원
- 그 밖의 다른 법령에 따른 공사 : 추정가격 8천만 원
- 물품의 제조·구매 및 용역 등의 계약 : 추정가격 5천만 원

대통령령으로 정하는 사항〈시행령 제57조의10 제2항〉

- 정부조달협정 등에 위배되는 사항
- 계약상대자의 계약상 이익을 부당하게 제한하는 특약이나 조건에 관한 사항
- 계약기간의 연장에 관한 사항
- 계약금액의 조정에 관한 사항
- 지연배상금에 관한 사항

② 이의신청의 절차〈지방자치단체를 당사자로 하는 계약에 관한 법률 제34조 제2항 및 제3항〉

　㉠ 이의신청 제기 기관 : 공사의 사장

　㉡ 이의신청을 제기할 수 있는 기한

　　• 불이익을 받은 날부터 20일 이내

　　• 그 불이익을 받았음을 안 날부터 15일 이내

　㉢ 심사 후 결과통지

　　• 심사 : 해당 공사의 사장은 이의신청을 받은 날부터 15일 이내에 이를 심사하여 시정 등 필요한 조치 시행하여야 한다.

　　• 통지 : 지체 없이 그 결과를 신청인에게 통지하여야 한다.

③ 지방계약심의조정위원회의 설치〈지방자치단체를 당사자로 하는 계약에 관한 법률 제35조〉

　㉠ 설치 : 행정안전부에 설치

　㉡ 위원회의 심의 · 심사 · 조정 사항

　　• 과징금의 부과여부와 부과 금액의 적정성에 대한 심의

　　• 재심청구에 대한 심사

　　• 조정신청에 대한 분쟁조정

④ 재심청구의 절차

　㉠ 계약절차의 중지〈지방자치단체를 당사자로 하는 계약에 관한 법률 제36조〉

　　• 통지 : 위원회는 심사 · 조정에 착수하는 경우 청구인 및 해당 공사의 사장에게 그 사실을 통지하여야 한다.

　　• 입찰절차 연기 및 이행중지 : 위원회는 당사자의 신청 또는 위원회의 직권에 의하여 필요하다고 인정되면 조정이 끝날 때까지 그 입찰절차를 연기하거나 계약체결 및 이행을 중지할 것을 명할 수 있다. 이 경우 해당 공사의 사장의 의견을 고려하여야 한다.

　㉡ 심사 · 조정〈지방자치단체를 당사자로 하는 계약에 관한 법률 제37조〉

　　• 심사 · 조정 기한 : 위원회는 특별한 사유가 없으면 재심청구 · 조정신청을 받은 날부터 50일 이내에 심사 · 조정하여야 한다.

　　• 통지 : 위원회는 심사 · 조정을 한 경우에는 지체 없이 그 결과를 청구인과 해당 공사의 사장에게 통지하여야 한다.

　　• 효력 : 조정은 청구인과 해당 공사의 사장이 통지를 받은 날부터 15일 이내에 위원회에 이의를 제기하지 아니한 경우에는 재판상 화해(和解)와 같은 효력을 갖는다.

7 예산

① 예산편성 및 확정〈법 제65조〉

  ㉠ 예산편성 시기
- 예산편성 : 공사의 사장
- 편성시기 : 매 사업연도의 사업계획 및 예산을 해당 사업연도가 시작되기 전까지 편성하여야 한다.

  ㉡ 예산확정
- 편성된 예산은 이사회의 의결로 확정된다.
- 예산이 확정된 후에 생긴 불가피한 사유로 예산을 변경하는 경우에도 또한 같다.

  ㉢ 예산성립 및 변경보고
- 예산이 성립되거나 변경되었을 때에는 지체 없이 보고하여야 한다.
- 공사의 사장이 지방자치단체의 장에게 보고한다.

② 공사의 사장이 이사회에 예산안을 제출할 때의 작성기준〈시행령 제58조〉

  ㉠ 예산에 기재해야 할 사항〈시행령 제19조〉
- 업무의 예정량
- 예정수입 및 예정지출의 금액
- 계속비
- 채무부담행위
- 지방채
- 일시차입금의 한도액
- 예산전용금지과목
- 일반회계 또는 다른 특별회계로부터의 보조금
- 이익잉여금의 예정처분
- 중요자산의 취득 및 처분
- 회전기금의 수입 및 지출예정액
- 기타 필요한 사항

  ㉡ 예산안제출 시 서류〈시행령 제20조〉
- 사업예산 및 자본예산의 사항별 설명서
- 급여비명세서
- 계속비에 관한 조서
- 채무부담행위에 관한 조서
- 당해사업연도의 예정대차대조표 및 예정손익계산서와 전사업연도의 예정대차대조표 및 예정손익계산서

③ 사업계획 및 예산의 송부〈시행령 제58조 제2항〉

　㉠ 이사회의 각 이사에게 송부
　　• 공사의 사장은 사업계획 및 예산을 이사회 개최 30일 전까지 송부하여야 한다.
　　• 예산을 변경하는 경우에는 이사회 개최 7일 전까지 송부하여야 한다.

　㉡ 시정명령〈시행령 제58조 제3항 및 제4항〉
　　• 지방자치단체의 장은 보고된 예산이 법령에 위반되거나 예산에 관한 공통지침에 위반된다고 인정되는 경우에는 그 시정을 명할 수 있다.
　　• 시정명령을 받은 공사의 사장은 특별한 사유가 없는 한 지체 없이 시정명령에 따라 예산을 수정하여 이사회의 의결을 받아야 한다.

④ 예산 불성립 시의 예산집행〈법 제65조의2〉

　㉠ 예산이 확정되지 못한 경우 : 공사는 부득이한 사유로 회계연도가 시작되기 전까지 예산이 확정되지 못한 경우에는 전년도 예산에 준하여 예산을 집행하여야 한다.
　㉡ 예산집행 : 집행된 예산은 해당 연도의 예산이 성립되면 그 성립된 예산에 따라 집행된 것으로 본다.

⑧ 신규 투자사업

① 신규 투자사업의 타당성 검토〈법 제65조의3 제1항〉

　㉠ 보고 및 의회의결
　　• 검토 : 공사의 사장은 대통령령으로 정하는 규모 이상의 신규 투자사업을 하려면 대통령령으로 정하는 방법 및 절차에 따라 사업의 필요성과 사업계획의 타당성 등을 검토(이하 "신규 투자사업 타당성 검토"라 한다)하여야 한다.
　　• 보고 및 의결 : 검토 후 지방자치단체의 장에게 보고하고 의회의 의결을 받아야 한다.

> **대통령령으로 정하는 규모 이상의 신규 투자사업〈시행령 제58조의2 제1항〉**
> • 시 · 도가 설립한 공사 : 총사업비 500억 원 이상의 신규 투자사업
> • 시 · 군 · 구가 설립한 공사 : 총사업비 300억 원 이상의 신규 투자사업

　㉡ 신규 투자사업 타당성 검토에 포함해야 할 사항〈시행령 제58조의2 제2항〉
　　• 신규 투자사업의 적정성 여부
　　• 신규 투자사업별 수지분석
　　• 재원 조달방법
　　• 신규 투자사업이 지역경제에 미치는 영향

　㉢ 타당성 검토의 의뢰 : 신규 투자사업 타당성 검토는 전문 인력 및 조사 · 연구 능력 등 대통령령으로 정하는 요건을 갖춘 전문기관으로서 행정안전부장관이 지정 · 고시하는 기관에 의뢰하여 실시하여야 한다.

> **대통령령으로 정하는 요건을 갖춘 전문기관은 다음의 요건을 모두 갖춘 기관을 말함〈시행령 제47조 제4항〉**
> - 사업타당성 검토 업무에 3년 이상 종사한 경력을 가진 사람 5명 이상과 5년 이상 종사한 경력을 가진 사람 2명 이상을 보유하고 있을 것
> - 최근 3년 이내에 지방공기업 또는 공공기관이나 지방재정 관련 연구용역 실적이 있을 것

② 신규 투자사업 타당성 검토 제외〈법 제65조의3 제2항〉

　㉠ 신규 투자사업 타당성 검토 제외대상
- 다음의 어느 하나에 해당하는 조사·심사 등을 거쳤거나 제외된 사업
- 「국가재정법」에 따른 예비타당성조사
- 「지방재정법」에 따른 투자심사(해당 공사를 설립한 지방자치단체의 장이 실시한 투자심사에 한정)
- 「공공기관의 운영에 관한 법률」에 따른 예비타당성조사
- 설립 지방자치단체가 각각 다른 2개 이상의 공사가 공동으로 신규 투자사업을 추진하는 경우로서 그 중 하나 이상의 공사의 사장이 타당성 검토절차를 모두 거치고, 다른 공사를 설립한 지방자치단체의 의회가 별도의 신규 투자사업 타당성 검토를 거치지 아니하기로 동의한 사업
- 재난의 예방 및 복구 지원을 위하여 시급한 추진이 필요한 사업
- 법령에 따라 추진하여야 하는 사업
- 지역 균형발전, 긴급한 경제적·사회적 상황 대응 등을 위하여 국가 정책적으로 추진이 필요한 사업으로서 다음의 요건을 모두 갖춘 사업
- 사업목적 및 규모, 추진방안 등 구체적인 사업계획이 수립된 사업
- 국가 정책적으로 추진이 필요하여 국무회의를 거쳐 확정된 사업

　㉡ 제외대상사업의 보고 : 공사의 사장은 신규 투자사업 타당성 검토 제외 사업의 내역 및 사유를 지체 없이 지방자치단체의 장과 의회에 보고하여야 한다.

　㉢ 신규 투자사업 타당성 검토 제외 대상 확인요구서 제출 및 확인통지〈시행령 제58조의2 제3항 및 제4항〉
- 확인요구서 제출 : 공사의 사장이 신규 투자사업에 대해서 신규 투자사업 타당성 검토 대상에서 제외하려는 경우에는 지방자치단체의 장에게 해당 사업의 명칭, 개요, 필요성 및 제외 사유 등을 명시한 신규 투자사업 타당성 검토 제외 대상 확인요구서를 제출해야 한다.
- 공사의 사장에게 통지 : 지방자치단체의 장은 신규 투자사업 타당성 검토 제외 대상 확인요구서를 제출받은 경우 신규 투자사업 타당성 검토 대상에서 제외되는 사업인지 여부를 확인하고 그 결과를 공사의 사장에게 통지해야 한다.

　㉣ 기타 필요한 사항의 정함과 및 의견청취〈시행령 제58조의2 제5항 및 제6항〉
- 기타 필요한 사항의 정함 : 신규 투자사업 타당성 검토 제외 사업의 확인 절차, 방법 및 그 밖에 신규 투자사업 타당성 검토 제외 대상 확인에 필요한 사항은 행정안전부장관이 정한다.
- 의견청취 : 행정안전부장관은 기타 필요한 사항을 정하는 경우에는 지방자치단체의 장의 의견을 들어야 한다.

⑨ 신규 투자사업의 관리 및 채무보증계약 등의 제한

① 사업의 실명관리 및 공개〈법 제65조의4〉

　㉠ 기록 · 관리 및 공개

　　• 공개자 : 공사의 사장

　　• 공개 : 신규 투자사업에 대하여 그 사업 내용 및 사업의 결정 또는 집행과 관련하여 이에 참여한 자 등을 기록 · 관리하고 이를 공개하여야 한다.

　　• 공개예외 : 비공개 대상정보의 경우에는 정보가 기간의 경과 등으로 인하여 비공개의 필요성이 없어지기 전까지 공개하지 아니할 수 있다.

　㉡ 방법 및 절차 등 : 기록 · 관리 및 공개의 범위, 방법 및 절차 등에 필요한 사항은 대통령령으로 정한다.

② 기록 · 관리 및 공개내용 및 방법〈시행령 제58조의3〉

　㉠ 기록 · 관리 및 공개해야 할 사항

　　• 사업명

　　• 사업기간

　　• 주요 사업내용

　　• 담당자의 소속, 직급 및 성명

　　• 그 밖에 행정안전부장관이 정하는 사항

　㉡ 공개방법 및 세부사항

　　• 공개방법 : 공사의 사장은 사업계획이 확정되면 제44조의2 제4항에 따른 인터넷 사이트에 공개하여야 한다.

　　• 세부사항 : 기록 · 관리 및 공개에 필요한 세부사항은 행정안전부장관이 정한다.

　　조문참고 법 제 44조의2(통합공시) 제4항

　　　　공사의 사장은 통합공시기준에 따라 지방직영기업의 경영정보를 행정안전부장관이 지정하는 인터넷 사이트에 게시하여야 한다.

③ 공사가 체결할 수 없는 계약〈법 제65조의5〉

　㉠ 채무에 대한 상환보증이 포함된 계약

　㉡ 공사의 자산 매각 시 환매(還買)를 조건으로 하는 계약

　㉢ 주택건설 및 토지개발 등의 사업에서 미분양 발생 시 미분양 자산에 대한 매입 확약이 포함된 계약

🔟 결산 및 예산

① 결산〈법 제66조〉

　㉠ 결산완료 : 공사는 매 사업연도의 결산을 해당 사업연도가 끝난 후 2개월 이내에 완료하여야 한다.

　㉡ 보고 후 승인 : 결산서에 다음 각 호의 서류를 첨부하여 지체 없이 지방자치단체의 장에게 보고하고 승인을 받아야 한다.

　　• 회계감사 보고서　　　　　　• 대통령령으로 정하는 서류

> **대통령령으로 정하는 서류〈시행령 제36조 제1항〉**
>
> • 대차대조표　　　　　　• 손익계산서
> • 이익잉여금처분계산서 또는 결손금처리계산서
> • 자금운용계산서 또는 현금흐름표
> • 회전기금을 둔 경우에는 그 운용상황서
> • 결산부속명세서

③ 예산 · 결산에 관한 공통기준〈법 제66조의2〉

　㉠ 공통기준 통보

　　• 행정안전부장관은 공사의 예산 및 결산에 공통적으로 적용하여야 할 사항에 관한 기준을 작성하여 통보할 수 있다.

　　• 행정안전부장관은 예산에 관한 공통기준을 전년도 6월 30일까지 지방자치단체의 장에게 통보하여야 한다〈시행령 제60조 제1항〉.

　㉡ 예산편성지침 작성 등

　　• 공사의 예산 및 결산의 제출 및 운영에 필요한 사항은 공통기준의 범위에서 지방자치단체의 장이 정한다.

　　• 지방자치단체의 장은 예산편성지침을 작성하여 전년도 7월 31일까지 당해 공사의 장에게 통보하여야 한다〈시행령 제60조 제2항〉.

🔟 손익금 및 이익금

① 손익금의 처리〈법 제67조〉

　㉠ 손익금 처리주체 : 공사

　㉡ 결산결과 이익이 생긴 경우 그 이익금의 처리순서

　　• 전 사업연도로부터 이월된 결손금이 있으면 결손금을 보전
　　• 대통령령으로 정하는 바에 따라 이익준비금으로 적립
　　• 대통령령으로 정하는 바에 따라 감채적립금으로 적립
　　• 이익을 배당하거나 정관으로 정하는 바에 따라 적립

ⓒ 감채적립금 : 감채적립금은 공사의 사채를 상환하는 목적 외에는 사용할 수 없다.

※ 감채적립금 … 기업이 미래의 채무상환을 대비하여 미리 적립해 두는 자금을 말한다.

③ 결손금 처리
- 결산결과 손실이 생긴 경우에 그 결손금을 적립금으로 보전한다.
- 그 적립금으로도 보전하지 못한 결손금은 이익준비금으로 보전하거나 이월한다.

※ 결손금 … 특정 회계기간 동안 발생한 총수익에서 총비용을 뺀 후 남은 손실액을 말한다.

◆ 이익준비금(利益準備金)
- 기업이 법적으로 또는 정관에 따라 자본 보전을 위해 일정 비율의 이익을 적립해 두는 금액을 말한다.
- 이익준비금은 회사의 재무건전성을 유지하고, 자본금의 손실을 방지하기 위한 목적으로 사용된다.

② 이익금의 처리〈시행령 제61조〉
ⓐ 이익금 처리주체 : 공사
ⓑ 이익금의 처리순서
- 이익준비금 적립 : 이월결손금을 보전하고 남은 이익금의 10분의 1 이상을 자본금의 2분의 1에 달할 때까지 이익준비금으로 적립하여야 한다.
- 감채적립금 적립 : 이익준비금으로 적립하고 남은 이익금의 10분의 5 이상을 감채적립금으로 적립하여야 한다.
- 감채적립금 적립 예외 : 매 회계연도의 말일을 기준으로 공사채 미상환 잔액이 없는 경우에는 감채적립금을 적립하지 아니할 수 있다.
ⓒ 이익배당 : 이익배당을 할 때에는 지방자치단체 외의 자(외국인 및 외국법인을 포함한다)에게 정관에서 정하는 바에 따라 우선적으로 배당할 수 있다.

🔟 사채발행 및 여유금의 운용

① 사채발행 및 차관〈법 제68조〉
ⓐ 사채발행 기관 : 공사
ⓑ 사채발행 및 외국차관
- 공사는 지방자치단체의 장의 승인을 받아 사채를 발행하거나 외국 차관을 할 수 있다.
- 사채발행의 한도는 대통령령으로 정한다.
ⓒ 사채발행 신청서 제출기관 : 지방자치단체의 장
ⓓ 사채발행 신청서에 기재해야 할 사항〈시행령 제62조 제1항〉
- 사채의 발행 목적
- 사채의 발행 시기

- 발행총액(사채의 권면액을 수종으로 하여 발행하는 경우에는 각 권종별 발행총액)
- 이율
- 원금의 상환방법 및 기한
- 이자의 지급방법 및 기한
- 모집 및 인수방법

    ⓪ **경영개선계획의 수립·시행** : 공사는 <u>법 제19조 제1항 제1호</u>의 목적으로 사채를 발행하고자 하는 때에는 경영개선계획을 수립·시행하여야 한다.

> **조문참고** **법 제19조 제1항 제1호**
> 경상적(經常的)인 운전자금(運轉資金)에 충당하기 위하여 필요한 경우

    ⓥ **발행된 사채에 기재해야 할 사항**〈시행령 제62조 제5항〉
- 사채의 번호
- 법인의 명칭
- 발행총액(사채의 권면액을 수종으로 하여 발행하는 경우에는 각 권종별 발행총액)
- 이율
- 원금의 상환방법 및 기한
- 이자의 지급방법 및 기한

    ※ 사채발행 시 공사의 사장이 기명날인 또는 서명하여야 한다.

> **◆ 사채(社債)**
> - 사채란 기업이 자금을 조달하기 위해 발행하는 채권을 말한다.
> - 기업은 대규모 자금을 필요로 할 때 은행대출 외에 투자자들로부터 자금을 모집하기 위해 사채를 발행한다.
> - 투자자들은 사채를 매입함으로써 기업에 자금을 제공하고 기업은 약정된 이자율에 따라 일정기간 동안 이자를 지급하며, 만기 시 원금을 상환한다.

② **공사가 발행할 수 있는 사채발행의 한도**〈시행령 제62조 제2항〉

    ㉠ **주택사업 및 토지개발사업 사업을 경영하는 공사** : <u>시행령 제14조</u>에서 정하고 있는 순자산액의 4배 이내

    ㉡ **주택사업 및 토지개발사업 외의 사업을 경영하는 공사** : <u>시행령 제14조</u>에서 정하고 있는 순자산액의 2배 이내

> **조문참고** **시행령 제14조**
> 지방직영기업의 자본은 자산총액에서 부채총액을 뺀 순자산으로 하며, 자본금, 자본잉여금, 자본조정, 기타 포괄손익누계액 및 이익잉여금으로 구분한다.

③ **행정안전부장관의 승인**

    ㉠ **승인대상** : 지방자치단체의 장은 발행되는 사채가 <u>대통령령으로 정하는 기준을 초과하는 경우</u>에는 승인을 하기 전에 미리 행정안전부장관의 승인을 받아야 한다.

    ㉡ **고려사항** : <u>대통령령으로 정하는 기준</u>은 공사의 부채비율, 경영성과 등을 고려하여야 한다.

- 사채발행 승인 신청 당시 사채발행예정액을 합산한 부채비율이 100분의 200 이상인 경우
- 최근 3년 이상 계속하여 당기순손실이 발생한 경우
- 사채발행예정액이 300억 원 이상인 경우

ⓒ 신청서제출 : 지방자치단체의 장이 행정안전부장관의 승인을 신청하는 때에도 사채를 발행할 때 신청서에 기재해야 할 사항을 적어 신청서를 제출하여야 한다〈시행령 제62조 제1항〉.

④ 사채상환의 보증 및 매각 등

ⓐ 상환보증 : 지방자치단체는 사채의 상환을 보증할 수 있다.

ⓑ 매각 및 상환 : 사채의 발행, 매각 및 상환에 필요한 사항은 조례로 정한다.

ⓒ 특수채증권 : 도시철도의 건설 및 운영 또는 주택건설사업 등을 목적으로 설립된 공사가 발행하는 채권에 대하여「자본시장과 금융투자업에 관한 법률」을 적용할 때에는 특수채증권으로 본다.

◆ 특수채증권
- 법률에 의하여 직접 설립된 법인이 특정목적을 위해 발행되는 채권으로, 일반적으로 정부나 정부산하 공공기관, 공기업 등이 자금을 조달하기 위해 발행하는 채권이다.
- 특수채증권은 공공 부문에서 자금조달의 주요수단으로 활용되며, 다양한 공공 프로젝트나 사회기반 시설구축을 위해 사용된다.

⑤ 여유금의 운용〈법 제69조〉

공사는 다음의 방법 외에는 여유금을 운용하지 못한다.

ⓐ 국채 또는 지방채의 취득

ⓑ 한국은행 또는 그 밖의 금융회사 등에의 예입

※ 예입(預入) … 금품을 맡겨 두거나 기탁하는 것을 말한다.

12 대행사업

① 대행사업의 비용부담〈법 제71조〉

ⓐ 비용의 부담
- 공사는 국가 또는 지방자치단체의 사업을 대행할 수 있다.
- 이 경우에 필요한 비용은 국가 또는 지방자치단체가 부담한다.

ⓑ 대통령령 및 조례 : 비용의 부담에 필요한 사항은 대통령령으로 정하는 사항을 제외하고는 조례로 정한다.

② 대행업무의 비용부담〈시행령 제63조〉

  ㉠ 위탁계약 : 공사가 국가 또는 지방자치단체의 사업을 대행하고자 하는 때에는 위탁계약에 의한다.

  ㉡ 사업을 대행하는 경우 국가 또는 지방자치단체가 부담하여야 할 경비의 범위

    • 사업실시에 따른 사업계획의 수립, 사전조사, 용역 등에 소요되는 경비

    • 사업의 집행에 소요되는 시설비 · 인건비 및 부대경비

    • 사업의 종료 후 결산이전 또는 시설물 등의 인계이전까지의 사이에 시설물 등을 관리하는 데 소요되는 경비

    • 사업의 대행에 따른 대행수수료

    • 기타 사업집행 상 필수적으로 소요되는 경비

  ㉢ 국가 또는 지방자치단체가 비용을 부담하는 경우

    • 자금집행계획 수립제출 : 공사는 미리 자금집행계획을 수립하여 국가 또는 지방자치단체에 제출하여야 한다.

    • 지급시기 : 국가 또는 지방자치단체는 다른 자금에 앞서 이에 대한 자금을 우선적으로 지급하되, 그 지급시기를 조정하고자 하는 때에는 공사와 협의하여야 한다.

  ㉣ 대행사업 종료 : 공사가 그 대행사업을 종료한 때에는 지체 없이 국가 또는 지방자치단체가 부담한 비용을 정산하여야 한다.

  ㉤ 제3자 시행 : 공사는 국가 또는 지방자치단체의 사업을 대행함에 있어 특히 필요한 경우에는 지방자치단체의 장의 승인을 얻어 그 사업의 일부를 제3자로 하여금 시행하게 할 수 있다.

⑬ 재정지원, 물품관리 및 선수금 등

① 재정지원〈법 제71조의2〉

  ㉠ 재정지원 주체 : 지방자치단체

  ㉡ 보조금 교부 및 장기대부 : 지방자치단체는 사업의 운영을 위하여 필요하다고 인정하는 경우에는 공사에 보조금을 교부하거나 장기대부를 할 수 있다.

② 물품구매 및 관리

  ㉠ 물품구매 및 공사계약의 위탁〈법 제71조의3〉 : 공사는 필요하다고 인정하는 경우에는 물품의 구매나 시설공사계약의 체결을 조달청장에게 위탁할 수 있다.

  ㉠ 물품관리〈법 제71조의4〉 : 공사는 소관 물품을 적정하게 관리하기 위하여 해당 공사에서 사용하는 물품을 표준화하고, 사용 및 처분의 목적에 따라 분류하여야 하며, 물품수급계획을 포함한 물품관리계획을 수립하여야 한다.

③ 선수금〈법 제72조〉

　㉠ 선수금 : 공사의 재산 분양, 시설 이용 및 용역 제공에 대한 선수금에 관하여는 <u>제20조의2를 준용한다.</u>

　㉡ 선수금을 받을 경우〈시행령 제16조〉 : 선수금을 받을 경우에는 그 납부방법과 그 시기 등을 정하여 미리 당해 지방자치단체의 장의 승인을 얻어야 한다.

> **조문참고**　법 제20조의2
>
> 지방직영기업은 해당 기업이 조성하는 재산을 분양받으려는 자, 해당 기업의 시설을 이용하려는 자 또는 해당 기업의 용역을 제공받으려는 자로부터 대통령령으로 정하는 바에 따라 대금의 전부 또는 일부를 미리 받을 수 있다.

14 지방공사의 경영공시〈시행령 제64조 → 시행령 제44조 및 44조의2 준용〉

① 경영공시〈시행령 제44조〉

　㉠ 공시주체 : 공사의 사장

　㉡ 공시해야 할 대상 : 지역주민

　㉢ 공시내용
　　• 결산서
　　• 재무제표
　　• 연도별 경영목표
　　• 경영실적 평가결과
　　• 연도별 예산 및 운영계획
　　• 시정 또는 개선요구 등을 받거나, 시정요구를 받은 경우에는 그 내용
　　• 기타 경영에 관한 중요사항으로서 행정안전부장관 또는 지방자치단체의 장이 요청하는 사항

　㉣ 공시기한
　　• 공시기한 : 결산서 및 재무제표는 결산승인 후 5일 이내
　　• 기타 서류는 공시사항이 발생할 때마다 해당 기관의 인터넷 홈페이지에 이를 공시

　※ 공시된 내용은 주된 사무소에 2년간 비치하여야 한다.

② 통합공시〈시행령 제44조의2〉

　㉠ 통합공시에 따라야 하는 기준
　　• 통합공시의 항목에는 다음의 사항이 포함될 것
　　－지방직영기업의 임원 및 운영인력현황
　　－경영성과 및 재무현황
　　－내·외부 감사결과
　　－경영평가 결과와 경영진단 결과 및 조치사항
　　－그 밖에 행정안전부장관이 정하는 지방직영기업 경영에 관한 사항

- 통합공시 사항은 최근 5년간 자료를 공시할 것
- 통합공시 사항의 내용이 변경된 경우에는 변경일부터 14일 이내에 변경된 사항을 공시할 것

ⓒ 통보
- 행정안전부장관은 통합공시의 세부 항목과 절차(이하 "통합공시기준"이라 한다)를 정하여 사장에게 통보하여야 한다.
- 행정안전부장관은 통보한 통합공시기준에 관한 사항을 변경할 때에는 변경된 통합공시기준을 적용하기 14일 전까지 사장에게 통보하여야 한다.

ⓒ 게시 : 공사의 사장은 통합공시기준에 따라 지방직영기업의 경영정보를 행정안전부장관이 지정하는 인터넷 사이트에 게시하여야 한다.

⑮ 보칙

① 상법의 준용〈법 제75조〉

ⓐ 상법준용 : 공사에 관하여는 지방공기업법에서 규정한 사항을 제외하고는 그 성질에 반하지 아니하는 범위에서 「상법」 중 주식회사에 관한 규정을 준용한다.

ⓑ 상법예외준용 : 다만, 「상법」 제292조는 준용하지 아니한다.

② 업무 상황의 공표 등〈법 제75조의2 → 법 제46조 준용〉

ⓐ 서류제출 및 공표
- 서류제출 : 공사의 사장은 조례로 정하는 바에 따라 사업연도마다 두 번 이상 지방직영기업의 업무 상황을 설명하는 서류를 지방자치단체의 장에게 제출하여야 한다.
- 공표 : 업무상황을 설명하는 서류가 제출되면 지방자치단체의 장은 지체 없이 이를 공표하여야 한다.

ⓑ 공시 및 대상
- 공시대상 : 지역주민
- 공사의 사장은 결산서, 재무제표, 연도별 경영목표, 경영실적 평가 결과, <u>기타 경영에 관한 중요 사항</u>을 대통령령으로 정하는 바에 따라 지역주민에게 공시하여야 한다.

> 조문참고 기타 경영에 관한 중요 사항(시행령 제44조)
> - 연도별 예산 및 운영계획
> - 「감사원법」에 의한 시정 또는 개선요구 등을 받거나, 「지방자치법」에 따른 시정요구를 받은 경우에는 그 내용
> - 기타 경영에 관한 중요사항으로서 행정안전부장관 또는 지방자치단체의 장이 요청하는 사항

ⓒ 통합공시
- 통합공시 : 행정안전부장관은 각 지방직영기업이 공시하는 사항 중 주요사항을 표준화하고 이를 통합하여 공시(이하 이 조에서 "통합공시"라 한다)할 수 있다.

- 자료제출의 요청 : 행정안전부장관은 통합공시를 하기 위하여 지방직영기업에 필요한 자료의 제출을 요청할 수 있고, 지방직영기업은 특별한 사정이 없으면 요청에 따라야 한다.
- 시정요구 : 행정안전부장관은 지방직영기업이 경영공시 의무와 통합공시를 위한 자료제출 의무를 성실하게 이행하지 아니하거나, 거짓 사실을 공시하거나, 거짓 자료를 제출하였을 때에는 해당 지방자치단체의 장에게 그 사실을 알리고 거짓 사실 등을 시정하도록 요구할 수 있다.
- 기준과 방법 : 통합공시의 기준과 방법 등에 관하여 필요한 사항은 대통령령으로 정한다.

③ 공무원의 파견·겸임〈법 제75조의3〉
　㉠ 공무원의 파견 : 지방자치단체의 장은 공사가 수행하는 사업을 지원하기 위하여 필요한 경우에는 그 소속 공무원을 공사에 파견하거나 겸임하게 할 수 있다.
　㉡ 파견공무원에 대한 수당지급 : 공사는 공사에 파견된 공무원이나 겸임하는 공무원에 대하여 공사가 정한 지급기준에 따라 업무수당을 지급할 수 있다〈시행령 제65조〉.

④ 권한의 위탁〈법 제75조의4〉
　㉠ 위탁 : 지방공기업법에 따른 지방자치단체의 장의 권한
　㉡ 위탁대상 : 공사의 목적을 수행하기 위하여 필요한 경우에는 조례로 정하는 바에 따라 그 일부를 공사의 사장에게 위탁할 수 있다.

⑤ 민영화된 공사의 주식회사로의 등기〈법 제75조의5〉
　㉠ 공사매각 : 공사가 매각되는 경우 「상법」에 따른 청산 절차를 거치지 아니하여도 매수인은 주식회사로의 설립등기를 신청할 수 있다.
　㉡ 명칭사용금지 : 공사가 매각된 경우 주식회사의 상호에 "공사"라는 명칭은 사용할 수 없다.

⑥ 공사와 공공기관의 합병〈법 제75조의6〉
　㉠ 합병 : 공사는 민영화 대상으로 지정된 공공기관(같은 계획에 따라 공공기관 지정이 해제된 기관을 포함한다)과 「상법」에 따른 청산절차를 거치지 아니하고도 합병할 수 있다.
　㉡ 합병승인
　　- 공사가 합병을 하려면 기획재정부장관과 협의를 거쳐 합병 등기 전까지 지방자치단체의 장의 승인을 받아야 한다.
　　- 공공기관 지정이 해제된 기관과 합병할 경우에는 협의절차를 생략할 수 있다.

암기요약 … 핵심조문 빈칸 채우기

(1) 공사의 사업연도는 지방자치단체의 일반회계의 (　　)에 따른다.

(2) 공사는 경영 성과 및 재무상태를 명확히 하기 위하여 회계거래를 발생사실에 따라 (　　)에 따라 회계처리한다.

(3) 공사는 계약을 체결하는 경우 공정한 경쟁 또는 계약의 적정한 이행을 해칠 것이 명백하다고 판단되는 자에 대하여는 (　　)의 범위에서 입찰참가자격을 제한할 수 있다.

(4) 자산·부채규모 등을 고려하여 대통령령으로 정하는 기준에 해당하는 공사의 사장은 매년 해당 연도를 포함한 (　　) 이상의 (　　)을 수립하여야 한다.

(5) 공사는 계약의 투명성과 공정성을 높이기 위하여 입찰참가자의 계약상대자에게 (　　)를 제출하도록 해야 한다.

(6) 국제입찰에 의한 계약과정에서 불이익을 받은 자가 이의신청을 제기할 수 있는 사항
　ㄱ 국제입찰에 의한 계약의 범위와 관련된 사항
　ㄴ 입찰(　　) 및 (　　)와 관련된 사항
　ㄷ 낙찰자 결정과 관련된 사항
　ㄹ 그 밖에 (　　)으로 정하는 사항

(7) 도시철도공사는 (　　)에 따라 행정안전부장관이 정하여 고시하는 금액 이상인 조달계약을 체결하는 경우에는 (　　)의 방법으로 해야 한다.

(8) 이의신청의 대상(대통령령으로 정하는 규모)
　ㄱ 종합공사 : 추정가격 (　　)
　ㄴ 전문공사 : 추정가격 (　　)
　ㄷ 그 밖의 다른 법령에 따른 공사 : 추정가격 (　　)
　ㄹ 물품의 제조·구매 및 용역 등의 계약 : 추정가격 (　　)

(9) 공사의 사장은 매 사업연도의 사업계획 및 예산을 해당 (　　)까지 편성하여야 한다.

(10) 사업의 필요성과 사업계획의 타당성 등을 검토하는 것을 (　　)라 한다.

(11) 공사는 매 사업연도의 결산을 해당 사업연도가 끝난 후 (　　)에 완료하여야 한다.

(12) 직전 회계연도 말일을 기준으로 부채규모가 3천억 원 이상인 공사는 중장기재무관리계획을 (　　)까지 지방자치단체의 장과 (　　)에 제출하여야 한다.

(13) 지방자치단체는 사채의 상환을 (　　)할 수 있으며, 사채의 발행, 매각 및 상환에 필요한 사항은 <u>조례</u>로 정한다.

(14) 공사의 사장은 사업계획 및 예산을 이사회개최 (　　)까지 각 (　　)에게 송부하여야 한다.

(15) (　　)은 예산에 관한 공통기준을 전년도 (　　)까지 지방자치단체의 장에게 통보하여야 한다.

정답 및 해설

(1) 회계연도	(6) 참가자격, 입찰공고, 대통령령	(11) 2개월 이내
(2) 기업회계기준	(7) 정부조달협정 등, 국제입찰	(12) 매년 9월 30일, 의회
(3) 2년 이내	(8) 10억 원, 1억 원, 8천만 원, 5천만 원	(13) 보증, 조례
(4) 5회계연도, 중장기재무관리계획	(9) 사업연도가 시작되기 전	(14) 30일 전, 이사
(5) 청렴서약서	(10) 신규 투자사업 타당성 검토	(15) 행정안전부장관, 6월 30일

1 지방공기업법령상 다음 (   ) 안에 알맞은 것은?

> 공사의 사업연도는 지방자치단체의 (   )의 회계연도에 따른다.

① 세무회계
② 재무회계
③ 일반회계
④ 특별회계

TIP 공사의 사업연도는 지방자치단체의 <u>일반회계</u>의 회계연도에 따른다〈지방공기업법 제64조〉.

2 다음 중 지방자치단체의 회계연도는?

① 매년 6월 1일 ~ 6월 30일까지
② 매년 7월 1일 ~ 7월 31일까지
③ 매년 1월 1일 ~ 12월 31일까지
④ 지방자치단체의 조례로 정한다.

TIP 지방자치단체의 회계연도는 매년 1월 1일에 시작하여 12월 31일에 끝난다〈지방재정법 제6조〉.

3 지방공기업법령상 공사가 계약을 체결하려는 경우에 가장 적합한 계약방식은?

① 일반경쟁 방식

② 제한경쟁 방식

③ 지명경쟁 방식

④ 수의계약 방식

TIP 공사가 계약을 체결하려는 경우에는 일반경쟁의 방식으로 하여야 한다. 다만, 계약의 목적·성질 및 규모 등을 고려하여 참가자의 자격을 제한하거나 참가자를 지명하여 경쟁에 부치거나 수의계약으로 할 수 있다〈지방공기업법 제64조의2 제3항〉.

4 지방공기업법령상 공사의 사장 또는 계약담당자가 수의계약으로 체결할 수 있는 경우는?

① 공사의 업무를 위탁하기 위하여 공사가 발행주식 총수의 50%를 소유하고 있는 자회사와 계약을 체결하는 경우

② 공사가 성과공유제 확산 추진본부로부터 그 성과를 확인받은 후 3년 이내에 해당 수탁기업과 계약을 체결하는 경우

③ 해당 공사가 소유하고 있는 시설·설비의 유지관리를 위하여 그 출자회사와 계약을 체결하는 경우

④ 공사의 업무를 대행시키기 위하여 공사 및 다른 공사가 소유하고 있는 출자지분의 합계가 총출자지분의 100분의 50인 이상인 법인과 계약을 체결하는 경우

TIP 공사의 사장 또는 계약담당자 수의계약을 할 수 있는 경우〈지방공기업법 시행령 제57조의8 제2항〉

1. 공사의 업무를 위탁하거나 대행시키기 위하여 그 자회사 또는 출자회사와 계약을 체결하는 경우
2. 해당 공사가 소유하고 있는 시설·설비 또는 1종 시설물의 유지관리 등을 위하여 불가피하게 그 자회사 또는 출자회사와 계약을 체결하는 경우
3. 공사가 성과공유제를 시행하여 성과공유제 확산 추진본부로부터 그 성과를 확인받은 후 2년 이내에 해당 수탁기업과 계약을 체결하는 경우

※ 자회사 또는 출자회사
   ㉠ 자회사 : 해당 공사가 발행주식 총수 또는 총출자지분의 100분의 100을 소유하고 있는 법인을 말한다.
   ㉡ 출자회사 : 해당 공사가 소유하고 있는 주식 또는 출자지분과 다른 공사가 소유하고 있는 주식 또는 출자지분의 합계가 발행주식 총수 또는 총출자지분의 100분의 100인 법인을 말한다.

※ 계약담당자 … 공사의 사장으로부터 계약사무의 전부 또는 일부를 위임 또는 위탁받아 계약사무를 담당하는 직원을 말한다.

Answer 1.③ 2.③ 3.① 4.③

5 지방공기업법령상 국제입찰대상에서 제외되는 경우에 해당하지 않는 것은?

① 농·수·축산물을 구매하는 경우

② 정부조달협정등에 규정된 내용으로서 대통령령으로 정한 경우

③ 중소기업 제품을 제조·구매하는 경우

④ 재판매 또는 판매를 위한 생산에 필요한 물품을 조달하는 경우

TIP 국제입찰 대상 도시철도공사의 조달계약의 범위〈지방공기업법 시행령 제57조의9 제1항〉… 별표 1에 따른 공사(이하 " 도시철도공사"라 한다)는 정부가 가입하거나 체결한 정부조달에 관한 협정 및 이에 근거한 국제규범(이하 "정부조달 협정 등"이라 한다)에 따라 행정안전부장관이 정하여 고시하는 금액 이상인 조달계약을 체결하는 경우에는 국제입찰 의 방법으로 해야 한다. 다만, 다음 각 호의 어느 하나에 해당하는 경우에는 국제입찰에 의한 도시철도공사의 조달 계약의 대상에서 제외한다.
1. 재판매 또는 판매를 위한 생산에 필요한 물품 및 용역을 조달하는 경우
2. 재판매 또는 판매할 목적이나 재판매 또는 판매를 위한 물품 및 용역의 공급에 사용할 목적으로 물품 및 용역을 조달하는 경우
3. 「중소기업제품 구매촉진 및 판로지원에 관한 법률」에 따라 중소기업 제품을 제조·구매하는 경우
4. 「양곡관리법」, 「농수산물유통 및 가격안정에 관한 법률」 및 「축산법」에 따라 농·수·축산물을 구매하는 경우
5. 공공의 질서·안정을 유지하거나 인간 또는 동식물의 생명·건강 및 지적소유권을 보호하기 위하여 필요한 경우
6. 자선단체, 장애인이나 재소자가 생산한 물품과 용역 등을 조달하는 경우
7. 급식 프로그램의 증진을 위하여 조달하는 경우
8. 그 밖에 정부조달협정 등에 규정된 내용으로서 행정안전부령으로 정한 경우

6 지방공기업법령상 중장기재무관리계획의 수립에 대한 설명으로 틀린 것은?

① 중장기재무관리계획은 공사의 사장이 수립하여야 한다.

② 중장기재무관리계획의 수립 후 지방자치단체의 장과 의회에 제출하여야 한다.

③ 매년 해당 연도를 포함한 3회계연도 이상의 중장기재무관리계획을 수립하여야 한다.

④ 중장기재무관리계획을 수립한 후 이사회의 의결을 거쳐 확정하여야 한다.

TIP 자산·부채규모 등을 고려하여 대통령령으로 정하는 기준에 해당하는 공사의 사장은 매년 해당 연도를 포함한 5회 계연도 이상의 중장기재무관리계획을 수립하고, 이사회의 의결을 거쳐 확정한 후 대통령령으로 정하는 기한까지 지 방자치단체의 장과 의회에 제출하여야 한다〈지방공기업법 제64조의3 제1항〉.

7 지방공기업법령상 중장기재무관리계획을 제출해야 하는 공사가 아닌 곳은? (직전 회계연도 말일 기준)

① 부채규모가 3천억 원 이상인 공사

② 부채비율이 100분의 200 이상인 공사

③ 부채증가 비율이 100분의 100을 초과하는 공사

④ 부채가 자산보다 큰 공사

TIP 중장기재무관리계획의 수립〈지방공기업법 시행령 제57조의11〉 … 다음 각 호의 어느 하나에 해당하는 공사의 사장은 중장기재무관리계획을 매년 9월 30일까지 지방자치단체의 장과 의회에 제출하여야 한다.
1. 직전 회계연도 말일을 기준으로 부채규모가 3천억 원 이상인 공사
2. 직전 회계연도 말일을 기준으로 부채비율이 100분의 200 이상인 공사
3. 직전 회계연도 말일을 기준으로 부채가 자산보다 큰 공사

8 지방공기업법령상 계약의 투명성과 공정성을 높이기 위하여 입찰참가자 또는 수의계약의 계약상대자에게 공사가 제출하게 하는 것은?

① 청렴서약서

② 보안서약서

③ 수의계약서

④ 비밀유지서약서

TIP 공사는 계약의 투명성과 공정성을 높이기 위하여 입찰참가자 또는 수의계약의 계약상대자에게 청렴서약서를 제출하도록 하여야 한다〈지방공기업법 제64조의4 제1항〉.

9 지방공기업법령상 청렴서약위반에 따른 계약해제 및 해지의 제공행위로 볼 수 없는 것은?

① 증여

② 허가 · 인가

③ 취업특혜

④ 금품 · 향응

TIP 공사는 입찰참가자 또는 수의계약의 계약상대자가 입찰, 수의계약 및 계약 이행 과정에서 공사의 임직원에게 직접 또는 간접적으로 사례, 증여, 금품 · 향응, 취업특혜 제공을 하는 등 청렴서약서의 내용을 위반할 때에는 낙찰자 결정을 취소하거나 계약을 해제 또는 해지하여야 한다〈지방공기업법 제64조의5〉.

Answer 5.② 6.③ 7.③ 8.① 9.②

10 지방공기업법령상 국제입찰에 의한 계약에서 입찰공고와 관련된 사항으로 불이익을 받은 자가 이의신청을 제기할 경우 그 대상은?

① 행전안전부장관

② 지방자치단체의 장

③ 공사의 사장

④ 계약담당자

TIP 국제입찰에 의한 계약 또는 대통령령으로 정하는 규모 이상의 입찰에 의한 계약과정에서 입찰공고와 관련된 사항으로 인하여 불이익을 받은 자는 해당 공사의 사장에게 그 행위의 취소 또는 시정을 위한 이의신청을 제기할 수 있다〈지방공기업법 제64조의6 제1항〉

※ 계약담당자 … 공사의 사장으로부터 계약사무의 전부 또는 일부를 위임 또는 위탁받아 계약사무를 담당하는 직원을 말한다.

11 지방공기업법령상 대통령령으로 정하는 규모 이상의 입찰에 의한 계약과정에서 대통령령으로 정하는 사항으로 이의신청을 제기할 경우 제기사유에 해당하지 않은 것은?

① 계약상대자의 계약상 이익을 부당하게 제한하는 특약이나 조건에 관한 사항

② 계약기간의 연장 및 지연배상금에 관한 사항

③ 계약금액의 지불방법 및 상한에 관한 사항

④ 정부조달협정 등에 위배되는 사항

TIP 이의신청의 대상 및 사유〈지방공기업법 시행령 제57조의10 제2항〉 … "대통령령으로 정하는 사항"이란 다음 각 호의 사항을 말한다.
1. 정부조달협정 등에 위배되는 사항
2. 계약상대자의 계약상 이익을 부당하게 제한하는 특약이나 조건에 관한 사항
3. 계약기간의 연장에 관한 사항
4. 계약금액의 조정에 관한 사항
5. 지연배상금에 관한 사항

12 지방공기업법령상 이의신청 조치결과에 대하여 이의가 있는 자가 그 통지를 받은 날부터 재심을 청구할 수 있는 기간은?

① 10일 이내

② 15일 이내

③ 20일 이내

④ 30일 이내

TIP 이의신청 조치결과에 대하여 이의가 있는 자는 그 통지를 받은 날부터 20일 이내에 지방계약심의조정위원회에 조정을 위한 재심을 청구할 수 있다〈지방공기업법 제64조의6 제3항〉.

13 지방공기업법령상 (   ) 안에 숫자를 모두 합하면?

> • 이의신청은 불이익을 받은 날부터 (   ) 이내 또는 그 불이익을 받았음을 안 날부터 (   ) 이내에 해당 지방자치단체의 장에게 하여야 한다.
> • 해당 지방자치단체의 장은 이의신청을 받은 날부터 (   ) 이내에 이를 심사하여 시정 등 필요한 조치를 하고 지체 없이 그 결과를 신청인에게 통지하여야 한다.

① 25일

② 30일

③ 35일

④ 50일

TIP 이의신청은 불이익을 받은 날부터 <u>20일</u> 이내 또는 그 불이익을 받았음을 안 날부터 <u>15일</u> 이내에 해당 지방자치단체의 장에게 하여야 한다. 해당 지방자치단체의 장은 이의신청을 받은 날부터 <u>15일</u> 이내에 이를 심사하여 시정 등 필요한 조치를 하고 지체 없이 그 결과를 신청인에게 통지하여야 한다〈지방자치단체를 당사자로 하는 계약에 관한 법률 제34조 제2항 및 제3항〉.

14 지방공기업법령상 지방계약법에서 정하고 있는 지방계약심의조정위원회를 설치하는 곳은?

① 행정안전부

② 시 · 도

③ 시 · 군 · 구청

④ 공사

TIP 지방자치단체를 당사자로 하는 계약과 관련된 심의 · 심사 · 조정을 위하여 행정안전부에 지방계약심의조정위원회를 둔다〈지방자치단체를 당사자로 하는 계약에 관한 법률 제35조〉.

15 지방공기업법령상 다음에서 청구인이 이의를 제기해야 하는 신청기한은?

> 재심청구·조정은 청구인과 해당 지방자치단체의 장이 지방계약심의조정위원회에 이의를 제기하지 아니한 경우에는 재판상 화해와 같은 효력을 갖는다.

① 재심청구·조정신청이 종료된 날부터 10일 이내
② 재심청구·조정신청이 종료된 날부터 15일 이내
③ 통지를 받은 날부터 10일 이내
④ 통지를 받은 날부터 15일 이내

TIP 재심청구·조정은 청구인과 해당 지방자치단체의 장이 통지를 받은 날부터 15일 이내에 위원회에 이의를 제기하지 아니한 경우에는 재판상 화해(和解)와 같은 효력을 갖는다〈지방자치단체를 당사자로 하는 계약에 관한 법률 제37조 제3항〉.

16 지방공기업법령상 공사예산의 편성 시기는?

① 정관에 정하는 바에 따라
② 해당 사업연도가 시작되기 전
③ 전년 사업연도가 끝나기 6개월 전
④ 이사회의 의결로 확정한 시기

TIP 공사의 사장은 매 사업연도의 사업계획 및 예산을 해당 사업연도가 시작되기 전까지 편성하여야 한다〈지방공기업법 제65조 제1항〉.

17 지방공기업법령상 공사의 편성된 예산을 의결하는 곳은?

① 이사회

② 의회

③ 지방자치단체

④ 국회예산결산특별위원회

TIP 편성된 예산은 이사회의 의결로 확정된다. 예산이 확정된 후에 생긴 불가피한 사유로 예산을 변경하는 경우에도 또한 같다〈지방공기업법 제65조 제2항〉.

18 지방공기업법령상 예산안을 제출할 때 함께 제출해야 하는 서류로 볼 수 없는 것은?

① 급여비명세서

② 당해사업연도의 예정대차대조표 및 예정손익계산서

③ 투자사업별 수지분석에 관한 조서

④ 채무부담행위에 관한 조서

TIP 예산안의 제출〈지방공기업법 시행령 제20조〉
1. 삭제〈2002. 6. 19.〉
2. 사업예산 및 자본예산의 사항별 설명서
3. 급여비명세서
4. 계속비에 관한 조서
5. 채무부담행위에 관한 조서
6. 당해사업연도의 예정대차대조표 및 예정손익계산서와 전사업연도의 예정대차대조표 및 예정손익계산서

Answer 15.④ 16.② 17.① 18.③

19 지방공기업법령상 이사회에 예산안을 제출할 때 기재해야 할 사항으로 옳은 것을 다음에서 고르면?

> ㉠ 지방채   ㉡ 국채
> ㉢ 계속비   ㉣ 업무의 예정량
> ㉤ 채무부담행위   ㉥ 이익잉여금의 예정처분

① ㉠㉡㉢㉣㉤   ② ㉠㉢㉣㉤㉥
③ ㉡㉢㉣㉤㉥   ④ ㉠㉡㉢㉣㉤㉥

TIP 예산의 기재사항〈지방공기업법 시행령 제19조 제1항〉… 지방직영기업의 예산에는 다음 각호의 사항을 기재한다.
    1. 업무의 예정량
    2. 예정수입 및 예정지출의 금액
    3. 계속비
    4. 채무부담행위
    5. 지방채
    6. 일시차입금의 한도액
    7. 예산전용금지과목
    8. 일반회계 또는 다른 특별회계로부터의 보조금
    9. 이익잉여금의 예정처분
    10. 삭제〈2002. 6. 19.〉
    11. 중요자산의 취득 및 처분
    12. 회전기금의 수입 및 지출예정액
    13. 기타 필요한 사항

20 지방공기업법령상 예산이 확정되지 못한 경우의 조치방법으로 옳은 것은?

① 예산을 수정·보완하여 즉시 재의결을 요구한다.
② 전년도 예산에 준하여 예산을 집행한다.
③ 예산이 확정될 때까지 예산집행을 보류한다.
④ 중요예산에 해당되는 경우 공사 사장의 승인으로 집행할 수 있다.

TIP 예산 불성립 시의 예산집행〈지방공기업법 제65조의2〉
    ① 공사는 부득이한 사유로 회계연도가 시작되기 전까지 예산이 확정되지 못한 경우에는 전년도 예산에 준하여 예산을 집행하여야 한다.
    ② 집행된 예산은 해당 연도의 예산이 성립되면 그 성립된 예산에 따라 집행된 것으로 본다.

21 지방공기업법령상 공사가 대통령령으로 정하는 규모 이상의 신규 투자 사업을 할 때 가장 먼저 해야 하는 것은?

① 신규 투자사업의 입찰공고
② 예비타당성조사
③ 신규 투자사업의 사업계획서 작성·보고
④ 신규 투자사업의 타당성 검토

TIP 공사의 사장은 대통령령으로 정하는 규모 이상의 신규 투자사업을 하려면 신규 투자사업 타당성 검토를 하여야 한다〈지방공기업법 제65조의3 제1항〉.

22 지방공기업법령상 신규 투자사업의 타당성 검토사업을 나열한 것으로 시·군·구가 설립한 공사의 타당성 검토대상은?

① 총사업비 100억 원 이상의 신규 투자사업
② 총사업비 200억 원 이상의 신규 투자사업
③ 총사업비 300억 원 이상의 신규 투자사업
④ 총사업비 500억 원 이상의 신규 투자사업

TIP 신규 투자사업의 타당성 검토 대상사업〈지방공기업법 시행령 제58조의2 제1항〉
   1. 시·도가 설립한 공사 : 총사업비 500억 원 이상의 신규 투자사업
   2. 시·군·구가 설립한 공사 : 총사업비 300억 원 이상의 신규 투자사업

23 지방공기업법령상 공사의 신규 투자사업에 대한 설명으로 옳지 않은 것은?

① 시·도가 설립한 공사가 총사업비 500억 원 이상의 신규 투자사업은 신규 투자사업 타당성 검토를 한 후 의회의 의결을 받아야 한다.
② 신규 투자사업에 참여한 자 등을 기록·관리하고 이를 공개하여야 한다.
③ 기록·관리 및 공개의 범위 등에 필요한 사항은 행정안전부령으로 정한다.
④ 사업계획이 확정되면 사업명 등을 인터넷 사이트에 공개하여야 한다.

TIP 기록·관리 및 공개의 범위, 방법 및 절차 등에 필요한 사항은 대통령령으로 정한다〈지방공기업법 제65조의4 제2항〉.

24 지방공기업법령상 신규 투자사업의 타당성 검토를 하지 않아도 되는 사업을 모두 고르면?

> ㉠ 재난의 예방 및 복구 지원을 위하여 시급한 추진이 필요한 사업
> ㉡ 법령에 따라 추진하여야 하는 사업
> ㉢ 사업목적 및 규모, 추진방안 등 구체적인 사업계획이 수립된 사업
> ㉣ 긴급한 경제적 · 사회적 상황 대응 등을 위하여 국가 정책적으로 추진이 필요한 사업

① ㉠㉡㉢
② ㉠㉢㉣
③ ㉡㉢㉣
④ ㉠㉡㉢㉣

TIP 신규 투자사업의 타당성 검토〈지방공기업법 제65조의3 제2항〉… 다음 각 호의 어느 하나에 해당하는 사업은 대통령령으로 정하는 절차에 따라 신규 투자사업 타당성 검토 대상에서 제외한다. 이 경우 공사의 사장은 신규 투자사업 타당성 검토 제외 사업의 내역 및 사유를 지체 없이 지방자치단체의 장과 의회에 보고하여야 한다.
1. 다음 각 목의 어느 하나에 해당하는 조사 · 심사 등을 거쳤거나 제외된 사업
   가. 예비타당성조사
   나. 투자심사(해당 공사를 설립한 지방자치단체의 장이 실시한 투자심사에 한정한다)
   다. 예비타당성조사
2. 설립 지방자치단체가 각각 다른 2개 이상의 공사가 공동으로 신규 투자사업을 추진하는 경우로서 그 중 하나 이상의 공사의 사장이 제1항에 따른 절차를 모두 거치고, 다른 공사를 설립한 지방자치단체의 의회가 별도의 신규 투자사업 타당성 검토를 거치지 아니하기로 동의한 사업
3. 재난의 예방 및 복구 지원을 위하여 시급한 추진이 필요한 사업
4. 법령에 따라 추진하여야 하는 사업
5. 지역 균형발전, 긴급한 경제적 · 사회적 상황 대응 등을 위하여 국가 정책적으로 추진이 필요한 사업으로서 다음 각 목의 요건을 모두 갖춘 사업
   가. 사업목적 및 규모, 추진방안 등 구체적인 사업계획이 수립된 사업
   나. 국가 정책적으로 추진이 필요하여 국무회의를 거쳐 확정된 사업

25 지방공기업법령상 다음에서 밑줄 친 부분의 전문기관이 갖춰야할 요건으로 (　) 안에 알맞은 숫자를 모두 합하면?

> 신규 투자사업 타당성 검토는 <u>전문 인력 및 조사·연구 능력 등 대통령령으로 정하는 요건을 갖춘 전문기관</u>으로서 행정안전부장관이 지정·고시하는 기관에 의뢰하여 실시하여야 한다.

> • 사업타당성 검토 업무에 (　) 이상 종사한 경력을 가진 사람 5명 이상과 (　) 이상 종사한 경력을 가진 사람 2명 이상을 보유하고 있을 것
> • 최근 (　) 이내에 지방공기업 또는 공공기관이나 지방재정 관련 연구용역 실적이 있을 것

① 7년
② 9년
③ 11년
④ 13년

TIP 설립타당성 검토 등〈지방공기업법 시행령 제47조 제4항〉… 전문 인력 및 조사·연구 능력 등 대통령령으로 정하는 요건을 갖춘 전문기관은 다음 각 호의 요건을 모두 갖춘 기관을 말한다.
1. 사업타당성 검토 업무에 3년 이상 종사한 경력을 가진 사람 5명 이상과 5년 이상 종사한 경력을 가진 사람 2명 이상을 보유하고 있을 것
2. 최근 3년 이내에 지방공기업 또는 공공기관이나 지방재정 관련 연구용역 실적이 있을 것

26 지방공기업법령상 공사가 매 사업연도의 결산을 완료해야 하는 시기는?

① 해당 사업연도가 끝난 후 1개월 이내
② 해당 사업연도가 끝난 후 2개월 이내
③ 해당 사업연도가 끝난 후 3개월 이내
④ 해당 사업연도가 끝난 후 5개월 이내

TIP 공사는 매 사업연도의 결산을 해당 사업연도가 끝난 후 2개월 이내에 완료하여야 한다〈지방공기업법 제66조 제1항〉.

27 지방공기업법령상 결산서 포함서류가 아닌 것은?

① 자금운용계산서 또는 현금흐름표   ② 손익계산서

③ 감사결과보고서   ④ 이익잉여금처분계산서 또는 결손금처리계산서

TIP 결산서의 제출 등〈지방공기업법 시행령 제36조 제1항〉… "기타 대통령령이 정하는 서류"라 함은 다음 각 호의 것을 말한다.
1. 대차대조표
2. 손익계산서
3. 이익잉여금처분계산서 또는 결손금처리계산서
4. 자금운용계산서 또는 현금흐름표
5. 회전기금을 둔 경우에는 그 운용상황서
6. 결산부속명세서

28 지방공기업법령상 예산 · 결산에 관한 공통기준을 작성하는 주체는?

① 행정안전부장관   ② 지방자치단체의 장

③ 지방자치단체 의회   ④ 공사의 이사회

TIP 예산 · 결산에 관한 공통기준〈지방공기업법 제66조의2〉.
① 행정안전부장관은 공사의 예산 및 결산에 공통적으로 적용하여야 할 사항에 관한 기준을 작성하여 통보할 수 있다.
② 공사의 예산 및 결산의 제출 및 운영에 필요한 사항은 공통기준의 범위에서 지방자치단체의 장이 정한다.

29 지방공기업법령상 예산에 관한 공통기준을 지방자치단체의 장에게 통보하여야 기한은?

① 전년도 3월 31일까지   ② 전년도 5월 31일까지

③ 전년도 6월 30일까지   ④ 전년도 7월 31일까지

TIP 예산에 관한 공통기준〈지방공기업법 시행령 제60조〉
① 행정안전부장관은 예산에 관한 공통기준을 전년도 6월 30일까지 지방자치단체의 장에게 통보하여야 한다.
② 지방자치단체의 장은 예산편성지침을 작성하여 전년도 7월 31일까지 당해 공사의 장에게 통보하여야 한다.

30 지방공기업법령상 손익금 및 이익금의 처리에 대한 설명으로 틀린 것은?

① 전 사업연도로부터 이월된 결손금이 있으면 우선적으로 결손금을 보전한다.

② 이익배당을 할 때에는 외국인 및 외국법인에게 우선적으로 배당할 수 있다.

③ 감채적립금은 공사의 사채를 상환하는 목적 외에는 사용할 수 없다.

④ 결산결과 손실금이 발생한 경우에는 차입금으로 보전한다.

TIP 공사는 결산결과 손실이 생긴 경우에 그 결손금을 적립금으로 보전하고, 그 적립금으로도 보전하지 못한 결손금은 이익준비금으로 보전하거나 이월한다〈지방공기업법 제67조 제3항〉.

31 지방공기업법령상 공사의 사채발행 및 차관에 대한 설명으로 옳지 않은 것은?

① 공사는 지방자치단체의 장의 승인을 받아 사채를 발행하거나 외국차관을 할 수 있다.

② 지방자치단체의 장은 정해진 기준을 초과하여 사채를 발행할 경우 행정안전부장관의 승인을 받아야 한다.

③ 공사가 발행한 사채는 지방자치단체가 상환보증을 할 수 없다.

④ 사채의 발행, 매각 및 상환에 필요한 사항은 조례로 정한다.

TIP 지방자치단체는 사채의 상환을 보증할 수 있다〈지방공기업법 제68조 제4항〉.

32 지방공기업법령상 주택사업 및 토지개발사업 사업을 경영하는 공사의 사채발행 한도는?

① 순자산액의 2배 이내

② 순자산액의 3배 이내

③ 순자산액의 4배 이내

④ 순자산액의 5배 이내

TIP 사채발행〈지방공기업법 시행령 제62조 제2항〉… 공사가 발행할 수 있는 사채발행의 한도는 다음과 같다.
  1. 법 제2조(적용 범위) 제1항 제7호 및 제8호의 사업을 경영하는 공사는 제14조에서 정하고 있는 순자산액의 4배 이내
  2. 제1호 외의 사업을 경영하는 공사는 제14조에서 정하고 있는 순자산액의 2배 이내

33 지방공기업법령상 사채를 발행할 때 신청서에 기재해야 할 사항으로 옳지 않은 것은?

① 원금의 상환방법 및 기한

② 사채의 권면액을 수종으로 하여 발행하는 경우 각 권종별 발행총액

③ 법인의 명칭 및 부채총액

④ 이자의 지급방법 및 기한

TIP 사채발행〈지방공기업법 시행령 제62조 제1항〉… 공사는 사채를 발행하고자 하는 때에는 다음 각 호의 사항을 기재한 신청서를 그 지방자치단체의 장에게 제출하여야 한다. 지방자치단체의 장이 행정안전부장관의 승인을 신청하는 때에도 또한 같다.
1. 사채의 발행목적
2. 사채의 발행시기
3. 발행총액(사채의 권면액을 수종으로 하여 발행하는 경우에는 각 권종별 발행총액)
4. 이율
5. 원금의 상환방법 및 기한
6. 이자의 지급방법 및 기한
7. 모집 및 인수방법

34 지방공기업법령상 사채발행 시 지방자치단체의 장이 행정안전부장관의 승인을 받아야 하는 경우가 아닌 것은?

① 사채발행예정액이 300억 원 이상인 경우

② 전년도의 사채발행금액이 200억 원 이상인 경우

③ 사채발행 승인신청당시 사채발행예정액을 합산한 부채비율이 100분의 200 이상인 경우

④ 최근 3년 이상 계속하여 당기순손실이 발생한 경우

TIP 사채발행〈지방공기업법 시행령 제62조 제4항〉… "대통령령이 정하는 기준을 초과하는 경우"라 함은 다음 각 호의 어느 하나에 해당하는 경우를 말한다.
1. 사채발행 승인 신청 당시 사채발행예정액을 합산한 부채비율이 100분의 200 이상인 경우
2. 최근 3년 이상 계속하여 당기순손실이 발생한 경우
3. 사채발행예정액이 300억 원 이상인 경우

35 지방공기업법령상 공사여유금의 운용방법으로 옳지 않은 것은?

① 국채의 취득

② 은행 금융상품에 투자

③ 지방채의 취득

④ 부동산구입을 통한 자산의 증대

TIP 여유금의 운용방법〈지방공기업법 제69조〉
1. 국채 또는 지방채의 취득
2. 「한국은행법」에 따른 한국은행 또는 그 밖의 금융회사 등에의 예입

36 지방공기업법령상 다음에 해당하지 않는 것은?

> 공사가 국가 또는 지방자치단체의 사업을 대행하는 경우 국가 또는 지방자치단체가 부담하여야 할 경비의 범위

① 사업실시에 따른 사업계획의 수립, 사전조사, 용역 등에 소요되는 경비
② 사업의 홍보를 위한 광고비
③ 사업의 대행에 따른 대행수수료
④ 사업집행 상 필수적으로 소요되는 경비

TIP 대행업무의 비용부담 등〈지방공기업법 시행령 제63조 제2항〉… 공사가 국가 또는 지방자치단체의 사업을 대행하는 경우 국가 또는 지방자치단체가 부담하여야 할 경비의 범위는 다음과 같다.
  1. 사업실시에 따른 사업계획의 수립, 사전조사, 용역 등에 소요되는 경비
  2. 사업의 집행에 소요되는 시설비·인건비 및 부대경비
  3. 사업의 종료 후 결산이전 또는 시설물 등의 인계이전까지의 사이에 시설물 등을 관리하는 데 소요되는 경비
  4. 사업의 대행에 따른 대행수수료
  5. 기타 사업집행상 필수적으로 소요되는 경비

37 지방공기업법령상 대행사업에서 국가 또는 지방자치단체의 비용부담에 대한 설명으로 옳지 않은 것은?

① 비용을 부담하는 경우 공사는 자금집행계획을 수립하여 제출해야 한다.
② 다른 자금에 앞서 대행사업에 대한 자금을 우선적으로 지급해야 한다.
③ 공사가 대행사업을 완료한 후 6개월 이내에 모든 비용을 정산해야 한다.
④ 지급시기를 조정하고자 하는 때에는 공사와 협의하여야 한다.

TIP 공사가 그 대행사업을 종료한 때에는 지체 없이 국가 또는 지방자치단체가 부담한 비용을 정산하여야 한다〈지방공기업법 시행령 제63조 제4항 전단〉.

38 지방공기업법령상 공사가 필요하다고 인정하는 경우 조달청장에게 위탁할 수 있는 것은?

① 물품의 판매
② 인력채용업체 추천
③ 시설공사계약의 체결
④ 구매물품 제조업체 알선

TIP 공사는 필요하다고 인정하는 경우에는 물품의 구매나 시설공사계약의 체결을 조달청장에게 위탁할 수 있다〈지방공기업법 제71조의3〉.

39 지방공기업법령상 행정안전부장관이 공사에게 할 수 있는 행위로 볼 수 없는 것은?

① 공사의 업무에 대한 검사
② 공사의 설립·운영 등 공사업무의 관리·감독
③ 공사에 필요한 사항의 보고를 명함
④ 공사의 회계 및 재산에 관한 사항의 검사

TIP 공사의 감독 등〈지방공기업법 제73조〉
① 지방자치단체의 장은 공사의 설립·운영 등 공사의 업무를 관리·감독한다.
② 행정안전부장관은 공사의 업무, 회계 및 재산에 관한 사항을 검사할 수 있으며, 공사에 필요한 보고를 명할 수 있다.

40 지방공기업법령상 통합공시항목에 포함되어야 할 사항으로 옳지 않은 것은?

① 경영성과 및 재무현황
② 내·외부 감사결과
③ 행정안전부장관이 정하는 공사의 경영에 관한 사항
④ 공사의 임원 및 임직원의 급여지급현황

TIP 통합공시〈지방공기업법 시행령 제64조 → 시행령 제44조의2 제1항 제1호 준용〉
가. 지방직영기업의 임원 및 운영인력현황
나. 경영성과 및 재무현황
다. 내·외부 감사결과
라. 경영평가 결과와 경영진단 결과 및 조치사항
목. 그 밖에 행정안전부장관이 정하는 공사의 경영에 관한 사항

41 지방공기업법의 보칙에서 정하고 있는 내용 중 옳지 않은 것은?

① 공사의 사장은 필요한 경우에는 소속공무원을 공사에 파견하거나 겸임하게 할 수 있다.

② 공사가 공공기관과 합병을 하려면 기획재정부장관과 협의를 거쳐야 한다.

③ 지방자치단체장의 권한의 일부를 조례로 정하는 바에 따라 공사의 사장에게 위탁할 수 있다.

④ 공사가 매각되는 경우 매수인은 상호에 "공사"라는 명칭은 사용할 수 없다.

TIP 지방자치단체의 장은 공사가 수행하는 사업을 지원하기 위하여 필요한 경우에는 그 소속 공무원을 공사에 파견하거나 겸임하게 할 수 있다〈지방공기업법 제75조의3〉.

42 지방공기업법령상 다음의 내용을 정하고 있는 규정은?

> 공사의 사장은 사업연도마다 두 번 이상 공사의 업무 상황을 설명하는 서류를 지방자치단체의 장에게 제출하여야 하며, 지방자치단체의 장은 지체 없이 이를 공표하여야 한다.

① 대통령령
② 행정안전부장관령
③ 조례
④ 정관

TIP 공사의 사장은 조례로 정하는 바에 따라 사업연도마다 두 번 이상 공사의 업무 상황을 설명하는 서류를 지방자치단체의 장에게 제출하여야 한다. 이 경우 지방자치단체의 장은 지체 없이 이를 공표하여야 한다〈지방공기업법 제46조 제1항〉.

지방공사의 보칙 및 벌칙

1 경영평가 및 지도〈법 제78조〉

① 경영평가

  ㉠ 실시권자 : 행정안전부장관 또는 지방자치단체의 장

  ㉡ 평가실시

- 행정안전부장관은 지방공기업의 경영 기본원칙을 고려하여 대통령령으로 정하는 바에 따라 지방공기업에 대한 경영평가를 하고, 그 결과에 따라 필요한 조치를 하여야 한다.
- 행정안전부장관이 필요하다고 인정하는 경우에는 지방자치단체의 장으로 하여금 경영평가를 하게 할 수 있다.

  ㉢ 경영평가에 포함되어야 할 사항 : 지방공기업의 경영목표의 달성도, 업무의 능률성, 공익성 · 고객서비스 등

  ㉣ 관련자료 제출요청

- 행정안전부장관은 경영평가를 위하여 필요한 경우 지방공기업에 고객 명부 등 관련 자료의 제출을 요청할 수 있다.
- 자료제출을 요청받은 지방공기업은 정당한 사유가 없는 한 이에 따라야 한다.

  ㉤ 사장에 대한 업무성과 평가

- 행정안전부장관은 대통령령으로 정하는 바에 따라 경영평가와는 별도로 사장에 대하여 업무성과 평가를 할 수 있다.
- 업무성과 평가를 할 경우 공익성이 고려되어야 한다.

② 경영평가실시 시기 및 기한〈시행령 제68조〉

  ㉠ 실시주기

- 지방공기업에 대한 경영평가는 매년 실시하여야 한다.
- 지방직영기업의 경영평가에 관하여는 행정안전부장관이 따로 정할 수 있다.

  ㉡ 경영평가기관의 지정

- 지정권자 : 행정안전부장관 또는 지방자치단체의 장
- 지정실시 : 경영평가를 실시함에 있어서 필요하다고 인정되는 때에는 경영평가기관을 지정하여 실시할 수 있다.

ⓒ 경영평가기관으로 지정할 수 있는 기관

- 지방공기업평가원
- 경영평가 전문기관
- 회계법인
- 행정안전부장관이 인정하는 기관

ⓔ 실시 및 완료 기한

- 지방공기업에 대한 경영평가는 회계감사가 종료된 때부터 실시한다.
- 공사·공단에 대한 경영평가는 회계감사종료 후 4월 이내에 완료하여야 한다.

ⓜ 세부적인 기준 : 경영평가에 관한 세부적인 기준은 행정안전부장관이 정한다.

③ 경영평가의 지도·권고

ⓐ 지도·조언·권고권자 : 행정안전부장관

ⓑ 지도 또는 권고 : 행정안전부장관 또는 시·도지사(특별자치시장 및 특별자치도지사는 제외한다)는 지방공기업(시·도지사의 경우에는 시·군·자치구의 지방공기업으로 한정한다)의 효율적인 경영을 위하여 필요한 지도, 조언 또는 권고를 할 수 있다.

ⓒ 지방공기업이 다음의 어느 하나에 해당하는 경우

- 경영평가에 필요한 자료를 제출하지 아니하거나 거짓으로 작성·제출한 경우
- 불공정한 인사운영, 비리 등으로 윤리경영을 저해한 경우로서 대통령령으로 정하는 경우

> ■ 대통령령으로 정하는 경우(지방공기업의 윤리경영 저해행위)〈시행령 제68조의2〉
> - 지방공기업의 업무와 관련되는 법률을 위반하여 채용비위, 조세포탈, 회계부정 또는 불공정거래행위 등과 관련된 중대한 위법행위를 한 경우
> - 부당한 직무수행으로 인해 다음의 사회적 물의를 일으킨 경우
> - 국민의 생명, 재산 또는 안전상의 위해 초래
> - 자연환경, 생활환경 또는 기업환경 등에 대한 훼손, 교란 또는 피해 초래

ⓓ ⓒ에 해당하는 경우의 조치

- 경영평가 결과를 조정
- 해당 지방공기업에 대한 주의·경고 등의 조치
- 지방자치단체의 장에게 해당 지방공기업의 평가급 조정을 요청

※ 조치를 취할 경우 지방공기업정책위원회의 심의를 거쳐야 한다.

ⓜ 평가급 조정 및 관련자 인사조치

- 평가급 조정 : 주의·경고 등의 요청을 받은 지방자치단체의 장은 특별한 사정이 없으면 해당 지방공기업의 평가급을 조정하여야 한다.
- 인사조치 요구 : 필요한 경우 해당 공사의 사장 또는 공단의 이사장에게 관련자에 대한 인사상의 조치 등을 요구할 수 있다.

2 경영진단 및 경영개선 명령〈법 제78조의2〉

① 경영평가보고서 등 제출

   ㉠ **서류제출**: 지방자치단체의 장이 행정안전부장관에데 제출하여야 한다.

   ㉡ **제출기한**: 경영평가를 하였을 때에는 그 평가가 끝난 후 1개월 이내

   ㉢ **제출서류**
- 경영평가보고서
- 재무제표
- 그 밖에 <u>대통령령으로 정하는 서류</u>

   ■ **그 밖에 대통령령으로 정하는 서류**〈시행령 제69조〉
- 결산서 및 회계감사보고서
- 사업운영계획 및 사업실적보고서
- 감사의 감사보고서와 징계ㆍ시정ㆍ개선요구 등을 받은 경우에는 그 내용
- 지방자치단체의 감사결과와 시정요구를 받은 경우에는 그 내용
- 기타 경영에 관한 중요사항으로서 행정안전부장관이 요구하는 사항

② 경영진단실시 및 결과공개

   ㉠ **경영진단 실시권자**: 행정안전부장관

   ㉡ **경영진단실시**: 행정안전부장관은 경영평가를 하거나 서류 등을 분석한 결과 특별한 대책이 필요하다고 인정되는 지방공기업으로서 ㉢의 어느 하나에 해당하는 지방공기업에 대하여는 대통령령으로 정하는 바에 따라 따로 경영진단을 실시하고, 그 결과를 공개할 수 있다.

   ㉢ **경영진단 대상기업**
- 3개 사업연도 이상 계속하여 당기 순손실이 발생한 지방공기업
- 특별한 사유 없이 전년도에 비하여 영업수입이 현저하게 감소한 지방공기업
- 경영 여건상 사업 규모의 축소, 법인의 청산 또는 민영화 등 경영구조 개편이 필요하다고 인정되는 지방공기업
- 그 밖에 <u>대통령령으로 정하는 지방공기업</u>

   ■ **대통령령으로 정하는 지방공기업**〈시행령 제70조〉
- 경영목표설정이 비합리적인 지방공기업
- 인력 및 조직관리가 비효율적인 지방공기업
- 재무구조가 불건전한 지방공기업
- 기타 행정안전부장관이 경영진단이 필요하다고 인정하는 지방공기업

   ㉣ **경영진단대상 확정**: 행정안전부장관은 경영평가보고서 등의 서류를 접수한 때에는 60일 이내에 경영진단대상을 확정하여야 한다.

③ 필요한 조치요구

　㉠ 경영진단에 따른 개선요구
　　• 요구 및 명령권자 : 행정안전부장관
　　• 요구요건 : 경영진단의 결과 필요하다고 인정하는 경우
　　• 요구조치 : 지방자치단체의 장, 공사의 사장 또는 공단의 이사장에게 해당 지방공기업의 임원의 해임, 조직의 개편 등 경영 개선을 위하여 필요한 조치를 명할 수 있다.

　㉡ 경영진단에 따른 경영개선명령을 할 수 있는 사항〈시행령 제75조〉
　　• 당해 지방공기업의 임직원에 대한 감봉 · 해임 등의 인사조치
　　• 사업규모의 축소 · 조직개편 및 인력조정
　　• 법인의 청산 및 민영화
　　• 기타 경영개선을 위하여 필요한 사항

　㉢ 개선요구의 수용 : 경영개선의 명을 받은 지방자치단체의 장, 공사의 사장 또는 공단의 이사장은 특별한 사유가 없으면 지체 없이 이에 따라야 한다.

③ 지방공기업경영진단반〈시행령 제71조〉

① 경영진단반의 구성

　㉠ 구성 · 운영자 : 행정안전부장관
　㉡ 구성목적 : 경영진단을 수행하기 위하여 필요한 경우에는 지방공기업경영진단반을 구성 · 운영할 수 있다.
　㉢ 경영진단반의 위촉 또는 임명자격이 있는 자
　　• 지방공기업에 관한 업무를 담당하는 공무원
　　• 대학의 조교수이상의 직위에 있는 자로서 공기업의 경영 및 기타 관련분야에 관한 전문지식이 있는 자
　　• 5년 이상의 실무경험이 있는 공인회계사
　　• 기타 공기업의 경영 및 관련분야에 관한 전문지식과 경험이 풍부한 자
　㉣ 외부전문기관에 위탁 : 행정안전부장관은 지방공기업에 대한 경영진단을 외부전문기관에 위탁하여 실시할 수 있다.

② 경영진단반의 운영

　㉠ 소요되는 경비를 지출
　　• 행정안전부장관은 예산의 범위 안에서 경영진단반의 구성 및 운영에 소요되는 경비를 지출할 수 있다.
　　• 경비의 일부를 당해 경영진단대상 지방공기업에 부담시킬 수 있다.
　㉡ 자료의 요구 : 경영진단반이 경영진단에 필요한 자료를 요구하는 때에는 당해지방공기업은 정당한 사유가 없는 한 이에 응하여야 한다.
　㉢ 경영진단반의 해체 : 경영진단반은 그 임무가 종료된 때에 해체된 것으로 본다.

④ 부실지방공기업에 대한 해산요구〈법 제78조의3〉

① 해산요구 및 대상

  ㉠ 해산의 요구
- 해산요구권자 : 행정안전부장관
- 해산요구 : 행정안전부장관은 공사 또는 공단이 대통령령으로 정하는 경우 지방공기업정책위원회의 심의를 거쳐 지방자치단체의 장이나 공사의 사장 또는 공단의 이사장에게 해산을 요구할 수 있다.

  ㉡ 해산요구의 대상
- 부채상환능력이 현저히 낮은 경우
- 사업전망이 없어 회생이 어려운 경우
- 설립목적의 달성이 불가능한 경우

② 부실 지방공기업에 대한 해산요구 요건〈시행령 제71조의2〉

  ㉠ 판단 : 공사 또는 공단의 직전연도 결산자료 판단한 결과

  ㉡ 대통령령으로 정하는 해산요구 요건
- 부채비율이 100분의 400 이상인 경우
- 자본금 전액이 잠식된 경우
- 2 회계연도 연속 자본잠식률[자본금에서 자본총계(법령상 의무를 이행하기 위하여 불가피하게 손실이 발생한 경우에는 행정안전부장관이 정하는 바에 따라 그 손실을 반영하여 산정한 금액을 말한다)를 뺀 값을 자본금으로 나눈 값을 말한다]이 100분의 50을 초과하는 경우

③ 공사 또는 공단의 해산

해산을 요구받은 지방자치단체의 장이나 공사의 사장 또는 공단의 이사장은 정당한 사유가 없으면 지체 없이 이에 따라야 한다.

⑤ 지방공기업평가원

① 지방공기업평가원(이하 "평가원"이라 함) 설립 · 운영〈법 제78조의4〉

  ㉠ 설립목적
- 지방공기업에 대한 경영평가
- 지방공기업의 관련정책 연구
- 지방공기업의 임직원에 대한 교육 등을 전문적으로 지원

  ㉡ 법인설립
- 평가원은 법인으로 한다.
- 그 주된 사무소의 소재지에서 설립등기를 함으로써 성립한다.

ⓒ 출연
- 지방자치단체 또는 지방공기업은 평가원의 업무수행을 지원하기 위하여 평가원에 출연할 수 있다.
- 출연의 지급, 사용 및 관리 등에 필요한 사항은 대통령령으로 정한다.

ⓒ 이사회와 감사
- 이사회와 감사 : 평가원에 이사회와 감사 1명을 둔다.
- 구성 : 이사회는 이사장 1명을 포함하여 12명 이내의 이사로 구성한다.
- 이사장 선임 : 이사장은 이사회의 추천으로 행정안전부장관의 승인을 받아 이사회가 선임한다.
- 임기 : 이사장의 임기는 3년으로 하며, 한 차례만 연임할 수 있다.
- 설립·운영에 관한 사항 : 이사 및 감사의 임기, 선임 방법 등 그 밖에 평가원의 설립·운영에 관한 사항은 정관으로 정한다.

ⓔ 지도·감독
- 행정안전부장관은 평가원을 지도·감독한다.
- 필요한 경우에는 평가원에 대하여 그 업무에 관한 사항을 보고하게 하거나 자료제출 등의 명령을 할 수 있다.

ⓜ 민법준용 : 평가원에 관하여는 지방공기업법에서 규정한 사항을 제외하고는 「민법」 중 재단법인에 관한 규정을 준용한다.

② 지방공기업평가원에 대한 출연〈시행령 제76조〉
ⓐ 출연금규모의 결정
- 결정권자 : 평가원의 이사장
- 편성기준
- 지방자치단체 출연금 편성기준 : 재정력, 공기업 수 등
- 지방공기업 출연금 편성기준 : 매출액, 직원 수, 자산 등
- 결정기한 : 전체 및 각 지방자치단체·지방공기업별 다음 연도 출연금 요구안에 대하여 매년 7월 31일까지
- 결정 : 행정안전부장관과 협의하여 출연금규모를 결정하여야 한다.

ⓑ 출연금규모 협의 전 제출해야 할 사항
- 제출시기 : 평가원의 이사장이 행정안전부장관과 협의하기 전
- 제출내용
- 출연금 징수 및 사업추진 실적
- 다음 연도 사업계획 등
- 제출기관 : 행정안전부장관

ⓒ 출연금요구서 제출
- 평가원의 이사장은 행정안전부장관과 협의된 출연금액이 지방자치단체 예산과 지방공기업 예산에 편성될 수 있도록 출연금요구서를 해당 지방자치단체 및 지방공기업에 제출

- 출연금요구서에 첨부해야 할 서류
  - 다음 회계연도의 사업계획서
  - 다음 회계연도의 추정 재무상태표 및 추정 손익계산서
- 제출기한 : 매년 8월 31일까지

② 평가원에 통지
- 통지 : 해당 기관의 장
- 출연금요구를 받은 해당 기관의 장은 출연금예산이 확정된 경우에는 이를 평가원에 통지하여야 한다.

⑩ 평가원이 확정·통지된 출연금을 교부받고자 할 경우
- 출연금교부신청서에 자금집행계획서를 첨부하여 해당 기관에 제출하여야 한다.
- 평가원은 출연금을 평가원 고유사업 및 운영경비로 사용하여야 한다.

⑪ 출연금의 결산
- 평가원은 결산 후 발생한 잉여금을 이사회의 의결을 거쳐 기본재산 또는 운영자금으로 편입하여야 한다.
- 평가원의 이사장은 매 회계연도 종료 후 2개월 이내에 행정안전부장관에게 출연금 지급 및 사용에 관한 사항을 보고하여야 한다.

6 지방공기업정책위원회

① 지방공기업정책위원회 운영〈법 제78조의5〉
  ㉠ 위원회운영 : 행정안전부장관이 관계 전문가로 구성된 지방공기업정책위원회(이하 "정책위원회"라 함)를 운영한다.
  ㉡ 위원회의 심의사항
  - 지방공기업 관련 주요정책
  - 지방공기업의 경영평가
  - 지방공기업의 경영진단
  - 그 밖에 경영개선에 관한 사항
  ㉢ 위원구성 : 정책위원회는 위원장 1명을 포함한 15명 이내의 위원으로 구성한다.

② 정책위원회의 구성〈시행령 제72조〉
  ㉠ 위원장 : 위원장은 행정안전부차관이 된다.
  ㉡ 위원 : 다음의 어느 하나에 해당하는 사람 중에서 행정안전부장관이 임명 또는 위촉한다.
  - 경영평가와 경영진단에 관한 풍부한 경험을 가진 전문가
  - 5년 이상 실무경험이 있는 공인회계사

- 학교의 부교수 이상 직위에 있는 사람으로서 공기업 경영 및 그 밖에 관련 분야에 관한 전문지식이 있는 사람
- 지방공기업에 관한 업무를 담당하는 3급 이상의 공무원 또는 고위공무원단에 속하는 일반직공무원

◆ 학교의 종류〈고등교육법 제2조〉

대학, 산업대학, 교육대학, 전문대학, 방송대학·통신대학·방송통신대학 및 사이버대학(원격대학), 기술대학

ⓒ 위촉위원의 임기
- 위촉위원의 임기는 2년으로 하고, 한 차례만 연임할 수 있다.
- 위촉위원의 사임 등으로 새로 위촉한 위원의 임기는 전임위원의 남은 임기로 한다.

ⓔ 위원의 해임 및 해촉사유〈시행령 제72조의2〉
- 심신장애로 인하여 직무를 수행할 수 없게 된 경우
- 직무와 관련된 비위사실이 있는 경우
- 직무태만, 품위손상이나 그 밖의 사유로 인하여 위원으로 적합하지 아니하다고 인정되는 경우
- 위원 스스로 직무를 수행하는 것이 곤란하다고 의사를 밝히는 경우

※ 행정안전부장관은 위원의 해임 및 해촉사유에 해당하는 경우에는 해당 위원을 해임 또는 해촉(解囑)할 수 있다.

③ 정책위원회 위원의 제척·기피·회피〈시행령 제72조의3〉

㉠ 정책위원회의 위원이 해당 안건의 심의·의결에서 제척되는 경우
- 위원 또는 그 배우자나 배우자였던 사람이 해당 안건의 당사자(당사자가 법인·단체 등인 경우에는 그 임원 또는 직원을 포함한다)가 되거나 그 안건의 당사자와 공동권리자 또는 공동의무자인 경우
- 위원이 해당 안건의 당사자와 친족이거나 친족이었던 경우
- 위원 또는 위원이 속한 기관이 해당 안건에 대하여 증언, 진술, 자문, 연구, 용역 또는 감정을 한 경우
- 위원이 해당 안건에 대한 감사, 수사 또는 조사에 관여하거나 관여했던 경우
- 위원이나 위원이 속한 기관이 해당 안건의 당사자의 대리인이거나 대리인이었던 경우

㉡ 기피신청
- 정책위원회에서 심의·의결하는 안건의 당사자는 위원에게 제척사유가 있거나 공정한 심의·의결을 기대하기 어려운 사정이 있는 경우에는 그 사유를 적어 정책위원회에 기피신청을 할 수 있다.
- 기피신청을 할 경우 위원장은 기피신청에 대하여 정책위원회의 의결을 거치지 않고 기피여부를 결정한다.

㉢ 회피 : 위원이 제척사유에 해당하는 경우에는 스스로 해당 안건의 심의·의결에서 회피(回避)해야 한다.

◆ 제척 · 기피 · 회피

- **제척**
  - 법관이나 행정기관의 구성원이 특정 사건에서 배제되는 것을 의미한다.
  - 제척사유는 법률에 명시되어 있으며, 이를 통해 해당 사건에서 공정성을 담보할 수 없는 경우 법적으로 배제된다.
- **기피**
  - 당사자가 특정법관이나 심사위원이 공정하게 사건을 심리할 수 없다고 판단할 때, 이를 배제해달라고 신청하는 것을 말한다.
  - 기피신청은 당사자가 제기하며, 기피사유가 합당하다고 인정되면 해당 법관이나 심사위원은 그 사건에서 배제된다.
- **회피**
  - 법관이나 심사위원이 스스로 특정 사건에서 물러나는 것을 의미한다.
  - 회피는 제척사유나 기피신청 없이도, 자신이 공정하게 사건을 심리할 수 없다고 판단될 때 자발적으로 물러나는 경우이다.

④ 정책위원회의 운영 및 수당

㉠ 정책위원회의 운영〈시행령 제73조〉
- 위원장은 정책위원회의 회의를 소집하고 그 의장이 된다.
- 정책위원회는 재적위원 과반수의 출석으로 개의(開議)하고, 출석위원 과반수의 찬성으로 의결한다.
- 정책위원회의 위원장은 필요하다고 인정하는 경우에는 지방자치단체의 공무원, 지방공기업의 임직원, 그 밖의 관계인으로 하여금 출석하여 발언하게 할 수 있다.
- 정책위원회의 업무를 효율적으로 수행하기 위하여 정책위원회에 분과위원회를 둘 수 있다. 이 경우 분과위원회의 위원장과 위원은 정책위원회의 위원장이 정책위원회 위원 중에서 임명한다.
- 정책위원회의 사무를 처리하기 위하여 정책위원회에 간사 1명을 둔다.
- 간사는 지방공기업에 관한 업무를 담당하는 행정안전부의 과장이 된다.

㉡ 정책위원회의 위원의 수당 등〈시행령 제74조〉
- 정책위원회의 위원 등에 대하여는 예산의 범위에서 수당과 여비를 지급할 수 있다. 다만, 공무원인 위원이 그 소관 업무와 직접적으로 관련되어 정책위원회에 출석하는 경우에는 그러하지 아니하다.
- 지방공기업법 시행령에서 규정한 사항 외에 정책위원회의 운영에 필요한 사항은 행정안전부장관이 정한다.

7 주민 등의 의견청취

① 주민 등의 의견청취〈법 제78조의6〉

㉠ 보고 및 의견청취자 : 지방자치단체의 장

㉡ 보고 및 의견청취 대상
- 지방의회에 보고
- 주민 및 관계 전문가 등의 의견청취

ⓒ 지방의회에 보고하고 의견청취를 해야 하는 때

- 지방공기업을 설립할 때
- 행정안전부장관으로부터 경영개선명령을 받거나 해산요구를 받은 때

※ 청취방법 및 절차 … 주민의견 청취의 방법 · 절차와 그 밖에 필요한 사항은 대통령령으로 정한다.

② 의견청취 방법 및 절차〈시행령 제76조의2〉

㉠ 지방공기업을 설립할 때

- 심의위원회를 개최하기 전에 주민공청회 개최
- 주민공청회를 개최하기 전에 타당성검토결과를 해당 지방자치단체의 인터넷 홈페이지에 미리 공개하고 그 사본을 주민자치센터 등 공개된 장소에 갖추어 주민들이 열람할 수 있게 해야 한다.

※ 의견청취 절차 … 타당성검토결과 공개 → 타당성검토결과 열람 → 주민공청회 개최 → 심의위원회 개최

㉡ 행정안전부장관으로부터 경영개선명령을 받거나 해산요구를 받은 때

- 주민공청회 실시
- 행정안전부장관으로부터 경영개선명령을 받은 날 또는 해산요구를 받은 날부터 60일 이내에 실시

㉢ 주민공청회의 개최

- 공고 : 지방자치단체의 장이 주민공청회를 개최하는 경우 개최예정일 15일 이전에 공고하여야 한다.
- 공고내용 : 개최목적, 개최예정일, 개최장소 등의 내용을 공고하여야 한다.

◆ 주민공청회의 특징

- 개념 : 지역사회의 주요 정책, 사업 또는 계획 등에 대해 주민들의 의견을 수렴하고, 이를 정책결정과정에 반영하기 위해 개최되는 공식적인 공개회의를 말한다.
- 공청회의 목적 : 투명성을 높이고, 주민들의 참여를 촉진하며, 정책 결정의 민주성을 확보하는 데 있습니다.
- 공개성 : 주민 누구나 참석할 수 있으며, 정책이나 사업에 대한 정보를 제공받고 의견을 제시할 수 있다.
- 의견수렴 : 주민들의 다양한 의견을 청취하고, 이를 기록하여 정책결정에 반영하려는 목적으로 개최된다.
- 상호작용 : 주민과 정부 또는 관련기관 간의 직접적인 소통이 이루어지며, 질문과 답변을 통해 구체적인 논의가 진행된다.
- 투명성 : 공청회의 진행과정과 결과가 공개되어, 정책결정과정의 투명성을 높인다.

8 통보 및 국회보고

① 지방자치단체의 통보〈시행령 제78조〉

㉠ 행정안전부장관에게 통보

- 통보자 : 지방자치단체의 장
- 통보 : 당해 지방자치단체가 경영하는 사업이 지방직영기업으로서 법의 적용을 받게 되거나 또는 받지 아니하게 된 때에는 이를 행정안전부장관에게 통보해야 한다.

ⓛ 행정안전부장관에게 통보해야 할 사항

- 지방공사 · 공단의 설립사항
- 지방공사 · 공단의 공동설립사항
- 지방공사 · 공단의 정관변경사항
- 지방공사 · 공단의 사장(이사장)과 감사의 임면사항
- 경영개선조치결과
- 기타 지방공사 또는 공단의 청산 · 민영화 등의 중요변동사항

※ 통보기한 … 사유가 발생한 날부터 10일 이내에 지방자치단체의 장이 행정안전부장관에게 통보해야 한다.

ⓒ 시장 · 군수 또는 자치구의 구청장의 통보 : 시장 · 군수 또는 자치구의 구청장이 행정안전부장관에게 통보하려는 경우에는 관할 시 · 도지사를 거쳐야 한다.

ⓔ 자료제출의 요구 : 행정안전부장관은 지방공기업이 법 제3조의 기본원칙에 따라 경영될 수 있도록 지방자치단체에 대하여 조언 또는 권고하거나 지도할 수 있으며, 필요한 자료의 제출을 요구할 수 있다.

② 수사기관 등의 수사 개시 및 종료의 통보〈법 제80조의2〉

ⓐ 통보 : 수사기관 등은 공사의 사장 또는 공단의 이사장에게 해당 사실과 결과를 통보하여야 한다.

ⓛ 통보시기 : 공사 또는 공단의 임직원에 대하여 직무와 관련된 사건에 관한 조사나 수사를 시작한 때와 이를 마친 때에는 10일 이내

ⓒ 통보해야 하는 기관

- 감사원
- 검찰 · 경찰 및 그 밖의 수사기관
- 행정안전부장관
- 지방자치단체의 장

③ 국회에 대한 보고〈법 제78조의7〉

ⓐ 보고자 : 행정안전부장관

ⓛ 보고기관 : 국회 소관 상임위원회에 제출

ⓒ 보고자료

- 경영평가
- 경영진단 결과 및 경영개선을 위한 조치
- 해산 요구 등을 명확하게 기록한 지방공기업보고서

ⓔ 보고기한 : 매년 경영진단 및 경영개선 조치 실시 후 3개월 이내

⑨ 국고지원 · 권한위임 및 고유식별정보의 처리

① 국고지원 및 권한의 위임

  ㉠ 국고지원〈법 제79조〉

  • 지원 : 국가는 지방공기업의 원활한 경영을 위하여 필요한 경우

  • 국가는 지방자치단체에 대하여 지방자치단체가 출자할 자본금이나 그 밖에 필요한 경비의 일부를 보조할 수 있다.

  ㉡ 권한의 위임〈법 제79조의3〉

  • 위임권한 : 지방공기업법에 따른 행정안전부장관의 권한

  • 위임방법 : 대통령령으로 정하는 바에 따라 그 일부를 시 · 도지사에게 위임할 수 있다.

② 고유식별정보의 처리〈시행령 제78조의3〉

  ㉠ 고유식별정보를 처리할 수 있는 자 : 지방자치단체의 장, 공사의 사장 또는 공단의 이사장

  ㉡ 처리할 수 있는 자료 : 주민등록번호가 포함된 자료

  ㉢ 고유식별정보로 처리할 수 있는 업무

  • 사업을 하는 데 필요한 부동산 거래 관련 사무와 이에 수반되는 자료의 열람 · 복사 · 등본 및 사본 교부 등에 관한 사무

  • 사업에 수반되는 사용료 할인 또는 감면에 관한 사무

  • 주택사업 중 저소득 취약계층을 위한 주거복지사업에 관한 사무

  • 임원의 임명 등에 관한 사무

  • 임원의 결격사유 확인에 관한 사무

  • 직원의 임면에 관한 사무

  • 부실 지방공기업 임원의 해임 등에 관한 사무

◆ 고유식별정보

• 개요 : 고유식별정보란 특정개인을 식별할 수 있는 정보를 말한다.
• 종류 : 주민등록번호, 여권번호, 운전면허번호, 외국인등록번호 등이 있다.
• 관리 : 고유식별정보는 개인정보 보호법에 따라 엄격하게 관리되며, 불법 수집이나 사용이 금지되고 있다.

⑩ 공사 · 공단의 조직변경

① 공사와 공단의 조직변경〈법 제80조〉

    ㉠ 조직변경
- 공사와 공단은 사업의 효율적 운영을 위하여 필요한 경우에는 청산절차를 거치지 아니하고 공사는 공단으로, 공단은 공사로 조직변경을 할 수 있다.
- 공사의 사장 또는 공단의 이사장은 조직변경을 하려는 경우에는 조직변경에 관한 사항에 대하여 지방자치단체의 장의 승인을 받아야 한다.
- 조직변경을 하려는 경우에는 조직변경에 관한 조례안과 함께 의회의 의결을 거쳐야 한다.

    ㉡ 출자금의 전환 및 통보
- 지방자치단체 외의 자가 출자한 공사가 공단으로 조직변경을 하려는 경우에는 의회의 의결 전에 총주주의 일치에 의한 총회의 결의를 거쳐 지방자치단체 외의 자가 출자한 금액을 지방자치단체의 출자금으로 전환하여야 한다.
- 공사의 사장 또는 공단의 이사장은 의회의 의결이 있은 날부터 20일 이내에 채권자 등 이해관계자에게 조직변경 사실을 통보하여야 한다.

    ㉢ 해산 · 설립등기
- 공사 또는 공단이 의결을 받은 경우에는 3주 내에 그 주된 사무소의 소재지에서 종전의 공사 또는 공단에 관하여는 해산등기를, 변경된 공사 또는 공단에 관하여는 설립등기를 하여야 한다.
- 변경된 공사 또는 공단은 설립등기일에 종전의 공사 또는 공단에 속하는 모든 재산과 채권 · 채무, 고용관계, 그 밖의 권리 · 의무를 포괄적으로 승계한다.

    ※ 조직변경의 방법 및 절차 … 조직변경의 방법 및 절차에 관하여 필요한 사항은 대통령령으로 정한다.

② 조직변경의 방법 및 절차〈시행령 제78조의2〉

    ㉠ 서면통보 및 게시
- 공사의 사장 또는 공단의 이사장은 의회의 의결이 있은 날부터 20일 이내에 채권자 등 이해관계자에게 조직변경 사실을 통보하여야 한다.
- 공사의 사장 또는 공단의 이사장이 채권자 등 이해관계자에게 조직변경 사실을 통보할 때에는 1개월 이상의 기간을 정해야 한다.
- 조직변경에 대하여 이의가 있으면 이를 제출할 것을 공고해야 한다.
- 조직변경사실을 알고 있는 채권자에 대해서는 따로따로 서면으로 통보해야 한다.
- 서면으로 통보할 경우 공고의 방식은 행정안전부장관이 정하는 바에 따라 인터넷 홈페이지 등에 게시하는 방법으로 한다.

    ㉡ 신탁: 기간 내에 이의를 제출한 채권자가 있는 경우에는 공사 또는 공단은 그 채권자에 대하여 변제 또는 상당한 담보를 제공하거나 이를 목적으로 하여 상당한 재산을 신탁회사에 신탁하여야 한다.

11 벌칙 및 과태료

① 벌칙〈법 제81조〉

　㉠ 처벌대상 : 공사 또는 공단의 임원(감사는 제외한다)

　㉡ 500만 원 이하의 벌금

　　• 공사의 사장이 예산편성 및 보고 등에 관한 사항을 위반한 경우

　　• 결산완료 후 지방자치단체의 장에게 보고하여 승인을 받아야 하는 규정을 위반한 경우

　　• 지방공기업법 제76조 제2항에서 준용하는 법 규정을 위반한 자

② 과태료〈법 제82조〉

　㉠ 200만 원 이하의 과태료 부과

　　• 정당한 이유 없이 행정안전부장관의 검사를 거부, 방해 또는 기피한 자

　　• 지방공기업법 제76조 제2항에서 준용하는 법 규정을 위반한 자

　㉡ 과태료의 부과 : 과태료는 대통령령으로 정하는 바에 따라 행정안전부장관이 부과 · 징수한다.

> **조문참고** 법 제76조 제2항
>
> 공단의 설립 · 운영에 관하여는 제49조부터 제52조까지, 제53조 제1항, 제56조 제1항 및 제3항, 제57조, 제58조, 제58조의2, 제59조부터 제63조까지, 제63조의2부터 제63조의8까지, 제64조, 제64조의2, 제64조의4부터 제64조의6까지, 제65조, 제65조의2, 제66조, 제66조의2, 제68조, 제69조, 제71조, 제71조의2부터 제71조의4까지, 제72조 및 제73조, 제75조의2부터 제75조의4까지의 규정을 준용한다. 이 경우 "공사"는 "공단"으로, "사장"은 "이사장"으로, "사채"는 "공단채"로 본다.

③ 과태료부과의 일반기준〈지방공기업법 시행령 제79조 별표2의 제1호〉

　㉠ 적용 : 위반행위의 횟수에 따른 과태료의 가중된 부과기준은 최근 1년간 같은 위반행위로 과태료 부과처분을 받은 경우에 적용한다. 이 경우 기간의 계산은 위반행위에 대해 과태료 부과처분을 받은 날과 그 처분 후 다시 같은 위반행위를 하여 적발된 날을 기준으로 한다.

　㉡ 적용차수 : ㉠에 따라 가중된 부과처분을 하는 경우 가중처분의 적용차수는 그 위반행위 전 부과처분 차수(㉠에 따른 기간 내에 과태료 부과처분이 둘 이상 있었던 경우에는 높은 차수를 말한다)의 다음 차수로 한다.

> ◆ **적용차수**
>
> • **개요** : 과태료를 부과할 때, 동일한 위반행위에 대해 첫 번째, 두 번째, 세 번째 등 몇 번째 적용되는지를 나타내는 횟수를 말한다.
> • **사용** : 위반행위가 반복될 경우 그 횟수를 기준으로 과태료를 다르게 부과하기 위해 사용된다.

　㉢ 위반행위자의 개별기준에 따른 과태료 금액의 2분의 1의 범위에서 그 금액을 감경할 수 있는 경우

　　• 위반행위자가 처음 해당 위반행위를 한 경우로서, 3년 이상 해당 업종을 모범적으로 영위한 사실이 인정되는 경우

- 위반행위자가 자연재해·화재 등으로 재산에 현저한 손실이 발생하거나 사업여건의 악화로 사업이 중대한 위기에 처하는 등의 사정이 있는 경우
- 위반행위가 사소한 부주의나 오류 등 과실로 인한 것으로 인정되는 경우
- 위반행위자가 위법행위로 인한 결과를 시정하거나 해소한 경우
- 그 밖에 위반행위의 정도, 위반행위의 동기와 그 결과 등을 고려해 감경할 필요가 있다고 인정되는 경우

※ 과태료를 체납하고 있는 위반행위자의 경우에는 감경할 수 없다.

ⓒ 과태료 금액의 2분의 1의 범위에서 그 금액을 가중할 수 있는 경우
- 법령 위반상태의 기간이 2개월 이상인 경우
- 그 밖에 위반행위의 정도, 위반행위의 동기와 그 결과 등을 고려해 가중할 필요가 있다고 인정되는 경우

※ 가중할 사유가 여러 개 있을 경우라도 과태료 금액의 상한을 넘을 수 없다.

④ 과태료부과의 개별기준〈지방공기업법 시행령 제79조 별표2의 제2호〉

위반행위	1차	2차	3차 이상
㉠ 업무검사를 거부·방해 또는 기피한 경우(법 제76조 제2항 준용규정 포함)			
• 검사를 정당한 사유 없이 거부한 경우	50만 원	100만 원	200만 원
• 검사에 필요한 자료를 지정기일까지 제출하지 않거나 거부한 경우	40만 원	80만 원	160만 원
• 검사원의 검사장 또는 사무소 출입을 방해한 경우	30만 원	60만 원	120만 원
• 검사원이 요구한 자료를 지정기일까지 제출하지 않은 경우	25만 원	50만 원	100만 원
• 지정된 검사기일에 수검자가 출석하지 않은 경우	25만 원	50만 원	100만 원
㉡ 회계검사를 거부·방해 또는 기피한 경우(법 제76조 제2항 준용규정 포함)			
• 검사를 정당한 사유 없이 거부한 경우	50만 원	100만 원	200만 원
• 검사에 필요한 자료를 지정기일까지 제출하지 않거나 거부한 경우	40만 원	80만 원	160만 원
• 검사원의 검사장 또는 사무소 출입을 방해한 경우	30만 원	60만 원	120만 원
• 검사원이 요구한 자료를 지정기일까지 제출하지 않은 경우	25만 원	50만 원	100만 원
• 지정된 검사기일에 수검자가 출석하지 않은 경우	25만 원	50만 원	100만 원
㉢ 재산검사를 거부·방해 또는 기피한 경우(법 제76조 제2항 준용규정 포함)			
• 검사를 정당한 사유 없이 거부한 경우	50만 원	100만 원	200만 원
• 검사에 필요한 자료를 지정기일까지 제출하지 않거나 거부한 경우	40만 원	80만 원	160만 원
• 검사원의 검사장 또는 사무소 출입을 방해한 경우	30만 원	60만 원	120만 원
• 검사원이 요구한 자료를 지정기일까지 제출하지 않은 경우	25만 원	50만 원	100만 원
• 지정된 검사기일에 수검자가 출석하지 않은 경우	25만 원	50만 원	100만 원

암기요약 … 핵심조문 빈칸 채우기

(1) 행정안전부장관은 지방공기업의 경영 (　　)을 고려하여 지방공기업에 대한 (　　)를 하여야 한다.

(2) 경영평가에는 지방공기업의 경영목표의 달성도, 업무의 (　　), (　　), 고객서비스에 관한 평가가 포함되어야 한다.

(3) 행정안전부장관은 경영평가와는 별도로 공기업의 사장에 대하여 (　　)를 할 수 있다.

(4) 지방공기업의 경영평가는 (　　) 실시해야 하며, 지방직영기업의 경영평가는 (　　)이 따로 정할 수 있다.

(5) 지방자치단체의 장은 경영평가가 끝난 후 (　　)에 경영평가보고서, (　　), 그 밖에 대통령령으로 정하는 서류를 행정안전부장관에게 제출하여야 한다.

(6) 행정안전부장관은 경영진단 후 지방자치단체장, 공사의 사장 또는 공단의 이사장에게 해당 지방공기업의 (　　), (　　) 등 (　　)을 위하여 필요한 조치를 명할 수 있다.

(7) 행정안전부장관은 (　　)의 심의를 거쳐 지방자치단체의 장이나 공사의 사장 또는 공단의 이사장에게 (　　)을 요구할 수 있다.

(8) 지방공기업에 대한 경영평가는 공인회계사의 회계감사가 (　　)부터 실시하고 공사·공단에 대한 경영평가는 회계감사종료 후 (　　)에 완료하여야 한다.

(9) 지방공기업평가원의 설립목적은 지방공기업에 대한 (　　), 관련정책의 연구, (　　) 등을 전문적으로 지원하기 위함이다.

(10) 지방공기업평가원의 이사회
　　㉠ 평가원에 (　　)와 감사 1명을 둔다.
　　㉡ 이사회는 이사장 1명을 포함하여 (　　) 이내의 이사로 구성한다.
　　㉢ 이사장은 이사회의 추천으로 행정안전부장관의 승인을 받아 (　　)가 선임한다.
　　㉣ 이사장의 임기는 (　　)으로 하며, 한 차례만 연임할 수 있다.
　　㉤ 이사 및 감사의 임기, 선임 방법 등 그 밖에 평가원의 설립·운영에 관한 사항은 (　　)으로 정한다.

(11) 행정안전부장관은 경영진단을 수행하기 위하여 필요한 경우에는 (　　)을 구성·운영할 수 있으며, 그 임무가 종료된 때에 (　　)된 것으로 본다.

(12) 행정안전부장관은 부채상환능력이 현저히 낮은 공사 또는 공단의 부채비율이 (　　) 이상인 경우에는 해산을 요구할 수 있다.

(13) 정책위원회는 지방공기업 관련 (　　), 경영평가, 경영진단, (　　)에 관한 사항을 (　　)하기 위해 구성된다.

(14) 정책위원회는 (　　)의 위원으로 구성하고, 위촉위원의 임기는 (　　)으로 하고, 한 차례만 연임할 수 있다.

(15) 정책위원회의 위원이 (　　)에 해당하는 경우에는 스스로 해당 안건의 심의·의결에서 (　　)해야 한다.

정답 및 해설

(1) 기본원칙, 경영평가
(2) 능률성, 공익성
(3) 업무성과평가
(4) 매년, 행정안전부장관
(5) 1개월 이내, 재무제표

(6) 임원해임, 조직개편, 경영개선
(7) 정책위원회, 해산
(8) 종료된 때, 4월 이내
(9) 경영평가, 임직원에 대한 교육
(10) 이사회, 12명, 이사회, 3년, 정관

(11) 경영진단반, 해체
(12) 100분의 400
(13) 주요정책, 경영개선, 심의
(14) 15명 이내, 2년
(15) 제척사유, 회피

1 지방공기업법령상 지방공기업에 대한 경영평가의 실시권자는?

① 감사원장
② 행정안전부장관
③ 한국지역경영원
④ 공공기관운영위원회

TIP 행정안전부장관은 지방공기업의 경영 기본원칙을 고려하여 지방공기업에 대한 경영평가를 하여야 한다〈지방공기업법 제78조 제1항〉.

2 지방공기업법령상 지방공기업의 경영평가에 대한 설명으로 옳지 않은 것은?

① 지방공기업에 대한 경영평가는 매년 실시하여야 한다.
② 경영평가에는 지방공기업의 경영목표의 달성도에 관한 사항도 포함되어야 한다.
③ 공익성을 고려한 사장에 대한 업무성과 평가는 지방자치단체의 장이 한다.
④ 지방자치단체의 장으로 하여금 경영평가를 하게 할 수 있다.

TIP 행정안전부장관은 대통령령으로 정하는 바에 따라 경영평가와는 별도로 사장에 대하여 업무성과 평가를 할 경우 공익성이 고려되어야 한다〈지방공기업법 제78조 제4항〉.

3 지방공기업법령상 공사 · 공단에 대한 경영평가의 종료기간은? (회계감사종료 후 기준)

① 3개월 이내
② 4개월 이내
③ 6개월 이내
④ 12개월 이내

TIP 지방공기업에 대한 경영평가는 공인회계사의 회계감사가 종료된 때부터 실시한다. 이 경우 공사 · 공단에 대한 경영평가는 회계감사종료 후 4월 이내에 완료하여야 한다〈지방공기업법 시행령 제68조 제3항〉.

4 지방공기업법령상 지방자치단체의 장이 경영평가기관으로 지정할 수 없는 기관은?

① 지방공기업평가원
② 경영평가 전문기관
③ 회계법인
④ 지방자치단체의 장이 인정하는 기관

TIP 경영평가〈지방공기업법 시행령 제68조 제2항〉
1. 지방공기업평가원
2. 경영평가 전문기관
3. 회계법인
4. 행정안전부장관이 인정하는 기관

5 지방공기업법령상 지방공기업이 다음에 해당하는 경우 행정안전부장관이 취할 조치로 옳지 않은 것은?

> 경영평가에 필요한 자료를 제출하지 아니하거나 거짓으로 작성·제출한 경우

① 경영평가 결과를 조정
② 해당 지방공기업에 대한 주의·경고등의 조치
③ 지방자치단체의 장에게 해당 지방공기업의 평가급조정을 요청
④ 해당 지방공기업에 대한 보조금교부 및 장기대부 중단을 요청

TIP 경영평가 및 지도〈지방공기업법 제78조 제6항〉… 행정안전부장관은 지방공기업이 다음 각 호의 어느 하나에 해당하는 경우에는 제1항에 따른 경영평가 결과를 조정하고, 해당 지방공기업에 대한 주의·경고 등의 조치를 하거나 지방자치단체의 장에게 해당 지방공기업의 평가급 조정을 요청할 수 있다. 이 경우 제78조의5에 따른 지방공기업정책위원회의 심의를 거쳐야 한다.
1. 제3항에 따른 경영평가에 필요한 자료를 제출하지 아니하거나 거짓으로 작성·제출한 경우
2. 불공정한 인사운영, 비리 등으로 윤리경영을 저해한 경우로서 대통령령으로 정하는 경우

6 지방공기업법령상 지방공기업의 평가급을 조정하고, 해당 공사의 사장 또는 공단의 이사장에게 관련자에 대한 인사상의 조치 등을 요구할 수 있는 사람은?

① 행정안전부장관
② 기획재정부장관
③ 지방자치단체의 장
④ 의회의 의장

TIP 주의·경고 등의 요청을 받은 지방자치단체의 장은 특별한 사정이 없으면 해당 지방공기업의 평가급을 조정하여야 하고, 필요한 경우 해당 공사의 사장 또는 공단의 이사장에게 관련자에 대한 인사상의 조치 등을 요구할 수 있다〈지방공기업법 제78조 제7항〉.

Answer 1.② 2.③ 3.② 4.④ 5.④ 6.③

7 지방공기업법령상 경영평가 후 행정안전부장관에게 제출해야 할 서류로 옳지 않은 것은?

① 경영평가보고서
② 자본변동표
③ 재무제표
④ 대통령령으로 정하는 서류

TIP 지방자치단체의 장은 제78조제1항 단서에 따라 경영평가를 하였을 때에는 그 평가가 끝난 후 1개월 이내에 경영평가보고서, 재무제표, 그 밖에 대통령령으로 정하는 서류를 행정안전부장관에게 제출하여야 한다〈지방공기업법 제78조의2 제1항〉.

8 지방공기업법령상 행정안전부장관이 경영평가를 직접실시 한 결과 특별한 대책이 필요하다고 인정되는 기업에 실시할 수 있는 것은?

① 경영개선
② 개선명령
③ 경영구조 개편
④ 경영진단

TIP 경영진단 및 경영 개선 명령〈지방공기업법 제78조의2 제2항〉 ⋯ 행정안전부장관은 제78조제1항 본문에 따라 경영평가를 하거나 제1항에 따른 서류 등을 분석한 결과 특별한 대책이 필요하다고 인정되는 지방공기업으로서 다음 각 호의 어느 하나에 해당하는 지방공기업에 대하여는 대통령령으로 정하는 바에 따라 따로 경영진단을 실시하고, 그 결과를 공개할 수 있다.
1. 3개 사업연도 이상 계속하여 당기 순손실이 발생한 지방공기업
2. 특별한 사유 없이 전년도에 비하여 영업수입이 현저하게 감소한 지방공기업
3. 경영 여건상 사업 규모의 축소, 법인의 청산 또는 민영화 등 경영구조 개편이 필요하다고 인정되는 지방공기업
4. 그 밖에 대통령령으로 정하는 지방공기업

9 지방공기업법령상 경영평가보고서가 접수되었을 때 경영진단대상을 확정해야 하는 기간?

① 15일 이내
② 25일 이내
③ 30일 이내
④ 60일 이내

TIP 행정안전부장관은 경영평가보고서 등의 서류를 접수한 때에는 60일 이내에 경영진단대상을 확정하여야 한다〈지방공기업법 시행령 제70조 제2항〉.

10 지방공기업법령상 행정안전부장관이 경영진단실시 후 취할 수 있는 조치로 옳지 않은 것은?

① 지방자치단체의 장에게 지방공기업 임원의 해임을 명할 수 있다.

② 공단의 이사장에게 새로운 사업의 추진을 명할 수 있다.

③ 공사의 사장에게 지방공기업의 조직개편을 명할 수 있다.

④ 경영개선을 위하여 필요한 조치를 명할 수 있다.

TIP 행정안전부장관은 경영진단의 결과 필요하다고 인정하는 경우에는 지방자치단체의 장, 공사의 사장 또는 공단의 이사장에게 해당 지방공기업의 임원의 해임, 조직의 개편 등 경영 개선을 위하여 필요한 조치를 명할 수 있다〈지방공기업법 제78조의2 제3항〉.

11 지방공기업법령상 지방공기업경영진단반에 대한 설명으로 옳지 않은 것은?

① 경영진단을 수행하기 위하여 구성·운영하는 경영진단반을 말한다.

② 지방공기업에 대한 경영진단을 외부전문기관에 위탁할 수 있다.

③ 경영진단반의 해체는 행정안전부장관이 한다.

④ 경영진단반에 소요되는 경비일부를 경영진단대상 지방공기업에 부담시킬 수 있다.

TIP 경영진단반은 그 임무가 종료된 때에 해체된 것으로 본다〈지방공기업법 시행령 제71조 제4항〉.

12 지방공기업법령상 공사의 사장 또는 공단의 이사장에게 심의를 거쳐 공사 또는 공단의 해산을 요구할 수 있는 경우로 옳지 않은 것은?

① 부채상환능력이 현저히 낮고 부채비율이 100분의 400 이상인 경우
② 사업전망이 없어 회생이 어렵고 자본금 전액이 잠식된 경우
③ 지역인구의 감소로 손실금이 발생하고 2회계연도 연속 자본잠식률이 100분의 50을 초과하는 경우
④ 설립목적의 달성이 불가능하고 부채비율이 100분의 400 이상인 경우

TIP 해산요구의 대상 및 대통령령으로 정하는 해산요구 요건

    ㉠ 해산요구의 대상〈지방공기업법 제78조의3 제1항〉

      • 부채상환능력이 현저히 낮은 경우
      • 사업전망이 없어 회생이 어려운 경우
      • 설립목적의 달성이 불가능한 경우

    ㉡ 대통령령으로 정하는 해산요구 요건〈지방공기업법 시행령 제71조의2〉

      • 부채비율이 100분의 400 이상인 경우
      • 자본금 전액이 잠식된 경우
      • 2회계연도 연속 자본잠식률[자본금에서 자본총계(법령상 의무를 이행하기 위하여 불가피하게 손실이 발생한 경우에는 행정안전부장관이 정하는 바에 따라 그 손실을 반영하여 산정한 금액)를 뺀 값을 자본금으로 나눈 값]이 100분의 50을 초과하는 경우

    ※ 행정안전부장관은 공사 또는 공단이 해산요구의 대상에 해당하는 경우로서 대통령령으로 정하는 경우 정책위원회의 심의를 거쳐 지방자치단체의 장이나 공사의 사장 또는 공단의 이사장에게 해산을 요구할 수 있다〈지방공기업법 제78조의3 제1항〉.

13 지방공기업법령상 지방공기업평가원의 설립목적으로 옳지 않은 것은?

① 지방공기업에 대한 경영평가   ② 임직원에 대한 교육지원
③ 지방공기업의 경영에 대한 기본원칙 준수   ④ 지방공기업 관련정책의 연구

TIP 지방공기업에 대한 경영평가, 관련 정책의 연구, 임직원에 대한 교육 등을 전문적으로 지원하기 위하여 지방공기업평가원(이하 "평가원"이라 한다)을 설립한다〈지방공기업법 제78조의4 제1항〉.

14 지방공기업법령상 지방공기업평가원에 대한 설명으로 옳지 않은 것은

① 평가원은 임직원에 대한 교육 등을 전문적으로 지원하기 위하여 설립한다.

② 평가원은 법인으로 설립하여야 하며, 평가원에 이사회를 둔다.

③ 행정안전부장관이 평가원을 지도·감독한다.

④ 지방공기업은 지방자치단체장의 승인을 받아 평가원에 출연할 수 있다.

TIP 지방자치단체 또는 지방공기업은 평가원의 업무수행을 지원하기 위하여 평가원에 출연할 수 있다〈지방공기업법 제78조의4 제3항〉.

15 지방공기업법령상 지방공기업평가원의 이사장을 선임할 수 있는 주체는?

① 행정안전부장관

② 지방자치단체의 장

③ 지방공기업의 사장

④ 평가원의 이사회

TIP 이사장은 이사회의 추천으로 행정안전부장관의 승인을 받아 이사회가 선임한다〈지방공기업법 제78조의4 제6항〉.

16 지방공기업법령상 평가원의 이사회 및 이사장에 대한 설명으로 틀린 것은?

① 이사회는 상임이사와 이사로 구성된다.

② 이사장은 한 차례만 연임할 수 있다.

③ 이사장은 행정안전부장관에게 출연금지급과 사용에 관한 사항을 보고하여야 한다.

④ 이사회에서 이사장을 추천한다.

TIP 이사회는 이사장 1명을 포함하여 12명 이내의 이사로 구성한다〈지방공기업법 제78조의4 제5항〉.

Answer 12.③ 13.③ 14.④ 15.④ 16.①

17 지방공기업법령상 지방공기업평가원에 대한 출연금 규모를 결정하는 자는?

① 행정안전부장관

② 지방자치단체의 장

③ 평가원의 이사장

④ 평가원의 이사회

TIP 평가원의 이사장은 행정안전부장관과 협의하여 출연금 규모를 결정하여야 한다〈지방공기업법 시행령 제76조 제1항〉.

18 지방공기업법령상 지방공기업의 출연금 편성기준에 속하지 않는 것은?

① 매출액

② 재정력

③ 자산

④ 직원 수

TIP 지방공기업평가원에 대한 출연〈지방공기업법 시행령 제76조 제1항〉… 지방공기업평가원(이하 "평가원"이라 한다)의 이사장은 다음 각 호의 기준에 따라 편성한 전체 및 각 지방자치단체·지방공기업별 다음 연도 출연금 요구안에 대하여 매년 7월 31일까지 행정안전부장관과 협의하여 출연금 규모를 결정하여야 한다.
1. 지방자치단체 출연금 편성기준 : 재정력, 공기업 수 등
2. 지방공기업 출연금 편성기준 : 매출액, 직원 수, 자산 등

19 지방공기업법령상 출연금요구서의 제출기한은?

① 매년 5월 31일까지

② 매년 6월 30일까지

③ 매년 7월 31일까지

④ 매년 8월 31일까지

TIP 지방공기업평가원에 대한 출연〈지방공기업법 시행령 제76조 제3항〉… 평가원의 이사장은 제1항에 따라 행정안전부장관과 협의된 출연금액이 지방자치단체 예산과 지방공기업 예산에 편성될 수 있도록 출연금요구서에 다음 각 호의 서류를 첨부하여 매년 8월 31일까지 해당 지방자치단체 및 지방공기업에 제출하여야 한다.
1. 다음 회계연도의 사업계획서
2. 다음 회계연도의 추정 재무상태표 및 추정 손익계산서

20 지방공기업법령상 평가원출연금에 대한 설명으로 옳지 않은 것은?

① 출연금요구를 받은 해당 기관의 장은 출연금예산이 확정된 경우에는 평가원에 통지해야 한다.
② 평가원 출연금의 지급, 사용 및 관리 등에 필요한 사항은 대통령령으로 정한다.
③ 지방자치단체는 확정·통지된 출연금을 교부받고자 할 경우에는 자금집행계획서를 해당 기관에 제출해야 한다.
④ 평가원의 이사장은 매 회계연도 종료 후 2개월 이내에 출연금지급 및 사용에 관한 사항을 보고해야 한다.

TIP 평가원은 확정·통지된 출연금을 교부받고자 할 경우에는 출연금교부신청서에 자금집행계획서를 첨부하여 해당 기관에 제출하여야 한다〈지방공기업법 시행령 제76조 제5항〉.

21 지방공기업법령상 지방공기업정책위원회의 심의사항으로 옳지 않은 것은?

① 지방공기업의 경영개선에 관한 사항
② 지방공기업의 주식발행에 관한 사항
③ 지방공기업 관련 주요정책
④ 지방공기업의 경영진단

TIP 행정안전부장관은 지방공기업 관련 주요 정책, 경영평가, 경영진단, 그 밖에 경영 개선에 관한 사항을 심의하기 위하여 관계 전문가로 구성된 지방공기업정책위원회를 운영한다〈지방공기업법 제78조의5 제1항〉.

22 지방공기업법령상 다음 (   ) 안에 알맞은 것은?

> 지방공기업정책위원회의 구성 및 운영 등에 필요한 사항은 (   )으로 정한다.

① 대통령령   ② 행정안전부령
③ 조례   ④ 지방공기업의 정관

TIP 지방공기업정책위원회의 구성 및 운영 등에 필요한 사항은 대통령령으로 정한다〈지방공기업법 제78조의5 제3항〉.

23 지방공기업법령상 정책위원회의 위원임기에 대한 설명으로 옳은 것은?

① 위촉위원의 임기는 3년이다.

② 위촉위원의 사임으로 새로 위촉한 위원의 임기는 2년이다.

③ 새로 위촉한 위원은 두 차례 연임할 수 있다.

④ 위촉위원은 임기를 마친 후 한 차례만 연임할 수 있다

TIP 위촉위원의 임기는 2년으로 하고, 한 차례만 연임할 수 있다. 위촉위원의 사임 등으로 새로 위촉한 위원의 임기는
전임위원의 남은 임기로 한다〈지방공기업법 시행령 제72조 제2항 및 제3항〉.

24 지방공기업법령상 행정안전부장관이 정책위원회 위원을 해임 또는 해촉할 수 있는 경우로 옳지 않은 것은?

① 직무태만이나 품위손상으로 인하여 위원으로 적합하지 아니하다고 인정되는 경우

② 위원이 해당 안건에 대한 감사, 수사 또는 조사에 관여하거나 관여했던 경우

③ 심신장애로 인하여 직무를 수행할 수 없게 된 경우

④ 위원 본인이 직무를 수행하는 것이 곤란하다고 의사를 밝히는 경우

TIP 위원의 해임 및 해촉〈지방공기업법 시행령 제72조의2〉
    1. 심신장애로 인하여 직무를 수행할 수 없게 된 경우
    2. 직무와 관련된 비위사실이 있는 경우
    3. 직무태만, 품위손상이나 그 밖의 사유로 인하여 위원으로 적합하지 아니하다고 인정되는 경우
    4. 위원 스스로 직무를 수행하는 것이 곤란하다고 의사를 밝히는 경우

25 지방공기업법령상 정책위원회의 소집에 대한 설명으로 옳은 것은?

① 행정안전부장관이 소집하고 의장은 지방자치단체장이 된다.

② 재적위원 과반수의 동의로 소집하고 의장은 간사가 된다.

③ 정책위원회 위원장은 회의를 소집하고 그 의장이 된다.

④ 분과위원장이 소집하고 의장은 지방공기업의 사장이 된다.

TIP 위원장은 정책위원회의 회의를 소집하고 그 의장이 된다〈지방공기업법 시행령 제73조 제1항〉.

26 지방공기업법령상 정책위원회 위원이 해당 안건의 심의·의결에서 제척되는 경우로 옳지 않은 것은?

① 위원의 배우자였던 사람이 해당 안건의 당사자와 공동의무자인 경우

② 위원이 속한 기관이 해당 안건의 대리인이었던 경우

③ 위원이 해당 안건의 당사자와 친구이거나 친구의 가족인 경우

④ 위원이 속한 기관이 해당 안건에 대하여 자문 또는 용역을 한 경우

(TIP) 정책위원회의 위원의 제척·기피·회피〈지방공기업법 시행령 제72조의3 제1항〉
1. 위원 또는 그 배우자나 배우자였던 사람이 해당 안건의 당사자(당사자가 법인·단체 등인 경우에는 그 임원 또는 직원을 포함한다)가 되거나 그 안건의 당사자와 공동권리자 또는 공동의무자인 경우
2. 위원이 해당 안건의 당사자와 친족이거나 친족이었던 경우
3. 위원 또는 위원이 속한 기관이 해당 안건에 대하여 증언, 진술, 자문, 연구, 용역 또는 감정을 한 경우
4. 위원이 해당 안건에 대한 감사, 수사 또는 조사에 관여하거나 관여했던 경우
5. 위원이나 위원이 속한 기관이 해당 안건의 당사자의 대리인이거나 대리인이었던 경우

27 지방공기업법령상 다음의 ( ) 안에 알맞은 단어는?

> 정책위원회의 위원이 제척사유에 해당하는 경우에는 스스로 해당 안건의 심의·의결에서 ( )해야 한다.

① 해촉　　　　　　　　　② 제척

③ 해임　　　　　　　　　④ 회피

(TIP) 위원이 제척사유에 해당하는 경우에는 스스로 해당 안건의 심의·의결에서 회피(回避)해야 한다〈지방공기업법 시행령 제72조의3 제3항〉.

※ 회피(回避)
　㉠ 법관이나 심사위원이 스스로 특정사건에서 물러나는 것을 의미한다.
　㉡ 회피는 제척사유나 기피신청 없이도, 자신이 공정하게 사건을 심리할 수 없다고 판단될 때 자발적으로 물러나는 경우이다.

28 지방공기업법령상 정책위원회에 대한 다음 설명 중 옳지 않은 것은?

① 분과위원회의 위원장은 지방자치단체의 장이 임명한다.

② 정책위원회에 정책위원회의 사무를 처리하기 위하여 간사 1명을 둔다.

③ 간사는 지방공기업에 관한 업무를 담당하는 행정안전부의 과장이 된다.

④ 분과위원회를 두는 목적은 정책위원회의 업무를 효율적으로 수행하기 위함이다.

TIP 분과위원회의 위원장과 위원은 정책위원회의 위원장이 정책위원회 위원 중에서 임명한다〈지방공기업법 시행령 제73 조 제4항〉.

29 지방공기업법령상 지방공기업을 설립하고자 할 때 지방자치단체장은 보고 및 의견을 들어야 하는데 그 대상으로 옳지 않은 것은?

① 지역주민의 의견청취

② 행정안전부장관에의 보고 및 소속 공무원의 의견청취

③ 지방의회에 보고

④ 관계전문가의 의견청취

TIP 지방자치단체의 장은 다음 각 호의 어느 하나에 해당하는 때에는 지방의회에 보고하고 주민 및 관계 전문가 등의 의견을 들어야 한다〈지방공기업법 제78조의6 제1항〉.

※ 주민의견 청취의 방법·절차와 그 밖에 필요한 사항은 대통령령으로 정한다〈지방공기업법 제78조의6 제2항〉.

30 지방공기업법령상 행정안전부장관으로부터 경영개선명령을 받은 날 또는 해산요구를 받은 날로부터 주민 공청회를 실시해야 하는 기한은?

① 25일 이내 ② 30일 이내
③ 50일 이내 ④ 60일 이내

TIP 지방자치단체의 장은 경영개선명령을 받거나 해산요구를 받아 주민 등의 의견을 청취하는 경우에는 행정안전부장관으로부터 경영개선명령을 받은 날 또는 해산요구를 받은 날부터 60일 이내에 주민공청회를 실시하여야 한다〈지방공기업법 시행령 제76조의2 제2항〉.

31 지방공기업법령상 주민공청회를 개최할 경우에 공고내용으로 옳지 않은 것은?

① 개최예정일

② 개최내용 및 참석자 명부

③ 개최장소

④ 개최목적

TIP 지방자치단체의 장은 주민공청회를 개최하는 경우에는 개최목적, 개최예정일, 개최장소 등을 공고하여야 한다〈지방공기업법 시행령 제76조의2 제3항〉.

32 지방공기업법령상 공사 또는 공단임직원의 직무와 관련된 조사나 수사를 할 때 공사의 사장 또는 공단의 이사장에게 해당 사실과 결과를 통보해야 하는 기관으로 볼 수 없는 곳은?

① 감사원

② 행정안전부장관

③ 지방자치단체의 장

④ 지방공기업정책위원회

TIP 수사기관 등의 수사 등 개시·종료 통보〈지방공기업법 제80조의2〉
   1. 감사원
   2. 검찰·경찰 및 그 밖의 수사기관
   3. 행정안전부장관
   4. 지방자치단체의 장

33 지방공기업법령상 행정안전부장관은 국회소관 상임위원회에 매년 경영진단 및 경영개선조치실시 후 지방공기업보고서를 제출해야 한다. 제출기한은?

① 2개월 이내

② 3개월 이내

③ 5개월 이내

④ 6개월 이내

TIP 행정안전부장관은 지방공기업보고서를 매년 경영진단 및 경영개선 조치 실시 후 3개월 이내에 국회소관 상임위원회에 제출하여야 한다〈지방공기업법 제78조의7〉.

Answer 28.① 29.② 30.④ 31.② 32.④ 33.②

34 지방공기업법령상 지방공기업의 원활한 경영을 위하여 국가가 할 수 있는 조치?

① 지방공기업의 경비를 전액 지원한다.

② 지방자치단체가 출자할 자본금이나 그 밖에 필요한 경비의 일부를 보조한다.

③ 지방공기업의 경영진을 직접 임명한다.

④ 지방자치단체에 대하여 경비의 일부로 국고를 지원한다.

TIP 국가는 지방공기업의 원활한 경영을 위하여 필요한 경우에는 지방자치단체에 대하여 지방자치단체가 출자할 자본금이나 그 밖에 필요한 경비의 일부를 보조할 수 있다〈지방공기업법 제79조〉.

35 지방공기업법령상 공사와 공단의 조직변경에 대한 설명으로 옳은 것은?

① 공사는 청산절차를 거쳐 공단으로 조직변경을 할 수 있다.

② 조직변경 시 지방자치단체의 장의 승인을 받아야 하고 의회의 의결을 거쳐야 한다.

③ 조직변경의 방법 및 절차에 관하여 필요한 사항은 행정안전부령으로 정한다.

④ 조직변경 시 지방자치단체 외의 자의 출자금은 그대로 유지된다.

TIP 공사의 사장 또는 공단의 이사장은 조직변경을 하려는 경우에는 조직변경에 관한 사항에 대하여 지방자치단체의 장의 승인을 받아야 하고, 조직변경에 관한 조례안과 함께 의회의 의결을 거쳐야 한다〈지방공기업법 제80조 제2항〉.

36 지방공기업법령상 조직변경을 하려는 공사 또는 공단의 사장이 채권자 등 이해관계자에게 조직변경 사실을 통보할 때 정해야 하는 기간은?

① 1개월 이상

② 2개월 이상

③ 3개월 이상

④ 5개월 이상

TIP 공사의 사장 또는 공단의 이사장은 채권자 등 이해관계자에게 조직변경 사실을 통보할 때에는 1개월 이상의 기간을 정해야 한다〈지방공기업법 시행령 제78조의2 제1항〉.

37 지방공기업법령상 공사의 사장 또는 공단의 이사장은 조직변경 사실을 채권자 등 이해관계자에게 통보한 후 이의가 제출된 경우의 해결방법은?

① 이의접수내용을 서면으로 통보하고 조직변경을 진행한다.
② 이의가 제출된 채권자에게 변제하거나 상당한 담보를 제공해야 한다.
③ 지방자치단체의 장에게 다시 승인을 요청한다.
④ 이의를 제출한 채권자와 협상하여 변경조건을 재조정한다.

TIP 기간 내에 이의를 제출한 채권자가 있는 경우에는 공사 또는 공단은 그 채권자에 대하여 변제 또는 상당한 담보를 제공하거나 이를 목적으로 하여 상당한 재산을 신탁회사에 신탁하여야 한다〈지방공기업법 시행령 제78조의2 제2항〉.

38 지방공기업법령상 조직변경에 관한 의결을 받은 후 그 주된 사무소의 소재지에서 종전의 공사 또는 공단이 해야 할 등기는?

① 이전등기
② 설립등기
③ 변경등기
④ 해산등기

TIP 공사 또는 공단이 의회의 의결을 받은 경우에는 그 주된 사무소의 소재지에서 종전의 공사 또는 공단에 관하여는 해산등기를 해야 한다〈지방공기업법 제80조 제5항〉.

39 지방공기업법령상 변경된 공기업이 종전의 공기업에 속하는 모든 재산과 채권·채무 및 고용관계, 그 밖의 권리·의무를 포괄적으로 승계하는 시기는?

① 의회의 의결이 있는 날
② 총주주의 일치에 의한 총회의 결의가 있는 날
③ 설립등기일
④ 지방자치단체의 장의 승인을 받을 날

TIP 변경된 공사 또는 공단은 설립등기일에 종전의 공사 또는 공단에 속하는 모든 재산과 채권·채무, 고용관계, 그 밖의 권리·의무를 포괄적으로 승계한다〈지방공기업법 제80조 제6항〉.

40 지방공기업법령상 조직변경의 방법과 절차에 대한 설명으로 옳지 않은 것은?

① 의회의 의결이 있은 날부터 20일 이내에 채권자 등 이해관계자에게 조직변경 사실을 통보해야 한다.

② 채권자 등 이해관계자에게 조직변경 사실을 통보할 때에는 1개월 이상의 기간을 정해야 한다.

③ 조직변경에 대하여 이의가 있으면 이를 제출할 것을 공고해야 한다.

④ 조직변경사실을 알고 있는 채권자에 대해서는 인터넷 홈페이지 등에 게시하는 방법으로 알려야 한다.

TIP 조직변경사실을 알고 있는 채권자에 대해서는 따로따로 서면으로 통보하여야 한다〈지방공기업법 시행령 제78조의2 제1항〉.

41 다음 중 고유식별정보에 해당하지 않는 것은?

① 운전면허번호

② 여권번호

③ 외국인등록번호

④ 사원증번호

TIP 고유식별정보
  ㉠ 개요 : 고유식별정보란 특정개인을 식별할 수 있는 정보를 말한다.
  ㉡ 종류 : 주민등록번호, 여권번호, 운전면허번호, 외국인등록번호 등이 있다.

42 지방공기업법령상 공사의 사장이 예산편성 및 보고 등에 관한 사항을 위반한 경우에 대한 벌칙은?

① 500만 원 이하의 벌금

② 300만 원 이하의 벌금

③ 300만 원 이하의 과태료

④ 200만 원 이하의 과태료

TIP 공사 또는 공단의 임원(감사는 제외)이 공사의 사장이 예산편성 및 보고 등에 관한 사항을 위반한 경우를 위반하였을 때에는 500만 원 이하의 벌금에 처한다〈지방공기업법 제81조〉.

43 지방공기업법령상 과태료의 부과 · 징수권 자는?

① 행정안전부장관

② 경찰청

③ 지방자치단체의 장

④ 지방공기업

TIP 과태료는 대통령령으로 정하는 바에 따라 행정안전부장관이 부과 · 징수한다〈지방공기업법 제82조 제2항〉.

44 지방공기업법령상 벌칙 및 과태료 부과대상 준용규정이 아닌 법조항은?

① 지방공기업법 제49조

② 지방공기업법 제56조

③ 지방공기업법 제67조

④ 지방공기업법 75조의4

TIP 설립 · 운영〈지방공기업법 제76조 제2항〉 … 공단의 설립 · 운영에 관하여는 제49조부터 제52조까지, 제53조 제1항, 제56조 제1항 및 제3항, 제57조, 제58조, 제58조의2, 제59조부터 제63조까지, 제63조의2부터 제63조의8까지, 제64조, 제64조의2, 제64조의4부터 제64조의6까지, 제65조, 제65조의2, 제66조, 제66조의2, 제68조, 제69조, 제71조, 제71조의2부터 제71조의4까지, 제72조 및 제73조, 제75조의2부터 제75조의4까지의 규정을 준용한다〈지방공기업법 제82조 제1항〉.

45 지방공기업법령상 다음은 과태료 부과기준에 관한 설명이다. (   ) 안에 알맞은 것은?

> 위반행위의 횟수에 따른 과태료의 가중된 부과기준은 최근 (   ) 같은 위반행위로 과태료 부과처분을 받은 경우에 적용한다. 가중된 부과처분을 하는 경우 가중처분의 적용차수는 그 위반행위 전 부과처분차수의 다음차수로 한다.

① 1년간
② 2년간
③ 3년간
④ 5년간

(TIP) 위반행위의 횟수에 따른 과태료의 가중된 부과기준은 최근 1년간 같은 위반행위로 과태료 부과처분을 받은 경우에 적용한다〈지방공기업법 시행령 제79조 별표2의 제1호 가목 및 나목〉.

※ 적용차수 … 과태료를 부과할 때, 동일한 위반행위에 대해 첫 번째, 두 번째, 세 번째 등 몇 번째 적용되는지를 나타내는 횟수를 말한다.

46 지방공기업법령상 회계검사에서 정당한 사유 없이 검사를 한번 거부한 경우의 과태료부과 금액은?

① 25만 원
② 30만 원
③ 40만 원
④ 50만 원

(TIP) 업무·회계·재산검사 중 한번 거부·방해 또는 기피한 경우의 과태료부과 금액〈지방공기업법 시행령 제79조 별표2의 제2호〉
1. 검사를 정당한 사유 없이 거부한 경우 : 50만 원
2. 검사에 필요한 자료를 지정기일까지 제출하지 않거나 거부한 경우 : 40만 원
3. 검사원의 검사장 또는 사무소 출입을 방해한 경우 : 30만 원
4. 검사원이 요구한 자료를 지정기일까지 제출하지 않은 경우 : 25만 원
5. 지정된 검사 기일에 수검자가 출석하지 않은 경우 : 25만 원

47 지방공기업법령상 다음에 해당하는 경우가 아닌 것은?

> 위반행위자의 개별기준에 따른 과태료금액의 2분의 1의 범위에서 그 금액을 감경할 수 있다.

① 자연재해 또는 화재 등으로 위반행위자의 재산에 현저한 손실이 발생한 경우

② 위반행위가 사소한 부주의나 오류 등 과실로 인한 것으로 인정되는 경우

③ 위반행위를 처음하고 5년 이상 해당 업종을 모범적으로 영위한 사실이 인정되는 경우

④ 사업여건의 악화로 위반행위자의 사업이 중대한 위기에 처하는 등의 사정이 있는 경우

TIP 과태료금액을 2분의 1의 범위에서 감경할 수 있는 경우〈지방공기업법 시행령 제79조 별표2의 제1호 다목〉
1. 위반행위자가 처음 해당 위반행위를 한 경우로서, 3년 이상 해당 업종을 모범적으로 영위한 사실이 인정되는 경우
2. 위반행위자가 자연재해·화재 등으로 재산에 현저한 손실이 발생하거나 사업여건의 악화로 사업이 중대한 위기에 처하는 등의 사정이 있는 경우
3. 위반행위가 사소한 부주의나 오류 등 과실로 인한 것으로 인정되는 경우
4. 위반행위자가 위법행위로 인한 결과를 시정하거나 해소한 경우
5. 그 밖에 위반행위의 정도, 위반행위의 동기와 그 결과 등을 고려해 감경할 필요가 있다고 인정되는 경우

※ 과태료를 체납하고 있는 위반행위자의 경우에는 감경할 수 없다.

PART

03

도시철도법령

CHAPTER 01 총칙

1 목적과 도시철도의 종류

① **목적**〈법 제1조〉

도시철도법은 도시교통권역의 원활한 교통 소통을 위하여 도시철도의 건설을 촉진하고 그 운영을 합리화하며 도시철도차량 등을 효율적으로 관리함으로써 도시교통의 발전과 도시교통 이용자의 안전 및 편의 증진에 이바지함을 목적으로 한다.

② **도시철도의 종류와 장점**

ㄱ 도시철도의 종류 : 지하철, 경전철, 모노레일, 트램, 통근열차 등이 있다.

ㄴ 도시철도의 장점

- 시간절약 : 교통체증이 없는 독립적인 노선을 사용하여 시간이 절약된다.
- 경제적 효율성 : 대량수송을 통해 비용을 절감할 수 있으며, 승객에게 저렴한 교통수단을 제공한다.
- 안전성 : 지상교통에 비해 사고위험이 적으며, 안전한 교통수단으로 평가받는다.

2 용어의 정의〈법 제2조〉

① **도시교통권역** : 「도시교통정비 촉진법」 제4조에 따라 지정·고시된 교통권역을 말한다.

> **조문참고** 도시교통정비 촉진법 제4조
> - 국토교통부장관은 도시교통정비지역 중 같은 교통생활권에 있는 둘 이상의 인접한 도시교통정비지역 간에 연계된 교통 관련 계획을 수립할 수 있도록 교통권역을 지정·고시할 수 있다.
> - 국토교통부장관은 교통권역을 지정하려면 행정안전부장관과 미리 협의한 후 위원회의 심의를 거쳐야 한다.

② **도시철도** : 도시교통의 원활한 소통을 위하여 도시교통권역에서 건설·운영하는 철도·모노레일·노면전차·선형유도전동기·자기부상열차 등 궤도에 의한 교통시설 및 교통수단을 말한다.

※ 궤도 … 기차나 전차의 바퀴가 굴러가도록 레일을 깔아 놓은 길을 말한다.

- 고속철도 : 열차가 주요 구간을 시속 200킬로미터 이상으로 주행하는 철도로서 국토해양부장관이 그 노선을 지정 · 고시하는 철도
- 광역철도 : 둘 이상의 시 · 도에 걸쳐 운행되는 도시철도 또는 철도로서 대통령령으로 정하는 요건에 해당하는 도시철도 또는 철도
- 일반철도 : 고속철도와 도시철도를 제외한 철도

③ 도시철도시설 : 다음의 어느 하나에 해당하는 시설(부지를 포함한다)을 말한다.

  ㉠ 도시철도의 선로, 역사 및 역 시설(물류시설, 환승시설 및 역사와 같은 건물에 있는 판매시설 · 업무시설 · 근린생활시설 · 숙박시설 · 문화 및 집회시설 등을 포함한다)

  ㉡ 선로 및 도시철도차량을 보수 · 정비하기 위한 선로보수기지, 차량정비기지, 차량유치시설, 창고시설 및 기지시설

  ㉢ 도시철도의 전철전력설비, 정보통신설비, 신호 및 열차제어설비

  ㉣ 도시철도 기술의 개발 · 시험 및 연구를 위한 시설

  ㉤ 도시철도 경영연수 및 철도전문인력을 양성하기 위한 교육훈련시설

  ㉥ 그 밖에 도시철도의 건설, 유지보수 및 운영을 위한 시설로서 <u>대통령령으로 정하는 시설</u>

대통령령으로 정하는 시설〈시행령 제2조〉

- 도시철도의 건설 및 유지보수에 필요한 자재를 가공 · 조립 · 운반 또는 보관하기 위하여 해당 사업기간 동안 사용되는 시설
- 도시철도의 건설 및 유지보수를 위한 공사에 사용되는 진입도로, 주차장, 야적장, 토석채취장 및 사토장과 그 설치 또는 운영에 필요한 시설
- 도시철도의 건설 및 유지보수를 위하여 해당 사업기간 동안 사용되는 장비와 그 장비의 정비 · 점검 또는 수리를 위한 시설
- 그 밖에 도시철도 안전 관련 시설, 안내시설 등 도시철도의 건설 · 유지보수 및 운영을 위하여 필요한 시설로서 국토교통부장관이 정하는 시설

※ 부지 … 건물을 세우거나 도로를 만들기 위하여 마련한 땅을 말한다.

④ 도시철도사업 : 다음의 사업을 말한다.

  ㉠ 도시철도건설사업

  ㉡ 도시철도운송사업

  ㉢ 도시철도부대사업

⑤ 도시철도건설사업 : 다음에 해당하는 사업을 말한다.

  ㉠ 새로운 도시철도시설의 건설

  ㉡ 기존 도시철도시설의 성능 및 기능향상을 위한 개량

  ㉢ 도시철도시설의 증설 및 도시철도시설의 건설 시 수반되는 용역업무

⑥ **도시철도운송사업** : 도시철도와 관련된 다음의 어느 하나에 해당하는 사업을 말한다.

　　㉠ 도시철도시설을 이용한 여객 및 화물운송

　　㉡ 도시철도차량의 정비 및 열차의 운행관리

⑦ **도시철도부대사업** : 도시철도시설·도시철도차량·도시철도부지 등을 활용한 다음의 어느 하나에 해당하는 사업을 말한다.

　　㉠ 도시철도와 다른 교통수단의 연계운송사업

　　㉡ 도시철도 차량·장비와 도시철도용품의 제작·판매·정비 및 임대사업

　　㉢ 도시철도시설의 유지·보수 등 국가·지방자치단체 또는 공공법인 등으로부터 위탁받은 사업

　　㉣ 역세권 및 도시철도시설·부지를 활용한 개발·운영 사업으로서 <u>대통령령으로 정하는 사업</u>[1]

　　㉤ 복합환승센터 개발사업으로서 <u>대통령령으로 정하는 사업</u>[2]

　　㉥ 물류사업으로서 <u>대통령령으로 정하는 사업</u>[3]

　　㉦ 관광사업으로서 <u>대통령령으로 정하는 사업</u>[4]

　　㉧ 옥외광고사업으로서 <u>대통령령으로 정하는 사업</u>[5]

　　㉨ ㉠부터 ㉧까지의 사업과 관련한 조사·연구, 정보화, 기술 개발 및 인력 양성에 관한 사업

　　㉩ ㉠부터 ㉨까지의 사업에 딸린 사업으로서 <u>대통령령으로 정하는 사업</u>[6]

> ### ■ 대통령령으로 정하는 사업〈시행령 제2조의2〉
> - 제1항 : 역세권개발사업, 도시철도 이용객을 위한 편의시설의 설치·운영사업
> - 제2항 : 복합 환승센터의 개발사업
> - 제3항 : 물류사업 중 도시철도운영이나 도시철도와 다른 교통수단과의 연계수송을 위한 사업
> - 제4항 : 관광사업(카지노업은 제외한다)으로서 도시철도운영과 관련된 사업
> - 제5항 : 옥외광고사업으로서 지하철역 또는 도시철도차량에 광고물이나 게시시설을 제작·표시·설치하거나 옥외광고를 대행하는 사업
> - 제6항
>   - 엔지니어링사업 중 도시철도운영과 관련한 사업
>   - 도시철도운영과 관련한 정기간행물 사업, 정보매체 사업
>   - 그 밖에 도시철도운영의 전문성과 효율성을 높이기 위하여 필요한 사업

⑧ **도시철도종사자** : 다음업무에 종사하는 자를 말한다.

　　㉠ 도시철도차량의 운전·운행관리 및 정비업무

　　㉡ 도시철도 이용자를 상대로 하는 승무 및 역무서비스 업무

　　㉢ 도시철도시설의 유지보수 업무

　　㉣ 그 밖에 도시철도차량의 안전운행 또는 질서유지에 관한 업무

⑨ 도시철도건설자 : 도시철도건설사업을 하는 자로서 도시철도사업계획의 승인을 받은 자를 말한다.

⑩ 도시철도운영자 : 도시철도운송사업을 하는 자로서 국가, 지방자치단체 및 도시철도운송사업 면허를 받은 자(민자도시철도운영자를 포함한다)를 말한다.

⑪ 민자도시철도 : 민간투자사업으로 건설하는 도시철도를 말한다.

⑫ 민자도시철도운영자 : 민자도시철도에 대하여 관리운영권을 설정 받은 자를 말한다.

2 적용범위 및 국가 및 지방자치단체의 책무

① 적용범위〈법 제3조〉
   ㉠ 국가가 도시철도법에 따라 건설 또는 운영하는 도시철도
   ㉡ 도시철도사업계획의 승인을 받은 지방자치단체
   ㉢ 도시철도사업을 위하여 설립된 지방공사(이하 "도시철도공사"라 한다)
   ㉣ 다른 법인이 도시철도법에 따라 건설 또는 운영하는 도시철도
   ㉤ 국가나 지방자치단체로부터 도시철도건설사업 또는 도시철도운송사업을 위탁받은 법인이 건설 또는 운영하는 도시철도

② 국가 및 지방자치단체의 책무〈법 제3조의2〉
   ㉠ 시책의 강구
   • 시책강구기관 : 국가 및 지방자치단체
   • 도시철도 이용자의 권익보호를 위하여 시책을 강구하여야 한다.
   ㉡ 도시철도 이용자의 권익보호를 위하여 강구해야 할 시책
   • 도시철도 이용자의 권익보호를 위한 홍보·교육 및 연구
   • 도시철도 이용자의 생명·신체 및 재산상의 위해 방지
   • 도시철도 이용자의 불만 및 피해에 대한 신속·공정한 구제조치
   • 그 밖에 도시철도 이용자 보호와 관련된 사항

③ 다른 법률과의 관계〈법 제4조〉
   ㉠ 철도안전법의 적용 : 도시철도의 안전에 관하여는 「철도안전법」을 적용한다.
   ㉡ 철도안전법 : 철도의 안전을 확보하고 철도사고를 예방하여 철도운영의 질을 높이기 위해 제정된 법률이다.

(1) 도시철도법은 (　　)의 원활한 교통소통을 위하여 도시철도의 건설을 촉진하고 그 운영을 합리화하며 (　　) 등을 효율적으로 관리함으로써 도시교통의 발전과 (　　) 이용자의 안전 및 편의증진에 이바지함을 목적으로 한다.

(2) "도시교통권역"이란 「도시교통정비 촉진법」 제4조에 따라 지정·고시된 (　　)을 말한다.

(3) "(　　)"란 도시교통의 원활한 소통을 위하여 도시교통권역에서 건설·운영하는 철도·(　　)·노면전차·선형유도전동기·자기부상열차 등 궤도에 의한 교통시설 및 교통수단을 말한다.

(4) "도시철도시설"이란 다음의 어느 하나에 해당하는 시설(부지를 포함한다)을 말한다.
　　㉠ 도시철도의 선로, 역사 및 역 시설(물류시설, 환승시설 및 역사와 같은 건물에 있는 판매시설·업무시설·근린생활시설·(　　)·문화 및 집회시설 등을 포함한다)
　　㉡ 선로 및 도시철도차량을 보수·정비하기 위한 선로보수기지, 차량정비기지, 차량유치시설, 창고시설 및 기지시설
　　㉢ 도시철도의 전철전력설비, (　　), 신호 및 열차제어설비
　　㉣ 도시철도 기술의 개발·시험 및 연구를 위한 시설
　　㉤ 도시철도 경영연수 및 철도전문인력을 양성하기 위한 (　　)
　　㉥ 그 밖에 도시철도의 건설, 유지보수 및 운영을 위한 시설로서 대통령령으로 정하는 시설

(5) "도시철도사업"이란 도시철도건설사업, (　　) 및 도시철도부대사업을 말한다.

(6) "(　　)"이란 새로운 도시철도시설의 건설, 기존 도시철도시설의 성능 및 기능향상을 위한 개량, 도시철도시설의 증설 및 도시철도시설의 건설 시 수반되는 (　　) 등에 해당하는 사업을 말한다.

(7) "도시철도운송사업"이란 도시철도와 관련된 도시철도시설을 이용한 여객 및 (　　), 도시철도차량의 정비 및 열차의 (　　)에 해당하는 사업을 말한다.

(8) "도시철도건설자"란 도시철도건설사업을 하는 자로서 (　　)의 승인을 받은 자를 말한다.

(9) "도시철도운영자"란 도시철도운송사업을 하는 자로 국가, 지방자치단체 및 (　　) 면허를 받은 자를 말한다.

(10) "도시철도종사자"란 도시철도차량의 운전·운행관리 및 정비업무, 도시철도 이용자를 상대로 승무 및 역무서비스 업무, 도시철도시설의 유지보수 업무, 도시철도차량의 (　　) 또는 (　　)에 관한 업무에 종사하는 자를 말한다.

(11) 도시철도법의 적용범위
　　㉠ 국가가 (　　)에 따라 건설 또는 운영하는 도시철도
　　㉡ 도시철도사업계획의 승인을 받은 지방자치단체, 도시철도사업을 위하여 (　　) 또는 다른 법인이 도시철도법에 따라 건설 또는 운영하는 도시철도
　　㉢ 국가나 지방자치단체로부터 도시철도건설사업 또는 도시철도운송사업을 위탁받은 (　　)이 건설 또는 운영하는 도시철도

정답 및 해설

(1) 도시교통권역, 도시철도차량, 도시교통
(2) 교통권역
(3) 도시철도, 모노레일
(4) 숙박시설, 정보통신설비, 교육훈련시설
(5) 도시철도운송사업
(6) 도시철도건설사업, 용역업무
(7) 화물운송, 운행관리
(8) 도시철도사업계획
(9) 도시철도운송사업
(10) 안전운행, 질서유지
(11) 도시철도법, 도시철도공사, 법인

1 다음은 도시철도법의 목적이다. ( ) 안에 알맞은 것은?

> 도시철도법은 ____㉠____ 의 원활한 교통소통을 위하여 ____㉡____ 의 건설을 촉진하고 그 운영을 합리
> 화하며 ____㉢____ 등을 효율적으로 관리함으로써 도시교통의 발전과 ____㉣____ 이용자의 안전 및
> 편의 증진에 이바지함을 목적으로 한다.

① ㉠ 도시철도차량, ㉡ 도시교통, ㉢ 도시교통권역, ㉣ 도시철도
② ㉠ 도시교통, ㉡ 도시교통권역, ㉢ 도시철도, ㉣ 도시철도차량
③ ㉠ 도시철도, ㉡ 도시교통, ㉢ 도시교통권역, ㉣ 도시철도차량
④ ㉠ 도시교통권역, ㉡ 도시철도, ㉢ 도시철도차량, ㉣ 도시교통

TIP 도시철도법은 도시교통권역의 원활한 교통소통을 위하여 도시철도의 건설을 촉진하고 그 운영을 합리화하며 도시철도차량 등을 효율적으로 관리함으로써 도시교통의 발전과 도시교통 이용자의 안전 및 편의 증진에 이바지함을 목적으로 한다〈도시철도법 제1조〉.

2 도시철도법령상 "도시교통권역"이란?

① 도시철도 운영에 필요한 지역
② 도시철도 이용자가 많은 지역
③ 지정·고시된 교통권역
④ 도시철도 건설이 예정된 지역

TIP 도시교통권역이란 「도시교통정비 촉진법」 제4조에 따라 지정·고시된 교통권역을 말한다〈도시철도법 제2조 제1호〉.

Answer 1.④ 2.③

3 도시철도법령상 도시철도로 볼 수 없는 것은?

① 자기부상열차
② KTX
③ 노면전차
④ 선형유도전동기

TIP 도시교통의 원활한 소통을 위하여 도시교통권역에서 건설·운영하는 철도·모노레일·노면전차·선형유도전동기· 자기부상열차 등 궤도에 의한 교통시설 및 교통수단을 말한다〈도시철도법 제2조 제2호〉.

4 도시철도법령상 다음에서 도시철도시설을 모두 고른 것은?

㉠ 도시철도역의 숙박시설	㉡ 도시철도의 정보통신설비
㉢ 도시철도 경영연수시설	㉣ 역사내의 의료시설, 운동시설
㉤ 선로보수를 위한 창고시설	㉥ 도시철도의 신호 및 열차제어설비

① ㉠㉡㉢㉣㉤
② ㉠㉡㉢㉤㉥
③ ㉡㉢㉣㉤㉥
④ ㉠㉡㉢㉣㉤㉥

TIP 도시철도시설(부지 포함)〈도시철도법 제2조 제3호〉
  가. 도시철도의 선로, 역사 및 역 시설(물류시설, 환승시설 및 역사와 같은 건물에 있는 판매시설·업무시설·근린 생활시설·숙박시설·문화 및 집회시설 등을 포함한다)
  나. 선로 및 도시철도차량을 보수·정비하기 위한 선로보수기지, 차량정비기지, 차량유치시설, 창고시설 및 기지시 설
  다. 도시철도의 전철전력설비, 정보통신설비, 신호 및 열차제어설비
  라. 도시철도 기술의 개발·시험 및 연구를 위한 시설
  마. 도시철도 경영연수 및 철도전문인력을 양성하기 위한 교육훈련시설
  바. 그 밖에 도시철도의 건설, 유지보수 및 운영을 위한 시설로서 대통령령으로 정하는 시설

5 도시철도법령상 도시철도사업에 속하지 않는 것은?

① 도시철도부대사업

② 도시철도운송사업

③ 도시철도서비스사업

④ 도시철도건설사업

TIP 도시철도사업〈도시철도법 제2조 제4호〉
　　가. 도시철도건설사업
　　나. 도시철도운송사업
　　다. 도시철도부대사업

6 도시철도법령상 도시철도건설사업에 해당하지 않는 것은?

① 도시철도시설의 증설

② 기존 도시철도시설의 성능 및 기능 향상을 위한 개량

③ 새로운 도시철도시설의 건설

④ 도시철도 이용자의 불만 및 피해에 대한 신속 · 공정한 구제조치

TIP 도시철도건설사업〈도시철도법 제2조 제5호〉
　　㉠ 새로운 도시철도시설의 건설
　　㉡ 기존 도시철도시설의 성능 및 기능향상을 위한 개량
　　㉢ 도시철도시설의 증설 및 도시철도시설의 건설 시 수반되는 용역업무

7 도시철도법령상 도시철도부대사업에 속하지 않는 사업은?

① 역세권개발사업

② 도시철도운영과 관련된 관광사업 중 카지노를 위한사업

③ 엔지니어링사업 중 도시철도운영과 관련한 사업

④ 물류사업 중 도시철도와 다른 교통수단과의 연계수송을 위한사업

TIP 도시철도부대사업〈도시철도법 시행령 제2조의2〉

① 법 제2조 제6호의2 라목에서 "대통령령으로 정하는 사업"이란 다음 각 호의 사업을 말한다.
   1. 「역세권의 개발 및 이용에 관한 법률」 제2조 제2호에 따른 역세권개발사업
   2. 도시철도 이용객을 위한 편의시설의 설치·운영사업

② 법 제2조 제6호의2 마목에서 "대통령령으로 정하는 사업"이란 「국가통합교통체계효율화법」 제2조 제15호에 따른 복합환승센터의 개발사업을 말한다.

③ 법 제2조 제6호의2 바목에서 "대통령령으로 정하는 사업"이란 다음 각 호의 사업을 말한다. 〈개정 2024. 12. 31.〉
   1. 「물류정책기본법 시행령」 별표 1에 따른 물류사업 중 도시철도운영이나 도시철도와 다른 교통수단과의 연계수송을 위한 사업
   2. 「물류정책기본법 시행령」 별표 1에 따른 물류시설운영업 중 도시철도시설 또는 도시철도부지를 활용하는 사업
   3. 「물류정책기본법 시행령」 별표 1에 따른 물류서비스업 중 도시철도시설 또는 도시철도부지를 활용하는 사업

④ 법 제2조 제6호의2 사목에서 "대통령령으로 정하는 사업"이란 「관광진흥법」 제3조에서 정한 관광사업(카지노업은 제외한다)으로서 도시철도운영과 관련된 사업을 말한다.

⑤ 법 제2조 제6호의2 아목에서 "대통령령으로 정하는 사업"이란 「옥외광고물 등의 관리와 옥외광고산업 진흥에 관한 법률」 제2조 제3호에 따른 옥외광고사업으로서 같은 법 시행령 제2조 제1항 제1호 다목에 따른 도시철도역 또는 같은 항 제2호 가목에 따른 도시철도차량에 광고물이나 게시시설을 제작·표시·설치하거나 옥외광고를 대행하는 사업을 말한다. 〈개정 2016. 7. 6., 2024. 12. 31.〉

⑥ 법 제2조 제6호의2 차목에서 "대통령령으로 정하는 사업"이란 다음 각 호의 사업을 말한다.
   1. 「엔지니어링산업 진흥법」 제2조 제3호에 따른 엔지니어링사업 중 도시철도운영과 관련한 사업
   2. 도시철도운영과 관련한 정기간행물 사업, 정보매체 사업
   3. 그 밖에 도시철도운영의 전문성과 효율성을 높이기 위하여 필요한 사업

8 도시철도법령상 도시철도부대사업으로 옳지 않는 것은?

① 도시철도차량의 운전·운행관리 및 정비사업

② 도시철도 이용객을 위한 편의시설의 설치·운영사업

③ 역세권 및 도시철도시설·부지를 활용한 개발·운영 사업

④ 도시철도와 다른 교통수단의 연계운송을 위한 기술 개발 및 인력 양성에 관한 사업

TIP 정의〈도시철도법 제2조 제6의2호〉… "도시철도부대사업"이란 도시철도시설·도시철도차량·도시철도부지 등을 활용한 다음 각 목의 어느 하나에 해당하는 사업을 말한다.
가. 도시철도와 다른 교통수단의 연계운송사업
나. 도시철도 차량·장비와 도시철도용품의 제작·판매·정비 및 임대사업
다. 도시철도시설의 유지·보수 등 국가·지방자치단체 또는 공공법인 등으로부터 위탁받은 사업
라. 역세권 및 도시철도시설·부지를 활용한 개발·운영 사업으로서 대통령령으로 정하는 사업
마. 「국가통합교통체계효율화법」에 따른 복합환승센터 개발사업으로서 대통령령으로 정하는 사업
바. 「물류정책기본법」에 따른 물류사업으로서 대통령령으로 정하는 사업
사. 「관광진흥법」에 따른 관광사업으로서 대통령령으로 정하는 사업
아. 「옥외광고물 등의 관리와 옥외광고산업 진흥에 관한 법률」에 따른 옥외광고사업으로서 대통령령으로 정하는 사업
자. 가목부터 아목까지의 사업과 관련한 조사·연구, 정보화, 기술 개발 및 인력 양성에 관한 사업
차. 가목부터 자목까지의 사업에 딸린 사업으로서 대통령령으로 정하는 사업

9 도시철도법령상 도시철도종사자 업무로 옳지 않은 것은?

① 도시철도 이용자의 불만처리 업무

② 도시철도 이용자를 상대로 하는 승무 및 역무서비스 업무

③ 도시철도시설의 유지보수 업무

④ 도시철도차량의 운전·운행관리 및 정비업무

TIP "도시철도종사자"란 도시철도차량의 운전·운행관리 및 정비 업무, 도시철도 이용자를 상대로 하는 승무 및 역무서비스 업무, 도시철도시설의 유지보수 업무, 그 밖에 도시철도차량의 안전운행 또는 질서유지에 관한 업무에 종사하는 자를 말한다〈도시철도법 제2조 제9호〉.

Answer 7.② 8.① 9.①

10 도시철도법령상 민자도시철도운영자는?

① 민자도시철도의 건설자

② 민자도시철도에 대한 관리운영권을 설정 받은 자

③ 민자도시철도의 유지 보수자

④ 민자도시철도의 법적 대표자

TIP 민자도시철도에 대하여 「사회기반시설에 대한 민간투자법」 제26조 제1항에 따라 관리운영권을 설정 받은 자를 말한다〈도시철도법 제2조 제11호〉.

11 도시철도법의 적용대상으로 옳지 않은 것은?

① 도시철도공사가 운영하는 도시철도

② 지방자치단체가 건설하는 도시철도

③ 대중교통관련 법인이 건설 또는 운영하는 도시철도

④ 국가가 건설 또는 운영하는 도시철도

TIP 도시철도법의 적용범위〈도시철도법 제3조〉
1. 국가가 도시철도법에 따라 건설 또는 운영하는 도시철도
2. 도시철도사업계획의 승인을 받은 지방자치단체, 도시철도사업을 위하여 도시철도공사 또는 다른 법인이 도시철도법에 따라 건설 또는 운영하는 도시철도
3. 국가나 지방자치단체로부터 도시철도건설사업 또는 도시철도운송사업을 위탁받은 법인이 건설 또는 운영하는 도시철도

12 도시철도법령상 도시철도이용자를 위한 국가 및 지방자치단체의 책무로 옳지 않은 것은?

① 도시철도 이용자의 불만 및 피해에 대한 신속·공정한 구제조치
② 도시철도 이용자의 편익을 높이기 위한 도시철도서비스의 품질향상
③ 도시철도 이용자의 권익보호를 위한 홍보·교육 및 연구
④ 도시철도 이용자의 생명·신체 및 재산상의 위해방지

TIP 국가 및 지방자치단체의 책무〈도시철도법 제3조의2〉
  1. 도시철도 이용자의 권익보호를 위한 홍보·교육 및 연구
  2. 도시철도 이용자의 생명·신체 및 재산상의 위해 방지
  3. 도시철도 이용자의 불만 및 피해에 대한 신속·공정한 구제조치
  4. 그 밖에 도시철도 이용자 보호와 관련된 사항

13 도시철도법령상 도시철도의 안전에 관하여 적용되는 법률은?

① 도시철도법
② 교통안전법
③ 철도안전법
④ 철도산업발전기본법

TIP 도시철도의 안전에 관하여는 「철도안전법」을 적용한다〈도시철도법 제4조〉.

도시철도의 건설을 위한 계획수립 및 승인

1 도시철도망구축계획⟨법 제5조⟩

① 도시철도망구축계획의 수립

  ㉠ 수립자 : 특별시장·광역시장·특별자치시장·도지사 및 특별자치도지사(이하 "시·도지사"라 한다)

  ㉡ 수립·변경 : 관할 도시교통권역에서 도시철도를 건설·운영하려면 관계 시·도지사와 협의하여 10년 단위의 도시철도망구축계획(이하 "도시철도망계획"이라 한다)을 수립하여야 한다. 이를 변경하려는 경우에도 또한 같다.

  ㉢ 도시철도망계획에 포함되어야 할 사항
  - 해당 도시교통권역의 특성·교통상황 및 장래의 교통수요 예측
  - 도시철도망의 중기·장기 건설계획
  - 다른 교통수단과 연계한 교통체계의 구축
  - 필요한 재원의 조달방안과 투자 우선순위
  - 그 밖에 체계적인 도시철도망 구축을 위하여 필요한 사항으로서 국토교통부령으로 정하는 사항

◆ 도시철도망구축을 위해 필요한 사항⟨시행규칙 제2조⟩
  - 도시철도망구축계획의 노선별 우선순위 설정을 위한 종합평가
  - 도시철도의 건설 방식
  - 도시철도차량의 종류 및 운행계획

  ㉢ 도시철도망계획의 수립 시 조화를 이루도록 수립해야 하는 계획
  - 국가기간교통망계획
  - 중기 교통시설투자계획
  - 대도시권 광역교통기본계획
  - 대도시권 광역교통시행계획
  - 도시교통정비 기본계획
  - 도시교통정비 중기계획
  - 대중교통기본계획

② 도시철도망구축계획의 승인

  ㉠ 승인

- 승인권자 : 국토교통부장관
- 시 · 도지사는 도시철도망계획을 수립하거나 변경하려면 국토교통부장관의 승인을 받아야 한다.

ⓒ 조정 · 승인
- 국토교통부장관은 도시철도망계획의 내용 중 필요한 사항을 조정하여 관계 행정기관의 장과 협의한 후 국가교통위원회의 심의를 거쳐 승인하여야 한다.
- 고시 : 승인 후 관보에 고시하여야 한다.
- 고시생략 : 대통령령으로 정하는 경미한 사항의 변경을 승인하는 경우에는 국가교통위원회의 심의 및 관보에의 고시를 생략한다.

> **대통령령으로 정하는 경미한 사항의 변경〈시행령 제4조 제1항〉**
> - 도시철도망계획에 포함된 도시철도 노선별 노선연장을 100분의 10 범위에서 변경하는 것
> - 도시철도망계획에 포함된 도시철도 노선별 사업기간을 3년의 범위에서 변경하는 것

- 통보 : 국토교통부장관은 경미한 사항의 변경을 승인하였을 때에는 지체 없이 그 내용을 관계 행정기관의 장에게 통보하여야 한다〈시행령 제4조 제2항〉.

ⓗ 타당성재검토
- 재검토자 : 시 · 도지사
- 재검토 : 도시철도망계획이 수립된 날부터 5년마다 도시철도망계획의 타당성을 재검토하여 필요한 경우 이를 변경하여야 한다.

③ 도시철도망구축계획 및 노선별 도시철도기본계획의 제출〈법 시행령 제3조〉

ⓐ 제출자 : 시 · 도지사

ⓑ 제출기관 : 국토교통부장관

ⓒ 제출시기 : 도시철도망계획 또는 노선별 도시철도기본계획(이하 "기본계획"이라 한다)을 수립하였을 때

ⓓ 제출기한 : 해당 계획의 계획기간이 시작되는 해의 전년도 2월 말일까지

❷ 노선별 도시철도기본계획〈법 제6조〉

① 노선별 도시철도기본계획의 수립

ⓐ 계획의 수립
- 수립자 : 시 · 도지사
- 수립 · 변경 : 도시철도망계획에 포함된 도시철도 노선 중 건설을 추진하려는 노선에 대해서는 관계 시 · 도지사와 협의하여 노선별 도시철도기본계획(이하 "기본계획"이라 한다)을 수립하여야 한다. 이를 변경하려는 경우에도 또한 같다.
- 수립생략 : 민자도시철도의 경우에는 시 · 도지사가 국토교통부장관과 협의하여 기본계획의 수립을 생략할 수 있다.

ⓛ 기본계획에 포함되어야 할 사항
　　　　• 해당 도시교통권역의 특성 · 교통상황 및 장래의 교통수요 예측
　　　　• 도시철도의 건설 및 운영의 경제성 · 재무성분석과 그 밖의 타당성의 평가
　　　　• 노선명, 노선 연장, 기점 · 종점, 정거장위치, 차량기지 등 개략적인 노선망
　　　　• 사업기간 및 총사업비
　　　　• 지방자치단체의 재원 분담비율을 포함한 자금의 조달방안 및 운용계획
　　　　• 건설기간 중 도시철도건설사업 지역의 도로교통대책
　　　　• 다른 교통수단과의 연계 수송체계 구축에 관한 사항
　　　　• 그 밖에 필요한 사항으로서 국토교통부령으로 정하는 사항

　　　ⓒ 계획의 제출
　　　　• 제출자 : 시 · 도지사
　　　　• 제출요건 : 기본계획의 내용 중 <u>대통령령으로 정하는 주요사항</u>에 대하여
　　　　• 제출절차 : 국토교통부장관과 협의한 후 공청회를 열어 주민 및 관계전문가 등으로부터 의견을 듣고
　　　　　해당 지방의회의 의견을 들어 기본계획을 국토교통부장관에게 제출하여야 한다.

　　　　■ 대통령령으로 정하는 주요 사항〈시행령 제5조〉
　　　　　• 도시철도의 건설 및 운영의 경제성 · 재무성분석과 그 밖의 타당성의 평가
　　　　　• 노선명, 노선연장, 기점 · 종점, 정거장위치, 차량기지 등 개략적인 노선망
　　　　　• 사업기간 및 총사업비
　　　　　• 지방자치단체의 재원 분담비율을 포함한 자금의 조달방안 및 운용계획
　　　　　• 도시철도의 건설방식
　　　　　• 도시철도차량의 종류 및 운행계획

　　　ⓓ 의견청취의 절차생략 및 통보
　　　　• 절차생략 : <u>대통령령으로 정하는 경미한 사항을 변경하려는 경우</u>에는 사전협의, 공청회, 지방의회
　　　　　의견청취의 절차를 생략할 수 있다.

　　　　■ 대통령령으로 정하는 경미한 사항을 변경하려는 경우〈시행령 제6조 제1항〉
　　　　　• 노선 연장을 100분의 10 범위에서 변경하는 것
　　　　　• 사업기간을 1년의 범위에서 변경하는 것
　　　　　• 총사업비를 100분의 10 범위에서 변경하는 것
　　　　• 통보 : 국토교통부장관은 경미한 사항의 변경을 승인하였을 때에는 지체 없이 그 내용을 관계 행정
　　　　　기관의 장에게 통보하여야 한다〈시행령 제6조 제2항〉.

　② 노선별 도시철도기본계획의 수립
　　　ⓐ 조정 · 승인
　　　　• 승인권자 : 국토교통부장관
　　　　• 승인 : 국토교통부장관은 기본계획을 제출받으면 건설노선, 사업기간, 총사업비, 지방자치단체의 재

원분담비율을 포함한 자금의 조달방안 등 필요한 사항을 조정하여 관계 행정기관의 장과 협의를 거쳐 기본계획을 승인하여야 한다.

ⓛ 관보고시

- 국토교통부장관은 기본계획을 승인하면 이를 관보에 고시하여야 한다.
- 대통령령으로 정하는 경미한 사항의 변경을 승인하는 경우에는 관보에의 고시를 생략한다.

■ 대통령령으로 정하는 경미한 사항의 경우〈시행령 제6조 제1항〉

- 노선연장 : 100분의 10 범위에서 변경하는 것
- 사업기간 : 1년의 범위에서 변경하는 것
- 총사업비 : 100분의 10 범위에서 변경하는 것

※ 관보 … 정부가 국민들에게 널리 알릴 사항을 편찬하여 간행하는 국가의 공고 기관지를 말한다.

③ 도시철도사업계획

① 사업계획의 승인〈법 제7조〉

㉠ 승인 및 사업계획변경

- 승인대상 : 기본계획에 따라 도시철도를 건설하려는 자
- 국토교통부장관의 승인 : 대통령령으로 정하는 바에 따라 도시철도사업계획(이하 "사업계획"이라 한다)을 수립하여 국토교통부장관의 승인을 받아야 한다.
- 사업계획수립변경 : 사업계획의 수립을 변경하려는 경우에도 국토교통부장관의 승인을 받아야 한다.
- 사업계획수립생략 : 민자도시철도의 경우에는 시·도지사가 국토교통부장관과 협의하여 기본계획의 수립을 생략할 수 있다.

■ 대통령령으로 정하는 바〈시행령 제7조〉

도시철도사업계획(이하 "사업계획"이라 한다)의 승인을 신청하려는 자는 사업계획 승인신청서에 다음 각 호의 서류를 첨부하여 시·도지사를 거쳐 국토교통부장관에게 제출하여야 한다.

- 공사시행계획서 및 공사 종류별 공정계획서
- 도시철도 건설의 기본설계서
- 다음 각 목의 축적에 따른 계획평면도 및 종단면도
- 축척 500분의 1부터 2만5천분의 1까지의 것[노선의 실측도면(實測圖面)에 표시한 것을 말한다]
- 축척 200분의 1부터 5천분의 1까지의 것
- 도시철도시설의 개요
- 연도별 투자계획 및 재원조달계획에 관한 서류
- 도시철도 건설기간 중 건설지역의 도로교통대책에 관한 서류
- 교통영향평가 및 환경영향평가에 대한 관계 행정기관의 장과의 협의 결과에 관한 서류
- 사업계획의 공고 결과 제출된 의견 중 사업계획에 반영하지 아니한 의견을 적은 서류

- 관계 행정기관의 장과의 협의에 필요한 서류
- 토지의 지하부분 사용, 토지·물건 및 권리(「공익사업을 위한 토지 등의 취득 및 보상에 관한 법률」 제3조에 따른 토지·물건 및 권리를 말한다. 이하 "토지 등"이라 한다)의 수용 및 사용, 공사장애물의 이전 등에 따른 매수·보상계획 및 이주대책에 관한 서류
- 수용하거나 사용할 토지 등의 소재지·지번(地番)·지목(地目) 및 면적을 적은 서류
- 도시철도 부지를 표시한 도면(축척 500분의 1부터 5천분의 1까지의 것만 해당한다)

ⓛ 승인신청
- 공고 및 열람 : 기본계획에 따라 도시철도를 건설하려는 자가 사업계획의 승인을 신청할 때에는 미리 그 뜻을 공고하고 관계 서류의 사본을 20일 이상 일반인이 열람할 수 있게 하여야 한다.
- 소유자 등에게 통보 : 도시철도시설 부지에 편입되는 토지의 소유자 및 <u>관계인</u>(이하 "소유자 등"이라 한다)에게 그 사실을 통보하여야 한다.

※ 관계인 … 사업시행자가 취득하거나 사용할 토지에 관하여 지상권·지역권·전세권·저당권·사용대차 또는 임대차에 따른 권리 또는 그 밖에 토지에 관한 소유권 외의 권리를 가진 자나 그 토지에 있는 물건에 관하여 소유권이나 그 밖의 권리를 가진 자를 말한다(「공익사업을 위한 토지 등의 취득 및 보상에 관한 법률」 제2조 제5호).

- 통보예외 : <u>소유자 등을 알 수 없거나 주소 불명(不明) 등 대통령령으로 정하는 경우에는 통보하지 아니할 수 있다.</u>

■ 소유자 등을 알 수 없거나 주소 불명 등 대통령령으로 정하는 경우〈시행령 제8조 제3항〉
- 소유자 등을 알 수 없는 경우
- 소유자 등의 주소·거소, 그 밖에 통보할 장소를 알 수 없는 경우

ⓒ 열람기간에 의견서제출 및 반영
- 의견서제출 : 소유자 등은 사업계획의 승인을 신청하는 자에게 열람기간에 의견서를 제출할 수 있다.
- 내용에 반영 : 사업계획의 승인을 신청하는 자는 제출된 의견이 타당하다고 인정하면 사업계획 승인 신청내용에 이를 반영하여야 하고, 반영하지 아니한 의견은 신청서에 첨부하여야 한다.

ⓔ 의견반영
- 반영권자 : 국토교통부장관
- 반영 : 국토교통부장관은 사업계획을 승인할 때 첨부된 의견이 타당하다고 인정할 때에는 이를 반영하여야 한다.

ⓜ 관보에 고시
- 고시권자 : 국토교통부장관은 사업계획을 승인하면 이를 관보에 고시하여야 한다.
- 고시기한 : 고시는 사업계획을 승인한 날부터 7일 이내에 하여야 한다〈시행령 제8조 제4항〉.

ⓗ 도시·군관리계획이 포함된 경우의 조치
- 조치주체 : 지방자치단체의 장
- 고시 등의 조치 : 지방자치단체의 장은 사업계획 승인 내용 중 도시·군관리계획 결정사항이 포함되어 있는 경우에는 지형도면의 고시 등 필요한 조치를 하여야 한다.

② 도시철도사업계획의 승인신청〈시행령 제7조〉

　㉠ 승인신청서제출
- 제출대상 : 사업계획의 승인을 신청하려는 자
- 제출기관 : 시·도지사를 거쳐 국토교통부장관에게 제출

　㉡ 사업계획 승인신청서에 첨부하여야 할 서류
- 공사시행계획서 및 공사 종류별 공정계획서
- 도시철도 건설의 기본설계서
- 다음의 축적에 따른 계획평면도 및 종단면도
- 축척 500분의 1부터 2만5천분의 1까지의 것[노선의 실측도면에 표시한 것을 말한다]
- 축척 200분의 1부터 5천분의 1까지의 것
- 도시철도시설의 개요
- 연도별 투자계획 및 재원조달계획에 관한 서류
- 도시철도 건설기간 중 건설지역의 도로교통대책에 관한 서류
- 교통영향평가 및 환경영향평가에 대한 관계 행정기관의 장과의 협의 결과에 관한 서류
- 사업계획의 공고 결과 제출된 의견 중 사업계획에 반영하지 아니한 의견을 적은 서류
- 관계 행정기관의 장과의 협의에 필요한 서류
- 토지의 지하부분 사용, 토지·물건 및 권리(토지·물건 및 권리를 말한다. 이하 "토지등"이라 한다)의 수용 및 사용, 공사장애물의 이전 등에 따른 매수·보상계획 및 이주대책에 관한 서류
- 수용하거나 사용할 토지등의 소재지·지번·지목 및 면적을 적은 서류
- 도시철도 부지를 표시한 도면(축척 500분의 1부터 5천분의 1까지의 것만 해당한다)

◆ 지번·지목

㉠ 지번 : 토지의 일정한 구획을 표시한 번호를 말한다.
㉡ 지목
- 개념 : 토지의 주된 용도에 따라 토지의 종류를 구분하여 지적공부에 등록한 것을 말한다.
- 종류 : 전, 답, 과수원, 목장용지, 임야, 광천지, 염전, 대지, 공장용지, 학교용지, 주차장, 주유소용지, 창고용지, 도로, 철도용지, 제방, 하천, 구거, 유지, 양어장, 수도용지, 공원, 체육용지, 유원지, 종교용지, 사적지, 묘지, 잡종지로 구분하여 총28개로 분류한다.

③ 사업계획 승인신청의 공고〈시행령 제8조〉

　㉠ 공고대상 및 방법
- 공고대상 : 사업계획의 승인을 신청하기 전에 그 뜻을 공고하려는 자
- 공고방법 : 지역에서 발간되는 일간신문과 시·도 공보에 각각 한 번 이상 공고하여야 한다.

　㉡ 공고해야 할 사항
- 신청인의 성명·주소(법인인 경우에는 법인의 명칭·주소와 대표자의 성명·주소를 말한다)
- 도시철도 부지의 위치

- 노선의 기점 · 종점, 정거장 위치, 차량기지 위치
- 도시철도 건설의 착공 예정일 및 준공 예정일
- 관계서류사본을 열람할 수 있는 일시 및 장소

ⓒ 일반인이 **열람**할 수 있게 하여야 하는 관계서류
- 축척 200분의 1부터 5천분의 1까지의 것
- 수용하거나 사용할 토지등의 소재지 · 지번 · 지목 및 면적을 적은 서류
- 도시철도 부지를 표시한 도면(축척 500분의 1부터 5천분의 1까지의 것만 해당한다)

④ 인가 · 허가

① 다른 법률에 따른 인가 · 허가 등의 의제〈법 제8조〉

ⓐ 도시철도를 건설하려는 자가 사업계획의 승인 또는 변경승인을 받은 경우
- ⓑ에 관하여 국토교통부장관이 인가 · 허가 등의 관계 행정기관의 장과 미리 협의한 사항에 대해서는 해당 인가 · 허가등이 있는 것으로 본다.
- ⓑ에 관하여 사업계획의 승인 또는 변경승인 고시를 한 경우에는 관계 법률에 따른 인가 · 허가등의 고시 또는 공고가 있는 것으로 본다.

ⓑ 인가 · 허가 등의 의제

▶ 건설 · 건축 · 도로관련
- 건설기술심의위원회의 심의
- 건축위원회의 심의, 건축허가, 건축신고, 가설건축물의 건축허가, 공용건축물의 건축협의
- 도로공사 시행의 허가, 도로점용허가
- 사도개설의 허가
- 소방본부장이나 소방서장의 건축허가등의 동의
- 전기사업용전기설비 공사계획의 인가 또는 신고, 자가용전기설비 공사계획의 인가 또는 신고

▶ 공유수면 · 상하수도 · 하천
- 공유수면의 점용 · 사용허가, 공유수면의 점용 · 사용협의 또는 승인, 점용 · 사용실시계획의 승인 또는 신고, 매립면허취득, 국가 등이 시행하는 매립협의 또는 승인, 매립실시계획의 승인
- 전용상수도 인가, 전용공업용수도 인가
- 공공하수도 사업의 허가, 공공하수도의 점용허가
- 하천공사 시행의 허가, 하천의 점용허가, 하천수의 사용허가

▶ 농지 · 사방지 · 산지 · 초지관련
- 농지전용의 허가 또는 협의
- 사방지에서의 벌채 등의 허가, 사방지지정의 해제

- 산지전용허가, 산지전용신고, 산지일시사용허가 · 신고, 입목벌채등의 허가 및 신고
- 공원관리청과의 협의(공원구역에서의 행위허가에 관한 것만 해당)
- 무연분묘의 개장허가
- 초지에서의 형질변경 등 행위에 대한 허가, 초지전용의 허가 또는 협의

▶ 환경 · 공장 · 폐기물관련

- 대기환경 배출시설의 설치허가 및 신고, 물환경 배출시설의 설치허가 및 신고, 소음 · 진동 배출시설의 설치신고 및 허가
- 공장설립 등의 승인(철도건설사업에 직접 필요한 공사용 시설로서 건설기간에 설치되는 공장만 해당)
- 폐기물처리시설 설치의 승인 또는 신고

▶ 관리계획 · 군사시설관련

- 도시 · 군관리계획의 결정(기반시설의 경우만 해당), 도시 · 군계획시설사업 시행자의 지정, 도시 · 군계획시설사업 실시계획의 인가
- 군사시설 통제보호구역 등에의 출입허가, 군사보호구역의 행정기관의 허가등에 관한 협의

※ 인가 · 허가 등의 의제에 해당하는 법률 … 건설기술관리법, 건축법, 공유수면관리 및 매립에 관한법률, 국토의 계획 및 이용에 관한법률, 군사기지 및 군사시설보호법, 농지법, 도로법, 대기환경보전법, 물환경보전법, 소음 · 진동관리법, 사도법, 사방사업법, 산업집적활성화 및 공장설립에 관한법률, 산지관리법, 산림자원의 조성 및 관리에 관한 법률, 소방시설 설치 및 관리에 관한법률, 수도법, 자연공원법, 장사 등에 관한법률, 전기사업법, 전기안전관리법, 초지법, 폐기물관리법, 하수도법, 하천법

ⓒ 사전협의 및 행정기본법 준용

- 국토교통부장관이 사업계획을 승인 또는 변경승인할 때에는 ⓛ에 해당하는 내용이 있는 경우 관계 행정기관의 장과 미리 협의하여야 한다.
- 인가 · 허가 등 의제의 기준 및 효과 등에 관하여는 「행정기본법」 제24조부터 제26조까지를 준용한다〈도시철도법 제8조 제5항〉.

조문참고 행정기본법 제24조부터 제26조

- 제24조
  - 이 절에서 "인허가의제"란 하나의 인허가(이하 "주된 인허가"라 한다)를 받으면 법률로 정하는 바에 따라 그와 관련된 여러 인허가(이하 "관련 인허가"라 한다)를 받은 것으로 보는 것을 말한다.
  - 인허가의제를 받으려면 주된 인허가를 신청할 때 관련 인허가에 필요한 서류를 함께 제출하여야 한다. 다만, 불가피한 사유로 함께 제출할 수 없는 경우에는 주된 인허가 행정청이 별도로 정하는 기한까지 제출할 수 있다.
  - 주된 인허가 행정청은 주된 인허가를 하기 전에 관련 인허가에 관하여 미리 관련 인허가 행정청과 협의하여야 한다.
  - 관련 인허가 행정청은 협의를 요청받으면 그 요청을 받은 날부터 20일 이내(제5항 단서에 따른 절차에 걸리는 기간은 제외한다)에 의견을 제출하여야 한다. 이 경우 전단에서 정한 기간(민원 처리 관련 법령에 따라 의견을 제출하여야 하는 기간을 연장한 경우에는 그 연장한 기간을 말한다) 내에 협의 여부에 관하여 의견을 제출하지 아니하면 협의가 된 것으로 본다.

- 협의를 요청받은 관련 인허가 행정청은 해당 법령을 위반하여 협의에 응해서는 아니 된다. 다만, 관련 인허가에 필요한 심의, 의견 청취 등 절차에 관하여는 법률에 인허가의제 시에도 해당 절차를 거친다는 명시적인 규정이 있는 경우에만 이를 거친다.
- 제25조
  - 협의가 된 사항에 대해서는 주된 인허가를 받았을 때 관련 인허가를 받은 것으로 본다.
  - 인허가의제의 효과는 주된 인허가의 해당 법률에 규정된 관련 인허가에 한정된다.
- 제26조
  - 인허가의제의 경우 관련 인허가 행정청은 관련 인허가를 직접 한 것으로 보아 관계 법령에 따른 관리 · 감독 등 필요한 조치를 하여야 한다.
  - 주된 인허가가 있은 후 이를 변경하는 경우에는 제24조 · 제25조 및 이 조 제1항을 준용한다.
  - 이 절에서 규정한 사항 외에 인허가의제의 방법, 그 밖에 필요한 세부 사항은 대통령령으로 정한다.

② 일괄협의회〈시행령 제9조〉

㉠ 개최〈법 제8조 제4항〉
- 국토교통부장관 또는 시 · 도지사는 협의를 위하여 대통령령으로 정하는 바에 따라 일괄협의회를 개최하여야 한다.
- 일괄협의회를 개최 할 경우 관계 행정기관의 장은 소속 공무원을 일괄협의회에 참석하게 하여야 한다.

㉡ 통지
- 통보권자 : 국토교통부장관 또는 시 · 도지사
- 일괄협의회를 개최하려는 경우에는 회의 개최일 7일 전까지 회의개최사실을 관계 행정기관의 장에게 알려야 한.

㉢ 의견제출
- 통지를 받은 관계 행정기관의 장은 일괄협의회의 회의에서 인가 · 허가등의 의제에 대한 의견을 제출하여야 한다.
- 관계 행정기관의 장은 법령 검토 및 사실 확인 등을 위한 추가 검토가 필요하여 해당 인가 · 허가등에 대한 의견을 일괄협의회의 회의에서 제출하기 곤란한 경우에는 일괄협의회의 회의를 개최한 날부터 5일 이내에 그 의견을 제출할 수 있다.

㉣ 운영에 필요한 사항 : 일괄협의회의 운영 등에 필요한 사항은 국토교통부장관 또는 시 · 도지사가 정한다.

(1) 시·도지사는 관할 도시교통권역에서 도시철도를 건설·운영하려면 관계 시·도지사와 협의하여 (   ) 단위의 (   )을 수립하여야 한다.

(2) 도시철도망계획에 포함되어야 할 사항
  ㉠ 해당 (   )의 특성·교통상황 및 장래의 교통수요 예측
  ㉡ 도시철도망의 중기·장기 (   )
  ㉢ 다른 교통수단과 연계한 교통체계의 구축
  ㉣ 필요한 재원의 (   )과 투자 우선순위
  ㉤ 그 밖에 체계적인 도시철도망 구축을 위하여 필요한 사항으로서 국토교통부령으로 정하는 사항

(3) 시·도지사는 도시철도망계획을 수립하거나 변경하려면 (   )의 승인을 받아야 한다.

(4) 국토교통부장관은 도시철도망계획의 내용 중 필요한 사항을 조정하여 관계 행정기관의 장과 협의한 후 (   )의 심의를 거쳐 승인하고, 이를 (   )에 고시하여야 한다.

(5) 시·도지사는 도시철도망계획이 수립된 날부터 (   )마다 도시철도망계획의 (   )을 재검토하여 필요한 경우 이를 변경하여야 한다.

(6) 도시철도망계획 또는 따른 노선별 기본계획을 수립하였을 때에는 이를 해당 계획의 계획기간이 시작되는 해의 전년도 (   )일까지 (   )에게 제출하여야 한다.

(7) 도시철도망계획 중 경미한 사항 변경
  ㉠ 도시철도망계획에 포함된 도시철도 노선별 노선 연장을 (   )에서 변경하는 것
  ㉡ 도시철도망계획에 포함된 도시철도 노선별 사업기간을 (   )에서 변경하는 것

(8) 국토교통부장관은 경미한사항의 변경을 승인하였을 때에는 그 내용을 관계 (   )에게 통보하여야 한다.

(9) 기본계획 중 경미한 사항 변경
  ㉠ 노선 연장을 (   ) 범위에서 변경하는 것
  ㉡ 사업기간을 (   )의 범위에서 변경하는 것
  ㉢ 총사업비를 (   ) 범위에서 변경하는 것

(10) 국토교통부장관 또는 시·도지사는 (   )를 개최하려는 경우에는 회의 개최일 (   )까지 회의 개최 사실을 관계 행정기관의 장에게 알려야 한다.

(11) (   )의 경우에는 시·도지사가 국토교통부장관과 협의하여 기본계획의 수립을 생략할 수 있다.

(12) 소유자등은 사업계획의 승인을 신청하는 자에게 (   )에 의견서를 제출할 수 있다.

(13) 규정한 사항 외에 일괄협의회의 운영 등에 필요한 사항은 국토교통부장관 또는 (   )가 정한다.

정답 및 해설

(1) 10년, 도시철도망계획
(2) 도시철도권역, 건설계획, 조달방안
(3) 국토교통부장관
(4) 국가교통위원회, 관보
(5) 5년, 타당성

(6) 2월 말, 국토교통부장관
(7) 100분의 10범위, 3년의 범위
(8) 행정기관의 장
(9) 100분의 10, 1년, 100분의 10
(10) 일괄협의회, 7일 전

(11) 민자도시철도
(12) 열람기간
(13) 시·도지사

1 도시철도법령상 도시철도망계획을 수립하여야 할 주체는?

① 국토교통부장관   ② 행정안전부장관

③ 시 · 도지사   ④ 도시철도공사 사장

TIP 특별시장 · 광역시장 · 특별자치시장 · 도지사 및 특별자치도지사(이하 "시 · 도지사"라 한다)는 관할 도시교통권역에서 도시철도를 건설 · 운영하려면 관계 시 · 도지사와 협의하여 10년 단위의 도시철도망구축계획(이하 "도시철도망계획"이라 한다)을 수립하여야 한다. 이를 변경하려는 경우에도 또한 같다〈도시철도법 제5조 제1항〉.

2 도시철도법령상 도시철도망계획수립에 대한 설명으로 옳지 않은 것은?

① 도시철도망계획은 특별시장 · 광역시장 · 특별자치시장 · 도지사 및 특별자치도지사가 수립한다.

② 도시철도망계획을 변경할 경우에는 관계 시 · 도지사와 협의하여 한다.

③ 도시철도망계획에 포함되어야 할 사항 중 체계적인 도시철도망구축을 위하여 필요한 사항은 대통령령으로 정한다.

④ 국토교통부장관은 경미한 사항의 변경을 승인하였을 때에는 관계 행정기관의 장에게 통보하여야 한다.

TIP 도시철도망계획에 포함되어야 할 사항 중 체계적인 도시철도망 구축을 위하여 필요한 사항은 국토교통부령으로 정한다〈도시철도법 제5조 제2항 제5호〉.

Answer   1.③   2.③

3 도시철도법령상 도시철도망계획수립 시 조화를 이루도록 수립해야 하는 계획에 속하지 않는 것은?

① 도시교통정비 중기계획
② 대중교통기본계획
③ 대도시권 광역교통개발 및 활용계획
④ 대도시권 광역교통시행계획

TIP 도시철도망계획의 수립 등〈도시철도법 제5조 제3항〉
1. 국가기간교통망계획
2. 중기 교통시설투자계획
3. 대도시권 광역교통기본계획
4. 대도시권 광역교통시행계획
5. 도시교통정비 기본계획
6. 도시교통정비 중기계획
7. 대중교통기본계획

4 도시철도법령상 다음 (   ) 안에 알맞은 것은?

> 시 · 도지사는 도시철도망계획이 수립된 날부터 (   )마다 도시철도망계획의 타당성을 재검토하여 필요한 경우 이를 변경하여야 한다.

① 1년
② 3년
③ 5년
④ 10년

TIP 시 · 도지사는 도시철도망계획이 수립된 날부터 <u>5년</u>마다 도시철도망계획의 타당성을 재검토하여 필요한 경우 이를 변경하여야 한다〈도시철도법 제5조 제6항〉.

5 도시철도법령상 도시철도망계획내용 중 필요한 사항의 조정절차로 옳은 것은?

① 국가교통위원회의 심의 → 국가교통위원회의 승인 → 행정기관장과 승인 → 관보에 고시
② 행정기관장과 협의 → 국가교통위원회의 심의 → 국가교통위원회의 승인 → 관보에 고시
③ 국가교통위원회의 승인 → 행정기관장과 협의 → 국가교통위원회의 심의 → 관보에 고시
④ 행정기관장과 승인 → 국가교통위원회의 심의 → 국가교통위원회의 승인 → 관보에 고시

TIP 국토교통부장관은 도시철도망계획의 내용 중 필요한 사항을 조정하여 관계 행정기관의 장과 협의한 후 국가교통위원회의 심의를 거쳐 승인하고, 이를 관보에 고시하여야 한다〈도시철도법 제5조 제5항〉.

Answer 1.③ 2.③ 3.③ 4.③ 5.②

6 도시철도법령상 도시철도망계획 또는 노선별 기본계획을 수립한 후 시·도지사가 국토교통부장관에게 제출해야 하는 기한은?

① 해당 계획의 계획기간이 시작되는 해의 전년도 2월 말일까지
② 해당 계획의 계획기간이 시작되는 해의 전년도 3월 말일까지
③ 해당 계획의 계획기간이 끝나는 해의 전년도 2월 말일까지
④ 해당 계획의 계획기간이 끝나는 해의 전년도 3월 말일까지

TIP 시·도지사는 도시철도망계획 또는 노선별 도시철도기본계획을 수립하였을 때에는 이를 해당 계획의 계획기간이 시작되는 해의 전년도 2월 말일까지 국토교통부장관에게 제출하여야 한다〈도시철도법 시행령 제3조〉.

7 도시철도법령상 시·도지사가 도시철도망계획에 포함된 도시철도노선 중 건설을 추진하려는 노선에 대한 기본계획을 수립할 경우 협의해야 할 대상은?

① 국토교통부장관   ② 행정안전부장관
③ 관계 시·도지사   ④ 도시철도공사

TIP 시·도지사는 도시철도망계획에 포함된 도시철도 노선 중 건설을 추진하려는 노선에 대해서는 관계 시·도지사와 협의하여 노선별 기본계획을 수립하여야 한다〈도시철도법 제6조 제1항〉.

8 도시철도법령상 건설을 추진하려는 노선에 대해서 관계 시·도지사와 협의하여 노선별 기본계획을 수립할 때 포함되어야 할 사항이 아닌 것은?

① 도시철도차량의 종류 및 운행계획
② 지방자치단체의 재원 분담비율을 포함한 자금의 조달방안 및 운용계획
③ 건설기간 중 도시철도건설사업 지역의 도로교통 대책
④ 해당 도시교통권역의 특성·교통상황 및 장래의 교통수요 예측

TIP 기본계획에 포함되어야 할 사항〈도시철도법 제6조 제2항〉
　　1. 해당 도시교통권역의 특성·교통상황 및 장래의 교통수요 예측
　　2. 도시철도의 건설 및 운영의 경제성·재무성분석과 그 밖의 타당성의 평가
　　3. 노선명, 노선연장, 기점·종점, 정거장위치, 차량기지 등 개략적인 노선망
　　4. 사업기간 및 총사업비
　　5. 지방자치단체의 재원 분담비율을 포함한 자금의 조달방안 및 운용계획
　　6. 건설기간 중 도시철도건설사업 지역의 도로교통 대책
　　7. 다른 교통수단과의 연계 수송체계 구축에 관한 사항
　　8. 그 밖에 필요한 사항으로서 국토교통부령으로 정하는 사항

9 도시철도법령상 기본계획의 내용 중 도시철도의 건설방식에 대한 시·도지사의 업무절차에 속하지 않는 것은?

① 공청회를 열 때에는 주민 및 관계전문가 등의 의견을 들어야 한다.
② 기본계획을 국토교통부장관에게 제출하여야 한다.
③ 해당 지방의회의 의결을 거쳐야 한다.
④ 국토교통부장관과 협의한 후 공청회를 열어야 한다.

TIP 시·도지사는 기본계획의 내용 중 대통령령으로 정하는 주요 사항에 대하여는 국토교통부장관과 협의한 후 공청회를 열어 주민 및 관계 전문가 등으로부터 의견을 듣고 해당 지방의회의 의견을 들어 기본계획을 국토교통부장관에게 제출하여야 한다. 다만, 대통령령으로 정하는 경미한 사항을 변경하려는 경우에는 사전협의, 공청회, 지방의회 의견청취의 절차를 생략할 수 있다〈도시철도법 제6조 제3항〉.

10 도시철도법령상 노선별 도시철도차량 종류 및 운행계획에 대한 기본계획의 수립절차로 적절한 것은?

㉠ 주민 및 관계전문가의 의견청취	㉡ 공청회
㉢ 국토교통부장관과 협의	㉣ 해당 지방의회의 의견청취
㉤ 국토교통부장관에게 제출	

① ㉠→㉡→㉢→㉣→㉤
② ㉠→㉢→㉡→㉤→㉣
③ ㉡→㉢→㉠→㉤→㉣
④ ㉢→㉡→㉠→㉣→㉤

TIP ㉢ 국토교통부장관과 협의 → ㉡ 공청회 → ㉠ 주민 및 관계전문가의 의견청취 → ㉣ 해당 지방의회의 의견청취 → ㉤ 국토교통부장관에게 제출

※ 시·도지사는 기본계획의 내용 중 대통령령으로 정하는 주요 사항에 대하여는 국토교통부장관과 협의한 후 공청회를 열어 주민 및 관계 전문가 등으로부터 의견을 듣고 해당 지방의회의 의견을 들어 기본계획을 국토교통부장관에게 제출하여야 한다〈도시철도법 제6조 제3항〉.

Answer 6.① 7.③ 8.① 9.③ 10.④

11 도시철도법령상 기본계획 중 경미한 변경사항에 해당하지 않는 것은?

① 노선 연장을 100분의 10 범위에서 변경하는 것

② 사업기간을 1년의 범위에서 변경하는 것

③ 사업규모를 100분의 10 범위에서 변경하는 것

④ 총사업비를 100분의 10 범위에서 변경하는 것

TIP 기본계획 중 경미한 사항 변경〈도시철도법 시행령 제6조 제1항〉
1. 노선 연장을 100분의 10 범위에서 변경하는 것
2. 사업기간을 1년의 범위에서 변경하는 것
3. 총사업비를 100분의 10 범위에서 변경하는 것

12 도시철도법령상 기본계획을 제출받은 국토교통부장관이 기본계획을 승인할 때 조정해야 할 사항으로 볼 수 없는 것은?

① 사업기간   ② 수익금규모

③ 건설노선   ④ 지방자치단체의 재원분담비율

TIP 국토교통부장관은 기본계획을 제출받으면 건설노선, 사업기간, 총사업비, 지방자치단체의 재원분담비율을 포함한 자금의 조달방안 등 필요한 사항을 조정하여 관계 행정기관의 장과 협의를 거쳐 기본계획을 승인하여야 한다〈도시철도법 제6조 제4항〉.

13 도시철도법령상 국토교통부장관은 기본계획을 조정 후 승인하면 이를 관보에 고시하여야 한다. 다음 중 관보에 고시하지 않아도 되는 경우는?

① 노선망을 10% 범위에서 변경   ② 노선연장을 20% 범위에서 변경

③ 총사업비를 15% 범위에서 변경   ④ 사업기간을 1년의 범위에서 변경

TIP 국토교통부장관은 기본계획을 승인하면 이를 관보에 고시하여야 한다. 다만, <u>대통령령으로 정하는 경미한 사항의 변경</u>을 승인하는 경우에는 그러하지 아니하다〈도시철도법 제6조 제5항〉.

※ 기본계획 중 경미한 사항 변경〈도시철도법 시행령 제6조 제1항〉
1. 노선연장을 100분의 10 범위에서 변경
2. 사업기간을 1년의 범위에서 변경
3. 총사업비을 100분의 10 범위에서 변경

14 도시철도법령상 도시철도를 건설하려는 자가 사업계획의 승인을 신청할 때에 대한 설명으로 옳지 않은 것은?

① 사업계획의 승인은 국토교통부장관에게 받아야 한다.

② 사업계획 승인신청자는 미리 그 뜻을 인터넷 홈페이지에 공고하여야 한다.

③ 도시철도시설 부지에 편입되는 토지 소유자등의 주소·거소를 알 수 없는 경우에는 그 사실을 통보하지 않을 수 있다

④ 사업계획 승인신청서는 시·도지사를 거쳐 국토교통부장관에게 제출하여야 한다.

TIP 기본계획에 따라 도시철도를 건설하려는 자가 사업계획의 승인을 신청할 때에는 미리 그 뜻을 일간신문 또는 공보에 공고하여야 한다〈도시철도법 시행령 제8조 제1항〉.

15 도시철도법령상 국토교통부장관이 사업계획을 승인하면 이를 공고 또는 고시해야 할 곳은?

① 일간신문   ② 시·도의 공보

③ 관보   ④ 인터넷 홈페이지

TIP 국토교통부장관은 사업계획을 승인하면 이를 관보에 고시하여야 한다〈도시철도법 제7조 제6항〉.

16 도시철도법령상 기본계획 중 사업기간 또는 사업비에 관한 사항을 변경한 경우에 대한 설명으로 옳은 것은?

① 국토교통부장관의 승인을 받아야 한다.

② 변경에 관한 사항을 공고하고 관계서류를 일반인이 열람할 수 있게 하여야 한다.

③ 변경사항을 소유자등에게 통보하여야 한다.

④ 사업계획의 변경승인을 받은 것으로 본다.

TIP 기본계획 중 사업기간 또는 사업비에 관한 사항을 변경한 경우에는 사업계획의 변경승인을 받은 것으로 본다〈도시철도법 제7조 제8항〉.

Answer   11.③   12.②   13.④   14.②   15.③   16.④

17 도시철도법령상 사업계획의 승인신청서를 제출함에 있어서 국토교통부장관에게 제출하기 전에 거쳐야 할 곳은?

① 국회 상임위원장　　　　　　　　　　　② 지방의회의 장

③ 시·도지사　　　　　　　　　　　　　　④ 도시철도공사의 사장

TIP 사업계획의 승인을 신청하려는 자는 사업계획 승인신청서에 서류를 첨부하여 시·도지사를 거쳐 국토교통부장관에게 제출하여야 한다〈도시철도법 시행령 제7조〉.

18 도시철도법령상 사업계획의 승인을 신청할 때에는 국토교통부장관에게 사업계획 승인신청서를 제출하여야 한다. 이 때 사업계획 승인신청서에 첨부할 서류로 옳지 않은 것은?

① 토지의 지하부분 사용 및 사용, 공사장애물의 이전 등에 따른 이주대책에 관한 서류

② 도시철도망계획의 수립에 관한 서류

③ 관계 행정기관의 장과의 협의에 필요한 서류

④ 연도별 투자계획 및 재원조달계획에 관한 서류

TIP 도시철도 사업계획의 승인 신청〈도시철도법 시행령 제7조〉
　　1. 공사시행계획서 및 공사 종류별 공정계획서
　　2. 도시철도 건설의 기본설계서
　　3. 다음의 축적에 따른 계획평면도 및 종단면도
　　　가. 축척 500분의 1부터 2만5천분의 1까지의 것(노선의 실측도면에 표시한 것)
　　　나. 축척 200분의 1부터 5천분의 1까지의 것
　　4. 도시철도시설의 개요
　　5. 연도별 투자계획 및 재원조달계획에 관한 서류
　　6. 도시철도 건설기간 중 건설지역의 도로교통대책에 관한 서류
　　7. 교통영향평가 및 환경영향평가에 대한 관계 행정기관의 장과의 협의 결과에 관한 서류
　　8. 사업계획의 공고 결과 제출된 의견 중 사업계획에 반영하지 아니한 의견을 적은 서류
　　9. 관계 행정기관의 장과의 협의에 필요한 서류
　　10. 토지의 지하부분 사용, 토지·물건 및 권리(토지·물건 및 권리를 말한다. 이하 "토지등"이라 한다)의 수용 및 사용, 공사장애물의 이전 등에 따른 매수·보상계획 및 이주대책에 관한 서류
　　11. 수용하거나 사용할 토지등의 소재지·지번·지목 및 면적을 적은 서류
　　12. 도시철도 부지를 표시한 도면(축척 500분의 1부터 5천분의 1까지의 것만 해당)

19 도시철도법령상 사업계획 승인신청 전 공고해야 할 사항으로 옳지 않은 것은?

① 신청인의 성명·주소·인적사항
② 노선의 차량기지의 위치
③ 노선의 정거장위치
④ 노선의 기점 및 종점

TIP 신청인의 성명·주소·인적사항에서 인적사항은 공고해야 할 사항에 포함되지 않는다〈도시철도법 시행령 제8조 제1항 제1호〉.

20 도시철도법령상 사업계획의 승인신청공고 시 일반인이 열람할 수 있게 하는 관계서류로 옳지 않은 것은?

① 축척 200분의 1부터 5천분의 1까지의 도면
② 도시철도시설의 개요
③ 수용하거나 사용할 토지등의 소재지·지번·지목을 적은 서류
④ 축척 500분의 1부터 5천분의 1까지 도시철도 부지를 표시한 도면

TIP 도시철도시설의 개요를 첨부하여 시·도지사를 거쳐 국토교통부장관에게 제출하여야 한다〈도시철도법 시행령 제7조 제4호〉.

21 도시철도법령상 건축법에 따른 인가·허가 등의 의제에 해당하지 않는 것은?

① 가설건축물의 건축허가
② 건축물의 멸실신고
③ 공용건축물의 건축협의
④ 건축위원회의 심의

TIP 건축법에 따른 건축위원회의 심의, 건축허가, 건축신고, 가설건축물의 건축허가, 공용건축물의 건축협의 등은 해당 허가·신고·심의 등이 있는 것으로 본다〈도시철도법 제8조 제1항 제2호〉.

Answer 17.③ 18.② 19.① 20.② 21.②

22 도시철도법령상 도시철도 사업계획 승인 시 인가 · 허가 등의 의제에 해당하는 법률이 아닌 것은?

① 국토의 계획 및 이용에 관한법률
② 자연공원법 및 수도법
③ 산업집적활성화 및 공장설립에 관한법률
④ 행정기본법

TIP 행정기본법은 인가 · 허가 등 의제의 기준을 정하고 있는 법률이다.

23 도시철도법령상 다음 밑줄 친 관계서류에 해당하는 것은?

> 기본계획에 따라 도시철도를 건설하려는 자가 제1항에 따라 사업계획의 승인을 신청할 때에는 미리 그 뜻을 공고하고 관계서류의 사본을 20일 이상 일반인이 열람할 수 있게 하여야 한다.

① 축척 500분의 1부터 2만5천분의 1까지의 실측도면
② 교통영향평가 및 환경영향평가결과에 관한 서류
③ 수용하거나 사용할 토지등의 면적을 적은 서류
④ 축척 500분의 1부터 2만5천분의 1까지의 도시철도 부지를 표시한 도면

TIP 법 제7조(사업계획의 승인 등) 제2항에 따라 일반인이 열람할 수 있게 하여야 하는 관계 서류는 제7조 제3호 나목 · 제11호 및 제12호에 해당하는 서류를 말한다〈도시철도법 시행령 제8조 제2항〉.
※ 도시철도사업계획의 승인신청〈도시철도 시행령 제7조〉
　　1. 공사시행계획서 및 공사 종류별 공정계획서
　　2. 도시철도 건설의 기본설계서
　　3. 다음 각 목의 축적에 따른 계획평면도 및 종단면도
　　가. 축척 500분의 1부터 2만5천분의 1까지의 것[노선의 실측도면(實測圖面)에 표시한 것을 말한다]
　　나. 축척 200분의 1부터 5천분의 1까지의 것
　　4. 도시철도시설의 개요
　　5. 연도별 투자계획 및 재원조달계획에 관한 서류
　　6. 도시철도 건설기간 중 건설지역의 도로교통대책에 관한 서류
　　7. 교통영향평가 및 환경영향평가에 대한 관계 행정기관의 장과의 협의 결과에 관한 서류
　　8. 사업계획의 공고 결과 제출된 의견 중 사업계획에 반영하지 아니한 의견을 적은 서류
　　9. 관계 행정기관의 장과의 협의에 필요한 서류
　　10. 토지의 지하부분 사용, 토지 · 물건 및 권리(「공익사업을 위한 토지 등의 취득 및 보상에 관한 법률」 제3조에 따른 토지 · 물건 및 권리를 말한다. 이하 "토지 등"이라 한다)의 수용 및 사용, 공사장애물의 이전 등에 따른 매수 · 보상계획 및 이주대책에 관한 서류
　　11. 수용하거나 사용할 토지 등의 소재지 · 지번(地番) · 지목(地目) 및 면적을 적은 서류
　　12. 도시철도 부지를 표시한 도면(축척 500분의 1부터 5천분의 1까지의 것만 해당한다)

24 도시철도법령상 인가 · 허가 등의 의제에 해당하는 법률을 모두 고르면?

> ㉠ 공유수면관리 및 매립에 관한법률   ㉡ 소음 · 진동관리법
> ㉢ 철도산업발전기본법   ㉣ 사방사업법
> ㉤ 건설기술관리법   ㉥ 산림자원의 조성 및 관리에 관한 법률

① ㉠㉡㉢㉣㉤
② ㉠㉡㉣㉤㉥
③ ㉠㉡㉢㉣㉥
④ ㉠㉡㉢㉣㉤㉥

TIP 건설기술관리법, 건축법, 공유수면관리 및 매립에 관한법률, 국토의 계획 및 이용에 관한법률, 군사기지 및 군사시설보호법, 농지법, 도로법, 대기환경보전법, 물환경보전법, 소음 · 진동관리법, 사도법, 사방사업법, 산업집적활성화 및 공장설립에 관한법률, 산지관리법, 산림자원의 조성 및 관리에 관한 법률, 소방시설 설치 및 관리에 관한법률, 수도법, 자연공원법, 장사 등에 관한법률, 전기사업법, 전기안전관리법, 초지법, 폐기물관리법, 하수도법, 하천법〈도시철도법 제8조〉

25 도시철도법령상 도시철도를 건설하려는 자가 사업계획의 승인 또는 변경승인을 받은 경우, 인가 · 허가등이 있는 것으로 볼 수 없는 것은?

① 사방지에서의 벌채 등의 허가
② 건축물용도 변경의 허가
③ 초지전용의 허가 또는 협의
④ 폐기물처리시설 설치의 승인 또는 신고

TIP 건축물용도 변경의 허가는 인가 · 허가 등의 의제에 해당되지 않는다.

26 도시철도법령상 「산림자원의 조성 및 관리에 관한 법률」에 따른 인가 · 허가 등의 의제내용으로 옳은 것은?

① 입목벌채 등의 허가 및 신고
② 농지전용의 허가 또는 협의
③ 사방지지정의 해제
④ 산지전용허가

> **TIP** 「산지관리법」 제14조에 따른 산지전용허가, 같은 법 제15조에 따른 산지전용신고, 같은 법 제15조의2에 따른 산지일시사용허가 · 신고, 「산림자원의 조성 및 관리에 관한 법률」 제36조 제1항 및 제5항에 따른 입목벌채 등의 허가 및 신고에 관하여 국토교통부장관이 인가 · 허가 등의 관계 행정기관의 장과 미리 협의한 사항에 대해서는 해당 인가 · 허가 등이 있는 것으로 보고, 제7조 제6항에 따라 사업계획의 승인 또는 변경승인 고시를 한 경우에는 관계 법률에 따른 인가 · 허가 등의 고시 또는 공고가 있는 것으로 본다〈도시철도법 제8조 제1항 제12호〉.

27 도시철도법령상 다음의 허가 및 신고의 내용과 관련이 없는 법률은?

배출시설의 설치허가 및 신고

---

① 대기환경보전법
② 산업집적활성화 및 공장설립에 관한법률
③ 물환경보전법
④ 소음 · 진동관리법

> **TIP** 「대기환경보전법」에 따른 대기환경 배출시설의 설치허가 및 신고, 「물환경보전법」에 따른 물환경 배출시설의 설치허가 및 신고, 「소음 · 진동관리법」에 따른 소음 · 진동 배출시설의 설치신고 및 허가〈도시철도법 제8조 제1항 제8호〉

28 도시철도법령상 도시철도 건설 시 해당하는 인가·허가등의 의제에서 법률과 내용이 맞게 연결된 것은?

① 「건축법」 – 통제보호구역 등에의 출입허가

② 「초지법」 – 산지전용허가

③ 「건설기술관리법」 – 건설기술심의위원회의 심의

④ 「농지법」 – 사방지 지정의 해제

TIP ① 「건축법」에 따른 건축위원회의 심의, 건축허가, 건축신고, 가설건축물의 건축허가, 공용건축물의 건축 협의〈도시철도법 제8조 제1항 제2호〉.
② 「초지법」에 따른 초지에서의 형질변경 등 행위에 대한 허가, 초지전용의 허가 또는 협의〈도시철도법 제8조 제1항 제18호〉.
④ 「농지법」에 따른 농지전용의 허가 또는 협의〈도시철도법 제8조 제1항 제6호〉

29 도시철도법령상 인가·허가 등의 의제에 관한 법령과 연결된 내용으로 옳지 않은 것은?

① 「하수도법」 – 공공하수도 사업의 허가, 공공하수도의 점용허가

② 「도로법」 – 도로공사 시행의 허가, 도로 점용허가

③ 「하천법」 – 하천공사 시행의 허가, 하천의 점용허가

④ 「공유수면 관리 및 매립에 관한 법률」 – 공유수면의 점용·사용허가, 하천수의 사용허가

TIP 「공유수면 관리 및 매립에 관한 법률」에 따른 공유수면의 점용·사용허가, 공유수면의 점용·사용협의 또는 승인, 점용·사용실시계획의 승인 또는 신고, 매립면허취득, 국가 등이 시행하는 매립협의 또는 승인, 매립실시계획의 승인 〈도시철도법 제8조 제1항 제3호〉

30 도시철도법령상 국토교통부장관이 사업계획의 승인 또는 변경승인을 위한 협의를 위하여 개최하여야 하는 것은?

① 일괄협의회

② 심의위원회

③ 건축위원회

④ 국가교통위원회

TIP 국토교통부장관 또는 시·도지사는 협의를 위하여 대통령령으로 정하는 바에 따라 일괄협의회를 개최하여야 한다. 이 경우 관계 행정기관의 장은 소속 공무원을 일괄협의회에 참석하게 하여야 한다〈도시철도법 제8조 제4항〉.

Answer 26.① 27.② 28.③ 29.④ 30.①

도시철도의 건설을 위한 보상 및 이주대책 등

① 지하부분의 보상

① 지하부분에 대한 보상〈법 제9조〉

   ⊙ 지하부분을 사용할 경우의 보상

     • 보상주체 : 도시철도건설자

     • 보상사유 : 도시철도건설사업을 위하여 타인토지의 지하부분을 사용하려는 경우

   ⓛ 보상 시 고려해야 할 사항

     • 그 토지의 이용 가치

     • 토지지하의 깊이

     • 토지이용을 방해하는 정도

② 지하부분 사용에 대한 보상기준〈시행령 제10조〉

   ⊙ 보상대상 : 토지의 지하부분 사용에 대한 보상대상은 도시철도시설의 건설 및 보호를 위하여 사용되는 토지의 지하부분으로 한다.

   ⓛ 토지의 지하부분 사용에 대한 보상금액 산정 : 다음 제1호의 면적에 제2호의 적정가격과 제3호의 입체이용저해율을 곱하여 산정한 금액으로 한다.

     1. 구분지상권 설정 또는 이전 면적

     2. 해당토지(지하부분의 면적과 수직으로 대응하는 지표의 토지를 말한다)의 적정가격

     3. 도시철도건설사업으로 인하여 해당 토지의 이용을 방해하는 정도에 따른 다음의 입체이용저해율

       • 건물의 이용저해율

       • 지하부분의 이용저해율

       • 건물 및 지하부분을 제외한 그 밖의 이용저해율

   ※ 입체이용저해율은 건물의 이용저해율, 지하부분의 이용저해율, 건물 및 지하부분을 제외한 그 밖의 이용저해율을 합산하여 산정한다〈시행령 제10조 제2항 별표1〉.

◆ 입체이용저해율 · 이용저해율

• 입체이용저해율 : 특정 토지나 지역에서 다양한 시설 및 구조물들이 상호 간에 공간적으로 얼마나 적절하게 배치되었는지 또는 그 배치로 인해 얼마나 이용이 방해되는지를 나타내는 비율이다.

• 이용저해율 : 일반적으로 특정 자원의 이용이 다른 자원의 이용을 방해하는 정도의 비율을 말한다.

ⓒ 평가액 : 해당토지의 적정가격은 표준지공시지가를 기준으로 하여 감정평가법인 등 중 시·도지사가 지정하는 감정평가법인 등이 평가한 가액으로 한다.

> **◆ 용어해설**
> • 감정평가 : 토지 등의 경제적 가치를 판정하여 그 결과를 가액으로 표시하는 것을 말한다.
> • 감정평가법인등 : 사무소를 개설한 감정평가사와 인가를 받은 감정평가법인을 말한다.
> • 표준지공시지가 : 매년 국토교통부장관이 전국의 표준지에 대해 공시하는 지가를 말한다.
> ※ 표준지공시지가는 각종 공적 토지관련업무와 각종 개발사업의 기초자료로 활용되며, 개별토지의 지가산정 시에도 기준이 된다.

③ 지하부분 사용에 대한 보상방법〈시행령 제11조〉

ⓐ 일시불보상 : 도시철도건설자가 토지의 지하부분 사용에 대한 보상을 할 때에는 토지소유자에게 개인마다 일시불로 보상금액을 지급하여야 한다.

ⓑ 지방자치단체장에게 통보 : 도시철도건설자는 보상한 보상금액, 보상면적 및 토지의 지하부분 사용의 세부내용을 관할 지방자치단체의 장에게 통보하여야 한다.

② 토지수용 및 국유지의 처분제한

① 토지 등의 수용 또는 사용〈법 제10조〉

ⓐ 토지·물건 및 권리의 수용 또는 사용 : 도시철도건설자는 도시철도건설사업을 위하여 필요하면 토지·물건 및 권리(이하 "토지 등"이라 한다)를 수용 또는 사용할 수 있다.

ⓑ 사업계획의 승인과 고시 및 재결신청

• 사업계획의 승인과 고시는 사업인정 및 사업인정고시로 본다.

• 재결신청의 기한은 승인을 받은 사업계획에서 정한 도시철도사업기간의 종료일로 한다.

※ 재결신청 … 공공기관의 행정 처분에 대한 이의신청 절차 중 하나로 행정기관 또는 법원에 해당 행위의 적법성을 심사해 달라고 요청하는 절차를 말한다.

ⓒ 법률의 준용 : 토지 등의 수용 또는 사용에 관하여는 도시철도법에 규정이 있는 경우를 제외하고는 「공익사업을 위한 토지 등의 취득 및 보상에 관한 법률」을 준용한다.

② 국유지·공유지의 처분 제한〈법 제11조〉

ⓐ 매각 및 양여금지 : 국가나 지방자치단체 소유의 토지로서 도시철도건설사업에 필요한 토지는 도시철도건설사업 목적 외의 목적으로 매각하거나 양여할 수 없다.

ⓑ 무상양여 및 수의계약금지 : 국가나 지방자치단체 소유의 토지로서 도시철도건설사업에 필요한 토지는 도시철도건설자에게 무상양여하거나 수의계약으로 매각할 수 있다〈도시철도법 제11조 제2항〉.

3 구분지상권의 설정

① 구분지상권

　㉠ 개념

　　• 특정 지상공간 또는 지하공간의 사용권을 다른 사람에게 부여하는 권리를 말한다.

　　• 대도시에서 지하철노선을 건설할 때, 해당구간의 지하공간에 대해 구분지상권을 설정하여 지하철 운영기관에 사용권을 부여하는 경우이다.

　㉡ 설정방법 : 토지 소유자와 지상권설정자 간의 계약과 등기를 통해 효력이 발생된다.

　㉢ 지하철건설 : 대도시에서 지하철노선을 건설할 때, 해당구간의 지하공간에 대해 구분지상권을 설정하여 지하철 운영기관에 사용권을 부여하는 경우이다.

② 구분지상권의 설정등기〈법 제12조〉

　㉠ 구분지상권의 설정 : 도시철도건설자는 토지의 지하부분 사용이 필요한 경우에는 해당 부분에 대하여 구분지상권을 설정하거나 이전하여야 한다.

　㉡ 등기의 신청 : 도시철도건설자는 구분지상권을 설정하거나 이전하는 내용으로 수용 또는 사용의 재결을 받은 경우에는 단독으로 그 구분지상권의 설정등기 또는 이전등기를 신청할 수 있다.

　㉢ 등기절차 : 토지의 지하부분 사용에 관한 구분지상권의 등기절차에 관하여 필요한 사항은 대법원규칙으로 정한다.

　㉣ 구분지상권의 존속기간 : 구분지상권의 존속기간은 도시철도시설이 존속하는 날까지로 한다.

④ 행위제한 및 토지에의 출입

① 행위제한〈법 제13조〉

　　㉠ 제한시기 : 도시철도건설자가 지하부분 사용에 대하여 보상을 한 후

　　㉡ 제한범위 : 소유자등이 보상받은 지하부분의 범위

　　㉢ 도시철도시설의 안전을 해칠 우려가 있는 금지행위

- 인공구조물의 신축·개축
- 인공구조물의 증축
- 땅을 파거나 뚫는 행위

◆신축·개축·증축

- 신축 : 공터나 기존건물을 철거한 후 새롭게 건축하는 것을 말한다.
- 개축 : 기존건물의 일부 또는 전체를 철거하고 새로운 구조로 재건축하는 것을 말한다.
- 증축 : 기존건물의 일부분에 새로운 공간을 추가로 건축하는 것을 말한다.

② 토지에의 출입〈법 제14조〉

　　㉠ 출입대상 : 도시철도건설자

　　㉡ 도시철도건설사업을 위하여 필요한 경우에 할 수 있는 행위

- 타인의 토지에 출입하는 행위
- 타인의 토지를 일시 사용하는 행위
- 나무·흙·돌 또는 그 밖의 장애물을 변경하거나 제거하는 행위

　　㉢ 법률의 준용 : 토지에의 출입의 경우에는 「국토의 계획 및 이용에 관한 법률」 제130조 및 제131조를 준용한다.

⑤ 공사장애물의 이전 및 이주대책 등

① 공사장애물의 이전 등에 관한 협의〈법 제15조〉

　　㉠ 협의 및 재결신청 : 도시철도건설자와 소유자 등

　　㉡ 협의내용

- 도시철도건설사업에 지장을 주는 장애물을 이전함으로써 생기는 손실
- 그 밖에 공사를 시행함으로써 생기는 손실의 보상

　　㉢ 재결신청

- 신청사유 : 협의를 할 수 없거나 협의가 성립되지 아니한 경우
- 신청기관 : 관할 토지수용위원회

※ 토지수용위원회 … 「공익사업을 위한 토지 등의 취득 및 보상에 관한 법률」에 따라 토지의 수용 및 사용에 관련된 사안을 심의·결정하는 기관이다.

② 보상금공탁
- 공탁 : 재결이 있는 경우 도시철도건설자가 공탁
- 공사장애물이전 : 그 공사장애물의 이전 등에 대한 보상금을 공탁하고 공사장애물 이전 등을 할 수 있다.

※ 공탁 … 금전이나 유가증권 등을 공탁소에 맡겨 두는 것을 말한다.

② 이주대책〈법 제16조〉
㉠ 대상 : 도시철도건설사업의 시행에 필요한 토지 등을 제공함으로써 생활근거를 잃게 되는 자
㉡ 적용법률 : 이주대책 등에 관하여는 「공익사업을 위한 토지 등의 취득 및 보상에 관한 법률」에서 정하는 바에 따른다.
㉢ 이주대책의 수립 및 이주정착금지급〈토지보상법 제78조 제1항〉
- 이주대책수립 · 실시자 : 사업시행자(도시철도건설자)
- 이주정착금지급 : 공익사업의 시행으로 인하여 주거용 건축물을 제공함에 따라 생활의 근거를 상실하게 되는 자(이주대책 대상자)를 위하여 이주대책을 수립 · 실시하거나 이주정착금을 지급하여야 한다.

③ 피해 건축물의 개축 시 주차장의 설치기준〈법 제17조〉
㉠ 설치 : 도시철도건설사업으로 피해를 입은 건축물을 개축하는 경우
㉡ 설치기준 : 기존 건축물에 설치되었던 규모와 같은 크기의 주차장을 설치하는 경우에는 이를 「주차장법」 제19조(부설주차장의 설치 · 지정) 에 따른 부설주차장 설치기준에 적합한 것으로 본다.

(1) (　　)가 도시철도건설사업을 위하여 타인토지의 지하부분을 사용하려는 경우에는 그 토지의 이용가치, 지하의 깊이 및 토지 이용을 방해하는 정도 등을 고려하여 보상한다.

(2) 지하부분 사용에 대한 구체적인 보상의 기준 및 방법에 관한 사항은 (　　)으로 정한다.

(3) 도시철도건설자는 도시철도건설사업을 위하여 필요하면 토지 · 물건 및 권리(이하 "(　　)"이라 한다)를 수용 또는 사용할 수 있다.

(4) 사업계획의 승인과 고시는 사업인정 및 사업인정고시로 보며, 재결신청의 기한은 승인을 받은 (　　)에서 정한 도시철도사업기간의 (　　)일로 한다.

(5) 국가나 지방자치단체 소유의 토지로서 (　　)에 필요한 토지는 도시철도건설사업 목적 외의 목적으로 매각하거나 양여할 수 없다.

(6) 도시철도건설자는 토지의 지하부분 사용이 필요한 경우에는 해당 부분에 대하여 (　　)을 설정하거나 이전하여야 하며, 구분지상권의 등기절차에 관하여 필요한 사항은 (　　)으로 정한다.

(7) 토지의 지하부분 사용에 대한 보상대상은 도시철도시설의 건설 및 보호를 위하여 사용되는 토지의 (　　)으로 하고, 해당토지의 적정가격은 (　　)를 기준으로 하여 감정평가법인등이 평가한 가액으로 한다.

(8) 도시철도건설자가 토지의 지하부분 사용에 대한 보상을 할 때에는 토지소유자에게 개인마다 (　　)로 (　　)을 지급하여야 한다.

(9) 도시철도건설자가 (　　) 사용에 대하여 보상한 후의 행위제한
　　㉠ 인공구조물의 신축 · 개축 또는 증축
　　㉡ 땅을 파거나 뚫는 행위

(10) 도시철도건설사업을 위한 토지에의 출입
　　㉠ 타인의 토지에 출입하는 행위
　　㉡ 타인의 토지를 (　　)하는 행위
　　㉢ 나무 · 흙 · 돌 또는 그 밖의 장애물을 (　　)하거나 (　　)하는 행위

(11) 도시철도건설사업에 지장을 주는 장애물을 이전함으로써 생기는 손실의 보상에 대하여 (　　)과 협의하여야 한다.

(12) 협의가 성립되지 않는 경우에는 그 소유자등 및 도시철도건설자는 관할 (　　)에 재결을 신청할 수 있다.

(13) 재결이 있는 경우에는 그 공사장애물의 이전 등에 대한 보상금을 (　　)하고 공사장애물 (　　) 등을 할 수 있다.

(14) 도시철도건설사업으로 생활근거를 잃게 되는 자를 위하여 (　　)을 세워야 한다.

(15) 기존 건축물에 설치되었던 규모와 같은 크기의 주차장을 설치하는 경우에는 이를 (　　)에 적합한 것으로 본다.

정답 및 해설

(1) 도시철도건설자
(2) 대통령령
(3) 토지 등
(4) 사업계획, 종료
(5) 도시철도건설사업

(6) 구분지상권, 대법원규칙
(7) 지하부분, 표준지공시지가
(8) 일시불, 보상금액
(9) 지하부분
(10) 일시 사용, 변경, 제거

(11) 소유자 등
(12) 토지수용위원회
(13) 공탁, 이전
(14) 이주대책
(15) 설치기준

1 도시철도법령상 도시철도건설자가 타인토지의 지하부분을 사용해야 할 경우에 보상 시 고려해야 할 사항으로 옳지 않은 것은?

① 토지의 이용가치
② 토지지하의 깊이
③ 토지의 면적
④ 토지이용을 방해하는 정도

TIP 시철도건설자가 도시철도건설사업을 위하여 타인토지의 지하부분을 사용하려는 경우에는 그 토지의 이용가치, 지하의 깊이 및 토지이용을 방해하는 정도 등을 고려하여 보상한다〈도시철도법 제9조 제1항〉.

2 도시철도법령상 도시철도시설의 건설 및 보호를 위하여 사용되는 지하부분의 대상은?

① 일반산지의 지하부분
② 농지의 지하부분
③ 토지의 지하부분
④ 주거지역의 지하부분

TIP 토지의 지하부분 사용에 대한 보상대상은 도시철도시설의 건설 및 보호를 위하여 사용되는 토지의 지하부분으로 한다〈도시철도법 시행령 제10조 제1항〉.

3 도시철도법령상 입체이용저해율의 구성요소로 옳지 않은 것은?

① 건물의 이용저해율

② 지하부분의 이용저해율

③ 건물 및 지하부분을 제외한 그 밖의 이용저해율

④ 토지의 적정가격

TIP 입체이용저해율의 구성요소〈도시철도법 시행령 제10조 제2항 제3호〉
　　가. 건물의 이용저해율
　　나. 지하부분의 이용저해율
　　다. 건물 및 지하부분을 제외한 그 밖의 이용저해율

　　※ 이용저해율 … 일반적으로 특정 자원의 이용이 다른 자원의 이용을 방해하는 정도의 비율을 말한다.

4 도시철도법령상 지하부분의 면적과 수직으로 대응하는 지표의 토지에 대한 적정가격을 평가하는 기준은?

① 부동산실거래가

② 한국부동산원의 고시가

③ 표준지공시지가

④ 정부의 부동산정책

TIP 해당 토지(지하부분의 면적과 수직으로 대응하는 지표의 토지를 말한다)의 적정가격은 표준지공시지가를 기준으로 하여 시·도지사가 지정하는 감정평가법인 등이 평가한 가액으로 한다〈도시철도법 시행령 제10조 제3항〉.

　　※ 표준지공시지가 … 매년 국토교통부장관이 전국의 표준지에 대해 공시하는 지가를 말한다.

5 도시철도법령상 도시철도건설자가 보상금액 및 보상에 대한 세부내용을 통보해야 할 대상은 누구인가?

① 토지소유자

② 국토교통부장관

③ 관할 지방자치단체의 장

④ 관할 법원장

TIP 도시철도건설자는 보상한 보상금액에 대한 세부내용을 관할 지방자치단체의 장에게 통보하여야 한다〈도시철도법 시행령 제11조 제2항〉.

Answer　1.③　2.③　3.④　4.③　5.③

6 도시철도법령상 도시철도건설자가 도시철도건설사업을 위하여 필요할 때 수용 또는 사용할 수 있는 것으로 옳지 않은 것은?

① 물건

② 토지

③ 전용공업용수도

④ 권리

TIP 도시철도건설자는 도시철도건설사업을 위하여 필요하면 토지·물건 및 권리(이하 "토지 등"이라 한다)를 수용 또는 사용할 수 있다〈도시철도법 제10조 제1항〉.

7 도시철도법령상 사업계획의 승인과 고시는 토지 등의 수용 또는 사용에 있어서 어떠한 절차로 볼 수 있는가?

① 계약체결의 종료

② 사업인정 및 사업인정고시

③ 보상절차의 승인

④ 재결신청의 종료 및 인정고시

TIP 사업계획의 승인과 고시는 사업인정 및 사업인정고시로 본다〈도시철도법 제10조 제2항 전단〉.

8 도시철도법령상 토지 등의 수용 또는 사용에 관하여 도시철도법에 규정이 없는 경우에 준용되는 법률은?

① 공익사업을 위한 토지 등의 취득 및 보상에 관한 법률

② 민법

③ 부동산 거래신고 등에 관한 법률

④ 토지이용규제기본법

TIP 토지 등의 수용 또는 사용에 관하여는 도시철도법에 규정이 있는 경우를 제외하고는 「공익사업을 위한 토지 등의 취득 및 보상에 관한 법률」을 준용한다〈도시철도법 제10조 제3항〉.

9 도시철도법령상 도시철도건설사업에 필요한 국유지 및 공유지의 처분에 관한 설명으로 옳지 않은 것은?

① 도시철도건설사업 목적 외의 목적으로 매각할 수 없다.

② 도시철도건설자에게 무상양여할 수 있다.

③ 도시철도건설사업 목적 외의 목적으로 양여할 수 없다.

④ 도시철도건설자에게 수의계약으로 매각할 수 없다.

> **TIP** 국유지·공유지의 처분제한〈도시철도법 제11조〉
> ① 국가나 지방자치단체 소유의 토지로서 도시철도건설사업에 필요한 토지는 도시철도건설사업 목적 외의 목적으로 매각하거나 양여할 수 없다.
> ② 토지는 도시철도건설자에게 무상양여하거나 수의계약으로 매각할 수 있다.
> ※ 양여 … 물건, 권리, 자산을 다른 사람에게 이전하는 행위를 말한다.

10 도시철도법령상 구분지상권의 등기절차에 관하여 필요한 사항을 정하는 규정은?

① 대통령령   ② 국토부장관령

③ 대법원규칙   ④ 부동산등기법

> **TIP** 토지의 지하부분 사용에 관한 구분지상권의 등기절차에 관하여 필요한 사항은 대법원규칙으로 정한다〈도시철도법 제12조 제3항〉.

11 도시철도법령상 다음 (　) 안에 알맞은 것은?

> 도시철도건설자가 지하부분 사용에 대하여 보상을 한 후에는 소유자등은 보상받은 지하부분의 범위에서 도시철도시설의 안전을 해칠 우려가 있는 (　) 행위를 할 수 없다

① 인공구조물의 증축   ② 농작물재배를 위한 농수보관

③ 조경수의 재배   ④ 지하수개발을 위한 탐사

> **TIP** 도시철도건설자가 지하부분 사용에 대하여 보상을 한 후에는 소유자등은 보상받은 지하부분의 범위에서 도시철도시설의 안전을 해칠 우려가 있는 다음(인공구조물의 신축·개축 또는 증축, 땅을 파거나 뚫는 행위)의 행위를 할 수 없다〈도시철도법 제13조〉.

12 도시철도법령상 도시철도건설자가 도시철도건설사업을 위하여 할 수 있는 행위로 옳은 것은?

① 타인의 건물을 점유하는 행위   ② 나무·흙·돌을 제거하는 행위

③ 타인의 농작물을 경작하는 행위   ④ 타인의 인공구조물을 증축하는 행위

TIP 도시철도건설사업을 위하여 필요하면 할 수 있는 행위〈도시철도법 제14조 제1항〉
　　㉠ 타인의 토지에 출입하는 행위
　　㉡ 타인의 토지를 일시 사용하는 행위
　　㉢ 나무·흙·돌 또는 그 밖의 장애물을 변경하거나 제거하는 행위

13 도시철도법령상 토지에의 출입 등 행위에 대하여 준용하는 법령은?

① 토지이용규제기본법

② 공익사업을 위한 토지 등의 취득 및 보상에 관한 법률

③ 산지관리법 및 농지법

④ 국토의 계획 및 이용에 관한 법률

TIP 토지에의 출입등행위에 대하여는 「국토의 계획 및 이용에 관한 법률」 제130조 및 제131조를 준용한다〈도시철도법 제14조 제2항〉.

14 도시철도법령상 다음에서 밑줄 친 재결신청을 할 수 있는 기관은?

> 도시철도건설사업에 지장을 주는 장애물 이전 또는 공사 시행으로 생기는 손실의 보상에 대하여 소유자등과 협의할 수 없거나 협의가 성립되지 않을 경우에 <u>재결신청</u>을 할 수 있다.

① 토지수용위원회   ② 심의조정위원회

③ 건축위원회   ④ 건설기술심의위원회

TIP 협의를 할 수 없거나 협의가 성립되지 아니한 경우에는 그 소유자등 및 도시철도건설자는 「공익사업을 위한 토지 등의 취득 및 보상에 관한 법률」 제51조에 따라 관할 토지수용위원회에 재결을 신청할 수 있다〈도시철도법 제15조 제2항〉.

15 도시철도법령상 도시철도건설사업의 시행에 따른 이주대책에 대한 설명으로 옳지 않은 것은?

① 이주대책은 도시철도건설사업의 시행에 필요한 토지 등을 제공함으로써 시행된다.

② 이주대책에 대한 규정은 「공익사업을 위한 토지 등의 취득 및 보상에 관한 법률」에 따른다.

③ 이주대책의 수립은 해당 지방자치단체의 장이 한다.

④ 이주대책은 도시철도건설사업의 시행에 따른 생활근거를 잃게 되는 자를 위해 수립된다.

TIP 도시철도건설사업의 시행에 필요한 토지 등을 제공함으로써 생활근거를 잃게 되는 자를 위한 이주대책 등에 관하여는 「공익사업을 위한 토지 등의 취득 및 보상에 관한 법률」에서 정하는 바에 따른다〈도시철도법 제16조〉.

  ※ 이주대책의 수립 등 … 사업시행자는 공익사업의 시행으로 인하여 주거용 건축물을 제공함에 따라 생활의 근거를 상실하게 되는 자(이주대책대상자)를 위하여 이주대책을 수립·실시하거나 이주정착금을 지급하여야 한다〈토지보상법 제78조 제1항〉.

16 도시철도법령상 도시철도건설사업으로 피해를 입은 건축물을 개축할 경우 주차장의 설치기준에 대한 설명으로 옳은 것은?

① 기존 건축물에 설치되었던 규모와 같은 크기의 주차장을 설치하는 경우에는 부설주차장 설치기준에 적합한 것으로 본다.

② 기존 주차장보다 주차장규모를 크게 설치해야 한다.

③ 기존 건축물에 설치되었던 규모와 관계없이 새로운 주차장설치기준을 적용해야 한다.

④ 도시철도건설사업으로 피해를 입은 건축물에는 주차장을 설치하지 않아도 된다.

TIP 도시철도건설사업으로 피해를 입은 건축물을 개축하는 경우 기존 건축물에 설치되었던 규모와 같은 크기의 주차장을 설치하는 경우에는 이를 「주차장법」 제19조에 따른 부설주차장 설치기준에 적합한 것으로 본다〈도시철도법 제17조〉.

Answer 12.② 13.④ 14.① 15.③ 16.①

도시철도의 건설을 위한 자금조달

1 도시철도건설 및 운전·운영

① 도시철도의 건설 및 운전〈법 제18조〉

　㉠ 건설 및 운전을 정한 법령 : 도시철도의 건설 및 운전에 관한 사항은 국토교통부령으로 정한다.

　㉡ 도시철도의 건설

　• 개념 : 도시 내에서 대중교통 수단으로 사용되는 철도시스템을 설계하고 구축하는 과정을 말한다.

　• 목적 : 도심과 주변지역을 효율적으로 연결하여 교통 혼잡을 줄이고 대중교통의 접근성을 향상시키는 데 목적이 있다.

　㉢ 도시철도건설의 절차

　• 계획 및 설계 : 도시의 교통수요를 분석하고 최적의 노선계획을 수립

　• 토지확보 : 노선이 지나가는 지역의 토지확보

　• 건설공사 : 도시철도건설 공사는 지하, 지상, 고가 등 다양한 방식으로 건설

　• 시설설치 : 철도운영에 필요한 역, 승강장, 전기시스템, 신호시스템, 통신시스템 등의 설치

　• 시운전 및 개통 : 공사완료 후 시운전을 통해 시스템의 안전성과 효율성을 검증한 후에 정식 개통하여 대중에게 서비스를 제공

　㉣ 운전관련 용어〈도시철도운전규칙 제3조〉

　• 무인운전 : 사람이 열차 안에서 직접 운전하지 아니하고 관제실에서의 원격조종에 따라 열차가 자동으로 운행되는 방식을 말한다.

　• 시계운전 : 사람의 맨눈에 의존하여 운전하는 것을 말한다.

　• 운전사고 : 열차 등의 운전으로 인하여 사상자가 발생하거나 도시철도시설이 파손된 것을 말한다.

　• 운전장애 : 열차 등의 운전으로 인하여 그 열차등의 운전에 지장을 주는 것 중 운전사고에 해당하지 아니하는 것을 말한다.

◆ 용어해설

• 정거장 : 여객의 승차·하차, 열차의 편성, 차량의 입환 등을 위한 장소를 말한다.
• 선로 : 궤도 및 이를 지지하는 인공구조물을 말하며, 열차의 운전에 상용되는 본선과 그 외의 측선으로 구분된다.
• 열차 : 본선에서 운전할 목적으로 편성되어 열차번호를 부여받은 차량을 말한다.
• 차량 : 선로에서 운전하는 열차 외의 전동차·궤도시험차·전기시험차 등을 말한다.
• 폐색 : 선로의 일정구간에 둘 이상의 열차를 동시에 운전시키지 아니하는 것을 말한다.

② 노면전차의 건설·운전 및 전용로의 설치〈법 제18조의2〉

　㉠ 전용로의 설치자 : 도시철도건설자

　㉡ 노면전차를 도로에 건설하는 경우 전용로의 설치

　　• 노면전차 전용도로 : 노면전차만이 통행할 수 있도록 분리대, 연석, 그 밖에 이와 유사한 시설물에 의하여 차도 및 보도와 구분하여 설치한 노면전차도로

　　• 노면전차 전용차로 : 차도의 일정 부분을 노면전차만 통행하도록 안전표지 등으로 다른 자동차 등이 통행하는 차로와 구분한 차로

　※ 노면전차 … 도로의 일부에 설치한 레일 위를 운행하는 전차를 말한다.

　㉢ 혼용차로의 설치

　　• 설치조건 : 노면전차 전용도로 또는 전용차로의 설치로 인하여 도로교통이 현저하게 혼잡해질 우려가 있는 등 국토교통부령으로 정하는 사유에 해당하는 경우

　　• 설치 : 노면전차와 다른 자동차 등이 함께 통행하는 혼용차로를 설치할 수 있다.

　㉣ 건설·운전 등에 필요한 사항 : 노면전차 전용도로와 전용차로 및 혼용차로의 설치와 노면전차의 건설·운전 등에 필요한 사항은 <u>국토교통부령</u>으로 정한다.

　※ 국토교통부령은 「노면전차 건설 및 운전 등에 관한 규칙」을 말한다.

② 자금조달 및 채권발행

① 도시철도의 건설 및 운영을 위한 필요한 자금의 재원 및 조달방법〈법 제19조〉

　㉠ 도시철도건설자 또는 도시철도운영자의 자기자금

　㉡ 도시철도를 건설·운영하여 생긴 수익금

　㉢ 도시철도채권의 발행

　㉣ 국가 또는 지방자치단체로부터의 차입 및 보조

　㉤ 국가 및 지방자치단체 외의 자(외국 정부 및 외국인을 포함한다)로부터의 차입·출자 및 기부

　㉥ 역세권개발사업으로 생긴 수익금

　㉦ 도시철도부대사업으로 발생하는 수익금

② 도시철도채권의 발행〈법 제20조〉

　㉠ 발행기관 : 국가, 지방자치단체 및 도시철도공사는 도시철도채권을 발행할 수 있다.

　㉡ 도시철도 채권발행

　　• 지방자치단체 : 지방자치단체의 장은 도시철도채권을 발행하기 위하여 행정안전부장관의 승인을 받으려는 경우에는 미리 국토교통부장관과 협의하여야 한다.

- 도시철도공사 : 도시철도공사는 도시철도채권을 발행하려면 관계 지방자치단체의 장 및 국토교통부 장관과 협의하여야 한다.
  ⓒ 원금 및 이자의 소멸시효 : 도시철도채권의 원금 및 이자의 소멸시효는 상환일부터 기산하여 5년으로 한다.
  ⓔ 발행기간 : 도시철도채권은 기본계획이 확정된 연도부터 그 연도의 도시철도 운영수입금이 그 연도의 도시철도 운영비용(원리금 상환액을 포함한다)을 최초로 초과하는 연도까지 발행할 수 있다.

◆ 소멸시효 · 기산
  • 소멸시효 : 일정한 기간 동안 권리를 행사하지 않으면 그 권리가 소멸되는 법적제도를 말한다.
  • 기산 : 어떤 특정한 기간이 시작되는 시점을 말한다.

3 채권 발행절차 및 이율

① 도시철도채권의 발행절차〈시행령 제12조〉
  ㉠ 발행요청 : 국가가 도시철도채권을 발행하려면 국토교통부장관이 다음의 사항을 명시하여 그 발행을 기획재정부장관에게 요청하여야 한다.
    • 발행금액
    • 발행방법
    • 발행조건
    • 상환방법 및 절차
    • 그 밖에 도시철도채권의 발행을 위하여 필요한 사항
  ㉡ 국가 · 지방자치단체 또는 도시철도공사(지방공사)가 도시철도채권 발행 시 공고해야 할 사항
    • 발행총액
    • 발행기간
    • 도시철도채권의 이율
    • 원금상환의 방법 및 시기
    • 이자지급의 방법 및 시기
  ㉢ 협의요청 : 다음의 경우 ㉠의 사항을 명시하여 승인 또는 협의를 요청하여야 한다.
    • 지방자치단체의 장이 행정안전부장관의 승인을 받거나 국토교통부장관과 협의하는 경우
    • 도시철도공사가 관계 지방자치단체의 장 및 국토교통부장관과 협의하는 경우

② 도시철도채권의 발행방법 및 이율〈시행령 제13조〉
  ㉠ 발행방법 : 도시철도채권은 「주식 · 사채 등의 전자등록에 관한 법률」에 따라 전자등록하여 발행한다.
  ※ 전자등록 … 주식등의 종류, 종목, 금액, 권리자 및 권리 내용 등 주식등에 관한 권리의 발생 · 변경 · 소멸에 관한 정보를 전자등록계좌부에 전자적 방식으로 기재하는 것을 말한다〈전자증권법 제2조 제2호〉.

ⓛ 도시철도채권의 이율
- 국가가 발행하는 경우 : 기획재정부장관이 국토교통부장관과 협의하여 정하는 이율
- 지방자치단체가 발행하는 경우 : 연 10%의 범위에서 해당 지방자치단체의 조례로 정하는 이율
- 도시철도공사가 발행하는 경우 : 연 10%의 범위에서 관계 지방자치단체의 장과 협의하여 해당 도시
  철도공사의 규칙으로 정하는 이율

◆ 채권의 종류
- 국채 : 국고채 등 정부가 발행하는 채권
- 지방채 : 지방자체단체가 발행하는 채권
- 특수채(공사채) : 특별법에 의해 설립된 기관에서 발행하는 채권
- 금융채 : 은행 및 여신회사(카드, 보험 등)에서 발행하는 채권
- 회사채 : 일반 기업에서 발행하는 채권

4 도시철도채권의 매입 및 사무취급기관

① 도시철도채권의 매입〈법 제21조〉

㉠ 매입대상 : 다음의 자 중 대통령령으로 정하는 자는 도시철도채권을 매입하여야 한다.
- 국가나 지방자치단체로부터 면허 · 허가 · 인가를 받는 자
- 국가나 지방자치단체에 등기 · 등록을 신청하는 자. 다만, 자동차로서 국토교통부령으로 정하는 경
  형자동차(이륜자동차는 제외한다)의 등록을 신청하는 자는 제외한다.
- 국가, 지방자치단체 또는 공공기관과 건설도급계약을 체결하는 자
- 도시철도건설자 또는 도시철도운영자와 도시철도 건설 · 운영에 필요한 건설도급계약, 용역계약 또
  는 물품구매계약을 체결하는 자

대통령령으로 정하는 자〈시행령 제14조〉
도시철도채권의 매입대상 및 대상별 매입금액은 별표2에서 정한 범위에서 시 · 도의 조례로 정한다.

㉡ 규제의 재검토〈시행령 제29조〉 : 국토교통부장관은 도시철도채권의 매입대상 및 대상별 매입금액에 대
하여 2023년 1월 1일을 기준으로 3년마다(매 3년이 되는 해의 기준일과 같은 날 전까지를 말한다)
그 타당성을 검토하여 개선 등의 조치를 해야 한다

◆ 규제의 재검토
- 규제의 재검토란 법률, 규제, 정책 등의 유효성과 필요성을 정기적으로 점검하고 재평가하는 과정을 말한다.
- 재평가하는 과정에서는 기존 규제가 목적을 달성하고 있는지와 시장 환경의 변화나 새로운 기술의 등장으로 인해 수
  정이 필요한지 등을 평가한다.
- 규제가 불필요하게 부담을 주거나 비효율적으로 작용하지 않도록 하고 개선 또는 폐지할 규제를 찾아내는 것이 목적
  이다.

ⓒ 매입금액과 절차 : 도시철도채권의 매입금액과 절차 등에 관하여 필요한 사항은 대통령령으로 정한다.

◆ 승용자동차의 기준

• 경형
–초소형 : 배기량이 250시시 이하이고, 길이 3.6미터·너비 1.5미터·높이 2.0미터 이하인 것
–일반형 : 배기량이 1,000시시 미만이고, 길이 3.6미터·너비 1.6미터·높이 2.0미터 이하인 것
• 소형 : 배기량이 1,600시시 미만이고, 길이 4.7미터·너비 1.7미터·높이 2.0미터 이하인 것
• 중형 : 배기량이 1,600시시 이상 2,000시시 미만이거나, 길이·너비·높이 중 어느 하나라도 소형을 초과하는 것
• 대형 : 배기량이 2,000시시 이상이거나, 길이·너비·높이 모두 소형을 초과하는 것

② 도시철도채권의 사무취급기관〈시행령 제15조〉

㉠ 취급업무 : 도시철도채권의 매출 및 상환업무
• 국가발행 채권 : 한국은행
• 지방자치단체 및 도시철도공사 발행채권 : 해당 지방자치단체가 지정하는 금융기관 또는 한국예탁결제원

◆ 금융기관

• 개념 : 자금의 수요자와 공급자에게 예금 및 대출 등의 각종 금융서비스를 제공하는 기관을 말한다.
• 종류 : 금융권에는 은행, 신탁회사, 보험회사, 농협, 수협, 증권회사, 상호신용금고 등이 있다.

㉡ 매입확인증 발급
• 발급 : 도시철도채권의 사무취급기관이 도시철도채권을 매출할 때에는 도시철도채권 매입확인증을 매입자에게 발급하여야 한다.
• 발급대장 : 사무취급기관은 도시철도채권 매입확인증 발행대장을 갖추어 두고, 매입확인증의 발급에 관한 사항을 적어야 한다.
• 재발급 : 도시철도채권 매입자가 매입확인증을 멸실 또는 도난 등의 사유로 분실한 경우에 그 매입자가 해당 매입확인증을 매입한 목적에 사용하지 아니하였음을 해당 도시철도채권을 발행한 자가 확인한 경우에만 이를 재발급할 수 있다.
• 재발급대장 : 사무취급기관이 매입확인증을 재발급할 때에는 그 매입확인증에 재발급 표시를 하여야 하고, 매입확인증 재발급대장에 재발급한 사실을 적어야 한다.

㉢ 전자적 처리
• 도시철도채권의 매출 등은 전자적으로 처리할 수 있다.
• 전자적 처리의 절차 및 방법은 해당 도시철도채권을 발행한 국가, 지방자치단체 또는 도시철도공사가 정한다.

③ 도시철도채권 발행원부의 비치〈시행령 제16조〉

　　㉠ 발행원부비치 : 취사무취급기관은 도시철도채권 발행원부를 갖추어 두어야 한다.

　　㉡ 발행원부에 기재해야 할 사항
　　　• 도시철도채권 매입자의 성명·주소 및 주민등록번호
　　　• 도시철도채권의 금액
　　　• 도시철도채권의 이율
　　　• 도시철도채권의 발행일 및 상환일

⑤ 정부지원 및 보조금·출연금

① 정부지원〈법 제22조〉

　　㉠ 소요자금의 보조 및 융자 : 정부는 지방자치단체나 도시철도공사가 시행하는 도시철도건설사업을 위하여 재정적 지원이 필요하다고 인정되면 소요자금의 일부를 보조하거나 융자할 수 있다.

　　㉡ 소요자금의 일부 융자 : 정부는 법 제3조 제3호에 따른 법인이 시행하는 도시철도건설사업을 위하여 필요하다고 인정되면 소요자금의 일부를 융자할 수 있다.

> **조문참고** 도시철도법 제3조 제3호
> 　국가나 지방자치단체로부터 도시철도건설사업 또는 도시철도운송사업을 위탁받은 법인

　　㉢ 재정적 지원 : 정부는 도시철도기술의 발전을 위하여 대통령령으로 정하는 도시철도기술을 연구하는 기관 또는 단체(이하 "연구기관 등"이라 한다)에 보조 등 재정적 지원을 할 수 있다.

> **대통령령으로 정하는 도시철도기술을 연구하는 기관 또는 단체〈시행령 제17조〉**
> 　• 한국철도기술연구원　　　• 한국전자통신연구원
> 　• 한국기계연구원　　　　　• 한국전기연구원
> 　• 한국생산기술연구원
> 　• 도시철도기술의 육성·발전을 위하여 국토교통부장관이 필요하다고 인정하는 법인 또는 단체

　　㉣ 보조 및 출연 : 지방자치단체는 정부의 지원을 받은 경우 도시철도기술의 발전을 위하여 대통령령으로 정하는 바에 따라 연구기관등에 보조하거나 출연할 수 있다.

　　㉤ 소요자금의 일부 보조
　　　• 정부는 지방자치단체, 도시철도공사 또는 법 제3조 제3호에 따른 법인이 건설·운영하고 있는 도시철도의 승강장에 전동차 출입문과 연동되어 열리고 닫히는 승하차용 출입문 설비를 설치하기 위한 소요자금의 일부를 보조할 수 있다.

> **조문참고** 도시철도법 제3조 제3호
> 　국가나 지방자치단체로부터 도시철도건설사업 또는 도시철도운송사업을 위탁받은 법인

　　　• 정부는 도시철도 이용자의 안전을 위하여 도시철도운영자가 국토교통부령으로 정하는 노후화된 도시철도차량을 교체하는 경우 필요한 소요자금의 일부를 보조할 수 있다.

정밀안전진단기간의 다음 날부터 5년이 지난 도시철도차량

    ⓐ **행정적 지원** : 정부는 민자도시철도로 인한 지방자치단체의 재정상 부담을 경감할 수 있도록 행정적 지원을 할 수 있다.

② **보조금 또는 출연금의 지급**〈시행령 제18조〉

    ㉠ **지급신청서 제출** : 기관, 법인 또는 단체가 보조금이나 출연금을 지급받으려면 보조금 또는 출연금의 지급신청서에 사업계획서와 예산집행계획서를 첨부하여 지방자치단체의 장에게 제출하여야 한다.

    ㉡ **지급** : 지급신청을 받은 지방자치단체의 장은 해당 사업계획 및 예산집행계획이 타당하다고 인정하는 경우에는 보조금이나 출연금을 지급할 수 있다.

    ㉢ **실적보고서 제출** : 보조금이나 출연금을 지급받은 기관 또는 단체가 다음의 어느 하나에 해당할 때에는 해당 보조사업 또는 출연사업의 실적을 적은 보고서를 작성하여 지방자치단체의 장에게 제출하여야 한다.

    • 보조사업 또는 출연사업을 완료하였을 때
    • 보조사업 또는 출연사업의 폐지를 승인받았을 때
    • 회계연도가 끝났을 때

③ **지원자금의 목적 외 사용금지**〈법 제23조〉

    ㉠ **지원목적 외 사용금지** : 도시철도건설자는 지급받은 지원자금을 그 지원목적 외의 용도로 사용하지 못한다.

    ㉡ **부정수급 지원자금 회수** : 정부는 도시철도건설자가 지급받은 지원자금을 그 지원 목적 외의 용도로 사용하거나 부정한 방법으로 지원자금을 지급받은 경우에는 지급받은 지원자금을 회수한다.

⑥ 도시철도건설사업의 위탁 및 연계망 구축

① **도시철도건설사업의 위탁**〈법 제24조〉

    ㉠ **법인에 위탁**
    • 국가나 지방자치단체가 도시철도건설자인 경우에는 도시철도건설사업을 법인에 위탁할 수 있다.
    • 법인에 위탁할 경우 지방자치단체인 도시철도건설자는 국토교통부장관의 승인을 받아야 한다.
    • 위탁에 필요한 사항은 대통령령으로 정한다.

    ㉡ **도시철도시설물의 귀속**
    • 귀속 : 수탁자가 건설한 도시철도의 시설물(도시철도의 차량·기계·기구 등을 포함한다)은 위탁한 국가 또는 지방자치단체에 귀속한다.
    • 귀속절차 : 도시철도시설물의 귀속절차는 대통령령으로 정한다.

    ㉢ **도시철도건설사업의 수탁** : 도시철도건설사업을 수탁한 자는 그 건설에 관하여 책임을 진다.

② 도시철도건설사업의 위탁승인 신청〈시행령 제19조〉

  ㉠ 위탁승인 신청서제출

    • 신청서제출 기관 : 국토교통부장관

    • 신청서제출 : 지방자치단체인 도시철도건설자가 국토교통부장관의 승인을 받으려면 미리 위탁받을 법인과 협의한 후 위탁의 내용과 기간 등 위탁사항을 명시한 위탁승인 신청서를 제출하여야 한다.

  ㉡ 국가 또는 지방자치단체의 승인

    • 승인기관 : 도시철도건설사업을 위탁한 국가 또는 지방자치단체

    • 승인기한 : 도시철도건설사업을 위탁받은 수탁법인(이하 "건설사업수탁법인"이라 한다)은 도시철도건설사업을 시행하기 전에 승인을 받아야 한다.

    • 승인받은 사항을 변경하려는 경우에도 또한 같다.

  ㉢ 승인받아야 할 사항

    • 도시철도건설사업 계획

    • 도시철도시설의 설계 등 도시철도 건설에 관한 각종 설계

    • 도시철도 건설공사의 계약 및 관리·감독에 관한 사항

  ㉣ 준공검사 : 건설사업수탁법인이 도시철도 건설공사를 준공하였을 때에는 해당 도시철도건설사업을 위탁한 국가 또는 지방자치단체의 준공검사를 받아야 한다.

  ㉤ 사업에 대한 지시 : 국가나 지방자치단체는 건설사업수탁법인이 시행하는 도시철도건설사업에 대하여 필요한 지시를 할 수 있다.

③ 도시철도 시설물의 귀속절차〈시행령 제20조〉

  ㉠ 시설물 목록제출 : 건설사업수탁법인은 국가 또는 지방자치단체에 귀속되는 도시철도의 시설물의 목록을 작성하여 국가 또는 지방자치단체에 제출하여야 한다.

  ㉡ 시설물의 귀속 : 국가 또는 지방자치단체에 귀속되는 도시철도의 시설물은 도시철도 건설공사의 준공과 동시에 국가 또는 지방자치단체에 귀속된다.

④ 도시철도의 연계망구축〈법 제25조〉

  ㉠ 구축기관 : 지방자치단체

  ㉡ 노선 간 연계망구축 : 지방자치단체는 도시철도 노선망이 유기적인 기능을 발휘할 수 있도록 도시철도 노선 간 또는 도시철도 노선과 철도 노선 간 연계망구축을 위하여 노력하여야 한다.

  ㉢ 재원의 일부지원 : 국가는 필요한 경우 지방자치단체 간의 도시철도 연계망 구축에 필요한 재원의 일부를 예산의 범위에서 지원할 수 있다.

(1) 도시철도의 건설 및 운전에 관한 사항은 (　　)으로 정한다.

(2) 도시철도건설자는 노면전차를 도로에 건설하는 경우에는 노면전차 (　　) 또는 (　　)를 설치하여야 한다.

(3) "(　　)"란 차도의 일정 부분을 노면전차만 통행하도록 안전표지 등으로 다른 자동차 등이 통행하는 차로와 구분한 차로를 말한다.

(4) 노면전차 전용도로 또는 전용차로의 설치로 인하여 도로 교통이 현저하게 혼잡해질 우려가 있는 등 국토교통부령으로 정하는 사유에 해당하는 경우에는 노면전차와 다른 (　　) 등이 함께 통행하는 (　　)를 설치할 수 있다.

(5) 지방자치단체장은 도시철도채권을 발행하기 위해 (　　)의 승인을 받으려는 경우에는 미리 (　　)과 협의하여야 한다.

(6) 도시철도채권의 원금 및 이자의 소멸시효는 (　　)부터 기산하여 (　　)으로 한다.

(7) 도시철도채권은 기본계획이 확정된 연도부터 그 연도의 도시철도 운영수입금이 그 연도의 도시철도 운영비용을 최초로 (　　)까지 발행할 수 있다.

(8) 국가나 지방자치단체에 등기·등록을 신청하는 자 중 대통령령으로 정하는 자는 (　　)을 매입하여야 한다.

(9) 정부는 지방자치단체나 도시철도공사가 시행하는 도시철도건설사업을 위하여 재정적 지원이 필요하다고 인정되면 (　　)의 일부를 보조하거나 (　　)할 수 있다.

(10) 국가가 도시철도채권을 발행할 때 기획재정부장관에게 발행을 요청하기 위하여 (　　)이 명시해야 할 사항은 발행금액, 발행방법, 발행조건, (　　) 및 절차, 그 밖에 도시철도채권의 발행을 위하여 필요한 사항 등이다.

(11) 도시철도채권의 이율
　㉠ 국가가 발행하는 경우 : 기획재정부장관이 국토교통부장관과 협의하여 정하는 이율
　㉡ 지방자치단체가 발행하는 경우 : (　　)의 범위에서 해당 지방자치단체의 (　　)로 정하는 이율
　㉢ 도시철도공사가 발행하는 경우 : (　　)의 범위에서 관계 지방자치단체의 장과 (　　)하여 해당 도시철도공사의 규칙으로 정하는 이율

(12) 도시철도채권의 매출 및 상환업무의 사무취급기관을 국가가 발행하면 (　　)으로 하고 지방자치단체 및 도시철도공사가 발행하면 해당 지방자치단체가 지정하는 금융기관 또는 (　　)으로 한다.

(13) 기관, 법인 또는 단체가 보조금이나 출연금을 지급받으려면 지급신청서에 (　　)와 (　　)를 첨부하여 지방자치단체의 장에게 제출하여야 한다.

(14) 국가나 지방자치단체는 (　　)이 시행하는 도시철도건설사업에 대하여 필요한 (　　)를 할 수 있다.

(15) 국가 또는 지방자치단체에 귀속되는 도시철도의 시설물은 준공과 동시에 (　　)에 귀속된다.

정답 및 해설

(1) 국토교통부령
(2) 전용도로, 전용차로
(3) 노면전차 전용차로
(4) 자동차, 혼용차로
(5) 행정안전부장관, 국토교통부장관
(6) 상환일, 5년
(7) 초과하는 연도
(8) 도시철도채권
(9) 소요자금, 융자
(10) 국토교통부장관, 상환방법
(11) 연 10%, 조례, 연 10%, 협의
(12) 한국은행, 한국예탁결제원
(13) 사업계획서, 예산집행계획서
(14) 건설사업수탁법인, 지시
(15) 국가 또는 지방자치단체

1 도시철도법령상 도시철도의 건설 및 운전에 관한 사항을 정하는 것은?

① 대통령령 ② 국토교통부령
③ 지방의회 조례 ④ 도시철도공사의 정관

TIP 도시철도의 건설 및 운전에 관한 사항은 국토교통부령으로 정한다〈도시철도법 제18조〉.

2 도시철도법령상 노면전차의 건설·운전 및 전용로의 설치에 대한 설명으로 옳지 않은 것은?

① 노면전차 전용로의 설치로 도로교통이 혼잡할 경우에는 혼용차로를 설치할 수 있다.
② 노면전차를 도로에 건설하는 경우에는 노면전차의 전용도로 또는 전용차로를 설치하여야 한다.
③ 국토교통부령으로 정하는 사유에 해당하는 경우에도 혼용차로를 설치할 수 있다.
④ 노면전차의 건설·운전 등에 필요한 사항은 지방자치단체의 조례로 정한다.

TIP 노면전차 전용도로와 전용차로 및 혼용차로의 설치와 노면전차의 건설·운전 등에 필요한 사항은 국토교통부령으로 정한다〈도시철도법 제18조의2 제3항〉.

3 도시철도법령상 노면전차 전용도로와 전용차로의 차이점에 대한 설명으로 옳은 것은?

① 전용도로는 자동차와 보행자도 통행할 수 있다.
② 전용차로는 노면전차만 통행할 수 있도록 분리대가 설치된다.
③ 전용도로는 차도 및 보도와 구분하여 설치되고, 전용차로는 차도의 일정부분을 구분하여 설치된다.
④ 전용차로는 노면전차와 다른 자동차가 혼용해서 통행할 수 있다.

TIP 노면전차의 건설·운전 및 전용로의 설치 등〈도시철도법 제18조의2 제1항〉… 도시철도건설자는 노면전차를 도로에 건설하는 경우 다음 각 호의 노면전차 전용도로 또는 전용차로를 설치하여야 한다.
1. 노면전차 전용도로 : 노면전차만이 통행할 수 있도록 분리대, 연석, 그 밖에 이와 유사한 시설물에 의하여 차도 및 보도와 구분하여 설치한 노면전차도로
2. 노면전차 전용차로 : 차도의 일정 부분을 노면전차만 통행하도록 안전표지 등으로 다른 자동차 등이 통행하는 차로와 구분한 차로

Answer 1.② 2.④ 3.③

4 도시철도법령상 노면전차 전용도로 또는 전용차로의 설치로 인해 도로교통이 현저하게 혼잡해질 우려가 있을 때 설치할 수 있는 것은?

① 전용차로

② 전용도로

③ 혼용차로

④ 보도

TIP 노면전차 전용도로 또는 전용차로의 설치로 인하여 도로 교통이 현저하게 혼잡해질 우려가 있는 등 국토교통부령으로 정하는 사유에 해당하는 경우에는 노면전차와 다른 자동차 등이 함께 통행하는 혼용차로를 설치할 수 있다〈도시철도법 제18조의2 제2항〉.

5 도시철도법령상 도시철도의 건설 및 운영에 필요한 자금을 조달할 수 있는 방법을 모두 고르면?

> ㉠ 역세권개발사업으로 생긴 수익금
> ㉡ 도시철도운영자의 자기자금
> ㉢ 국가 및 지방자치단체 외의 자로부터의 차입·출자 및 기부
> ㉣ 도시철도부대사업으로 발생하는 수익금
> ㉤ 국채 또는 지방채 발행
> ㉥ 국가로부터의 차입 및 보조

① ㉠㉡㉢㉣

② ㉡㉢㉣㉤㉥

③ ㉠㉡㉢㉣㉥

④ ㉠㉡㉢㉣㉤㉥

TIP 도시철도의 건설 및 운영을 위한 자금조달〈도시철도법 제19조〉 … 도시철도의 건설 및 운영에 필요한 자금은 다음 각 호의 재원 및 방법으로 조달한다.
1. 도시철도건설자 또는 도시철도운영자의 자기자금(自己資金)
2. 도시철도를 건설·운영하여 생긴 수익금
3. 도시철도채권의 발행
4. 국가 또는 지방자치단체로부터의 차입 및 보조
5. 국가 및 지방자치단체 외의 자(외국 정부 및 외국인을 포함한다)로부터의 차입·출자 및 기부
6. 「역세권의 개발 및 이용에 관한 법률」에 따른 역세권개발사업으로 생긴 수익금
7. 도시철도부대사업으로 발생하는 수익금

6 도시철도법령상 도시철도의 건설 및 운영에 필요한 자금을 외국정부나 외국인으로부터 조달받는 방법으로 옳은 것은?

① 기부 또는 차입·출자
② 차관 또는 차입
③ 외국 금융기관에의 보증
④ 외국정부 및 외국인의 국채매입금

TIP 국가 및 지방자치단체 외의 자(외국 정부 및 외국인을 포함한다)로부터의 차입·출자 및 기부로 자금조달을 받을 수 있다〈도시철도법 제19조 제5호〉.

7 도시철도법령상 도시철도채권을 발행할 수 있는 기관이 아닌 곳은?

① 한국예탁결제원
② 도시철도공사
③ 지방자치단체
④ 국가

TIP 국가, 지방자치단체 및 도시철도공사는 도시철도채권을 발행할 수 있다〈도시철도법 제20조 제1항〉.

8 도시철도법령상 도시철도채권의 발행기간에 대한 설명 중 옳은 것은?

① 도시철도 운영수입금이 최초로 발생한 연도부터 발행
② 기본계획이 확정된 연도부터 그 연도의 도시철도 운영수입금이 그 연도의 도시철도 운영비용을 최초로 초과하는 연도까지 발행
③ 기본계획이 확정되고 그 연도의 도시철도 운영수입금이 발생한 연도부터 발행
④ 기본계획이 확정된 연도부터 그 연도의 도시철도 운영비용이 그 연도의 도시철도 운영수입금을 최초로 초과하는 연도까지 발행

TIP 도시철도채권은 기본계획이 확정된 연도부터 그 연도의 도시철도 운영수입금이 그 연도의 도시철도 운영비용(원리금 상환액을 포함한다)을 최초로 초과하는 연도까지 발행할 수 있다〈도시철도법 제20조 제5항〉.

9 도시철도법령상 도시철도채권의 발행에 대한 설명으로 옳지 않은 것은?

① 도시철도채권을 도시철도공사가 발행할 수 있다.

② 도시철도채권은 전자등록하여 발행한다.

③ 국가가 도시철도채권을 발행하려면 국토교통부장관에게 발행요청을 하여야 한다.

④ 도시철도채권을 발행하려면 도시철도공사가 관계 지방자치단체장과 협의하여야 한다.

TIP 국가가 도시철도채권을 발행하려면 국토교통부장관이 기획재정부장관에게 요청하여야 한다〈도시철도법 시행령 제12조 제1항〉.

10 도시철도법령상 도시철도채권을 국가가 발행하려면 그 발행을 기획재정부장관에게 요청해야 하는 기관의 장은?

① 국토교통부장관　　　　　　　　　② 지방자치단체의 장

③ 지방의회의 의장　　　　　　　　　④ 도시철도공사 사장

TIP 국가가 도시철도채권을 발행하려면 국토교통부장관이 발행방법, 발행조건 등의 사항을 명시하여 그 발행을 기획재정부장관에게 요청하여야 한다〈도시철도법 시행령 제12조 제1항〉.

11 도시철도법령상 지방자치단체의 장이 행정안전부장관의 승인을 받거나 국토교통부장관과 협의할 때 명시해야 할 사항으로 옳지 않은 것은?

① 발행총액　　　　　　　　　　　　② 발행방법

③ 발행금액　　　　　　　　　　　　④ 상환방법 및 절차

TIP 도시철도채권의 발행절차〈도시철도법 시행령 제12조 제2항〉 … 국가·지방자치단체 또는 도시철도공사(도시철도사업을 위하여 「지방공기업법」에 따라 설립된 지방공사를 말한다. 이하 같다)가 법 제20조 제1항에 따라 도시철도채권을 발행하려면 다음 각 호의 사항을 공고하여야 한다.
1. 발행 총액
2. 발행 기간
3. 도시철도채권의 이율
4. 원금 상환의 방법 및 시기
5. 이자 지급의 방법 및 시기

12 도시철도법령상 도시철도채권의 발행절차에 있어서 도시철도채권을 발행할 때 공고해야 할 사항을 모두 고르면? .

> ㉠ 원금상환의 방법 및 시기　　　　　㉡ 발행총액
> ㉢ 도시철도채권의 이율　　　　　　　㉣ 발행기간

① ㉠㉡㉢　　　　　　　　　　　　　② ㉠㉡㉣

③ ㉡㉢㉣　　　　　　　　　　　　　④ ㉠㉡㉢㉣

TIP 도시철도채권의 발행절차〈도시철도법 시행령 제12조 제2항〉… 국가·지방자치단체 또는 도시철도공사(도시철도사업을 위하여 「지방공기업법」에 따라 설립된 지방공사를 말한다. 이하 같다)가 법 제20조 제1항에 따라 도시철도채권을 발행하려면 다음 각 호의 사항을 공고하여야 한다.
　　1. 발행 총액
　　2. 발행 기간
　　3. 도시철도채권의 이율
　　4. 원금 상환의 방법 및 시기
　　5. 이자 지급의 방법 및 시기

13 도시철도법령상 국가가 발행하는 도시철도채권의 이율을 정할 때 올바른 기준은?

① 기획재정부장관이 국토교통부장관과 협의하여 정한다.
② 국토교통부장관과 지방자치단체의 장이 협의하여 정한다.
③ 지방자치단체의 장이 도시철도공사의 사장과 협의하여 정한다.
④ 도시철도공사의 사장이 기획재정부장관과 협의하여 정한다.

TIP 도시철도채권을 국가가 발행할 경우에는 기획재정부장관이 국토교통부장관과 협의하여 이율을 정한다〈도시철도법 시행령 제13조 제2항 제1호〉.

Answer　9.③　10.①　11.①　12.④　13.①

14 도시철도법령상 다음 (   ) 안에 알맞은 것은?

> 지방자치단체 또는 도시철도공사가 도시철도채권을 발행할 경우에는 연 (   ) 범위에서 해당 지방자치단체의 조례 또는 관계 지방자치단체장과 협의하여 해당 도시철도공사의 규칙으로 이율을 정한다.

① 5%

② 10%

③ 15%

④ 20%

TIP 도시철도채권의 발행 방법 및 이율
1. 국가가 발행하는 경우 : 기획재정부장관이 국토교통부장관과 협의하여 정하는 이율
2. 지방자치단체가 발행하는 경우 : 연 10퍼센트의 범위에서 해당 지방자치단체의 조례로 정하는 이율
3. 도시철도공사가 발행하는 경우 : 연 10퍼센트의 범위에서 관계 지방자치단체의 장과 협의하여 해당 도시철도공사의 규칙으로 정하는 이율

15 도시철도법령상 도시철도채권을 매입하여야 하는 자로 옳지 않은 자는?

① 도시철도건설자와 도시철도 건설에 필요한 용역계약을 체결하는 자

② 국가나 지방자치단체에 경형자동차의 등록을 신청하는 자

③ 국가나 지방자치단체에 등기 · 등록을 신청하는 자

④ 국가나 지방자치단체로부터 허가 · 인가를 받는 자

TIP 자동차로서 국토교통부령으로 정하는 경형자동차(이륜자동차는 제외한다)의 등록을 신청하는 자는 제외한다〈도시철도법 제21조 제1항 제2호〉.

16 도시철도법령상 도시철도채권의 매입대상으로 옳지 않은 것은?

① 일반형승용차   ② 이륜자동차

③ 소형승용자동차   ④ 중형승용자동차

TIP 일반형승용차는 배기량이 1000시시 미만인 자동차로 경형자동차에 해당된다〈도시철도법 시행령 제14조 별표2〉.

> ※ 승용자동차의 기준〈자동차관리법 시행규칙 별표1〉
> 1. 경형승용자동차
>   가. 초소형승용자동차 : 배기량이 250시시 이하
>   나. 일반형승용자동차 : 배기량이 1,000시시 미만
> 2. 소형승용자동차 : 배기량이 1,600시시 미만
> 3. 중형승용자동차 : 배기량이 1,600시시 이상 2,000시시 미만
> 4. 대형승용자동차 : 배기량이 2,000시시 이상

17 도시철도법령상 도시철도채권의 매입대상 및 대상별 매입금액을 정하는 법령은?

① 대통령령   ② 국토교통부장관령

③ 기획재정부장관령   ④ 시·도의 조례

TIP 도시철도채권의 매입 대상 및 대상별 매입 금액은 법령으로 정한 범위에서 시·도의 조례로 정한다〈도시철도법 시행령 제14조〉.

18 도시철도법령상 도시철도채권의 사무취급기관으로서 국가가 발행하는 채권의 매출 및 상환업무를 담당하는 기관은?

① 한국은행   ② 한국예탁결제원

③ 제1금융권   ④ 해당지방자치단체가 지정한 금융기관

TIP 국가가 발행하는 도시철도채권의 매출 및 상환업무의 사무취급기관은 한국은행으로 한다〈도시철도법 시행령 제15조 제1항〉.

Answer   14.②   15.②   16.①   17.④   18.①

19 도시철도법령상 매입확인증을 전자적으로 처리할 수 있는 경우에 절차 및 방법을 정하는 주체는?

① 해당 사무취급기관   ② 국가 · 지방자치단체 또는 도시철도공사

③ 한국예탁결제원   ④ 금융감독원

TIP 도시철도채권의 매출 등에 대한 전자적 처리의 절차 및 방법은 해당 도시철도채권을 발행한 국가, 지방자치단체 또는 도시철도공사가 정한다〈도시철도법 시행령 제15조 제7항〉.

20 도시철도법령상 도시철도채권 발행원부에 기재해야 할 사항으로 옳지 않은 것은?

① 도시철도채권의 금액   ② 도시철도채권 매입자의 주민등록번호

③ 도시철도채권의 이율   ④ 도시철도채권의 매입자금 출처

TIP 도시철도채권 발행원부에 기재해야 할 사항〈도시철도법 시행령 제16조〉.
1. 도시철도채권 매입자의 성명 · 주소 및 주민등록번호
2. 도시철도채권의 금액
3. 도시철도채권의 이율
4. 도시철도채권의 발행일 및 상환일

21 도시철도법령상 정부가 지방자치단체나 도시철도공사가 시행하는 도시철도건설사업에 재정적 지원을 할 수 있는 경우는?

① 지방자치단체가 요청할 때   ② 정부가 필요하다고 인정할 때

③ 대통령령으로 정한 경우   ④ 국회의 승인을 받은 경우

TIP 정부는 지방자치단체나 도시철도공사가 시행하는 도시철도건설사업을 위하여 재정적 지원이 필요하다고 인정되면 소요자금의 일부를 보조하거나 융자할 수 있다〈도시철도법 제22조 제1항〉.

22 도시철도법령상 도시철도법령상 도시철도기술연구기관으로 옳지 않은 곳은?

① 한국철도기술연구원   ② 한국전기연구원

③ 한국산업정책연구원   ④ 국토교통부장관이 필요하다고 인정하는 법인

TIP 도시철도기술연구기관〈도시철도법 시행령 제17조〉 ··· "대통령령으로 정하는 도시철도기술을 연구하는 기관 또는 단체'
'란 다음 각 호의 기관, 법인 또는 단체를 말한다.
1. 「과학기술분야 정부출연연구기관 등의 설립 · 운영 및 육성에 관한 법률」 제8조에 따라 설립된 다음 각 목의 기관
  가. 한국철도기술연구원
  나. 한국전자통신연구원
  다. 한국기계연구원
  라. 한국전기연구원
  마. 한국생산기술연구원
2. 그 밖에 도시철도기술의 육성 · 발전을 위하여 국토교통부장관이 필요하다고 인정하는 법인 또는 단체

23 도시철도법령상 지방자치단체가 정부의 지원을 받은 경우 도시철도기술의 발전을 위해 연구기관에 보조하거나 출연할 수 있는 기준은?

① 지방자치단체 의회의 의결   ② 대통령령
③ 국토교통부의 승인   ④ 도시철도공사의 정관

TIP 지방자치단체는 정부의 지원을 받은 경우 도시철도기술의 발전을 위하여 대통령령으로 정하는 바에 따라 연구기관
등에 보조하거나 출연할 수 있다〈도시철도법 제22조 제4항〉.

24 도시철도법령상 기관 · 법인 또는 단체가 보조금 또는 출연금을 지급받기 위해 제출해야 하는 서류로 옳지 않은 것은?

① 지급신청서   ② 사업계획서
③ 예산집행계획서   ④ 재무전망계획서

TIP 기관, 법인 또는 단체가 보조금이나 출연금을 지급받으려면 보조금 또는 출연금의 지급신청서에 사업계획서와 예산
집행계획서를 첨부하여 제출하여야 한다〈도시철도법 시행령 제18조 제1항〉.

Answer   19.②   20.④   21.②   22.③   23.②   24.④

25 도시철도법령상 도시철도건설사업을 위한 정부의 지원금에 대한 설명으로 옳지 않은 것은?

① 정부는 도시철도공사가 시행하는 도시철도건설사업을 위하여 소요자금의 일부를 보조하거나 융자할 수 있다.

② 도시철도건설자는 지급받은 지원자금을 그 지원목적 외의 용도로 사용할 수 없다.

③ 정부는 지방자치단체가 시행하는 도시철도건설사업을 위해 재정적 지원을 할 수 있다.

④ 도시철도건설자가 부정한 방법으로 지원자금을 지급받은 경우에는 즉시 형사고발한다.

TIP 정부는 도시철도건설자가 지급받은 지원자금을 그 지원목적 외의 용도로 사용하거나 부정한 방법으로 지원자금을 지급받은 경우에는 지급받은 지원자금을 회수한다〈도시철도법 제23조 제2항〉.

26 도시철도법령상 도시철도건설사업을 위탁한 경우 수탁자가 건설한 도시철도 시설물의 귀속절차에 관한 설명으로 옳지 않은 것은?

① 시설물은 위탁한 국가 또는 지방자치단체에 귀속된다.

② 귀속대상의 도시철도 시설물목록을 작성하여 국토교통부에 제출하여야 한다.

③ 귀속시설에는 도시철도의 차량·기계·기구 등도 포함된다.

④ 도시철도건설사업을 수탁한 자는 그 건설에 관하여 책임을 진다.

TIP 국가 또는 지방자치단체에 귀속되는 도시철도의 시설물의 목록을 작성하여 국가 또는 지방자치단체에 제출하여야 한다〈도시철도법 시행령 제20조 제1항〉.

27 도시철도법령상 도시철도 시설물의 귀속절차에 있어서 도시철도의 시설물을 귀속해야 하는 시기는?

① 도시철도 건설공사의 준공 전 3개월 이내

② 해당 지방자치단체의 조례로 정한 기한

③ 도시철도 건설공사의 준공 후 3개월 이내

④ 도시철도 건설공사의 준공과 동시

TIP 국가 또는 지방자치단체에 귀속되는 도시철도의 시설물은 도시철도 건설공사의 준공과 동시에 국가 또는 지방자치단체에 귀속된다〈도시철도법 시행령 제20조 제2항〉.

28 도시철도법령상 건설사업수탁법인이 도시철도건설사업을 시행하기 전에 지방자치단체의 승인을 받아야 하는 사항으로 옳지 않은 것은?

① 도시철도 건설공사의 계약에 관한 사항   ② 도시철도 운행 노선망

③ 도시철도건설사업 계획   ④ 도시철도 건설에 관한 각종 설계

(TIP) 도시철도건설사업의 위탁승인신청 등〈도시철도법 시행령 제19조 제2항〉… 도시철도건설사업을 위탁받은 수탁법인(이하 이 조 및 제20조에서 "건설사업수탁법인"이라 한다)은 도시철도건설사업을 시행하기 전에 다음 각 호의 사항에 대하여 도시철도건설사업을 위탁한 국가 또는 지방자치단체의 승인을 받아야 한다. 승인받은 사항을 변경하려는 경우에도 또한 같다.
1. 도시철도건설사업 계획
2. 도시철도시설의 설계 등 도시철도 건설에 관한 각종 설계
3. 도시철도 건설공사의 계약 및 관리 · 감독에 관한 사항

29 도시철도법령상 건설사업수탁법인이 도시철도건설사업을 준공한 후 시행해야 할 절차는?

① 도시철도 건설공사의 관리 · 감독 · 감리에 관한 보고서를 제출한다.

② 준공검사를 받아야 한다.

③ 도시철도운행을 위한 시운전을 시작한다.

④ 국가 또는 지방자치단체에 사업비 정산에 관한 보고서를 제출한다.

(TIP) 건설사업수탁법인이 도시철도 건설공사를 준공하였을 때에는 해당 도시철도건설사업을 위탁한 국가 또는 지방자치단체의 준공검사를 받아야 한다〈도시철도법 시행령 제19조 제3항〉.

30 도시철도법령상 도시철도의 연계망구축에 대한 설명으로 옳지 않은 것은?

① 도시철도의 연계망구축의 목적은 도시철도 노선망이 유기적인 기능을 발휘할 수 있도록 하는 것에 있다.

② 도시철도 노선 간 또는 도시철도 노선과 철도 노선 간에 도시철도의 연계망구축을 할 수 있다.

③ 지방자치단체는 도시철도 연계망 구축에 필요한 재원의 일부를 지원할 수 있다

④ 지방자치단체는 연계망 구축을 위하여 노력하여야 한다.

(TIP) 국가는 필요한 경우 지방자치단체 간의 도시철도 연계망 구축에 필요한 재원의 일부를 예산의 범위에서 지원할 수 있다〈도시철도법 제25조 제2항〉.

Answer   25.④   26.②   27.④   28.②   29.②   30.③

chapter 05

도시철도운송사업 등

1 도시철도운송사업 면허

① 운송사업 면허〈법 제26조〉

　㉠ 면허취득

　　• 면허교부자 : 시 · 도지사

　　• 면허취득 : 국가 또는 지방자치단체가 아닌 법인으로서 도시철도운송사업을 하려는 자는 국토교통부령으로 정하는 바에 따라 도시철도운송사업계획을 제출하여 시 · 도지사에게 면허를 받아야 한다.

　㉡ 조정

　　• 조정권자 : 국토교통부장관

　　• 조정대상 : 도시철도운송사업의 사업구간이 인접한 시 · 도에 걸쳐있는 경우

　　• 해당 시 · 도지사 간 협의에 따라 면허를 줄 시 · 도지사를 정하되 협의가 성립되지 아니한 경우에는 국토교통부장관이 조정할 수 있다.

　　• 조정 시 시 · 도지사는 특별한 사유가 없으면 국토교통부장관의 조정에 따라야 한다.

　㉢ 사업계획의 협의 : 시 · 도지사는 면허를 주기 전 도시철도운송사업계획에 대하여 국토교통부장관과 미리 협의하여야 한다.

　㉣ 조건부여 : 시 · 도지사는 면허를 줄 때에는 도시교통의 원활화와 이용자의 안전 및 편의 증진을 위하여 필요한 조건을 붙일 수 있다.

② 면허의 기준〈법 제27조〉

　㉠ 정하는 기준 : 국토교통부령

　㉡ 도시철도운송사업의 면허기준

　　• 해당 사업이 도시교통의 수송수요에 적합할 것

　　• 해당 사업을 수행하는 데 필요한 도시철도차량 및 운영인력 등이 국토교통부령으로 정하는 기준에 맞을 것

2 **면허취득의 결격사유**

① 도시철도운송사업 면허의 결격사유〈법 제28조〉

   ㉠ 결격사유대상 : 법인의 임원

   ㉡ 결격사유 : 법인의 임원 중 다음의 어느 하나에 해당하는 사람이 있는 법인은 도시철도운송사업의 면허를 받을 수 없다.

- 피성년후견인 또는 피한정후견인
- 파산선고를 받고 복권되지 아니한 사람
- 도시철도법 또는 대통령령으로 정하는 철도 및 도시철도 관계 법령을 위반하여 금고 이상의 실형을 선고받고 그 집행이 끝나거나(끝난 것으로 보는 경우를 포함한다) 면제된 날부터 2년이 지나지 아니한 사람
- 도시철도법 또는 대통령령으로 정하는 철도 및 도시철도 관계 법령을 위반하여 금고 이상의 형의 집행유예를 선고받고 그 유예기간 중에 있는 사람

> **대통령령으로 정하는 철도 및 도시철도 관계법령〈시행령 제21조〉**
>
> - 건널목 개량촉진법
> - 지방공기업법
> - 철도의 건설 및 철도시설 유지관리에 관한 법률
> - 철도사업법
> - 철도산업발전기본법
> - 철도안전법
> - 한국철도공사법
> - 국가철도공단법
> - 항공·철도 사고조사에 관한 법률

② 면허취득 금지

   ㉠ 면허취득 제한 : 도시철도법에 따라 도시철도운송사업의 면허가 취소된 후 그 취소일부터 2년이 지나지 아니한 법인은 도시철도운송사업의 면허를 받을 수 없다.

   ㉡ 면허취소자의 예외 : 피성년후견인 또는 피한정후견인, 파산선고를 받고 복권되지 아니한 사람에 해당하여 제37조 제1항 제3호에 따라 도시철도운송사업의 면허가 취소된 경우는 제외한다.

> **조문참고** 제37조 제1항 제3호
>
> 도시철도운송사업자가 결격사유에 해당하는 경우. 다만, 법인의 임원중에 그 사유에 해당하는 사람이 있는 경우로서 3개월 이내에 그 임원을 개임(改任)하였을 때에는 제외한다.

③ 부대사업의 승인, 공사의 설립 및 운송의 개시

① 도시철도부대사업의 승인〈법 제28조의2〉

  ㉠ 시·도지사의 승인 : 도시철도운영자는 도시철도의 건설 및 운영에 드는 자금을 충당하기 위하여 시·도지사의 승인을 받아 도시철도부대사업을 할 수 있다.

  ㉡ 승인절차 : 승인의 절차 등에 필요한 사항은 국토교통부령으로 정한다.

② 도시철도공사의 설립 등 협의〈법 제29조〉

  ㉠ 협의 : 지방자치단체가 도시철도공사를 설립하려는 경우에는 미리 국토교통부장관과 협의하여야 한다.

  ㉠ 설립 : 지방자치단체는 사업을 효율적으로 수행하기 위하여 필요한 경우에는 지방공사를 설립할 수 있다〈지방공기업법 제49조 제1항〉.

③ 운송개시의 의무〈법 제30조〉

  ㉠ 운송개시

  • 도시철도운송사업의 면허를 받은 자(이하 "도시철도운송사업자"라 한다)는 시·도지사가 정하는 날짜 또는 기간 내에 운송을 개시하여야 한다.

  • 천재지변이나 그 밖의 불가피한 사유로 시·도지사가 정하는 날짜 또는 기간 내에 운송을 개시할 수 없는 경우에는 시·도지사의 승인을 받아 날짜를 연기하거나 기간을 연장할 수 있다.

  ㉡ 운송개시의 변경 : 시·도지사가 운송개시 변경의 승인을 할 때에는 국토교통부장관과 미리 협의하여야 한다.

④ 도시철도의 운임

① 운임의 신고〈법 제31조〉

  ㉠ 시·도지사에게 신고

  • 도시철도운송사업자는 도시철도의 운임을 정하거나 변경하는 경우에는 원가와 버스 등 다른 교통수단 운임과의 형평성 등을 고려하여 시·도지사가 정한 범위에서 운임을 정하여 시·도지사에게 신고하여야 한다.

  • 신고를 받은 시·도지사는 그 내용을 검토하여 도시철도법에 적합하면 신고를 받은 날부터 국토교통부령으로 정하는 기간 이내에 신고를 수리하여야 한다.

  ※ 국토교통부령으로 정하는 기간 ··· 60일〈도시철도법 시행규칙 제5조의3〉

  ㉡ 운임확정 및 변경 : 시철도운영자는 도시철도의 운임을 정하거나 변경하는 경우 그 사항을 시행 1주일 이전에 예고하는 등 도시철도 이용자에게 불편이 없도록 필요한 조치를 하여야 한다.

② 도시철도운임의 조정 및 협의〈시행령 제22조〉

　㉠ 운임조정위원회 설치

　　• 시·도지사는 도시철도 운임의 범위를 정하려면 해당 시·도에 운임조정위원회를 설치하여 도시철도 운임의 범위에 관한 의견을 들어야 한다.

　　• 운임조정위원회는 민간위원이 전체 위원의 2분의 1 이상이어야 한다.

　㉡ 운임의 협의 : 도시철도운송사업자가 해당 도시철도를 한국철도공사가 운영하는 철도 또는 다른 도시철도운영자가 운영하는 도시철도와 연결하여 운행하려는 경우에는 도시철도의 운임을 신고하기 전에 그 운임 및 시행 시기에 관하여 미리 한국철도공사 또는 다른 도시철도운영자와 협의하여야 한다.

　㉢ 통보 : 시·도지사는 운임의 신고를 받으면 신고받은 사항을 기획재정부장관 및 국토교통부장관에게 각각 통보하여야 한다.

5 도시철도운송약관 및 사업계획의 변경

① 도시철도운송약관〈법 제32조〉

　㉠ 약관제정 : 도시철도운영자는 도시철도운송약관을 정하여야 한다.

　㉡ 약관신고 : 도시철도운송사업자인 도시철도운영자는 도시철도운송약관을 시·도지사에게 신고하여야 한다.

　㉢ 약관신고의 수리 : 신고를 받은 시·도지사는 그 내용을 검토하여 도시철도법에 적합하면 신고를 받은 날부터 국토교통부령으로 정하는 기간 이내에 신고를 수리하여야 한다.

　※ 도시철도운송약관의 변경 … 도시철도운송약관을 변경하려는 경우에도 또한 같다.

② 도시철도운송사업계획의 변경〈법 제33조〉

　㉠ 계획의 변경

　　• 신고 : 도시철도운송사업자는 도시철도운송사업계획을 변경하려는 경우에는 시·도지사에게 신고하여야 한다.

　　• 신고의 수리 : 신고를 받은 시·도지사는 그 내용을 검토하여 도시철도법에 적합하면 신고를 받은 날부터 국토교통부령으로 정하는 기간 이내에 신고를 수리하여야 한다.

　㉡ 통보 : 시·도지사는 도시철도운송사업자로부터 도시철도운송사업계획에 대한 변경신고를 받거나 소관 도시철도운송사업계획을 변경한 경우에는 지체 없이 국토교통부장관에게 알려야 한다.

6 연락운송〈법 제34조〉

① 연계운송의 협의 및 결정

    ⊙ 연계운송의 협의 : 도시철도운영자가 다른 도시철도운영자 또는 철도사업자(이하 이 조에서 "철도사업자"라 한다)와 연계하여 운송을 하는 경우 당사자 간의 협의로 정한다.

    ⓛ 연계운송에 대하여 당사자 간 협의로 결정해야 할 사항
- 노선의 연결
- 도시철도시설 운영의 분담
- 운임수입의 배분
- 승객의 갈아타기 등에 관한 사항

    ⓒ 협의 불성립의 결정 : 협의가 성립되지 아니하거나 협의 결과를 해석하는 데 분쟁이 있을 때에는 당사자의 신청을 받아 국토교통부장관이 결정한다.

② 운임수입의 배분

    ⊙ 결정기한 및 연장
- 결정기한 : 도시철도운영자 또는 철도사업자는 운임수입의 배분에 관한 사항에 대하여 해당 운임수입이 발생한 날이 속하는 연도의 다음 연도 12월 31일까지 협의를 완료하거나 결정을 신청하여야 한다.
- 결정기한의 연장 : 운임수입의 배분과 관련되는 모든 도시철도운영자 및 철도사업자가 동의하는 경우에는 1회에 한하여 6개월의 범위에서 그 기간을 연장할 수 있다.

    ⓛ 이자를 가산지급
- 도시철도운영자 또는 철도사업자가 운임수입을 배분하는 경우
- 협의가 완료된 날(국토교통부장관이 운임수입의 배분을 결정한 경우에는 그 결정이 있은 날을 말한다)에서 30일이 경과한 날부터 운임수입을 배분하는 날까지의 기간에 대하여 배분하여야 하는 운임수입에 대한 이자를 가산하여 지급하여야 한다.

◆ 연락운송
- 장거리 여러 구간의 운송에 있어서 각 구간의 운송인들이 공동으로 운송을 맡아 구간이 바뀔 때의 승차권의 교환 및 탁송환 등을 하지 않는 운송을 말한다.
- 최근에는 연락보다는 연계라는 말을 많이 사용한다.

7 사업의 양도 · 양수〈법 제35조〉

① 양도 · 양수 · 합병의 인가

　㉠ 인가 : 도시철도운송사업자가 도시철도운송사업을 양도 · 양수하거나 합병하려는 경우에는 시 · 도지사의 인가를 받아야 한다.

　㉡ 협의 : 시 · 도지사는 인가를 하려면 미리 국토교통부장관과 협의하여야 한다.

② 양도 · 양수 · 합병의 인가가 있는 때의 지위승계

　㉠ 양도 · 양수 : 도시철도운송사업을 양수한 자는 도시철도운송사업을 양도한 자의 도시철도운송사업자로서의 지위를 승계한다.

　㉡ 합병 : 합병으로 설립되거나 존속하는 법인은 합병으로 소멸되는 법인의 도시철도운송사업자로서의 지위를 승계한다.

8 사업의 휴업 · 폐업

① 사업의 휴업 · 폐업〈법 제36조〉

　㉠ 시 · 도지사의 허가

　　• 허가권자 : 시 · 도지사

　　• 허가권자 : 도시철도운송사업자가 사업의 전부 또는 일부를 휴업 또는 폐업하려면 국토교통부령으로 정하는 바에 따라 시 · 도지사의 허가를 받아야 한다.

　　• 협의 : 시 · 도지사가 허가하려는 경우에는 미리 국토교통부장관과 협의하여야 한다.

　㉡ 시 · 도지사에게 신고

　　• 신고 : 선로 또는 교량의 파괴, 도시철도시설의 개량, 그 밖의 정당한 사유로 인한 휴업의 경우에는 국토교통부령으로 정하는 바에 따라 시 · 도지사에게 신고하여야 한다.

　　• 신고수리 : 신고를 받은 시 · 도지사는 그 내용을 검토하여 도시철도법에 적합하면 신고를 수리하여야 한다.

　　• 신고수리기간 : 신고를 받은 날부터 국토교통부령으로 정하는 기간 이내

　※ 폐업허가 … 폐업허가를 받으려는 경우에는 휴업 또는 폐업예정일 3개월 전에 허가신청서를 시 · 도지사에게 제출하여야 한다〈도시철도법 시행규칙 제6조〉.

　㉢ 휴업기간

　　• 휴업기간은 6개월을 넘지 못한다.

　　• 선로 또는 교량의 파괴, 도시철도시설의 개량, 그 밖의 정당한 사유로 인한 휴업의 경우에 따른 휴업의 경우에는 해당 사유가 소멸할 때까지 휴업할 수 있다.

② 사업의 재개
- 허가를 받거나 신고한 휴업기간 중이라도 휴업 사유가 소멸되었을 때에는 시·도지사에게 신고하고 사업을 재개할 수 있다.
- 사업의 재개를 받은 시·도지사는 그 내용을 검토하여 도시철도법에 적합하면 신고를 받은 날부터 국토교통부령으로 정하는 기간 이내에 신고를 수리하여야 한다.

⑩ 휴업 또는 폐업에 관한 안내문 게시
- 게시방법 : 도시철도운영자는 도시철도운송사업의 전부 또는 일부를 휴업 또는 폐업하려는 경우에 대통령령으로 정하는 바에 따라
- 게시내용 : 휴업 또는 폐업하는 사업의 내용과 기간 등
- 게시장소 : 인터넷 홈페이지, 역 등 일반인이 보기 쉬운 곳에 게시

② 사업의 휴업·폐업 내용의 게시〈시행령 제23조〉
㉠ 게시대상
- 도시철도운송사업자는 휴업 또는 폐업의 허가를 받은 경우
- 휴업을 신고하는 경우

㉡ 게시일자
- 휴업 또는 폐업 : 휴업 또는 폐업시작일 5일 이전
- 휴업신고 : 해당 휴업 사유가 발생하였을 때에 즉시

㉢ 게시해야 할 사항
- 휴업 또는 폐업하는 도시철도운송사업의 내용 및 그 사유
- 휴업기간(휴업하는 경우만 해당한다)
- 대체교통수단의 안내
- 휴업 또는 폐업과 관련하여 도시철도운송사업자가 일반인에게 알려야 할 필요성이 있다고 인정하는 사항

㉣ 휴업 또는 폐업사실을 게시해야 할 장소
- 인터넷 홈페이지
- 관계 역·영업소 및 사업소의 일반인이 보기 쉬운 곳

암기요약 ··· 핵심조문 빈칸 채우기

(1) 국가 또는 지방자치단체가 아닌 법인으로서 도시철도운송사업을 하려는 자는 국토교통부령으로 정하는 바에 따라 (　　)을 제출하여 (　　)에게 면허를 받아야 한다.

(2) 도시철도운송사업의 사업구간이 인접한 시·도에 걸쳐있는 경우에는 해당 시·도지사 간 협의에 따라 면허를 줄 시·도지사를 정하되 협의가 성립되지 아니한 경우에는 (　　)이 조정할 수 있다.

(3) 도시철도운송사업의 면허기준은 해당사업이 도시교통의 (　　)에 적합해야 하며, 해당사업을 수행하는 데 필요한 도시철도차량 및 운영인력 등이 (　　)으로 정하는 기준에 맞아야 한다.

(4) 도시철도운영자는 도시철도의 건설 및 운영에 드는 자금을 충당하기 위하여 (　　)의 승인을 받아 도시철도부대사업을 할 수 있으며, 승인의 절차 등에 필요한 사항은 (　　)으로 정한다.

(5) 지방자치단체가 「지방공기업법」에 따라 도시철도공사를 설립할 경우에는 미리 (　　)과 협의하여야 한다.

(6) 도시철도운영자는 도시철도의 (　　)을 정하거나 변경하는 경우 그 사항을 시행 (　　) 이전에 예고하는 등 도시철도 이용자에게 불편이 없도록 필요한 조치를 하여야 한다.

(7) 도시철도운영자는 도시철도운송약관을 정하여 이를 (　　)에게 신고하여야 하며 신고를 받은 시·도지사는 내용검토 후 도시철도법에 적합하면 신고를 받은 날부터 (　　)으로 정하는 기간 이내에 신고를 수리하여야 한다.

(8) 시·도지사는 도시철도운송사업자로부터 도시철도운송사업계획에 대한 (　　)를 받거나 소관 도시철도운송사업계획을 변경한 경우에는 지체 없이 (　　)에게 알려야 한다.

(9) 도시철도운영자가 다른 도시철도운영자 또는 철도사업자와 연계하여 운송을 하는 경우 노선의 연결, 도시철도시설 운영의 분담, (　　), (　　) 등에 관한 사항은 당사자 간의 협의로 정한다.

(10) 도시철도운영자 또는 철도사업자는 운임수입의 배분에 관한 사항에 대하여 해당 운임수입이 발생한 날이 속하는 연도의 다음 연도 (　　)까지 운임수입의 배분협의를 완료하거나 분쟁이 있을 때 (　　)에게 결정을 신청하여야 한다. 다만, 운임수입의 배분과 관련되는 모든 도시철도운영자 및 철도사업자가 동의하는 경우에는 1회에 한하여 (　　)의 범위에서 그 기간을 연장할 수 있다.

(11) 도시철도운영자 또는 철도사업자가 운임수입을 배분하는 경우에는 운임수입의 배분협의가 (　　)된 날(국토교통부장관이 운임수입의 배분을 결정한 경우에는 그 결정이 있는 날)에서 (　　)한 날부터 운임수입을 배분하는 (　　)의 기간에 대하여 배분하여야 하는 운임수입에 대한 이자를 가산하여 지급하여야 한다.

(12) 도시철도운송사업자가 도시철도운송사업을 양도·양수하거나 합병하려는 경우에는 (　　)의 (　　)를 받아야 한다.

(13) 시·도지사는 양도·양수의 인가를 하려면 미리 (　　)과 협의하여야 한다.

(14) 시·도지사의 (　　)를 받은 휴업기간은 (　　)을 넘지 못한다.

(15) 시·도지사는 운임신고를 받은 사항을 (　　) 및 국토교통부장관에게 각각 통보하여야 한다.

정답 및 해설

(1) 도시철도운송사업계획, 시·도지사
(2) 국토교통부장관
(3) 수송수요, 국토교통부령
(4) 시·도지사, 국토교통부령
(5) 국토교통부장관

(6) 운임, 1주일
(7) 시·도지사, 국토교통부령
(8) 변경신고, 국토교통부장관
(9) 운임수입의 배분, 승객의 갈아타기
(10) 12월 31일, 국토교통부장관, 6개월

(11) 완료, 30일이 경과, 날까지
(12) 시·도지사, 인가
(13) 국토교통부장관
(14) 허가, 6개월
(15) 기획재정부장관

1 도시철도법령상 도시철도운송사업을 하려는 자가 면허를 받아야 할 기관은?

① 국토교통부장관   ② 시 · 도지사

③ 도시철도공사   ④ 한국교통안전공단

TIP 국가 또는 지방자치단체가 아닌 법인으로서 도시철도운송사업을 하려는 자는 국토교통부령으로 정하는 바에 따라 도시철도운송사업계획을 제출하여 시 · 도지사에게 면허를 받아야 한다〈도시철도법 제26조 제1항〉.

2 도시철도법령상 도시철도운송사업 면허를 주기 전에 걸쳐야 할 절차로 옳은 것은?

① 도시철도운송사업계획에 대하여 국토교통부장관과 미리 협의하여야 한다.

② 시 · 도지사와의 협의를 거친 후 동의를 받아야 한다.

③ 도시철도운송사업계획을 국토교통부장관에게 제출하여야 한다.

④ 지방의회의 동의를 받아야 한다.

TIP 시 · 도지사는 면허를 주기 전 도시철도운송사업계획에 대하여 국토교통부장관과 미리 협의하여야 한다〈도시철도법 제26조 제3항〉.

3 도시철도법령상 도시철도운송사업의 면허기준으로 옳지 않은 것은?

① 해당 사업이 도시교통의 수송수요에 적합할 것

② 해당 사업을 수행하는 데 필요한 도시철도차량 및 운영인력 등이 국토교통부령으로 정하는 기준에 맞을 것

③ 도시철도운송사업을 통한 수익성이 보장될 것

④ 시 · 도지사가 필요하다고 인정하는 조건을 충족할 것

TIP 면허의 기준〈도시철도법 제27조〉

1. 해당 사업이 도시교통의 수송수요에 적합할 것
2. 해당 사업을 수행하는 데 필요한 도시철도차량 및 운영인력 등이 국토교통부령으로 정하는 기준에 맞을 것

※ 시 · 도지사는 면허를 줄 때에는 도시교통의 원활화와 이용자의 안전 및 편의 증진을 위하여 필요한 조건을 붙일 수 있다〈도시철도법 제26조 제4항〉.

4 도시철도법령상 도시철도운송사업 면허의 결격사유에 해당하는 임원으로 옳지 않은 것은?

① 「교통사고처리 특례법」을 위반하여 금고 이상의 실형을 선고받고 그 집행이 끝나거나 면제된 날부터 2년이 지나지 아니한 사람

② 「도시철도법」을 위반하여 금고 이상의 형의 집행유예를 선고받고 그 유예기간 중에 있는 사람

③ 파산선고를 받고 복권되지 아니한 사람

④ 피한정후견인

TIP 철도 및 도시철도 관계 법령〈도시철도법 시행령 제21조〉
1. 「건널목 개량촉진법」
2. 「지방공기업법」
3. 「철도의 건설 및 철도시설 유지관리에 관한 법률」
4. 「철도사업법」
5. 「철도산업발전기본법」
6. 「철도안전법」
7. 「한국철도공사법」
8. 「국가철도공단법」
9. 「항공·철도 사고조사에 관한 법률」

5 도시철도법령상 임원 중 피성년후견인으로 결격사유에 해당하는 임원이 있는 법인이 도시철도운송사업의 면허를 받을 수 있는 조건으로 옳은 것은?

① 임원이 업무에 관여하지 않는 경우

② 임원을 3개월 이내에 개임한 경우

③ 임원이 「도시철도법」을 위반하여 금고 이상의 형을 선고받고 집행유예기간 중에 있는 경우

④ 1년 이내에 임원을 개임한 경우

TIP 피성년후견인 또는 피한정후견인, 파산선고를 받고 복권되지 아니한 사람에 해당하여 제37조 제1항 제3호에 따라 도시철도운송사업의 면허가 취소된 경우는 제외한다〈도시철도법 제28조 제2항〉.

※ 도시철도운송사업자가 결격사유에 해당하는 경우. 다만, 법인의 임원중에 도시철도운송사업자가 결격사유에 해당하는 사람이 있는 경우로서 3개월 이내에 그 임원을 개임(改任)하였을 때에는 제외한다〈도시철도법 제37조 제1항 제3호〉.

Answer 1.② 2.① 3.③ 4.① 5.②

6 도시철도법령상 다음 ㉠에 해당하는 법령으로 옳지 않은 것은?

> 법인의 임원 중에 ㉠ 대통령령으로 정하는 철도 및 도시철도 관계 법령을 위반하여 금고 이상의 실형을 선고받고 그 집행이 끝나거나(끝난 것으로 보는 경우 포함) 면제된 날부터 1년 6개월이 된 법인은 철도 운송사업의 면허를 받을 수 없다.

① 항공 · 철도 사고조사에 관한 법률
② 철도산업발전기본법
③ 대중교통의 육성 및 이용촉진에 관한 법률
④ 철도의 건설 및 철도시설 유지관리에 관한 법률

TIP 철도 및 도시철도 관계 법령〈도시철도법 시행령 제21조〉
 1. 「건널목 개량촉진법」
 2. 「지방공기업법」
 3. 「철도의 건설 및 철도시설 유지관리에 관한 법률」
 4. 「철도사업법」
 5. 「철도산업발전기본법」
 6. 「철도안전법」
 7. 「한국철도공사법」
 8. 「국가철도공단법」
 9. 「항공 · 철도 사고조사에 관한 법률」

7 도시철도법령상 지방자치단체가 도시철도공사를 설립할 때 따라야할 법령은?

① 철도산업발전기본법 　　　② 한국철도공사법
③ 지방공기업법 　　　④ 철도사업법

TIP 지방자치단체가 「지방공기업법」 제49조에 따라 도시철도공사를 설립하려는 경우에는 미리 국토교통부장관과 협의하여야 한다〈도시철도법 제29조〉.

8 도시철도법령상 도시철도운송사업자가 운송개시일자를 연장할 경우 승인받아야 할 대상은?

① 국토교통부장관 　　　② 시 · 도지사
③ 도시철도공사 　　　④ 해당 지방의회

TIP 천재지변이나 그 밖의 불가피한 사유로 시 · 도지사가 정하는 날짜 또는 기간 내에 운송을 개시할 수 없는 경우에는 시 · 도지사의 승인을 받아 날짜를 연기하거나 기간을 연장할 수 있다〈도시철도법 제30조 제1항〉.

9 도시철도법령상 천재지변이나 그 밖의 불가피한 사유로 도시철도운송사업자의 운송개시에 대한 변경을 승인할 때 사전에 협의해야 할 대상은?

① 국토교통부장관

② 지방자치단체의 장

③ 해당 지역의 시·도지사

④ 도시철도공사 사장

TIP 시·도지사가 천재지변이나 그 밖의 불가피한 사유로 시·도지사가 정하는 날짜 또는 기간 내에 운송을 개시할 수 없는 경우로 운송개시 변경의 승인을 할 때에는 국토교통부장관과 미리 협의하여야 한다〈도시철도법 제30조 제2항〉.

10 도시철도법령상 도시철도운임의 변경사항을 정한 후 예고해야 하는 기한은?

① 7일 전

② 10일 전

③ 14일 전

④ 30일 전

TIP 도시철도운영자는 도시철도의 운임을 정하거나 변경하는 경우 그 사항을 시행 1주일 이전에 예고하는 등 도시철도 이용자에게 불편이 없도록 필요한 조치를 하여야 한다〈도시철도법 제31조 제2항〉.

11 도시철도법령상 운임조정위원회를 구성함에 있어서 민간위원의 비율로 옳은 것은?

① 25% 이상

② 30% 이상

③ 45% 이상

④ 50% 이상

TIP 운임조정위원회는 민간위원이 전체 위원의 2분의 1 이상이어야 한다〈도시철도법 시행령 제22조 제2항〉.

Answer 6.③ 7.③ 8.② 9.① 10.① 11.④

12 도시철도법령상 도시철도운임의 조정 및 협의에 대한 설명으로 옳지 않은 것은?

① 도시철도 운임의 범위에 관한 의견을 들어야 하는 운임조정위원회는 국토교통부에 설치한다.

② 운임조정위원회는 민간위원을 과반 이상으로 구성하여야 한다.

③ 도시철도를 한국철도공사가 운영하는 철도와 연결할 경우 도시철도운영자와 한국철도공사가 협의하여야 한다.

④ 시 · 도지사는 운임의 신고를 받으면 신고 받은 사항을 기획부장관 및 국토부장관에게 각각 통보하여야 한다.

TIP 도시철도 운임의 범위를 정하기 위하여 의견을 들어야 하는 운임조정위원회는 해당 시 · 도에 설치하여야 한다〈도시철도법 시행령 제22조 제1항〉.

13 도시철도법령상 도시철도운송약관에 대한 설명으로 옳지 않은 것은?

① 도시철도운영자는 도시철도운송약관을 정하여야 한다.

② 도시철도운송사업자인 도시철도운영자는 도시철도운송약관을 국토교통부장관에게 신고하여야 한다.

③ 신고를 받으면 도시철도운송약관의 내용이 도시철도법에 적합한지 검토해야 한다.

④ 도시철도법에 적합하면 국토교통부령으로 정하는 기간 이내에 신고를 수리하여야 한다.

TIP 도시철도운영자는 도시철도운송약관을 정하여야 하고, 도시철도운송사업자인 도시철도운영자는 이를 시 · 도지사에게 신고하여야 하며, 신고를 받은 시 · 도지사는 그 내용을 검토하여 이 법에 적합하면 신고를 받은 날부터 국토교통부령으로 정하는 기간 이내에 신고를 수리하여야 한다. 이를 변경하려는 경우에도 또한 같다〈도시철도법 제32조〉.

14 도시철도법령상 도시철도운송사업계획의 변경절차에 대한 설명으로 옳은 것은?

① 변경은 도시철도운송사업자가 한다.

② 변경신고는 국토교통부장관에게 해야 한다.

③ 변경한 후에는 시 · 도지사에게 알려야 한다.

④ 변경신고의 신청을 받으면 7일 이내에 신고수리를 해야 한다.

TIP ② 도시철도운송사업계획의 변경신고는 시 · 도지사에게 해야 한다〈도시철도법 제33조 제1항〉.
　　③ 변경한 경우에는 지체 없이 국토교통부장관에게 알려야 한다〈도시철도법 제33조 제2항〉.
　　④ 도시철도법에 적합하면 신고를 받은 날부터 국토교통부령으로 정하는 기간 이내에 신고를 수리하여야 한다〈도시철도법 제33조 제1항〉.

15 도시철도법령상 시 · 도지사가 도시철도운송사업계획을 변경한 경우에 지체 없이 통보해야 할 기관은?

① 운임조정위원회

② 국토교통부장관

③ 기획재정부장관

④ 대도시권광역교통위원회

TIP 시 · 도지사는 도시철도운송사업자로부터 도시철도운송사업계획에 대한 변경신고를 받거나 소관 도시철도운송사업계획을 변경한 경우에는 지체 없이 국토교통부장관에게 알려야 한다〈도시철도법 제33조 제2항〉.

16 도시철도법령상 연락운송에 대한 설명으로 옳지 않은 것은?

① 연락운송과 연계운송은 동일한 의미로 볼 수 있다.

② 연락운송을 하는 경우에 운임수입의 배분에 관한 사항은 국토교통부령으로 정한다.

③ 연계운송을 하는 경우에는 승객의 갈아타기에 관한 사항 등은 협의하여 정할 수 있다.

④ 도시철도운영자와 철도사업자 간에 운임수입에 대한 이자를 지급해야 하는 경우도 있다.

TIP 운임수입의 배분에 관한 사항은 도시철도운영자와 철도사업자 당사자 간의 협의로 정한다〈도시철도법 제34조 제1항〉.

Answer　12.①　13.②　14.①　15.②　16.②

17 도시철도법령상 운임수입배분에 관한 사항을 협의한 후 완료해야 하는 기간은? (해당 운임수입이 발생한 날이 속하는 연도의 다음연도를 기준으로 함)

① 3월 말일 　　　　　　　　　　② 6월 말일

③ 9월 말일 　　　　　　　　　　④ 12월 말

TIP 도시철도운영자 또는 철도사업자는 운임수입의 배분에 관한 사항에 대하여 해당 운임수입이 발생한 날이 속하는 연도의 다음 연도 12월 31일까지 연계운송에 관한 협의를 완료하거나 연계운송에 관한 결정을 신청하여야 한다〈도시철도법 제34조 제3항〉.

18 도시철도법령상 도시철도운송사업자가 도시철도운송사업을 양도 · 양수할 때 인가를 받아야 할 대상은?

① 국토교통부장관 　　　　　　　② 시 · 도지사

③ 도시철도공사 사장 　　　　　　④ 해당 지방의회

TIP 도시철도운송사업자가 도시철도운송사업을 양도 · 양수하거나 합병하려는 경우에는 시 · 도지사의 인가를 받아야 한다〈도시철도법 제35조 제1항〉.

19 도시철도법령상 사업의 휴업 · 폐업에 있어서 신고 · 허가에 대한 설명이다. 옳지 않은 것은?

① 정당한 사유로 인한 휴업의 경우에는 시 · 도지사에게 신고를 받아야 한다.

② 도시철도운송사업자가 사업을 폐업하려면 허가를 받아야 한다.

③ 신고를 받은 시 · 도지사는 도시철도법에 적합한 경우에는 신고를 수리하여야 한다.

④ 국토교통부장관이 휴업 또는 폐업을 허가할 경우에는 미리 시 · 도지사와 협의해야 한다.

TIP 시 · 도지사가 휴업 또는 폐업을 허가하려는 경우에는 미리 국토교통부장관과 협의하여야 한다〈도시철도법 제36조 제2항〉.

※ 도시철도운송사업자가 사업의 전부 또는 일부를 휴업 또는 폐업하려면 국토교통부령으로 정하는 바에 따라 시 · 도지사의 허가를 받아야 한다. 다만, 선로 또는 교량의 파괴, 도시철도시설의 개량, 그 밖의 정당한 사유로 인한 휴업의 경우에는 국토교통부령으로 정하는 바에 따라 시 · 도지사에게 신고하여야 하며, 신고를 받은 시 · 도지사는 그 내용을 검토하여 도시철도법에 적합하면 신고를 받은 날부터 국토교통부령으로 정하는 기간 이내에 신고를 수리하여야 한다〈도시철도법 제36조 제1항〉.

20 도시철도법령상 도시철도운송사업을 휴업할 경우 신고의 대상으로 옳지 않은 것은?

① 도시철도시설의 개량
② 교량의 파괴
③ 선로의 파괴
④ 도시철도 승객의 감소

(TIP) 도시철도운송사업자가 사업의 전부 또는 일부를 휴업 또는 폐업하려면 국토교통부령으로 정하는 바에 따라 시·도지사의 허가를 받아야 한다. 다만, 선로 또는 교량의 파괴, 도시철도시설의 개량, 그 밖의 정당한 사유로 인한 휴업의 경우에는 국토교통부령으로 정하는 바에 따라 시·도지사에게 신고하여야 하며, 신고를 받은 시·도지사는 그 내용을 검토하여 이 법에 적합하면 신고를 받은 날부터 국토교통부령으로 정하는 기간 이내에 신고를 수리하여야 한다〈도시철도법 제36조 제1항〉.

21 도시철도법령상 휴업기간 중에 휴업사유가 소멸되었을 때의 조치방법은?

① 즉시 사업을 재개할 수 있다.
② 시·도지사에게 신고하고 사업을 재개할 수 있다.
③ 국토교통부장관에게 사업재개사유서를 제출한 후 사업을 재개할 수 있다.
④ 시·도지사의 허가를 받은 후 사업을 재개할 수 있다.

(TIP) 휴업 또는 폐업의 허가를 받거나 신고한 휴업기간 중이라도 휴업사유가 소멸되었을 때에는 시·도지사에게 신고하고 사업을 재개할 수 있다〈도시철도법 제36조 제4항〉.

22 도시철도법령상 도시철도운송사업자가 휴업 또는 폐업할 때 게시해야 할 사항으로 옳지 않은 것은?

① 휴업 또는 폐업하는 도시철도운송사업의 내용
② 대체교통수단의 안내
③ 휴업하는 경우에는 휴업기간
④ 대체교통수단의 비용 및 이용방법

(TIP) 사업의 휴업·폐업 내용의 게시〈도시철도법 시행령 제23조〉 … 도시철도운송사업자는 법 제36조제1항 본문에 따라 휴업 또는 폐업의 허가를 받은 경우에는 휴업 또는 폐업 시작일 5일 이전에 법 제36조 제5항에 따라 다음 각 호의 사항을 인터넷 홈페이지와 관계 역·영업소 및 사업소의 일반인이 보기 쉬운 곳에 게시하여야 한다. 다만, 법 제36조 제1항 단서에 따라 휴업을 신고하는 경우에는 해당 휴업 사유가 발생하였을 때에 즉시 게시하여야 한다.
1. 휴업 또는 폐업하는 도시철도운송사업의 내용 및 그 사유
2. 휴업기간(휴업하는 경우만 해당한다)
3. 대체교통수단의 안내
4. 그 밖에 휴업 또는 폐업과 관련하여 도시철도운송사업자가 일반인에게 알려야 할 필요성이 있다고 인정하는 사항

chapter

06 도시철도운송사업의 면허취소 및 과징금

1 면허취소 및 사업정지〈법 제37조〉

① 면허정지 및 취소

　㉠ 취소권자 및 취소대상

　　• 취소권자 : 시 · 도지사

　　• 취소대상 : 도시철도운송사업자

　㉡ 면허를 취소하거나 6개월 이내의 기간을 정하여 사업정지를 명해야 하는 경우

　　• 거짓이나 그 밖의 부정한 방법으로 도시철도운송사업 면허를 받은 경우

　　• 도시철도운송사업의 면허기준을 위반한 경우

　　• 도시철도운송사업자가 결격사유에 해당하는 경우. 다만, 법인의 임원중에 그 사유에 해당하는 사람
　　　이 있는 경우로서 3개월 이내에 그 임원을 개임(改任)하였을 때에는 제외한다.

　　　※ 개임(改任)… 조직 내에서 특정 직위나 직무를 변경하는 것을 말하는데 이는 주로 공공기관이나 기업에서 직원의
　　　　 직책이나 업무가 변경되는 상황을 말한다.

　　• 시 · 도지사가 정한 날짜 또는 기간 내에 운송을 개시하지 아니한 경우

　　• 인가를 받지 아니하고 양도 · 양수하거나 합병한 경우

　　• 허가를 받지 아니하거나 신고를 하지 아니하고 도시철도운송사업을 휴업 또는 폐업하거나 휴업기간
　　　이 지난 후에도 도시철도운송사업을 재개하지 아니한 경우

　　• 사업개선명령을 따르지 아니한 경우

　　• 도시철도차량에 폐쇄회로텔레비전을 설치하지 아니한 경우

　　• 사업경영의 불확실 또는 자산상태의 현저한 불량이나 그 밖의 사유로 사업을 계속함이 적합하지 아
　　　니한 경우

　㉢ 면허를 취소해야 하는 경우 : 거짓이나 그 밖의 부정한 방법으로 도시철도운송사업 면허를 받은 경우

　㉣ 행정처분의 세부기준 및 청문

　　• 행정처분의 세부기준 : 행정처분의 세부기준은 위반행위의 종류와 위반 정도 등을 고려하여 국토교
　　　통부령으로 정한다.

　　• 청문 : 시 · 도지사는 도시철도운송사업의 면허를 취소하거나 사업의 정지를 명할 때에는 청문을 하
　　　여야 한다.

② 행정처분의 세부기준〈시행규칙 제7조 별표2〉

　　㉠ 위반행위가 둘 이상인 경우

　　　• 위반행위가 둘 이상인 경우로서 그에 해당하는 각각의 처분기준이 다른 경우에는 그 중 무거운 처분기준에 따른다.

　　　• 둘 이상의 처분기준이 모두 사업정지인 경우에는 각각의 처분기준을 합산한 기간을 넘지 아니하는 범위에서 무거운 처분기준의 2분의 1 범위에서 가중할 수 있다. 이 경우 각 처분기준을 합산한 기간은 6개월을 넘을 수 없다.

　　㉡ 위반행위의 횟수에 따른 행정처분의 기준

　　　• 위반행위의 횟수에 따른 행정처분의 기준은 최근 1년간 같은 위반행위로 행정처분을 받은 경우에 적용한다. 이 경우 기간의 계산은 위반행위에 대하여 행정처분을 받은 날과 그 처분 후 다시 같은 위반행위를 하여 적발된 날을 기준으로 한다.

　　　• 가중된 부과처분을 하는 경우 가중처분의 적용 차수는 그 위반행위 전 부과처분 차수(기간 내에 처분이 둘 이상 있었던 경우에는 높은 차수를 말한다)의 다음 차수로 한다.

　　㉢ 처분기간을 2분의 1 범위에서 감경할 수 있는 경우

　　　• 그 위반의 정도가 경미하거나 고의성이 없는 행위로서 신속히 사후 조치를 취한 경우

　　　• 위반행위에 대하여 처분을 하는 것이 도시철도 이용자에게 심한 불편을 줄 우려가 있는 경우

　　　• 공익을 위하여 특별히 처분을 감경할 필요가 있는 경우

◆ 적용차수

　• 개요 : 과태료를 부과할 때, 동일한 위반행위에 대해 첫 번째, 두 번째, 세 번째 등 몇 번째 적용되는지를 나타내는 횟수를 말한다.

　• 사용 : 위반행위가 반복될 경우 그 횟수를 기준으로 과태료를 다르게 부과하기 위해 사용된다.

2 과징금

① 과징금의 부과〈법 제38조〉

　　㉠ 과징금부과권자 : 시 · 도지사

　　㉡ 2천만 원 이하의 과징금

　　　• 부과사유 : 도시철도운송사업자가 사업정지처분을 하여야 할 경우로서 해당 사업의 정지가 그 사업의 이용자 등에게 심한 불편을 주거나 공익을 해칠 우려가 있을 때

　　　• 부과방법 : 대통령령으로 정하는 바에 따라 사업정지처분을 갈음하여 부과

　　㉢ 과징금미납 : 과징금을 내야 할 자가 납부기한까지 과징금을 내지 아니하면 「지방세징수법」에 따른 지방세 체납처분의 예에 따라 징수한다.

ⓔ 징수한 과징금의 사용용도
- 도시철도 관련 시설의 확충 및 정비
- 도시철도기술의 연구개발
- 도시철도 이용자의 서비스 개선사업
- 도시철도종사자의 양성·교육훈련이나 그 밖에 자질 향상을 위한 교육훈련시설의 건설 및 운영
- 도시철도운송사업의 경영개선이나 그 밖에 도시철도운송사업의 발전을 위하여 필요한 사항

ⓜ 위반행위의 종류 : 과징금을 부과하는 위반행위의 종류, 위반 정도 등에 따른 과징금의 금액, 그 밖에 필요한 사항은 대통령령으로 정한다.

② 과징금의 부과 및 납부

ⓞ 위반행위의 종류와 과징금의 금액〈시행령 제24조 제1항 별표3〉

과징금	위반행위
500만 원	- 도시철도운송사업의 면허기준을 위반한 경우 - 도시철도운송사업자가 결격사유에 해당하는 경우. 다만, 법인의 임원중에 그 사유에 해당하는 사람이 있는 경우로서 3개월 이내에 그 임원을 개임하였을 때에는 제외한다. - 허가를 받지 않거나 신고를 하지 않고 도시철도운송사업을 휴업하거나 휴업기간이 지난 후에도 도시철도운송사업을 재개하지 않은 경우 - 사업경영의 불확실 또는 자산상태의 현저한 불량이나 그 밖의 사유로 사업을 계속함이 적합하지 않은 경우
300만 원	- 시·도지사가 정한 날짜 또는 기간 내에 운송을 개시하지 않은 경우 - 인가를 받지 않고 양도·양수하거나 합병한 경우 - 사업개선명령을 따르지 않은 경우

ⓛ 과징금의 증액 및 감액
- 시·도지사는 사업의 규모, 사업지역의 특수성, 위반행위의 정도 및 횟수 등을 고려하여 과징금의 금액을 2분의 1 범위에서 늘리거나 줄일 수 있다.
- 과징금을 늘리는 경우에도 과징금의 총액은 2천만 원을 넘을 수 없다.

ⓒ 과징금의 납부
- 서면통보 : 시·도지사는 과징금을 부과하려면 그 위반행위의 종류와 해당 과징금의 금액을 명시하여 이를 낼 것을 서면으로 알려야 한다.
- 납부기일 : 통지를 받은 자는 통지를 받은 날부터 20일 이내에 시·도지사가 정하는 수납기관에 과징금을 내야 한다.
- 영수증발급 : 과징금을 받은 수납기관은 과징금을 낸 자에게 과징금 영수증을 발급하고, 시·도지사에게 영수확인통지서를 보내야 한다.

3 **사업개선명령 및 명의대여 금지**

① 사업개선명령〈법 제39조〉

    ㉠ 명령권자 : 시·도지사가 도시철도운송사업자에게 명령

    ㉡ 개선명령의 조건 : 도시교통의 원활화와 도시철도 이용자의 안전 및 편의 증진을 위하여 필요하다고 인정하는 경우

    ㉢ 개선명령을 할 수 있는 사항

      • 도시철도운송사업계획 및 도시철도운송약관의 변경

      • 운임의 조정

      • 도시철도차량이나 그 밖의 시설의 개선

      • 도시철도 노선의 연락운송

      • 도시철도차량 및 도시철도 사고에 관한 손해배상을 위한 보험에의 가입

      • 안전운송의 확보 및 서비스의 향상을 위하여 필요한 조치

      • 도시철도종사자의 양성 및 자질 향상을 위한 교육

② 명의대여의 금지〈법 제40조〉

    ㉠ 대여금지자 : 도시철도운영자

    ㉡ 상호대여금지 : 타인에게 자신의 상호를 사용하여 도시철도운송사업을 경영하게 하여서는 아니 된다.

4 **폐쇄회로텔레비전(CCTV) 및 요원배치**

① 폐쇄회로텔레비전의 설치·운영〈법 제41조〉

    ㉠ 설치 및 운영 : 도시철도운영자

    ㉡ 폐쇄회로텔레비전의 설치

      • 범죄 예방 및 교통사고 상황 파악을 위하여 도시철도차량에 대통령령으로 정하는 기준에 따라 폐쇄회로텔레비전을 설치하여야 한다.

      • 승객이 폐쇄회로텔레비전 설치를 쉽게 인식할 수 있도록 대통령령으로 정하는 바에 따라 안내판 설치 등 필요한 조치를 하여야 한다.

    ㉢ 폐쇄회로텔레비전의 임의조작 및 녹음금지

      • 설치목적과 다른 목적으로 폐쇄회로텔레비전을 임의로 조작할 수 없다.

      • 다른 곳을 비춰서는 아니 되며, 녹음기능은 사용할 수 없다.

    ㉣ 영상기록물 이용 및 제공금지 : 폐쇄회로텔레비전으로 촬영한 영상기록을 이용하거나 다른 자에게 제공하여서는 아니 된다.

⑩ 영상기록물 이용 및 제공이 가능한 경우
- 범죄 예방 및 교통사고 상황 파악을 위하여 필요한 경우
- 범죄의 수사와 공소의 제기 및 유지에 필요한 경우
- 법원의 재판업무수행을 위하여 필요한 경우
ⓑ 운영·관리지침 마련 : 도시철도운영자는 폐쇄회로텔레비전 운영으로 얻은 영상기록이 분실·도난·유출·변조 또는 훼손되지 아니하도록 폐쇄회로텔레비전의 운영·관리 지침을 마련하여야 한다.

◆ 폐쇄회로텔레비전(CCTV)
- 특정장소나 구역 내에서 보안, 감시, 관리를 목적으로 설치된 비디오 카메라시스템이다.
- 공공장소, 상업시설, 가정, 교통시설 등 다양한 곳에서 사용되며, 실시간으로 영상정보를 전송하고 기록할 수 있다.

② 폐쇄회로텔레비전의 설치기준〈시행령 제25조〉
　㉠ 해당 도시철도차량 내에 사각지대가 없도록 설치할 것
　㉡ 해상도는 범죄 예방 및 교통사고 상황 파악에 지장이 없도록 할 것
　㉢ 도시철도를 이용하는 승객 누구나 쉽게 인식할 수 있는 위치에 설치할 것

③ 폐쇄회로텔레비전의 안내판 설치〈시행령 제26조〉
　㉠ 설치자 : 도시철도운영자
　㉡ 설치목적 및 방법
　　- 승객이 도시철도차량 내 폐쇄회로텔레비전의 설치를 쉽게 인식할 수 있도록 폐쇄회로텔레비전이 설치된 위치 부근에 안내판을 설치하여야 한다.
　　- 안내판에는 한글과 영문을 함께 표기하여야 한다.
　㉢ 안내판설치 시 포함되어야 할 사항
　　- 설치목적
　　- 설치장소
　　- 촬영범위
　　- 촬영시간
　　- 담당부서, 책임자 및 연락처
　　- 도시철도운영자가 필요하다고 인정하는 사항
　㉣ 승객에게 안내 : 도시철도운영자는 도시철도차량에 폐쇄회로텔레비전이 설치되었다는 사실을 주기적인 안내방송 등을 통하여 승객에게 알려야 한다.

④ 보안요원의 배치·운영〈법 제41조의2〉
　㉠ 배치결정권자 : 도시철도운영자
　㉡ 보안요원배치 : 도시철도운영자는 승객의 안전 확보와 편의 증진을 위하여 역사 및 도시철도차량에 보안요원을 배치하여 운영할 수 있다.

5 **도시철도운송사업의 위탁**

① 도시철도운송사업의 위탁〈법 제42조〉

　㉠ 법인에 위탁 : 국가나 지방자치단체가 도시철도운영자인 경우에는 도시철도운송사업을 법인에 위탁할 수 있다.

　㉡ 위탁법인 면허취득 : 제2조 제6호 가목 또는 나목의 사업을 위탁받은 법인은 도시철도운송사업 면허를 받아야 한다.

　　조문참고 제2조 제6호 가목 또는 나목
　　　　"도시철도운송사업"이란 도시철도와 관련된 다음 각 목의 어느 하나에 해당하는 사업을 말한다.
　　　　　　가. 도시철도시설을 이용한 여객 및 화물 운송
　　　　　　나. 도시철도차량의 정비 및 열차의 운행 관리

　㉢ 필요한 사항 : 위탁에 필요한 사항은 대통령령으로 정한다.

② 도시철도운송사업의 위탁 및 승인〈시행령 제27조〉

　㉠ 통보 : 지방자치단체인 도시철도운영자가 도시철도운송사업을 법인에 위탁하는 경우에는 그 사실을 국토교통부장관에게 통보하여야 한다.

　㉡ 승인

　　• 도시철도운송사업을 위탁받은 수탁법인(이하 이 조에서 "운송사업수탁법인"이라 한다)은 도시철도운송사업을 시행하기 전에 도시철도운송사업을 위탁한 국가 또는 지방자치단체의 승인을 받아야 한다.

　　• 승인받은 사항을 변경하는 경우에도 또한 같다.

　㉢ 승인받아야 할 사항

　　• 연도별 도시철도운송사업의 계획 및 결산

　　• 운송사업수탁법인의 정관의 제정 또는 변경에 관한 사항

　　• 도시철도운송사업에 필요한 시설의 유지관리 계획에 관한 사항

　㉣ 필요한 지시 : 국가나 지방자치단체는 운송사업수탁법인이 시행하는 도시철도운송사업에 대하여 필요한 지시를 할 수 있다.

6 철도사업법의 준용〈법 제43조〉

① 도시철도 관련

    ㉠ 준용범위

        • 도시철도운영자의 준수사항

        • 도시철도종사자의 준수사항

        • 도시철도차량 관리에 대한 책임

        • 도시철도 서비스 향상 등에 관하여

    ㉡ 준용 법조항

        •「철도사업법」제10조, 제20조, 제22조 및 제26조부터 제33조까지의 규정을 준용한다.

        • 이 경우 "철도"는 "도시철도"로, "철도사업자"는 "도시철도운영자"로, "철도사업약관"은 "도시철도운송약관"으로, "철도운수종사자"는 "도시철도종사자"로, "철도차량"은 "도시철도차량"으로 본다.

② 민자도시철도 관련

    ㉠ 준용범위 : 민자도시철도의 관리에 관하여

    ㉡ 준용 법조항

        •「철도사업법」제25조 및 제25조의2부터 제25조의6까지를 준용한다.

        • 이 경우 "국토교통부장관"은 "지방자치단체의 장"으로, "민자철도"는 "민자도시철도"로, "민자철도사업자"는 "민자도시철도운영자"로, "국세강제징수의 예"는 "지방세 체납처분의 예"로, "철도사업"은 "도시철도사업"으로, "국가"는 "지방자치단체"로, "국회소관 상임위원회"는 "지방의회"로 본다.

암기요약 … 핵심조문 빈칸 채우기

(1) 시 · 도지사는 도시철도운송사업자가 사업개선명령을 따르지 아니한 경우에는 그 면허를 취소하거나 (　　)의 기간을 정하여 그 사업의 정지를 명할 수 있다.

(2) 거짓이나 그 밖의 부정한 방법으로 (　　) 면허를 받은 경우에는 그 면허를 (　　)하여야 한다.

(3) 시 · 도지사는 도시철도운송사업자가 해당 사업의 정지가 그 사업의 이용자 등에게 심한 불편을 주거나 공익을 해칠 우려가 있을 때에는 사업정지처분을 갈음하여 (　　)의 (　　)을 부과할 수 있다.

(4) 납부기한까지 과징금을 내지 아니하면 (　　)에 따른 지방세 체납처분의 예에 따라 징수한다.

(5) 위반행위의 종류와 과징금의 금액
　　㉠ 도시철도운송사업자가 결격사유에 해당하는 경우 : 과징금 (　　) 부과
　　㉡ 시 · 도지사가 정한 날짜 또는 기간 내에 운송을 개시하지 않은 경우 : 과징금 (　　) 부과
　　㉢ 도시철도운송사업의 면허기준을 위반한 경우 : 과징금 (　　) 부과

(6) 시 · 도지사는 사업의 규모, 사업지역의 특수성, 위반행위의 정도 및 횟수 등을 고려하여 과징금의 금액을 (　　) 범위에서 늘리거나 줄일 수 있다. 이 경우 과징금을 늘리는 경우에도 과징금의 총액은 (　　)을 넘을 수 없다.

(7) 과징금은 부과통지를 받은 날부터 (　　)에 (　　)가 정하는 수납기관에 과징금을 내야 한다.

(8) 징수한 과징금을 사용할 수 있는 용도
　　㉠ 도시철도 관련 시설의 확충 및 정비
　　㉡ 도시철도기술의 (　　)
　　㉢ 도시철도 이용자의 서비스 개선사업
　　㉣ 도시철도종사자의 (　　)이나 그 밖에 자질향상을 위한 교육훈련시설의 건설 및 운영
　　㉤ 도시철도운송사업의 경영개선이나 그 밖에 도시철도운송사업의 발전을 위하여 필요한 사항

(9) 시 · 도지사는 도시교통의 원활화와 도시철도 이용자의 안전 및 편의 증진을 위하여 필요하다고 인정하면 도시철도운송사업자에게 (　　)을 할 수 있다.

(10) 도시철도운영자는 범죄예방 및 교통사고 상황파악을 위하여 도시철도차량에 (　　)을 설치하여야 한다.

(11) 승객이 폐쇄회로텔레비전의 설치를 쉽게 (　　)할 수 있도록 폐쇄회로텔레비전 주변에 (　　)을 설치하여야 한다.

(12) 폐쇄회로텔레비전의 안내판에는 (　　)을 함께 표기하여야 한다.

(13) 국가나 지방자치단체가 (　　)인 경우에는 도시철도운송사업을 (　　)에 위탁할 수 있다.

(14) 지방자치단체가 도시철도운송사업을 위탁하는 경우에는 그 사실을 (　　)에게 (　　)하여야 한다.

(15) 도시철도운영자의 준수사항, 도시철도서비스 향상 등에 관하여는 (　　)을 준용한다.

정답 및 해설

(1) 6개월 이내
(2) 도시철도운송사업, 취소
(3) 2천만 원 이하, 과징금
(4) 지방세징수법
(5) 500만 원, 300만 원, 500만 원

(6) 2분의 1, 2천만 원
(7) 20일 이내, 시 · 도지사
(8) 연구개발, 양성 · 교육훈련
(9) 사업개선명령
(10) 폐쇄회로텔레비전

(11) 인식, 안내판
(12) 한글과 영문
(13) 도시철도운영자, 법인
(14) 국토교통부장관, 통보
(15) 철도사업법

1 도시철도법령상 면허취소 또는 사업정지에 대한 설명으로 옳지 않은 것은?

① 도시철도운송사업자의 면허취소 또는 사업정지는 국토교통부장관이 할 수 있다.

② 행정처분의 세부기준은 국토교통부령으로 정한다.

③ 사업개선명령을 따르지 아니한 경우에는 면허취소 또는 사업정지를 명할 수 있다.

④ 도시철도운송사업의 면허를 취소하거나 사업의 정지를 명할 때에는 청문을 하여야 한다.

TIP 시·도지사는 도시철도운송사업자가 면허를 취소하거나 사업의 정지를 명할 수 있다〈도시철도법 제37조 제1항〉.

2 도시철도법령상 도시철도운송사업자의 면허를 취소하거나 사업정지를 명할 때 수행해야 하는 절차로 옳은 것은?

① 국토교통부장관과의 협의　　　　　　② 청문

③ 행정심판의 판결　　　　　　　　　　④ 지방자치단체장의 동의

TIP 시·도지사는 도시철도운송사업의 면허를 취소하거나 사업의 정지를 명할 때에는 청문을 하여야 한다〈도시철도법 제37조 제3항〉.

3 도시철도법령상 과징금에 대한 설명으로 옳지 않은 것은?

① 시·도지사가 도시철도운송사업자 중 위반행위를 한 부과대상자에게 부과한다.

② 사업정지처분을 갈음하여 과징금을 부과할 수 있다.

③ 징수한 과징금은 도시철도종사자의 양성·교육훈련의 용도로 사용할 수 있다.

④ 위반정도 등에 따른 과징금의 금액은 시·도지사가 정한다.

TIP 과징금을 부과하는 위반행위의 종류, 위반 정도 등에 따른 과징금의 금액, 그 밖에 필요한 사항은 대통령령으로 정한다〈도시철도법 제38조 제4항〉.

4 도시철도법령상 법인이 결격사유에 해당하는 임원을 3개월 이후에 개임하였을 않을 경우에 시·도지사가 취할 수 있는 조치로 옳은 것은?

① 사업개선의 명령 　　　　　　　　　② 서면 경고조치

③ 과태료 부과 　　　　　　　　　　　④ 면허취소 또는 사업정지 명령

TIP 법인의 임원중에 그 사유에 해당하는 사람이 있는 경우로서 3개월 이내에 그 임원을 개임하였을 때에는 면허취소 또는 사업정지 대상에서 제외한다〈도시철도법 제37조 제1항 제3호〉.

※ 개임(改任) … 조직 내에서 특정 직위나 직무를 변경하는 것을 말하는데 이는 주로 공공기관이나 기업에서 직원의 직책이나 업무가 변경되는 상황을 말한다.

5 도시철도법령상 다음 〈보기〉에 해당하는 사업자에게 사업의 정지를 명하고자 한다. 이 때 사업정지 기간 으로 옳은 것은?

〈보기〉

허가를 받지 아니하거나 신고를 하지 아니하고 도시철도운송사업을 휴업 또는 폐업하거나 휴업기간이 지난 후에도 도시철도운송사업을 재개하지 아니한 경우

---

① 3개월 이내 　　　　　　　　　　　② 6개월 이내

③ 9개월 이내 　　　　　　　　　　　④ 1년 이내

TIP 면허의 취소 등〈도시철도법 제37조 제1항〉 … 시·도지사는 도시철도운송사업자가 다음 각 호의 어느 하나에 해당하는 경우에는 그 면허를 취소하거나 6개월 이내의 기간을 정하여 그 사업의 정지를 명할 수 있다. 다만, 제1호에 해당하는 경우에는 그 면허를 취소하여야 한다.
1. 거짓이나 그 밖의 부정한 방법으로 도시철도운송사업 면허를 받은 경우
2. 도시철도운송사업의 면허기준을 위반한 경우
3. 도시철도운송사업자가 결격사유에 해당하는 경우. 다만, 법인의 임원 중에 그 사유에 해당하는 사람이 있는 경우로서 3개월 이내에 그 임원을 개임(改任)하였을 때에는 제외한다.
4. 시·도지사가 정한 날짜 또는 기간 내에 운송을 개시하지 아니한 경우
5. 인가를 받지 아니하고 양도·양수하거나 합병한 경우
6. 허가를 받지 아니하거나 신고를 하지 아니하고 도시철도운송사업을 휴업 또는 폐업하거나 휴업기간이 지난 후에도 도시철도운송사업을 재개하지 아니한 경우
7. 사업개선명령을 따르지 아니한 경우
8. 도시철도차량에 폐쇄회로 텔레비전을 설치하지 아니한 경우
9. 사업경영의 불확실 또는 자산상태의 현저한 불량이나 그 밖의 사유로 사업을 계속함이 적합하지 아니한 경우

Answer 1.① 2.② 3.④ 4.④ 5.②

6 도시철도법령상 과징금을 부과하는 경우로서 옳은 것은?

① 해당 사업의 정지가 그 사업의 이용자 등에게 심한 불편을 주거나 공익을 해칠 우려가 있을 때

② 해당 사업의 정지로 인하여 도시철도운송사업자가 경영상 어려움이 예상될 때

③ 도시철도운송사업자가 사업의 정지처분 대신 과징금 부과요청을 하였을 때

④ 도시철도운송사업자가 면허의 기준을 위반하였을 때

TIP 시·도지사는 도시철도운송사업자가 사업정지처분을 하여야 할 경우로서 해당 사업의 정지가 그 사업의 이용자 등에게 심한 불편을 주거나 공익을 해칠 우려가 있을 때에는 사업정지처분을 갈음하여 과징금을 부과할 수 있다〈도시철도법 제38조 제1항〉.

7 도시철도법령상 과징금을 납부기한까지 내지 않을 경우에 시·도지사가 취할 수 있는 조치는?

① 사업의 정지처분

② 지방세 체납처분의 예에 따라 징수

③ 국세강제징수의 예에 따라 징수

④ 기존 과징금의 1.5배의 과징금 부과

TIP 과징금을 내야 할 자가 납부기한까지 과징금을 내지 아니하면 「지방세징수법」에 따른 지방세 체납처분의 예에 따라 징수한다〈도시철도법 제38조 제2항〉.

8 도시철도법령상 시·도지사가 사업정지처분을 대신하여 과징금을 부과할 수 있는 조건으로 옳지 않은 것은?

① 사업의 정지가 이용자에게 심한 불편을 주는 경우

② 시·도지사가 정한 날짜 또는 기간 내에 운송을 개시하지 않은 경우

③ 거짓이나 그 밖의 부정한 방법으로 도시철도운송사업 면허를 받은 경우

④ 사업의 정지가 공익을 해칠 우려가 있는 경우

TIP 도시철도운송사업자가 사업정지처분을 하여야 할 경우로서 해당 사업의 정지가 그 사업의 이용자 등에게 심한 불편을 주거나 공익을 해칠 우려가 있을 때에 과징금을 부과할 수 있다〈도시철도법 제38조 제1항〉.

9 도시철도법령상 도시철도운송사업자가 면허기준을 위반한 경우 부과될 수 있는 과징금의 금액은?

① 200만 원

② 300만 원

③ 500만 원

④ 700만 원

TIP 도시철도운송사업자가 면허기준을 위반한 경우는 500만원의 과징금을 부과한다〈시행령 제24조 제1항 별표3 제1호〉.

10 도시철도법령상 다음 위반행위에 대한 과징금의 부과 금액으로 옳은 것은?

> 인가를 받지 않고 양도 · 양수하거나 합병한 경우

① 100만 원

② 200만 원

③ 300만 원

④ 500만 원

TIP 300만 원의 과징금 부과대상의 위반행위〈시행령 제24조 제1항 별표3〉
> 1. 시 · 도지사가 정한 날짜 또는 기간 내에 운송을 개시하지 않은 경우
> 2. 인가를 받지 않고 양도 · 양수하거나 합병한 경우
> 3. 사업개선명령을 따르지 않은 경우

11 도시철도법령상 과징금 부과 및 납부에 대한 설명으로 옳지 않은 것은?

① 과징금을 부과할 때에는 위반행위의 종류와 과징금의 금액을 명시하여 통지해야 한다.

② 과징금은 시 · 도지사가 정하는 수납기관에 내야 한다.

③ 사업의 규모에 관계없이 과징금의 총액을 2천만 원 이상으로 늘릴 수 있다.

④ 과징금을 받은 수납기관은 시 · 도지사에게 영수확인통지서를 보내야 한다.

TIP 사업의 규모 등을 고려하여 과징금을 늘리는 경우에도 과징금의 총액은 2천만 원 이하의 금액을 넘을 수 없다〈도시철도법 시행령 제24조 제2항〉.

12 도시철도법령상 과징금을 부과하고자 할 때 위반행위의 종류와 과징금의 금액을 도시철도운송사업자에게 알리는 방법으로 옳은 것은?

① 이메일   ② 서면
③ 전화통화   ④ 공문서

TIP 시 · 도지사는 과징금을 부과하려면 그 위반행위의 종류와 해당 과징금의 금액을 명시하여 이를 낼 것을 서면으로 알려야 한다〈도시철도법 시행령 제24조 제3항〉.

13 도시철도법령상 시 · 도지사가 도시철도운송사업자에게 사업개선명령을 할 수 조건으로 볼 수 없는 것은?

① 도시교통의 원활화   ② 도시철도 이용자의 안전
③ 도시철도 이용자의 편의증진   ④ 도시철도차량의 교체 및 안전성 확보

TIP 사업개선명령〈도시철도법 제39조〉 ··· 시 · 도지사는 도시교통의 원활화와 도시철도 이용자의 안전 및 편의 증진을 위하여 필요하다고 인정하면 도시철도운송사업자에게 다음 각 호의 사항을 명할 수 있다.
1. 도시철도운송사업계획 및 도시철도운송약관의 변경
2. 운임의 조정
3. 도시철도차량이나 그 밖의 시설의 개선
4. 도시철도 노선의 연락운송
5. 도시철도차량 및 도시철도 사고에 관한 손해배상을 위한 보험에의 가입
6. 안전운송의 확보 및 서비스의 향상을 위하여 필요한 조치
7. 도시철도종사자의 양성 및 자질 향상을 위한 교육

14 도시철도법령상 CCTV 설치 · 운영에 대한 설명으로 옳지 않은 것은?

① 도시철도차량에 대통령령으로 정하는 기준에 따라 설치해야 한다.
② CCTV 설치를 승객이 쉽게 인식할 수 있도록 안내판을 설치해야 한다.
③ CCTV의 녹음기능을 사용할 수 있다.
④ 설치목적과 다르게 CCTV를 임의로 조작하거나 다른 곳을 비출 수 없다.

TIP 도시철도운영자는 설치 목적과 다른 목적으로 폐쇄회로 텔레비전을 임의로 조작하거나 다른 곳을 비춰서는 아니 되며, 녹음기능은 사용할 수 없다〈도시철도법 제41조 제3항〉.

15 도시철도법령상 폐쇄회로텔레비전의 운영 · 관리지침을 마련해야 하는 주체는?

① 국토교통부장관   ② 시 · 도지사

③ 도시철도운영자   ④ 해당 지방의회

TIP 도시철도운영자는 폐쇄회로텔레비전 운영으로 얻은 영상기록이 분실 · 도난 · 유출 · 변조 또는 훼손되지 아니하도록 폐쇄회로텔레비전의 운영 · 관리지침을 마련하여야 한다〈도시철도법 제41조 제5항〉.

16 도시철도법령상 승객이 도시철도차량 내 CCTV의 설치를 쉽게 인식할 수 있도록 CCTV의 부근에 설치해야 하는 것은?

① CCTV의 종류   ② 조명등

③ 형광물질   ④ 안내판

TIP 폐쇄회로 텔레비전의 안내판 설치 등〈도시철도법 시행령 제26조 제1항〉 … 도시철도운영자는 승객이 도시철도차량 내 폐쇄회로 텔레비전의 설치를 쉽게 인식할 수 있도록 폐쇄회로 텔레비전이 설치된 위치 부근에 다음 각 호의 사항이 포함된 안내판을 설치하여야 한다. 이 경우 안내판에는 한글과 영문을 함께 표기하여야 한다.
1. 설치 목적
2. 설치 장소
3. 촬영 범위
4. 촬영 시간
5. 담당 부서, 책임자 및 연락처
6. 그 밖에 도시철도운영자가 필요하다고 인정하는 사항

17 도시철도법령상 도시철도차량에 폐쇄회로텔레비전이 설치되었을 경우 주기적으로 고객에게 알려야 할 사항은?

① 폐쇄회로텔레비전이 설치되었다는 사실

② 폐쇄회로텔레비전을 설치하게 된 목적

③ 폐쇄회로텔레비전의 촬영범위와 시간

④ 폐쇄회로텔레비전이 설치됨으로써 예방되고 있는 사항

TIP 도시철도운영자는 도시철도차량에 폐쇄회로텔레비전이 설치되었다는 사실을 주기적으로 승객에게 알려야 한다〈도시철도법 시행령 제26조 제2항〉.

Answer   12.②   13.④   14.③   15.③   16.④   17.①

18 도시철도법령상 보안요원에 대한 설명으로 옳지 않은 것은?

① 운영목적은 승객의 안전 확보와 편의증진을 위함이다.

② 도시철도 역사에 보안요원을 배치한다.

③ 보안요원은 시·도지사가 운영한다.

④ 도시철도차량에 보안요원을 배치하여 운영할 수 있다.

TIP 도시철도운영자는 승객의 안전 확보와 편의증진을 위하여 역사 및 도시철도차량에 보안요원을 배치하여 운영할 수 있다〈도시철도법 제41조의2〉.

19 도시철도법령상 도시철도운송사업을 위탁할 수 있는 경우는?

① 도시철도운영자가 경영상 어려움이 발생한 경우

② 국가나 지방자치단체가 도시철도운영자인 경우

③ 해당 지방자치단체가 국회의 승인을 받은 경우

④ 위탁하도록 대통령령으로 정한 경우

TIP 국가나 지방자치단체가 도시철도운영자인 경우에는 도시철도운송사업을 법인에 위탁할 수 있다〈도시철도법 제42조 제1항〉.

20 도시철도법령상 도시철도운송사업의 위탁에 관하여 필요한 사항을 정하는 기준은?

① 대통령령

② 국토교통부령

③ 해당 지방자치단체의 조례

④ 해당 지방의회의 의결

TIP 도시철도운송사업의 위탁에 필요한 사항은 대통령령으로 정한다〈도시철도법 제42조 제3항〉.

21 도시철도법령상 다음에 해당하는 사항으로 옳지 않은 것은?

> 운송사업수탁법인이 도시철도운송사업을 시행하기 전에 도시철도운송사업을 위탁한 국가 또는 지방자치단체로부터 승인을 받아야 할 사항

① 운송사업수탁법인의 정관의 제정에 관한 사항
② 도시철도운송사업에 필요한 시설의 유지관리 계획에 관한 사항
③ 연도별 도시철도운송사업의 계획 및 결산에 관한 사항
④ 도시철도운송요금의 승인에 관한 사항

TIP 도시철도운송사업의 위탁〈도시철도법 시행령 제27조 제2항〉 ··· 도시철도운송사업을 위탁받은 수탁법인(이하 이 조에서 "운송사업수탁법인"이라 한다)은 도시철도운송사업을 시행하기 전에 다음 각 호의 사항에 대하여 도시철도운송사업을 위탁한 국가 또는 지방자치단체의 승인을 받아야 한다. 승인받은 사항을 변경하는 경우에도 또한 같다.
1. 연도별 도시철도운송사업의 계획 및 결산
2. 운송사업수탁법인의 정관의 제정 또는 변경에 관한 사항
3. 도시철도운송사업에 필요한 시설의 유지관리 계획에 관한 사항

22 도시철도법령상 「철도사업법」을 준용하고 있는 내용으로 옳지 않은 것은?

① 도시철도차량 관리에 대한 책임
② 도시철도망구축계획의 수립에 관한 사항
③ 도시철도 서비스향상
④ 도시철도운영자의 준수사항

TIP 도시철도운영자의 준수사항, 도시철도종사자의 준수사항, 도시철도차량 관리에 대한 책임, 도시철도 서비스 향상 등에 관하여는 「철도사업법」 제10조(부가 운임의 징수), 제20조(철도사업자의 준수사항), 제22조(철도운수종사자의 준수사항) 및 제26조(철도서비스의 품질평가 등)부터 제33조(도시철도운송사업계획의 변경)까지의 규정을 준용한다. 이 경우 "철도"는 "도시철도"로, "철도사업자"는 "도시철도운영자"로, "철도사업약관"은 "도시철도운송약관"으로, "철도운수종사자"는 "도시철도종사자"로, "철도차량"은 "도시철도차량"으로 본다〈도시철도법 제43조 제1항〉.

chapter 07

보칙 및 벌칙

1 감독과 보고

① 감독〈법 제44조〉

ㄱ 국토교통부장관의 감독 및 명령

• 감독대상 : 도시철도건설자 및 도시철도운영자(국가는 제외)

• 명령 : 국토교통부장관은 필요하다고 인정하면 도시철도건설자 및 도시철도운영자에게 업무에 관하여 감독상 필요한 명령을 할 수 있다.

ㄹ 시·도지사의 감독 및 명령

• 감독대상 : 국가·지방자치단체나 도시철도공사가 아닌 도시철도건설자 및 도시철도운영자

• 감독 및 명령 : 시·도지사는 도시철도건설자 및 도시철도운영자에게 감독 및 명령을 할 수 있다.

② 보고 및 검사〈법 제45조〉

ㄱ 국토교통부장관의 보고 및 검사지시

• 보고지시 : 국토교통부장관은 필요하다고 인정하면 도시철도건설자 및 도시철도운영자로 하여금 그 업무 및 자산상태에 관하여 보고를 하게 할 수 있다.

• 검사지시 : 소속 공무원에게 도시철도건설자 및 도시철도운영자의 사무소나 그 밖의 사업소에 출입하여 업무상황 또는 장부·서류나 그 밖에 필요한 물건을 검사하게 할 수 있다.

ㄴ 시·도지사의 보고 및 검사

• 보고 및 검사대상 : 국가·지방자치단체나 도시철도공사가 아닌 도시철도건설자 및 도시철도운영자의 경우

• 보고지시 : 시·도지사가 도시철도건설자 및 도시철도운영자로 하여금 보고하게 할 수 있다.

• 직접검사 : 도시철도건설자 및 도시철도운영자를 검사할 수 있다.

ㄷ 검사 시 증표제시 : 사무소나 그 밖의 사업소에 출입하여 검사를 하는 공무원은 그 권한을 표시하는 증표를 지니고 관계인에게 보여주어야 한다.

2 권한의 위임

① 권한위임〈법 제46조〉

ㄱ 위임할 권한 : 도시철도법에 따른 국토교통부장관의 권한의 일부

ㄴ 위임방법 : 대통령령으로 정하는 바에 따라

ㄷ 위임의 상대 : 대도시권광역교통위원장 또는 시·도지사에게 위임

② 권한의 위임 범위〈시행령 제28조〉

　　㉠ 국토교통부장관이 대도시권광역교통위원회에게 위임할 권한 : 도시철도운송사업 사업구간의 전부 또는 일부가 대도시권 안에 있는 경우에 한정)

- 민자도시철도에 대한 기본계획 수립의 생략협의, 기본계획 중 주요사항에 대한 협의 및 기본계획의 접수, 기본계획의 승인, 기본계획의 고시
- 사업계획의 승인 및 변경 승인, 승인된 사업계획을 관보에 고시(시·도지사에게 위임한 권한은 제외)
- 인·허가 의제 등에 관한 협의 및 일괄협의회의 개최
- 도시철도채권 발행 협의
- 정부의 재정적 지원
- 지원자금의 회수
- 도시철도건설사업의 위탁 승인
- 도시철도 연계망 구축 지원
- 도시철도운송사업계획의 조정 및 도시철도운송사업계획에 관한 협의
- 운송개시 변경 승인의 협의
- 도시철도운송사업계획 변경 신고 및 변경의 접수
- 연락운송 분쟁에 대한 결정
- 도시철도운송사업 양도·양수 및 합병 인가 협의
- 도시철도운송사업 휴업 및 폐업 허가 협의
- 도시철도건설자 및 도시철도운영자에 대한 감독 및 명령
- 도시철도건설자 및 도시철도운영자에 대한 보고요구 및 검사
- 도시철도채권 발행요청 및 공고
- 도시철도채권 이율에 대한 협의

　　㉡ 국토교통부장관이 시·도지사에게 위임할 권한

- 도시철도건설자가 지방자치단체나 도시철도공사인 경우에 해당 도시철도건설자에 대한 다음의 권한
- 사업계획의 변경사항 중 다음의 어느 하나에 해당하는 사항에 관한 변경승인
  ⓐ 노선연장을 100분의 10의 범위에서 변경
  ⓑ 도시철도 부지를 100분의 10의 범위에서 변경과 그 범위에서의 도시철도시설의 위치 등의 변경
- ⓐⓑ의 변경사항에 대한 관보의 고시
- 국가·지방자치단체나 도시철도공사가 아닌 도시철도건설자에 대한 다음의 권한
- 사업계획의 승인 및 변경승인
- 사업계획승인을 관보에의 고시

※ 시·도지사는 위임받은 업무를 처리하였을 때에는 그 내용을 지체 없이 국토교통부장관에게 보고하여야 한다.

❸ 벌칙 및 과태료

① 벌칙〈법 제47조〉

    ㉠ 2년 이하의 징역 또는 2천만 원 이하의 벌금

- 면허를 받지 아니하고 도시철도운송사업을 경영한 자
- 거짓이나 그 밖의 부정한 방법으로 도시철도운송사업의 면허를 받은 자
- 사업정지 기간에 도시철도운송사업을 경영한 자
- 타인에게 자신의 상호를 대여한 자
- 도시철도운영자의 공동 활용에 관한 요청을 정당한 사유 없이 거부한 자(제43조에 따라 준용되는 「철도사업법」 제31조 위반)

    조문참고 철도사업법 제31조(철도시설의 공동 활용)

        공공교통을 목적으로 하는 선로 및 다음 각 호의 공동 사용시설을 관리하는 자는 철도사업자가 그 시설의 공동 활용에 관한 요청을 하는 경우 협정을 체결하여 이용할 수 있게 하여야 한다.

- 철도역 및 역 시설(물류시설, 환승시설 및 편의시설 등을 포함한다)
- 철도차량의 정비 · 검사 · 점검 · 보관 등 유지관리를 위한 시설
- 사고의 복구 및 구조 · 피난을 위한 설비
- 열차의 조성 또는 분리 등을 위한 시설
- 철도 운영에 필요한 정보통신 설비

    ㉡ 1년 이하의 징역 또는 1천만 원 이하의 벌금

- 설치목적과 다른 목적으로 폐쇄회로텔레비전을 임의로 조작하거나 다른 곳을 비춘 자 또는 녹음기능을 사용한 자
- 영상기록을 목적 외의 용도로 이용하거나 다른 자에게 제공한 자

    ㉢ 1천만 원 이하의 벌금

- 사업개선명령을 위반한 자
- 우수서비스마크 또는 이와 유사한 표지를 도시철도차량 등에 붙이거나 인증사실을 홍보한 자(제43조에 따라 준용되는 「철도사업법」 제28조 제3항 위반)
- 감독상 필요한 명령을 위반한 자

    조문참고 철도사업법 제28조(우수 철도서비스 인증) 제3항

        인증을 받은 자가 아니면 우수서비스마크 또는 이와 유사한 표지를 철도차량, 역 시설 또는 철도 용품 등에 붙이거나 인증 사실을 홍보하여서는 아니 된다.

② 양벌규정〈법 제48조〉

    ㉠ 제47조(벌칙)의 위반 : 법인의 대표자나 법인 또는 개인의 대리인, 사용인, 그 밖의 종업원이 그 법인 또는 개인의 업무에 관하여 제47조를 위반하면 그 행위자를 벌하는 외에 그 법인 또는 개인에게도 해당 조문의 벌금형을 과(科)한다.

    ㉡ 양벌규정적용 예외 : 법인 또는 개인이 그 위반행위를 방지하기 위하여 해당 업무에 관하여 상당한 주의와 감독을 게을리 하지 아니한 경우에는 그러하지 아니하다.

③ 과태료〈법 제49조〉

　　㉠ 500만 원 이하의 과태료 부과 : 회계를 구분하여 경리하지 아니한 자(제43조에 따라 준용되는 「철도사업법」 제32조 제1항 또는 제2항 위반)

　　㉡ 300만 원 이하의 과태료 부과 : 도시철도차량에 폐쇄회로텔레비전을 설치하지 아니한 자

　　㉢ 100만 원 이하의 과태료 부과
　　　• 철도사업자의 준수사항을 위반한 자(제43조에 따라 준용되는 「철도사업법」 제20조 제2항부터 제4항 위반)
　　　• 도시철도차량의 점검·정비에 관한 책임자를 선임하지 아니한 자(제43조에 따라 준용되는 「철도사업법」 제25조 제2항 위반)

　　㉣ 50만 원 이하의 과태료 부과 : 철도운수종사자의 준수사항을 위반한 도시철도종사자 및 그가 소속된 도시철도운영자(제43조에 따라 준용되는 「철도사업법」 제22조 위반)

`조문참고` 철도사업법 제32조(회계의 구분) 제1항 또는 제2항
　　• 철도사업자는 철도사업 외의 사업을 경영하는 경우에는 철도사업에 관한 회계와 철도사업 외의 사업에 관한 회계를 구분하여 경리하여야 한다.
　　• 철도사업자는 철도운영의 효율화와 회계처리의 투명성을 제고하기 위하여 국토교통부령으로 정하는 바에 따라 철도사업의 종류별·노선별로 회계를 구분하여 경리하여야 한다.

`조문참고` 철도사업법 제20조(철도사업자의 준수사항) 제2항부터 제4항까지
　　• 철도사업자는 사업계획을 성실하게 이행하여야 하며, 부당한 운송조건을 제시하거나 정당한 사유 없이 운송계약의 체결을 거부하는 등 철도운송 질서를 해치는 행위를 하여서는 아니 된다.
　　• 철도사업자는 여객운임표, 여객요금표, 감면사항 및 철도사업약관을 인터넷 홈페이지에 게시하고 관계 역·영업소 및 사업소 등에 갖추어 두어야 하며, 이용자가 요구하는 경우에는 제시하여야 한다.
　　• 운송의 안전과 여객 및 화주의 편의를 위하여 철도사업자가 준수하여야 할 사항은 국토교통부령으로 정한다.

`조문참고` 철도사업법 제25조(민자철도의 유지·관리 및 운영에 관한 기준 등) 제2항
　　민자철도사업자는 민자철도의 안전하고 효율적인 유지·관리와 이용자 편의를 도모하기 위하여 제1항에 따라 고시된 기준을 준수하여야 한다.

`조문참고` 철도사업법 제22조(철도운수종사자의 준수사항)
　　철도사업에 종사하는 철도운수종사자는 다음 각 호의 어느 하나에 해당하는 행위를 하여서는 아니 된다.
　　• 정당한 사유 없이 여객 또는 화물의 운송을 거부하거나 여객 또는 화물을 중도에서 내리게 하는 행위
　　• 부당한 운임 또는 요금을 요구하거나 받는 행위
　　• 그 밖에 안전운행과 여객 및 화주의 편의를 위하여 철도운수종사자가 준수하여야 할 사항으로서 국토교통부령으로 정하는 사항을 위반하는 행위

④ 과태료규정의 적용특례〈법 제50조〉

　　㉠ 과징금 부과행위에 과태료 부과금지 : 과태료에 관한 규정을 적용할 때 제38조에 따라 과징금을 부과한 행위에 대해서는 과태료를 부과할 수 없다.

　　㉡ 과징금의 부과 : 시·도지사는 도시철도운송사업자가 사업정지처분을 하여야 할 경우로서 해당 사업의 정지가 그 사업의 이용자 등에게 심한 불편을 주거나 공익을 해칠 우려가 있을 때에는 대통령령으로 정하는 바에 따라 사업정지처분을 갈음하여 2천만 원 이하의 과징금을 부과할 수 있다〈법 제38조〉.

(1) 국토교통부장관이 도시철도건설자 및 도시철도운영자(( )는 제외한다)를 ( )하며, 필요한 ( )을 할 수 있다.

(2) 시·도지사는 국가·지방자치단체나 도시철도공사가 아닌 도시철도건설자 및 도시철도운영자에 대하여 ( )을 할 수 있다.

(3) 국토교통부장관은 필요하다고 인정하면 도시철도건설자 및 도시철도운영자로 하여금 그 업무 및 ( )에 관하여 보고를 하게 하거나 소속 공무원에게 도시철도건설자 및 도시철도운영자의 사무소나 그 밖의 사업소에 출입하여 업무상황 또는 ( )나 그 밖에 필요한 물건을 검사하게 할 수 있다.

(4) 국가·지방자치단체나 도시철도공사가 아닌 도시철도건설자 및 도시철도운영자에 대한 경우에는 ( )가 도시철도건설자 및 도시철도운영자로 하여금 보고를 하게 하거나 도시철도건설자 및 도시철도운영자를 검사할 수 있다.

(5) 도시철도법에 따른 국토교통부장관의 권한은 대통령령으로 정하는 바에 따라 그 일부를 ( ) 또는 시·도지사에게 위임할 수 있다.

(6) 2년 이하의 징역 또는 2천만 원 이하의 벌금
    ㉠ 면허를 받지 아니하고 ( )을 경영한 자
    ㉡ 거짓이나 그 밖의 부정한 방법으로 도시철도운송사업의 ( )를 받은 자
    ㉢ 사업정지 기간에 도시철도운송사업을 경영한 자 및 타인에게 자신의 ( )를 대여한 자
    ㉣ 도시철도운영자의 공동 활용에 관한 요청을 정당한 사유 없이 거부한 자

(7) 영상기록을 목적 외의 용도로 이용하거나 다른 자에게 제공한 자에게는 ( ) 또는 ( ) 이하의 벌금에 처한다.

(8) 사업개선명령을 위반한 자와 감독상 필요한 명령을 위반한 자는 ( )의 벌금에 처한다.

(9) ( )를 구분하여 ( )하지 아니한 자에게는 500만 원 이하의 과태료를 부과한다.

(10) 도시철도차량에 ( )을 설치하지 아니한 자에게는 ( ) 이하의 과태료를 부과한다.

(11) 철도사업자의 준수사항을 위반한 자자에게는 ( )를 부과한다.

(12) 철도운수종사자의 준수사항을 위반한 그가 소속된 도시철도운영자에게는 ( )를 부과한다.

(13) 과태료에 관한 규정을 적용할 때 ( )을 부과한 행위에 대해서는 과태료를 부과할 수 없다.

(14) 시·도지사는 위임받은 업무를 처리하였을 때에는 그 내용을 지체 없이 ( )에게 보고하여야 한다.

(15) 국토교통부장관은 기본계획 수립의 생략협의, 기본계획 중 주요사항에 대한 협의 및 기본계획의 접수, 기본계획의 승인, 기본계획의 고시를 ( )에 위임한다.

정답 및 해설

(1) 국가, 감독, 명령
(2) 감독 및 명령
(3) 자산상태, 장부·서류
(4) 시·도지사
(5) 대도시권광역교통위원장

(6) 도시철도운송사업, 면허, 상호
(7) 1년 이하의 징역, 1천만 원
(8) 1천만 원 이하
(9) 회계, 경리
(10) 폐쇄회로텔레비전, 300만 원

(11) 100만 원 이하의 과태료
(12) 50만 원 이하의 과태료
(13) 과징금
(14) 국토교통부장관
(15) 대도시권광역교통위원회

1 도시철도법령상 국토교통부장관이 감독할 수 있는 대상으로 옳지 않은 것은?

① 도시철도공사　　　　　　　　　　　② 도시철도운영자

③ 도시철도건설자　　　　　　　　　　④ 국가기관인 도시철도운영자

TIP 국토교통부장관은 국가가 운영하는 도시철도건설자 및 도시철도운영자는 감독할 수 없다〈도시철도법 제44조 제1항〉.

2 도시철도법령상 국토교통부장관의 감독 및 명령권에 관한 설명으로 옳지 않은 것은?

① 국토교통부장관은 국가가 도시철도를 건설하는 경우에도 감독할 수 있다.

② 국토교통부장관은 도시철도공사를 감독 및 명령을 할 수 있다.

③ 국토교통부장관은 필요하면 도시철도건설자에게 감독상 필요한 명령을 할 수 있다.

④ 국토교통부장관은 도시철도운영자를 감독할 수 있다.

TIP 감독 등〈도시철도법 제44조〉
　① 국토교통부장관은 도시철도건설자 및 도시철도운영자(국가는 제외한다. 이하 이 조 및 제45조에서 같다)를 감독한다.
　② 국토교통부장관은 필요하다고 인정하면 도시철도건설자 및 도시철도운영자에게 업무에 관하여 감독상 필요한 명령을 할 수 있다.
　③ 시·도지사는 국가·지방자치단체나 도시철도공사가 아닌 도시철도건설자 및 도시철도운영자에 대하여 ① 및 ②의 감독 및 명령을 할 수 있다.

3 도시철도법령상 국토교통부장관이 도시철도건설자 및 도시철도운영자에 대하여 보고 및 검사할 수 있는 사항으로 옳지 않은 것은?

① 업무 및 자산상태에 관한보고　　　　② 사무소나 사업소의 출입하여 업무상황 검사

③ 도시철도건설자의 자격의 심사　　　　④ 장부 또는 서류의 검사

TIP 국토교통부장관은 필요하다고 인정하면 도시철도건설자 및 도시철도운영자로 하여금 그 업무 및 자산 상태에 관하여 보고를 하게 하거나 소속 공무원에게 도시철도건설자 및 도시철도운영자의 사무소나 그 밖의 사업소에 출입하여 업무 상황 또는 장부·서류나 그 밖에 필요한 물건을 검사하게 할 수 있다〈도시철도법 제45조 제1항〉.

Answer 1.④ 2.① 3.③

4 도시철도법령상 시 · 도지사가 검사를 하거나 보고하게 할 수 있는 대상으로 옳은 기관은?

① 국토교통부

② 지방자치단체

③ 도시철도건설자

④ 도시철도공사

TIP 국가 · 지방자치단체나 도시철도공사가 아닌 도시철도건설자 및 도시철도운영자에 대한 경우에는 시 · 도지사가 도시철도건설자 및 도시철도운영자로 하여금 보고를 하게 하거나 도시철도건설자 및 도시철도운영자를 검사할 수 있다 〈도시철도법 제45조 제2항〉.

5 도시철도법령상 도시철도법에 따른 국토교통부장관에 대한 권한을 위임할 수 있도록 정하는 기준은?

① 대통령령

② 국토교통부령

③ 국회의 동의

④ 철도산업발전기본법령

TIP 도시철도법에 따른 국토교통부장관의 권한은 대통령령으로 정하는 바에 따라 그 일부를 대도시권광역교통위원장 또는 시 · 도지사에게 위임할 수 있다〈도시철도법 제46조〉.

6 도시철도법령상 국가 · 지방자치단체나 도시철도공사가 아닌 도시철도건설자에 대하여 시 · 도지사에게 권한을 위임하는 사항으로 옳지 않은 것은?

① 사업계획의 변경승인

② 사업계획의 승인 후 관보에의 고시

③ 사업계획의 승인

④ 도시철도 부지의 위치변경 승인

TIP 권한의 위임〈도시철도법 시행령 제28조 제2항〉 … 국토교통부장관은 법 제46조에 따라 다음 각 호의 권한을 시 · 도지사에게 위임한다.
1. 도시철도건설자가 지방자치단체나 도시철도공사인 경우에 해당 도시철도건설자에 대한 다음 각 목의 권한
   가. 법 제7조 제1항 후단에 따른 사업계획의 변경사항 중 다음의 어느 하나에 해당하는 사항에 관한 변경승인
       1) 노선 연장을 100분의 10의 범위에서 변경
       2) 도시철도 부지를 100분의 10의 범위에서 변경과 그 범위에서의 도시철도시설의 위치 등의 변경
   나. 가목의 변경사항에 대한 법 제7조 제6항에 따른 고시
2. 국가 · 지방자치단체나 도시철도공사가 아닌 도시철도건설자에 대한 다음 각 목의 권한
   가. 승인 및 변경승인
   나. 고시

7 도시철도법령상 다음은 국토교통부장관의 권한을 시 · 도지사에게 위임하는 것으로 (   )에 들어갈 말로 옳은 것은?

> 도시철도건설자가 지방자치단체나 도시철도공사인 경우에 해당 도시철도건설자에 대한 사업계획의 변경사항 중 (   )의 권한을 위임한다.

① 노선연장을 100분의 20 범위에서 변경승인
② 도시철도 부지를 100분의 10 범위에서 변경승인
③ 도시철도시설의 위치의 변경을 위한 지방의회의 승인
④ 도시철도 연계망구축의 지원 및 변경승인

TIP 권한의 위임〈도시철도법 시행령 제28조 제2항〉 … 국토교통부장관은 법 제46조에 따라 다음 각 호의 권한을 시 · 도지사에게 위임한다.
  1. 도시철도건설자가 지방자치단체나 도시철도공사인 경우에 해당 도시철도건설자에 대한 다음 각 목의 권한
    가. 법 제7조 제1항 후단에 따른 사업계획의 변경사항 중 다음의 어느 하나에 해당하는 사항에 관한 변경승인
      1) 노선 연장을 100분의•10의 범위에서 변경
      2) 도시철도 부지를 100분의 10의 범위에서 변경과 그 범위에서의 도시철도시설의 위치 등의 변경
    나. 가목의 변경사항에 대한 법 제7조 제6항에 따른 고시
  2. 국가 · 지방자치단체나 도시철도공사가 아닌 도시철도건설자에 대한 다음 각 목의 권한
    가. 승인 및 변경승인
    나. 고시

8 도시철도법령상 국토교통부장관이 기본계획과 관련하여 대도시권광역교통위원회에 위임할 수 있는 권한이 아닌 것은?

① 기본계획의 수립
② 민자도시철도에 대한 기본계획수립의 생략협의
③ 기본계획 중 주요사항에 대한 협의 및 기본계획의 접수
④ 기본계획의 승인

TIP 국토교통부장관은 법 제46조(권한의 위임)에 따라 법 제6조(노선별 도시철도기본계획의 수립 등) 제1항 단서에 따른 기본계획 수립의 생략 협의, 같은 조 제3항에 본문에 따른 기본계획 중 주요 사항에 대한 협의 및 기본계획의 접수, 같은 조 제4항에 따른 기본계획의 승인, 같은 조 제5항 본문에 따른 기본계획의 고시를 「대도시권 광역교통 관리에 관한 특별법」 제8조(대도시권광역교통위원회 설치 등)에 따른 대도시권광역교통위원회에 위임한다〈도시철도법 시행령 제28조 제1항 제1호〉.

Answer 4.③ 5.① 6.④ 7.② 8.①

9 도시철도법령상 "타인에게 자신의 상호를 대여한 자"에 대한 처벌규정으로 옳은 것은?

① 1천만 원 이하의 벌금에 처한다.

② 1년 이하의 징역 또는 1천만 원 이하의 벌금에 처한다.

③ 2년 이하의 징역 또는 2천만 원 이하의 벌금에 처한다.

④ 3년 이하의 징역 또는 3천만 원 이하의 벌금에 처한다.

TIP 벌칙〈도시철도법 제47조 제1항〉… 다음 각 호의 어느 하나에 해당하는 자는 2년 이하의 징역 또는 2천만 원 이하의 벌금에 처한다.
1. 면허를 받지 아니하고 도시철도운송사업을 경영한 자
2. 거짓이나 그 밖의 부정한 방법으로 도시철도운송사업의 면허를 받은 자
3. 사업정지 기간에 도시철도운송사업을 경영한 자
4. 타인에게 자신의 상호를 대여한 자
5. 도시철도운영자의 공동활용에 관한 요청을 정당한 사유 없이 거부한 자

10 도시철도법령상 다음 위반행위에 해당하는 벌칙으로 옳은 것은?

> 설치목적과 다른 목적으로 폐쇄회로텔레비전을 임의로 조작하거나 다른 곳을 비춘 자 또는 녹음기능을 사용한 자

① 2년 이하의 징역 또는 2천만 원 이하의 벌금에 처한다.

② 1년 이하의 징역 또는 1천만 원 이하의 벌금에 처한다.

③ 6개월 이하의 징역 또는 5천만 원 이하의 벌금에 처한다.

④ 1천만 원 이하의 벌금에 처한다.

TIP 벌칙〈도시철도법 제47조 제2항〉… 다음 각 호의 어느 하나에 해당하는 자는 1년 이하의 징역 또는 1천만 원 이하의 벌금에 처한다.
1. 설치 목적과 다른 목적으로 폐쇄회로 텔레비전을 임의로 조작하거나 다른 곳을 비춘 자 또는 녹음기능을 사용한 자
2. 영상기록을 목적 외의 용도로 이용하거나 다른 자에게 제공한 자

11 도시철도법령상 다음 위반행위 중 벌칙금액이 가장 낮은 위반행위는?

① 우수서비스마크 또는 이와 유사한 표지를 도시철도차량 등에 붙이거나 인증사실을 홍보한 자
② 타인에게 자신의 상호를 대여한 자
③ 설치 목적과 다른 목적으로 폐쇄회로 텔레비전을 임의로 조작하거나 다른 곳을 비춘 자 또는 녹음기능을 사용한 자
④ 면허를 받지 아니하고 도시철도운송사업을 경영한 자

TIP 벌칙〈도시철도법 제47조〉
　① 다음 각 호의 어느 하나에 해당하는 자는 2년 이하의 징역 또는 2천만 원 이하의 벌금에 처한다.
　　1. 면허를 받지 아니하고 도시철도운송사업을 경영한 자
　　2. 거짓이나 그 밖의 부정한 방법으로 제26조에 따른 도시철도운송사업의 면허를 받은 자
　　3. 사업정지 기간에 도시철도운송사업을 경영한 자
　　4. 타인에게 자신의 상호를 대여한 자
　　5. 도시철도운영자의 공동활용에 관한 요청을 정당한 사유 없이 거부한 자
　② 다음 각 호의 어느 하나에 해당하는 자는 1년 이하의 징역 또는 1천만 원 이하의 벌금에 처한다.
　　1. 설치 목적과 다른 목적으로 폐쇄회로 텔레비전을 임의로 조작하거나 다른 곳을 비춘 자 또는 녹음기능을 사용한 자
　　2. 영상기록을 목적 외의 용도로 이용하거나 다른 자에게 제공한 자
　③ 다음 각 호의 어느 하나에 해당하는 자는 1천만 원 이하의 벌금에 처한다.
　　1. 사업개선명령을 위반한 자
　　2. 우수서비스마크 또는 이와 유사한 표지를 도시철도차량 등에 붙이거나 인증사실을 홍보한 자
　　3. 감독상 필요한 명령을 위반한 자

12 도시철도법령상 법인의 대표자나 종업원이 법인업무와 관련하여 위반행위를 하였을 경우에 벌금형이 과해지는 대상으로 가장 적절한 설명은?

① 위반 행위자에 한해서 벌금형을 과한다.

② 법인 또는 위반행위를 한 개인에게 벌금형을 과한다.

③ 위반 행위자와 법인 또는 법인의 대표자에게 벌금형을 과한다.

④ 행위자와 법인의 대표자에게만 벌금형을 과한다.

TIP 양벌규정 … 법인의 대표자나 법인 또는 개인의 대리인, 사용인, 그 밖의 종업원이 그 법인 또는 개인의 업무에 관하여 제47조의 어느 하나에 해당하는 위반행위를 하면 그 행위자를 벌하는 외에 그 법인 또는 개인에게도 해당 조문의 벌금형을 과(科)한다〈도시철도법 제48조〉.

13 도시철도법령상 다음 중 500만 원 이하의 과태료 부과대상 위반행위는?

① 철도운수종사자의 준수사항을 위반한 종사자가 소속된 도시철도운영자

② 사업개선명령을 위반한 자

③ 도시철도차량에 우수서비스마크와 유사한 표지를 붙인 자

④ 회계를 구분하여 경리하지 아니한 자

TIP 회계를 구분하여 경리하지 아니한 자에게는 500만 원 이하의 과태료를 부과한다〈도시철도법 제49조 제1항〉.

14 도시철도법령상 다음 중 과태료 금액이 다른 위반행위를 고르면?

① 도시철도차량의 점검에 관한 책임자를 선임하지 아니한 자

② 폐쇄회로텔레비전을 도시철도차량에 설치하지 아니한 자

③ 도시철도차량의 정비책임자를 선임하지 아니한 자

④ 철도사업자의 준수사항을 위반한 자

TIP 도시철도차량에 폐쇄회로텔레비전을 설치하지 아니한 자에게는 300만 원 이하의 과태료를 부과한다〈도시철도법 제49조 제2항〉.

15 도시철도법령상 시·도지사가 과징금을 부과한 행위에 대하여 과태료를 부과할 수 있는 비율은?

① 과태료의 100%를 부과하게 한다.

② 과태료의 50%를 부과하게 한다.

③ 과태료의 납부기일을 연장해 준다.

④ 과태료를 부과할 수 없다.

TIP 과태료에 관한 규정을 적용할 때 과징금을 부과한 행위에 대해서는 과태료를 부과할 수 없다〈도시철도법 제50조〉.

PART

04

철도안전법령

CHAPTER 01 총칙

① 목적과 철도안전의 주요목표

① 목적〈법 제1조〉
- ㉠ 철도안전법의 목적 : 철도안전법은 철도안전을 확보하기 위하여 필요한 사항을 규정하고 철도안전 관리체계를 확립함으로써 공공복리의 증진에 이바지함을 목적으로 한다.
- ㉡ 철도안전법의 제정 : 철도의 안전한 운행을 확보하기 위한 법으로 철도청이 공사화되면서 구 철도법의 안전분야 부분만을 분류해서 2004년 10월 22일 제정되었다.

② 철도안전의 주요목표
- ㉠ 철도사고예방 : 철도사고를 사전에 방지하기 위한 안전관리체계를 구축한다.
- ㉡ 안전한 철도운영 : 철도의 설계, 건설, 유지보수, 운영 등 모든 단계에서 안전을 확보하여 철도의 원활한 운행을 지원한다.
- ㉢ 철도시설물 및 장비의 안전성 확보 : 철도차량, 신호시스템, 철도건설구조물 등 철도운영에 필요한 모든 시설물과 장비의 안전성을 보장한다.
- ㉣ 철도종사자의 안전관리 : 철도종사자의 교육 및 훈련을 통해 안전의식을 제고하고 철도운영 관련 인력의 안전을 보호한다.
- ㉤ 철도이용자의 보호 : 철도이용자들이 안전하게 철도를 이용할 수 있도록 관련 정보를 제공하고 사고 발생 시 신속한 대응체계를 구축한다.

② 용어의 정의〈법 제2조〉

① 철도차량 및 철도시설 관련 용어
- ㉠ 철도 : 여객 또는 화물을 운송하는 데 필요한 철도시설과 철도차량 및 이와 관련된 운영·지원체계가 유기적으로 구성된 운송체계를 말한다〈철도산업발전기본법 제3조 제1호〉.
  ※ 이하 「철도산업발전기본법」을 「기본법」이라 한다.
- ㉡ 전용철도 : 다른 사람의 수요에 따른 영업을 목적으로 하지 아니하고 자신의 수요에 따라 특수 목적을 수행하기 위하여 설치하거나 운영하는 철도를 말한다〈철도사업법 제2조 제5호〉.
- ㉢ 철도차량 : 선로를 운행할 목적으로 제작된 동력차·객차·화차 및 특수차를 말한다〈기본법 제3조 제4호〉.

ⓔ **열차** : 선로를 운행할 목적으로 철도운영자가 편성하여 열차번호를 부여한 철도차량을 말한다.

ⓜ **선로** : 철도차량을 운행하기 위한 궤도와 이를 받치는 노반 또는 인공구조물로 구성된 시설을 말한다.

　※ **노반**(路盤) … 철도나 도로와 같은 교통 인프라에서 중요한 구성 요소로 철도에서는 궤도(레일)를 지지하고 있는 구조물을 말한다.

ⓗ **선로전환기** : 철도차량의 운행선로를 변경시키는 기기를 말한다.

ⓢ **정거장** : 여객의 승하차(여객 이용시설 및 편의시설을 포함한다), 화물의 적하, 열차의 조성, 열차의 교차통행 또는 대피를 목적으로 사용되는 장소를 말한다.

◆ 화물의 적하·열차의 조성
- 화물의 적하 : 화물을 철도차량에 싣는 작업을 말한다.
- 열차의 조성 : 철도차량을 연결하거나 분리하는 작업을 말한다.

ⓢ **철도시설** : 다음의 어느 하나에 해당하는 시설(부지를 포함한다)을 말한다〈기본법 제3조 제2호〉.

- 철도의 선로(선로에 부대되는 시설을 포함한다), 역시설(물류시설·환승시설 및 편의시설 등을 포함한다) 및 철도운영을 위한 건축물·건축설비
- 선로 및 철도차량을 보수·정비하기 위한 선로보수기지, 차량정비기지 및 차량유치시설
- 철도의 전철전력설비, 정보통신설비, 신호 및 열차제어설비
- 철도노선간 또는 다른 교통수단과의 연계운영에 필요한 시설
- 철도기술의 개발·시험 및 연구를 위한 시설
- 철도경영연수 및 철도전문인력의 교육훈련을 위한 시설
- 그 밖에 철도의 건설·유지보수 및 운영을 위한 시설로서 <u>대통령령으로 정하는</u> 시설

■ 대통령령으로 정하는 사항〈기본법 시행령 제2조〉
- 철도의 건설 및 유지보수에 필요한 자재를 가공·조립·운반 또는 보관하기 위하여 당해 사업기간 중에 사용되는 시설
- 철도의 건설 및 유지보수를 위한 공사에 사용되는 진입도로·주차장·야적장·토석채취장 및 사토장과 그 설치 또는 운영에 필요한 시설
- 철도의 건설 및 유지보수를 위하여 당해 사업기간 중에 사용되는 장비와 그 정비·점검 또는 수리를 위한 시설
- 그 밖에 철도안전관련시설·안내시설 등 철도의 건설·유지보수 및 운영을 위하여 필요한 시설로서 국토교통부장관이 정하는 시설

② **철도운영 관련 용어**

㉠ **철도운영** : 철도와 관련된 다음의 어느 하나에 해당하는 것을 말한다〈기본법 제3조 제3호〉.
- 철도 여객 및 화물 운송
- 철도차량의 정비 및 열차의 운행관리
- 철도시설·철도차량 및 철도부지 등을 활용한 부대사업개발 및 서비스

㉡ **철도용품** : 철도시설 및 철도차량 등에 사용되는 부품·기기·장치 등을 말한다.

ⓒ **철도운영자** : 철도운영에 관한 업무를 수행하는 자를 말한다.

ⓔ **철도시설관리자** : 철도시설의 건설 또는 관리에 관한 업무를 수행하는 자를 말한다.

ⓜ **철도종사자** : 다음의 어느 하나에 해당하는 사람을 말한다.
- 철도차량의 운전업무에 종사하는 사람(이하 "운전업무종사자"라 한다)
- 철도차량의 운행을 집중 제어·통제·감시하는 업무(이하 "관제업무"라 한다)에 종사하는 사람
- 여객에게 승무서비스를 제공하는 사람(이하 "여객승무원"이라 한다)
- 여객에게 역무서비스를 제공하는 사람(이하 "여객역무원"이라 한다)

◆ 승무·역무
- **승무원** : 열차 내에서 승객들을 안전하게 운송하고 서비스를 제공하는 역할을 하며, 기관사(열차 운전사), 차장 등이 있다.
- **역무원** : 철도역에서 근무하면서 승객들의 안전한 승하차와 철도역 내 운영을 담당하며, 승차권 발매, 승객안내, 승차 검표, 수하물 취급, 승강장관리 등의 업무를 수행한다.

- 철도차량의 운행선로 또는 그 인근에서 철도시설의 건설 또는 관리와 관련한 작업의 협의·지휘·감독·안전관리 등의 업무에 종사하도록 철도운영자 또는 철도시설관리자가 지정한 사람(이하 "작업책임자"라 한다)
- 철도차량의 운행선로 또는 그 인근에서 철도시설의 건설 또는 관리와 관련한 작업의 일정을 조정하고 해당 선로를 운행하는 열차의 운행일정을 조정하는 사람(이하 "철도운행안전관리자"라 한다)
- 그 밖에 철도운영 및 철도시설관리와 관련하여 철도차량의 안전운행 및 질서유지와 철도차량 및 철도시설의 점검·정비 등에 관한 업무에 종사하는 사람으로서 <u>대통령령으로 정하는 사람</u>

▍대통령령으로 정하는 사람(안전운행 또는 질서유지 철도종사자)〈시행령 제3조〉
- 철도사고, 철도준사고 및 운행장애(이하 "철도사고등"이라 한다)가 발생한 현장에서 조사·수습·복구 등의 업무를 수행하는 사람
- 철도차량의 운행선로 또는 그 인근에서 철도시설의 건설 또는 관리와 관련된 작업의 현장감독업무를 수행하는 사람
- 철도시설 또는 철도차량을 보호하기 위한 순회점검업무 또는 경비업무를 수행하는 사람
- 정거장에서 철도신호기·선로전환기 또는 조작판 등을 취급하거나 열차의 조성업무를 수행하는 사람
- 철도에 공급되는 전력의 원격제어장치를 운영하는 사람
- 철도경찰 사무에 종사하는 국가공무원
- 철도차량 및 철도시설의 점검·정비 업무에 종사하는 사람

③ **철도사고 관련용어**

ㄱ **철도사고** : 철도운영 또는 철도시설관리과 관련하여 사람이 죽거나 다치거나 물건이 파손되는 사고로 국토교통부령으로 정하는 것을 말한다.

 • 철도교통사고 : 충돌사고, 탈선사고, 열차화재사고, 기타철도교통사고
 • 철도안전사고 : 철도화재사고, 철도시설파손사고, 기타철도안전사고

    ⓒ 철도준사고 : 철도안전에 중대한 위해를 끼쳐 철도사고로 이어질 수 있었던 것으로 국토교통부령으로 정하는 것을 말한다.

    ⓒ 운행장애 : 철도사고 및 철도준사고 외에 철도차량의 운행에 지장을 주는 것으로서 국토교통부령으로 정하는 것을 말한다.

④ 철도정비 관련용어

    ㉠ 철도차량정비 : 철도차량(철도차량을 구성하는 부품 · 기기 · 장치를 포함한다)을 점검 · 검사, 교환 및 수리하는 행위를 말한다.

    ⓒ 철도차량정비기술자 : 철도차량정비에 관한 자격, 경력 및 학력 등을 갖추어 국토교통부장관의 인정을 받은 사람을 말한다.

③ 다른 법률 및 조약과의 관계

① 다른 법률 및 조약과의 관계

    ㉠ 다른 법률과의 관계〈법 제3조〉
 • 철도안전에 관하여
 • 다른 법률에 특별한 규정이 있는 경우를 제외하고는 철도안전법에서 정하는 바에 따른다.

    ⓒ 조약과의 관계〈법 제3조의2〉
 • 국제철도(대한민국을 포함한 둘 이상의 국가에 걸쳐 운행되는 철도를 말한다)를 이용한 화물 및 여객 운송에 관하여 대한민국과 외국 간 체결된 조약에 철도안전법과 다른 규정이 있는 때에는 그 조약의 규정에 따른다.
 • 철도안전법의 규정내용이 조약의 안전기준보다 강화된 기준을 포함하는 때에는 그러하지 아니하다.

② 국가 등의 책무〈법 제4조〉

    ㉠ 철도안전시책의 마련 : 국가와 지방자치단체는 국민의 생명 · 신체 및 재산을 보호하기 위하여 철도안전시책을 마련하여 성실히 추진하여야 한다.

    ⓒ 철도안전시책에 적극협조 : 철도운영자 및 철도시설관리자(이하 "철도운영자등"이라 한다)는 철도운영이나 철도시설관리를 할 때에는 법령에서 정하는 바에 따라 철도안전을 위하여 필요한 조치를 하고, 국가나 지방자치단체가 시행하는 철도안전시책에 적극 협조하여야 한다.

(1) 철도안전법은 철도안전을 확보하기 위하여 필요한 사항을 규정하고 (　　)를 확립함으로써 공공복리의 증진에 이바지함을 목적으로 한다.

(2) "철도"란 여객 또는 화물을 운송하는 데 필요한 (　　)과 철도차량 및 이와 관련된 운영·지원체계가 유기적으로 구성된 (　　)를 말한다.

(3) "(　　)"란 다른 사람의 수요에 따른 영업을 목적으로 하지 아니하고 자신의 수요에 따라 특수 목적을 수행하기 위하여 설치하거나 운영하는 철도를 말한다.

(4) "철도차량"이란 선로를 운행할 목적으로 제작된 (　　)·(　　)·(　　) 및 특수차를 말한다.

(5) "열차"란 선로를 운행할 목적으로 철도운영자가 편성하여 (　　)를 부여한 철도차량을 말한다.

(6) "선로"란 철도차량을 운행하기 위한 (　　)와 이를 받치는 노반 또는 (　　)로 구성된 시설을 말한다.

(7) "선로전환기"란 철도차량의 (　　)를 변경시키는 기기를 말한다.

(8) "정거장"이란 여객의 승하차(여객 이용시설 및 편의시설을 포함한다), 화물의 적하, (　　), 열차의 교차통행 또는 (　　)를 목적으로 사용되는 장소를 말한다.

(9) 철도시설(부지를 포함한다)
　㉠ 철도의 선로, 역시설 및 철도운영을 위한 (　　)·건축설비
　㉡ 선로 및 철도차량을 보수·정비하기 위한 선로보수기지, 차량정비기지 및 차량유치시설
　㉢ 철도의 전철전력설비, 정보통신설비, 신호 및 (　　)
　㉣ 철도노선간 또는 다른 교통수단과의 연계운영에 필요한 시설
　㉤ 철도기술의 개발·시험 및 연구를 위한 시설
　㉥ 철도경영연수 및 철도전문인력의 (　　)을 위한 시설
　㉦ 철도의 건설·유지보수 및 운영을 위한 시설로서 대통령령으로 정하는 시설

(10) "철도사고"란 철도운영 또는 철도시설관리와 관련하여 사람이 죽거나 다치거나 물건이 파손되는 사고로 (　　)으로 정하는 것을 말한다.

(11) "철도용품"이란 철도시설 및 철도차량 등에 사용되는 (　　)·(　　)·(　　) 등을 말한다.

(12) "철도차량정비기술자"란 철도차량정비에 관한 자격·경력·학력 등을 갖추어 (　　)의 인정을 받은 사람을 말한다.

(13) "(　　)"란 철도시설의 건설 또는 관리에 관한 업무를 수행하는 자를 말한다.

(14) 철도안전에 관하여 다른 법률에 특별한 규정이 있는 경우를 제외하고는 (　　)에서 정하는 바에 따른다.

(15) 국가와 지방자치단체는 국민의 생명·신체 및 재산을 보호하기 위하여 (　　)을 마련하여 추진하여야 한다.

정답 및 해설

(1) 철도안전 관리체계
(2) 철도시설, 운송체계
(3) 전용철도
(4) 동력차, 객차, 화차
(5) 열차번호
(6) 궤도, 인공구조물
(7) 운행선로
(8) 열차의 조성, 대피
(9) 건축물, 열차제어설비, 교육훈련
(10) 국토교통부령
(11) 부품, 기기, 장치
(12) 국토교통부장관
(13) 철도시설관리자
(14) 철도안전법
(15) 철도안전시책

1 철도안전법의 목적으로 가장 적절한 것은?

① 철도사고를 예방하고 철도사고 피해자의 보호증진을 위함

② 철도안전 관리체계를 확립하여 공공복리의 증진에 이바지하기 위함

③ 철도건설의 안전을 확보하기 위하여 필요한 사항을 규정하기 위함

④ 대중교통의 혼잡을 해소하고 철도안전을 확립하여 공공복리의 증진에 이바지함

TIP 철도안전법은 철도안전을 확보하기 위하여 필요한 사항을 규정하고 철도안전 관리체계를 확립함으로써 공공복리의 증진에 이바지함을 목적으로 한다〈철도안전법 제1조〉.

2 철도사업법령상 다음에서 설명하고 있는 용어는?

> 다른 사람의 수요에 따른 영업을 목적으로 하지 아니하고 자신의 수요에 따라 특수 목적을 수행하기 위하여 설치하거나 운영하는 철도를 말한다.

① 운송철도

② 사업용철도

③ 철도사업

④ 전용철도

TIP "철도차량"이란 기본법 제3조 제4호에 따른 철도차량을 말한다〈철도안전법 제2조 제5호〉.

※ "철도차량"이라 함은 선로를 운행할 목적으로 제작된 동력차·객차·화차 및 특수차를 말한다〈철도산업발전기본법 제3조 제4호〉.

Answer 1.② 2.④

3 철도안전법령상 다음에서 철도시설을 모두 고르면?

> ㉠ 차량정비기지 및 차량유치시설 　　㉡ 신호 및 열차제어설비
> ㉢ 선로 및 철도차량의 제조시설 　　㉣ 철도경영연수시설
> ㉤ 철도운영을 위한 건축물·건축설비 　　㉥ 정보통신설비

① ㉠㉡㉢㉣㉤ 　　　　　　　　　　② ㉠㉡㉣㉤㉥

③ ㉡㉢㉣㉤㉥ 　　　　　　　　　　④ ㉠㉡㉢㉣㉤㉥

TIP 정의〈철도산업발전기본법 제3조 제2호〉 … "철도시설"이라 함은 다음 각 목의 어느 하나에 해당하는 시설(부지를 포함한다)을 말한다.
　가. 철도의 선로(선로에 부대되는 시설을 포함한다), 역시설(물류시설·환승시설 및 편의시설 등을 포함한다) 및 철도운영을 위한 건축물·건축설비
　나. 선로 및 철도차량을 보수·정비하기 위한 선로보수기지, 차량정비기지 및 차량유치시설
　다. 철도의 전철전력설비, 정보통신설비, 신호 및 열차제어설비
　라. 철도노선 간 또는 다른 교통수단과의 연계운영에 필요한 시설
　마. 철도기술의 개발·시험 및 연구를 위한 시설
　바. 철도경영연수 및 철도전문인력의 교육훈련을 위한 시설
　사. 그 밖에 철도의 건설·유지보수 및 운영을 위한 시설로서 대통령령으로 정하는 시설

4 철도안전법령상 철도시설이 아닌 것은?

① 철도기술 연구를 위한 시설 　　　　② 역시설 중 물류시설 및 편의시설

③ 철도직원을 위한 교통시설 　　　　④ 철도의 전철전력설비

TIP 정의〈철도산업발전기본법 제3조 제2호〉 … "철도시설"이라 함은 다음 각 목의 어느 하나에 해당하는 시설(부지를 포함한다)을 말한다.
　가. 철도의 선로(선로에 부대되는 시설을 포함한다), 역시설(물류시설·환승시설 및 편의시설 등을 포함한다) 및 철도운영을 위한 건축물·건축설비
　나. 선로 및 철도차량을 보수·정비하기 위한 선로보수기지, 차량정비기지 및 차량유치시설
　다. 철도의 전철전력설비, 정보통신설비, 신호 및 열차제어설비
　라. 철도노선 간 또는 다른 교통수단과의 연계운영에 필요한 시설
　마. 철도기술의 개발·시험 및 연구를 위한 시설
　바. 철도경영연수 및 철도전문인력의 교육훈련을 위한 시설
　사. 그 밖에 철도의 건설·유지보수 및 운영을 위한 시설로서 대통령령으로 정하는 시설

5 철도안전법령상 철도의 건설·유지보수 및 운영을 위하여 필요한 철도시설로 볼 수 없는 것은?

① 주차장 및 야적장·토석채취장

② 자재의 가공·조립·운반시설

③ 사업기간 중에 사용되는 장비의 정비·점검 또는 수리를 위한 시설

④ 다른 교통수단과의 연계수송을 시설

TIP 철도시설〈철도산업발전기본법 시행령 제2조〉… 철도산업발전기본법(이하 "법"이라 한다) 제3조제2호 사목에서 "대통령령이 정하는 시설"이라 함은 다음 각 호의 시설을 말한다.

1. 철도의 건설 및 유지보수에 필요한 자재를 가공·조립·운반 또는 보관하기 위하여 당해 사업기간 중에 사용되는 시설
2. 철도의 건설 및 유지보수를 위한 공사에 사용되는 진입도로·주차장·야적장·토석채취장 및 사토장과 그 설치 또는 운영에 필요한 시설
3. 철도의 건설 및 유지보수를 위하여 당해 사업기간 중에 사용되는 장비와 그 정비·점검 또는 수리를 위한 시설
4. 그 밖에 철도안전관련시설·안내시설 등 철도의 건설·유지보수 및 운영을 위하여 필요한 시설로서 국토교통부장관이 정하는 시설

6 철도안전법령상 철도운영으로 볼 수 없는 것은?

① 철도여객 및 열차의 운행관리

② 철도부지 등을 활용한 부대사업개발 및 서비스

③ 철도차량의 정비 및 화물운송

④ 철도시설의 건설 및 유지보수

TIP 정의〈철도산업발전기본법 제2조 제3호〉… "철도운영"이라 함은 철도와 관련된 다음 각 목의 어느 하나에 해당하는 것을 말한다.

가. 철도 여객 및 화물 운송

나. 철도차량의 정비 및 열차의 운행관리

다. 철도시설·철도차량 및 철도부지 등을 활용한 부대사업개발 및 서비스

7 철도안전법령상 철도시설 및 철도차량 등에 사용되는 철도용품으로 옳지 않은 것은?

① 화차

② 기기

③ 장치

④ 부품

TIP 철도용품이란 철도시설 및 철도차량 등에 사용되는 부품·기기·장치 등을 말한다〈철도안전법 제2조 제5의2호〉.

8 철도안전법령상 선로를 운행할 목적으로 철도차량을 편성할 수 있는 주체는?

① 국토교통부장관

② 지방자치단체장

③ 철도운영자

④ 철도산업위원장

TIP 선로를 운행할 목적으로 철도운영자가 철도차량을 편성한다〈철도안전법 제2조 제6호〉.

9 철도안전법령상 다음 중 연결된 용어의 뜻이 옳지 것은?

① 열차 : 선로를 운행할 목적으로 철도운영자가 편성하여 열차번호를 부여한 철도차량을 말한다.

② 선로 : 철도차량을 운행하기 위한 궤도와 이를 받치는 노반 또는 인공구조물로 구성된 시설을 말한다.

③ 철도차량 : 선로를 운행할 목적으로 제작된 열차 중 여객운송을 목적으로 하는 철도차량을 말한다.

④ 철도용품 : 철도시설 및 철도차량 등에 사용되는 부품·기기·장치 등을 말한다.

TIP 선로를 운행할 목적으로 제작된 동력차·객차·화차 및 특수차를 말한다〈철도산업발전기본법 제3조 제4호〉.

10 철도안전법령상 다음에 해당하는 사람은?

> 철도시설의 건설 또는 관리에 관한 업무를 수행하는 자를 말한다.

① 철도운영자

② 철도시설관리자

③ 철도기술자

④ 철도시설의 유지보수관리자

TIP 철도시설의 건설 또는 관리에 관한 업무를 수행하는 자를 말한다〈철도안전법 제2조 제9호〉.

11 철도안전법령상 다음 중 철도종사자로 볼 수 없는 사람은?

① 여객역무원

② 관제업무에 종사하는 자

③ 운전업무종사자

④ 철도운영자

TIP 정의〈철도안전법 제2조 제10호〉… "철도종사자"란 다음 각 목의 어느 하나에 해당하는 사람을 말한다.
　가. 철도차량의 운전업무에 종사하는 사람(이하 "운전업무종사자"라 한다)
　나. 철도차량의 운행을 집중 제어·통제·감시하는 업무(이하 "관제업무"라 한다)에 종사하는 사람
　다. 여객에게 승무(乘務) 서비스를 제공하는 사람(이하 "여객승무원"이라 한다)
　라. 여객에게 역무(驛務) 서비스를 제공하는 사람(이하 "여객역무원"이라 한다)
　마. 철도차량의 운행선로 또는 그 인근에서 철도시설의 건설 또는 관리와 관련한 작업의 협의·지휘·감독·안전관리 등의 업무에 종사하도록 철도운영자 또는 철도시설관리자가 지정한 사람(이하 "작업책임자"라 한다)
　바. 철도차량의 운행선로 또는 그 인근에서 철도시설의 건설 또는 관리와 관련한 작업의 일정을 조정하고 해당 선로를 운행하는 열차의 운행일정을 조정하는 사람(이하 "철도운행안전관리자"라 한다)
　사. 그 밖에 철도운영 및 철도시설관리와 관련하여 철도차량의 안전운행 및 질서유지와 철도차량 및 철도시설의 점검·정비 등에 관한 업무에 종사하는 사람으로서 대통령령으로 정하는 사람

12 철도안전법령상 용어의 설명으로 옳지 않은 것은?

① "철도시설관리자"란 철도시설의 건설 또는 관리에 관한 업무를 수행하는 자를 말한다.

② "철도운영자"란 철도운영에 관한 역무서비스를 제공하는 사람을 말한다.

③ 안전운행 또는 질서유지를 위한 사람도 "철도종사자"이다.

④ "작업책임자"란 철도차량의 운행선로 인근에서 철도시설의 관리와 관련한 작업의 협의·지휘 등의 업무에 종사하도록 철도시설관리자가 지정한 사람을 말한다.

TIP "철도운영자"란 철도운영에 관한 업무를 수행하는 자를 말한다〈철도안전법 제2조 제8호〉.

Answer　8.③　9.③　10.②　11.④　12.②

13 다음은 철도안전법령상 철도종사자를 설명한 것으로 밑줄 친 사람에 해당하지 않는 것은?

> 철도운영 및 철도시설관리와 관련하여 철도차량의 안전운행 및 질서유지와 철도차량 및 철도시설의 점검·정비 등에 관한 업무에 종사하는 사람으로서 <u>대통령령으로 정하는 사람</u>도 철도종사자이다.

① 철도에 공급되는 전력의 원격제어장치를 운영하는 사람

② 철도사고 등이 발생한 현장에서 조사·수습·복구 등의 업무를 수행하는 사람

③ 관제자격증명시험에 합격한 후 철도운영자 또는 철도시설관리자가 지정한 사람

④ 철도경찰 사무에 종사하는 국가공무원

TIP 안전운행 또는 질서유지 철도종사자〈철도안전법 시행령 제3조〉···「철도안전법」("대통령령으로 정하는 사람"이란 다음 각 호의 어느 하나에 해당하는 사람을 말한다.
1. 철도사고, 철도준사고 및 운행장애(이하 "철도사고 등"이라 한다)가 발생한 현장에서 조사·수습·복구 등의 업무를 수행하는 사람
2. 철도차량의 운행선로 또는 그 인근에서 철도시설의 건설 또는 관리와 관련된 작업의 현장감독업무를 수행하는 사람
3. 철도시설 또는 철도차량을 보호하기 위한 순회점검업무 또는 경비업무를 수행하는 사람
4. 정거장에서 철도신호기·선로전환기 또는 조작판 등을 취급하거나 열차의 조성업무를 수행하는 사람
5. 철도에 공급되는 전력의 원격제어장치를 운영하는 사람
6. 철도경찰 사무에 종사하는 국가공무원
7. 철도차량 및 철도시설의 점검·정비 업무에 종사하는 사람

14 철도안전법령상 철도관련 용어를 설명한 것으로 용어의 뜻이 옳지 않은 것은?

① 운행장애 : 철도사고 및 철도준사고 외에 철도차량의 운행에 지장을 주는 것을 말한다.

② 철도차량정비 : 철도차량을 구성하는 부품·기기·장치를 제외한 철도차량의 점검·검사, 교환 및 수리하는 행위를 말한다.

③ 철도사고 : 철도운영 또는 철도시설관리와 관련하여 사람이 죽거나 다치거나 물건이 파손되는 사고를 말한다.

④ 철도준사고 : 철도안전에 중대한 위해를 끼쳐 철도사고로 이어질 수 있었던 것을 말한다.

TIP 철도차량(철도차량을 구성하는 부품·기기·장치를 포함한다)을 점검·검사, 교환 및 수리하는 행위를 말한다〈철도안전법 제2조 제14호〉.

15 철도안전법령상 정거장의 사용목적으로 옳지 않은 것은?

① 열차의 교차통행

② 비상시 대피

③ 화물의 적하

④ 여객의 이용시설 및 오락시설

TIP 여객의 승하차(여객 이용시설 및 편의시설을 포함한다), 화물의 적하, 열차의 조성, 열차의 교차통행 또는 대피를 목적으로 사용되는 장소를 말한다〈철도안전법 시행령 제2조 제1호〉.

16 철도안전법령에 대한 설명으로 옳지 않은 것은?

① 철도안전법은 철도안전을 확보하기 위하여 필요한 사항을 규정한 법이다.

② 철도안전에 관하여 다른 법률에 특별한 규정이 있는 경우를 제외하고는 철도안전법에서 정하는 바에 따른다.

③ 국제철도를 이용한 화물 및 여객운송에 관하여 대한민국과 외국 간 체결된 조약에 다른 규정이 있는 때에는 철도안전법의 규정에 따른다.

④ 철도운영자등은 법령에서 정하는 바에 따라 국가나 지방자치단체가 시행하는 철도안전시책에 적극 협조하여야 한다.

TIP 국제철도를 이용한 화물 및 여객 운송에 관하여 대한민국과 외국 간 체결된 조약에 철도안전법과 다른 규정이 있는 때에는 그 조약의 규정에 따른다〈철도안전법 제3조의2〉.

철도안전 관리체계

1 철도안전 종합계획 및 시행계획 등

① 철도안전 종합계획〈법 제5조〉

  ㉠ 수립자 : 국토교통부장관

  ㉡ 철도안전 종합계획의 수립 : 5년마다 철도안전에 관한 종합계획(이하 "철도안전 종합계획"이라 한다)을 수립하여야 한다.

  ㉢ 철도안전 종합계획에 포함되어야 할 사항

  • 철도안전 종합계획의 추진 목표 및 방향

  • 철도안전에 관한 시설의 확충, 개량 및 점검 등에 관한 사항

  • 철도차량의 정비 및 점검 등에 관한 사항

  • 철도안전 관계 법령의 정비 등 제도개선에 관한 사항

  • 철도안전 관련 전문 인력의 양성 및 수급관리에 관한 사항

  • 철도종사자의 안전 및 근무환경 향상에 관한 사항

  • 철도안전 관련 교육훈련에 관한 사항

  • 철도안전 관련 연구 및 기술개발에 관한 사항

  • 철도안전에 관한 사항으로서 국토교통부장관이 필요하다고 인정하는 사항

  ㉣ 철도산업위원회의 심의

  • 국토교통부장관은 철도안전 종합계획을 수립할 때에는 미리 관계 중앙행정기관의 장 및 철도운영자 등과 협의한 후 철도산업위원회의 심의를 거쳐야 한다.

  • 수립된 철도안전 종합계획을 변경(대통령령으로 정하는 경미한 사항의 변경은 제외한다)할 때에도 또한 같다.

  ▌대통령령으로 정하는 경미한 사항의 변경〈시행령 제4조〉

  • 철도안전 종합계획에서 정한 총사업비를 원래 계획의 100분의 10 이내에서의 변경

  • 철도안전 종합계획에서 정한 시행기한 내에 단위사업의 시행시기의 변경

  • 법령의 개정, 행정구역의 변경 등과 관련하여 철도안전 종합계획을 변경하는 등 당초 수립된 철도안전 종합계획의 기본방향에 영향을 미치지 아니하는 사항의 변경

ⓜ 자료제출의 요구
　　　• 국토교통부장관은 철도안전 종합계획을 수립하거나 변경하기 위하여 필요하다고 인정하면 관계 중앙행정기관의 장 또는 특별시장·광역시장·특별자치시장·도지사·특별자치도지사(이하 "시·도지사"라 한다)에게 관련 자료의 제출을 요구할 수 있다.
　　　• 자료제출요구를 받은 관계 중앙행정기관의 장 또는 시·도지사는 특별한 사유가 없으면 이에 따라야 한다.
　　ⓗ 관보에 고시 : 국토교통부장관은 철도안전 종합계획을 수립하거나 변경하였을 때에는 이를 관보에 고시하여야 한다.

② 시행계획〈법 제6조〉

　　㉠ 수립·추진자 : 국토교통부장관, 시·도지사 및 철도운영자

　　㉡ 시행계획의 수립·추진
　　　• 철도안전 종합계획에 따라 소관별로 철도안전 종합계획의 단계적 시행에 필요한 연차별 시행계획(이하 "시행계획"이라 한다)을 수립·추진하여야 한다.
　　　• 시행계획의 수립 및 시행절차 등에 관하여 필요한 사항은 대통령령으로 정한다.

　　㉢ 시행계획 수립절차〈시행령 제5조〉
　　　• 시행계획 제출 : 시·도지사와 철도운영자 및 철도시설관리자(이하 "철도운영자등"이라 한다)는 다음 연도의 시행계획을 매년 10월 말까지 국토교통부장관에게 제출하여야 한다.
　　　• 시·도지사 및 철도운영자등은 전년도 시행계획의 추진실적을 매년 2월 말까지 국토교통부장관에게 제출하여야 한다.
　　　• 국토교통부장관은 시·도지사 및 철도운영자등이 제출한 다음 연도의 시행계획이 철도안전 종합계획에 위반되거나 철도안전 종합계획을 원활하게 추진하기 위하여 보완이 필요하다고 인정될 때에는 시·도지사 및 철도운영자등에게 시행계획의 수정을 요청할 수 있다.
　　　• 수정요청을 받은 시·도지사 및 철도운영자등은 특별한 사유가 없는 한 이를 시행계획에 반영하여야 한다.

③ 철도안전투자의 공시〈법 제6조의2〉

　　㉠ 예산규모의 공시 : 철도운영자는 철도차량의 교체, 철도시설의 개량 등 철도안전 분야에 투자(이하 이 조에서 "철도안전투자"라 한다)하는 예산규모를 매년 공시하여야 한다.
　　㉡ 공시기준 및 절차 : 철도안전투자의 공시기준, 항목, 절차 등에 필요한 사항은 국토교통부령으로 정한다.

❷ 안전관리체계

① 안전관리체계의 승인〈법 제7조〉

　　㉠ 국토교통부장관의 승인
　　　• 승인대상 : 철도운영자등(전용철도의 운영자는 제외한다)이 철도운영을 하거나 철도시설을 관리하려는 경우

- 승인 : 안전관리체계를 갖추어 국토교통부장관의 승인을 받아야 한다.
  ※ **안전관리체계** ⋯ 인력, 시설, 차량, 장비, 운영절차, 교육훈련 및 비상대응계획 등 철도 및 철도시설의 안전관리에 관한 유기적체계를 말한다.

ⓒ 안전관리체계의 유지 : 전용철도의 운영자는 자체적으로 안전관리체계를 갖추고 지속적으로 유지하여야 한다.

ⓒ **국토교통부장관의 변경승인 및 신고**

- 변경승인 : 철도운영자 등은 승인받은 안전관리체계를 변경(안전관리기준의 변경에 따른 안전관리체계의 변경을 포함한다)하려는 경우에는 국토교통부장관의 변경승인을 받아야 한다.
- 변경신고 : 국토교통부령으로 정하는 경미한 사항을 변경하려는 경우에는 국토교통부장관에게 신고하여야 한다.

ⓔ **국토교통부장관의 승인여부결정 및 고시**

- 승인여부결정 : 국토교통부장관은 안전관리체계의 승인 또는 변경승인의 신청을 받은 경우에는 해당 안전관리체계가 안전관리기준에 적합한지를 검사한 후 승인 여부를 결정하여야 한다.
- 기술기준의 고시 : 국토교통부장관은 철도안전경영, 위험관리, 사고 조사 및 보고, 내부점검, 비상대응계획, 비상대응훈련, 교육훈련, 안전정보관리, 운행안전관리, 차량·시설의 유지관리(차량의 기대수명에 관한 사항을 포함한다) 등 철도운영 및 철도시설의 안전관리에 필요한 기술기준을 정하여 고시하여야 한다.

ⓜ **신고절차 및 고시방법** : 안전관리체계의 승인절차, 승인방법, 검사기준, 검사방법, 신고절차 및 고시방법 등에 관하여 필요한 사항은 국토교통부령으로 정한다.

② 안전관리체계의 유지〈법 제8조〉

ⓐ **지속적인 유지** : 철도운영자 등(전용철도의 운영자는 제외한다)은 철도운영을 하거나 철도시설을 관리하는 경우에는 승인받은 안전관리체계를 지속적으로 유지하여야 한다.

ⓒ **유지여부의 확인** : 국토교통부장관은 안전관리체계 위반 여부 확인 및 철도사고 예방 등을 위하여 철도운영자 등이 안전관리체계를 지속적으로 유지하는지 검사를 통해 국토교통부령으로 정하는 바에 따라 점검·확인할 수 있다.

ⓒ **유지여부의 확인검사 방법**

- 정기검사 : 철도운영자등이 국토교통부장관으로부터 승인 또는 변경승인 받은 안전관리체계를 지속적으로 유지하는지를 점검·확인하기 위하여 정기적으로 실시하는 검사
- 수시검사 : 철도운영자 등이 철도사고 및 운행장애 등을 발생시키거나 발생시킬 우려가 있는 경우에 안전관리체계 위반사항 확인 및 안전관리체계 위해요인 사전예방을 위해 수행하는 검사

ⓔ **확인검사 후 시정조치** : 국토교통부장관은 검사 결과 안전관리체계가 지속적으로 유지되지 아니하거나 그 밖에 철도안전을 위하여 필요하다고 인정하는 경우에는 국토교통부령으로 정하는 바에 따라 시정조치를 명할 수 있다.

③ 안전관리체계의 승인취소〈법 제9조〉

    ㉠ 승인취소권자 : 국토교통부장관이 안전관리체계의 승인을 받은 철도운영자등에게

    ㉡ 승인을 취소하거나 6개월 이내의 기간을 정하여 업무의 제한이나 정지를 명할 수 있는 경우

      • 거짓이나 그 밖의 부정한 방법으로 승인을 받은 경우

      • 변경승인을 받지 아니하거나 변경신고를 하지 아니하고 안전관리체계를 변경한 경우

      • 안전관리체계를 지속적으로 유지하지 아니하여 철도운영이나 철도시설의 관리에 중대한 지장을 초래한 경우

      • 시정조치명령을 정당한 사유 없이 이행하지 아니한 경우

    ㉢ 승인을 취소해야 하는 경우 : 거짓이나 그 밖의 부정한 방법으로 승인을 받은 경우

    ㉣ 기준 및 절차 : 승인 취소, 업무의 제한 또는 정지의 기준 및 절차 등에 관하여 필요한 사항은 국토교통부령으로 정한다.

---

❸ 과징금

① 과징금의 부과〈법 제9조의2〉

    ㉠ 과징금 부과권자 : 국토교통부장관

    ㉡ 30억 원 이하의 과징금

      • 부과사유 : 철도운영자등에 대하여 업무의 제한이나 정지를 명하여야 하는 경우로서 그 업무의 제한이나 정지가 철도 이용자 등에게 심한 불편을 주거나 그 밖에 공익을 해할 우려가 있는 경우에는 업무의 제한이나 정지를 갈음하여 과징금을 부과할 수 있다.

      • 과징금의 부과기준 : 과징금을 부과하는 위반행위의 종류, 과징금의 부과기준 및 징수방법, 그 밖에 필요한 사항은 대통령령으로 정한다.

    ㉢ 과징금미납 : 국토교통부장관은 과징금을 내야 할 자가 납부기한까지 과징금을 내지 아니하는 경우에는 국세 체납처분의 예에 따라 징수한다.

② 안전관리체계 관련 과징금의 부과의 일반기준〈시행령 제6조 별표1 제1호〉

    ㉠ 적용 : 위반행위의 횟수에 따른 과징금의 가중된 부과기준은 최근 2년간 같은 위반행위로 과징금 부과처분을 받은 경우에 적용한다. 이 경우 기간의 계산은 위반행위에 대하여 과징금 부과처분을 받은 날과 그 처분 후 다시 같은 위반행위를 하여 적발된 날을 기준으로 한다.

    ㉡ 적용차수 : 가중된 부과처분을 하는 경우 가중처분의 적용차수는 그 위반행위 전 부과처분 차수(㉠에 따른 기간 내에 과징금 부과처분이 둘 이상 있었던 경우에는 높은 차수를 말한다)의 다음 차수로 한다.

    ㉢ 과징금의 가중

      • 과징금을 가중할 수 있는 경우 : 위반행위가 둘 이상인 경우로서 각 처분내용이 모두 업무정지인 경우

- 과징금의 가중범위 : 각 처분기준에 따른 과징금을 합산한 금액을 넘지 않는 범위에서 무거운 처분기준에 해당하는 과징금 금액의 2분의 1의 범위에서 가중할 수 있다.

② 위반행위자의 과징금 금액을 2분의 1의 범위에서 줄일 수 있는 경우
- 위반행위가 사소한 부주의나 오류로 인한 것으로 인정되는 경우
- 위반행위자가 법 위반상태를 시정하거나 해소하기 위한 노력이 인정되는 경우
- 사업규모, 사업지역의 특수성, 위반행위의 정도, 위반행위의 동기와 그 결과 및 위반 횟수 등을 고려하여 과징금 금액을 줄일 필요가 있다고 인정되는 경우

※ 과징금을 체납하고 있는 위반행위자의 경우에는 과징금의 금액을 줄일 수 없다.

㉤ 위반행위자의 과징금 금액을 2분의 1의 범위에서 늘릴 수 있는 경우
- 위반의 내용 및 정도가 중대하여 공중에게 미치는 피해가 크다고 인정되는 경우
- 법 위반상태의 기간이 6개월 이상인 경우
- 사업규모, 사업지역의 특수성, 위반행위의 정도, 위반행위의 동기와 그 결과 및 위반 횟수 등을 고려하여 과징금 금액을 늘릴 필요가 있다고 인정되는 경우

※ 과징금 금액의 상한을 넘을 경우 상한금액으로 한다.

③ 안전관리체계 관련 과징금의 부과의 개별기준〈시행령 제6조 별표1 제2호〉
  ㉠ 변경승인을 받지 않고 안전관리체계를 변경한 경우
    - 1차 위반 : 120백만 원
    - 2차 위반 : 240백만 원
    - 3차 위반 : 480백만 원
    - 4차 이상 위반 : 960백만 원
  ㉡ 변경신고를 하지 않고 안전관리체계를 변경한 경우
    - 1차 위반 : 경고
    - 2차 위반 : 120백만 원
    - 3차 이상 위반 : 240백만 원
  ㉢ 안전관리체계를 지속적으로 유지하지 않아 철도운영이나 철도시설의 관리에 중대한 지장을 초래한 경우
    - 철도사고로 인한 사망자 수
    −1명 이상 3명 미만 : 360백만 원
    −3명 이상 5명 미만 : 720백만 원
    −5명 이상 10명 미만 : 1,440백만 원
    −10명 이상 : 2,160백만 원
    - 철도사고로 인한 중상자 수
    −5명 이상 10명 미만 : 180백만 원
    −10명 이상 30명 미만 : 360백만 원

－30명 이상 50명 미만 : 720백만 원

－50명 이상 100명 미만 : 1,440백만 원

－100명 이상 : 2,160백만 원

• 철도사고 또는 운행 장애로 인한 재산피해액

－5억 원 이상 10억 원 미만 : 180백만 원

－10억 원 이상 20억 원 미만 : 360백만 원

－20억 원 이상 : 720백만 원

② 시정조치명령을 정당한 사유 없이 이행하지 않은 경우

• 1차 위반 : 240백만 원

• 2차 위반 : 480백만 원

• 3차 위반 : 960백만 원

• 4차 이상 위반 : 1,920백만 원

※ 참고하기

• 위 ©의 규정에 따른 과징금을 부과하는 경우에 사망자, 중상자, 재산피해가 동시에 발생한 경우는 각각의 과징금을 합산하여 부과한다. 다만, 합산한 금액이 과징금 금액의 상한을 초과하는 경우에는 상한금액을 과징금으로 부과한다.

• 과징금 금액이 해당 철도운영자 등의 전년도(위반행위가 발생한 날이 속하는 해의 직전 연도를 말한다) 매출액의 100분의 4를 초과하는 경우에는 전년도 매출액의 100분의 4에 해당하는 금액을 과징금으로 부과한다.

◆ 용어해설

• 사망자 : 철도사고가 발생한 날부터 30일 이내에 그 사고로 사망한 사람을 말한다.
• 중상자 : 철도사고로 인해 부상을 입은 날부터 7일 이내 실시된 의사의 최초 진단결과 24시간 이상 입원 치료가 필요한 상해를 입은 사람(의식불명, 시력상실을 포함)를 말한다.
• 재산피해액 : 시설피해액(인건비와 자재비등 포함), 차량피해액(인건비와 자재비등 포함), 운임환불 등을 포함한 직접손실액을 말한다.

④ 과징금의 부과 및 납부〈시행령 제7조〉

㉠ 서면통지 : 국토교통부장관은 과징금을 부과할 때에는 그 위반행위의 종류와 해당 과징금의 금액을 명시하여 이를 납부할 것을 서면으로 통지하여야 한다.

㉡ 과징금 납부

• 기간통지를 받은 자는 통지를 받은 날부터 20일 이내에 국토교통부장관이 정하는 수납기관에 과징금을 내야 한다.

• 과징금을 받은 수납기관은 그 과징금을 낸 자에게 영수증을 내주어야 한다.

㉢ 수납기관의 통보 : 과징금의 수납기관은 과징금을 받으면 지체 없이 그 사실을 국토교통부장관에게 통보하여야 한다.

④ 안전관리 수준평가 및 우수운영자 지정

① 철도운영자 등에 대한 안전관리 수준평가〈법 제9조의3〉

　　㉠ 수준평가실시자 : 국토교통부장관

　　㉡ 수준평가실시

　　　• 평가실시 : 철도운영자등의 자발적인 안전관리를 통한 철도안전 수준의 향상을 위하여 철도운영자등의 안전관리 수준에 대한 평가를 실시할 수 있다.

　　　• 시정조치 및 개선조치 : 국토교통부장관은 안전관리 수준평가를 실시한 결과 그 평가결과가 미흡한 철도운영자 등에 대하여 검사를 시행하거나 시정조치 등 개선을 위하여 필요한 조치를 명할 수 있다.

　　㉢ 방법 및 절차 : 안전관리 수준평가의 대상, 기준, 방법, 절차 등에 필요한 사항은 국토교통부령으로 정한다.

② 철도안전 우수운영자 지정〈법 제9조의4〉

　　㉠ 우수운영자 지정권자 : 국토교통부장관

　　㉡ 철도안전 우수운영자 지정

　　　• 지정 : 안전관리 수준평가 결과에 따라 철도운영자등을 대상으로 철도안전 우수운영자를 지정할 수 있다.

　　　• 지정자의 표시 : 철도안전 우수운영자로 지정을 받은 자는 철도차량, 철도시설이나 관련 문서 등에 철도안전 우수운영자로 지정되었음을 나타내는 표시를 할 수 있다.

　　㉢ 철도안전 우수운영자 미지정자

　　　• 표시금지 : 지정을 받은 자가 아니면 철도차량, 철도시설이나 관련 문서 등에 우수운영자로 지정되었음을 나타내는 표시를 하거나 이와 유사한 표시를 하여서는 아니 된다.

　　　• 표시금지행위 위반 시 : 국토교통부장관은 표시금지행위를 위반하여 우수운영자로 지정되었음을 나타내는 표시를 하거나 이와 유사한 표시를 한 자에 대하여 해당 표시를 제거하게 하는 등 필요한 시정조치를 명할 수 있다.

　　㉣ 방법 및 절차 : 철도안전 우수운영자 지정의 대상, 기준, 방법, 절차 등에 필요한 사항은 국토교통부령으로 정한다.

③ 우수운영자 지정의 취소〈법 제9조의5〉

　　㉠ 지정취소권자 : 국토교통부장관

　　㉡ 철도안전 우수운영자 지정을 받은 자의 지정을 취소할 수 있는 경우

　　　• 거짓이나 그 밖의 부정한 방법으로 철도안전 우수운영자 지정을 받은 경우

　　　• 안전관리체계의 승인이 취소된 경우

　　　• 지정기준에 부적합하게 되는 등 그 밖에 국토교통부령으로 정하는 사유가 발생한 경우

　　㉢ 지정을 취소해야 하는 경우

　　　• 거짓이나 그 밖의 부정한 방법으로 철도안전 우수운영자 지정을 받은 경우

　　　• 안전관리체계의 승인이 취소된 경우

(1) (　　　)은 (　　　)마다 철도안전종합계획을 수립하여야 한다.

(2) 국토교통부장관은 철도안전종합계획을 수립할 때에는 사전에 관계 중앙행정기관의 장 및 철도운영자등과 협의한 후 (　　　)의 심의를 거쳐야 한다. 대통령령으로 정하는 (　　　)한 사항의 변경은 제외한다.

(3) 국토교통부장관은 철도안전 종합계획을 수립하거나 변경하기 위하여 필요하다고 인정하면 관계 중앙행정기관의 장 또는 (　　　)에게 관련 자료의 제출을 요구할 수 있다.

(4) 국토교통부장관, 시·도지사 및 철도운영자 등은 철도안전 종합계획에 따라 소관별로 철도안전 종합계획의 단계적 시행에 필요한 (　　　) 시행계획(이하 "(　　　)"이라 한다)을 수립·추진하여야 한다.

(5) 철도운영자는 철도차량의 교체, 철도시설의 개량 등 (　　　)하는 예산 규모를 매년 공시하여야 한다.

(6) 철도운영자등(전용철도의 운영자는 제외)은 철도운영을 하거나 철도시설을 관리하려는 경우에는 인력, 시설, 차량, 장비, 운영절차, 교육훈련 및 비상대응계획 등 철도 및 철도시설의 안전관리에 관한 유기적 체계(이하 "(　　　)"라 한다)를 갖추어 국토교통부장관의 승인을 받아야 한다.

(7) 전용철도의 운영자는 자체적으로 안전관리체계를 갖추고 (　　　)으로 유지하여야 한다.

(8) 국토교통부장관은 안전관리체계의 승인 또는 변경승인의 신청을 받은 경우에는 해당 안전관리체계가 (　　　)에 적합한 지를 검사한 후 승인여부를 결정하여야 한다.

(9) 국토교통부장관은 안전관리체계 위반여부확인 및 철도사고 예방 등을 위하여 철도운영자등이 안전관리체계를 지속적으로 유지하는지 (　　　)와 (　　　)를 통해 국토교통부령으로 정하는 바에 따라 점검·확인할 수 있다.

(10) 국토교통부장관은 안전관리체계의 승인을 받은 철도운영자등이 시정조치명령을 정당한 사유 없이 이행하지 아니한 경우에는 그 승인을 취소하거나 (　　　)의 기간을 정하여 업무의 제한이나 정지를 명할 수 있다.

(11) 국토교통부장관은 철도운영자등에 대하여 업무의 제한이나 정지를 명하여야 하는 경우로서 그 업무의 제한이나 정지가 철도 이용자 등에게 심한 불편을 주거나 그 밖에 공익을 해할 우려가 있는 경우에는 업무의 제한이나 정지를 갈음하여 (　　　)의 (　　　)을 부과할 수 있다.

(12) 과징금의 부과 및 납부통지를 받은 자는 통지를 받은 날부터 (　　　)에 국토교통부장관이 정하는 수납기관에 과징금을 내야 한다.

(13) 국토교통부장관은 철도운영자 등의 자발적인 안전관리를 통한 철도안전 수준의 향상을 위하여 철도운영자등의 안전관리 수준에 대한 (　　　)를 실시할 수 있다.

(14) 국토교통부장관은 안전관리수준평가 결과에 따라 철도운영자등을 대상으로 (　　　)를 지정할 수 있다.

(15) 철도안전우수운영자 지정을 받은 자가 거짓이나 그 밖의 부정한 방법으로 철도안전우수운영자 지정을 받은 경우에는 그 지정을 (　　　)하여야 한다.

정답 및 해설

(1) 국토교통부장관, 5년
(2) 철도산업위원회, 경미
(3) 시·도지사
(4) 연차별, 시행계획
(5) 철도안전투자

(6) 안전관리체계
(7) 지속적
(8) 안전관리기준
(9) 정기검사, 수시검사
(10) 6개월 이내

(11) 30억 원 이하, 과징금
(12) 20일 이내
(13) 안전관리수준평가
(14) 철도안전우수운영자
(15) 취소

1 철도안전법령상 철도안전 종합계획을 수립하여야 하는 주체는?

① 기획재정부장관

② 국토교통부장관

③ 행정안전부장관

④ 지방자치단체장

TIP 국토교통부장관은 철도안전 종합계획을 수립하여야 한다〈철도안전법 제5조 제1항〉.

2 철도안전법령상 다음에서 철도안전 종합계획에 포함되어야 할 사항을 모두 고르면?

> ㉠ 철도안전 관련 전문 인력의 양성 및 수급관리에 관한 사항
> ㉡ 철도안전 관련 기술개발에 관한 사항
> ㉢ 철도종사자의 안전에 관한 사항
> ㉣ 철도안전에 관한 사항으로서 대통령으로 정하는 사항
> ㉤ 철도종사자의 근무환경 향상에 관한 사항
> ㉥ 철도안전에 관한 시설의 확충

① ㉠㉡㉢㉤㉥

② ㉠㉡㉢㉣㉥

③ ㉡㉢㉣㉤㉥

④ ㉠㉡㉢㉣㉤㉥

TIP 철도안전 종합계획〈철도안전법 제5조 제2항〉… 철도안전 종합계획에는 다음 각 호의 사항이 포함되어야 한다.
   1. 철도안전 종합계획의 추진 목표 및 방향
   2. 철도안전에 관한 시설의 확충, 개량 및 점검 등에 관한 사항
   3. 철도차량의 정비 및 점검 등에 관한 사항
   4. 철도안전 관계 법령의 정비 등 제도개선에 관한 사항
   5. 철도안전 관련 전문 인력의 양성 및 수급관리에 관한 사항
   6. 철도종사자의 안전 및 근무환경 향상에 관한 사항
   7. 철도안전 관련 교육훈련에 관한 사항
   8. 철도안전 관련 연구 및 기술개발에 관한 사항
   9. 그 밖에 철도안전에 관한 사항으로서 국토교통부장관이 필요하다고 인정하는 사항

3 철도안전법령상 수립된 철도안전 종합계획을 변경할 때 철도산업위원회의 심의를 거쳐야 하는 사항은?

① 법령의 개정으로 수립된 철도안전 종합계획의 기본방향에 영향을 미치지 않는 사항의 변경

② 철도안전 종합계획에서 정한 시행기한 내에 단위사업의 시행시기의 변경

③ 철도안전 종합계획에서 정한 총사업비를 원래 계획의 10% 이내에서의 변경

④ 철도안전 관련 전문 인력의 양성 및 수급관리에 관한 사항의 변경

TIP 철도안전 종합계획의 경미한 변경〈철도안전법 시행령 제4조〉
    1. 철도안전 종합계획에서 정한 총사업비를 원래 계획의 100분의 10 이내에서의 변경
    2. 철도안전 종합계획에서 정한 시행기한 내에 단위사업의 시행시기의 변경
    3. 법령의 개정, 행정구역의 변경 등과 관련하여 철도안전 종합계획을 변경하는 등 당초 수립된 철도안전 종합계획의 기본방향에 영향을 미치지 아니하는 사항의 변경

4 철도안전법령상 철도안전 종합계획수립에 대한 설명으로 옳지 않은 것은?

① 철도안전에 관한 사항으로서 국토교통부장관이 필요하다고 인정하는 사항도 철도안전 종합계획에 수립하여야 한다.

② 철도안전 종합계획을 수립할 때에는 시·도지사에게 관련 자료의 제출을 요구할 수 있다.

③ 철도안전 종합계획을 수립하거나 변경하였을 때에는 이를 인터넷홈페이지에 게시하여야 한다.

④ 철도안전 종합계획을 수립할 때에는 미리 관계 중앙행정기관장 및 철도운영자등과 협의해야 한다.

TIP 국토교통부장관은 철도안전 종합계획을 수립하거나 변경하였을 때에는 이를 관보에 고시하여야 한다〈철도안전법 제5조 제5항〉.

5 철도안전법령상 시행계획의 수립 및 시행절차 등에 관하여 필요한 사항을 정하는 기준으로 옳은 것은?

① 대통령령
② 국토교통부령
③ 해당 시·도의 조례
④ 철도운영자의 정관

TIP 시행계획의 수립 및 시행절차 등에 관하여 필요한 사항은 대통령령으로 정한다〈철도안전법 제6조 제2항〉.

6 철도안전법령상 시행계획을 국토교통부장관에게 제출해야 하는 자로 옳지 않은 사람은?

① 관계 중앙행정기관의 장
② 시·도지사
③ 철도운영자
④ 철도시설관리자

TIP 시·도지사와 철도운영자 및 철도시설관리자(이하 "철도운영자 등"이라 한다)는 다음 연도의 시행계획을 국토교통부
장관에게 제출하여야 한다〈철도안전법 시행령 제5조 제1항〉.

7 철도안전법령상 시행계획 수립절차에 대한 설명으로 옳지 않은 것은?

① 국토교통부장관은 제출된 시행계획에 보완이 필요한 경우에는 수정을 요청할 수 있다.
② 전년도 시행계획의 추진실적은 매년 3월 말까지 제출해야 한다.
③ 제출된 시행계획의 수정요청을 받은 경우 이를 시행계획에 반영해야 한다.
④ 다음연도의 시행계획은 매년 10월 말까지 국토교통부장관에게 제출해야 한다.

TIP 시·도지사 및 철도운영자등은 전년도 시행계획의 추진실적을 매년 2월 말까지 국토교통부장관에게 제출하여야 한
다〈철도안전법 시행령 제5조 제2항〉.

8 철도안전법령상 철도운영자가 철도안전투자의 예산규모를 공시해야 하는 주기로 옳은 것은?

① 3개월

② 6개월

③ 매년

④ 2년

TIP 철도운영자는 철도안전투자하는 예산규모를 매년 공시해야 한다〈철도안전법 제6조의2 제1항〉.

9 철도안전법령상 철도운영자등이 철도운영을 하려는 경우 체계를 갖추어서 국토교통부장관의 승인을 받아야 하는 것은?

① 철도운영관리체계

② 안전관리체계

③ 철도시설관리체계

④ 제어 · 통제 · 감시체계

TIP 철도운영자 등(전용철도의 운영자는 제외한다)은 철도운영을 하거나 철도시설을 관리하려는 경우에는 인력, 시설, 차량, 장비, 운영절차, 교육훈련 및 비상대응계획 등 철도 및 철도시설의 안전관리에 관한 유기적 체계(이하 "안전관리체계"라 한다)를 갖추어 국토교통부장관의 승인을 받아야 한다〈철도안전법 제7조 제1항〉.

10 철도안전법령상 철도운영자등이 안전관리체계를 변경할 경우에는 국토교통부장관의 승인을 받아야 한다. 이 때 승인을 받을 필요가 없는 경우로 옳은 것은?

① 운영절차의 변동

② 철도시설의 추가사항의 변경

③ 교육훈련 및 비상대응계획 등의 변경

④ 국토교통부령으로 정하는 경미한 사항의 변경

TIP 철도운영자 등은 승인받은 안전관리체계를 변경하려는 경우에는 국토교통부장관의 변경승인을 받아야 한다. 다만, 국토교통부령으로 정하는 경미한 사항을 변경하려는 경우에는 국토교통부장관에게 신고하여야 한다〈철도안전법 제7조 제3항〉.

Answer 5.① 6.① 7.② 8.③ 9.② 10.④

11 철도안전법령상 국토교통부장관이 정해서 고시해야 하는 철도운영 및 철도시설의 안전관리에 필요한 기술기준으로 옳지 않은 것은?

① 안전정보관리 및 운행안전관리
② 비상대응훈련 및 교육훈련
③ 철도운영체계의 개선
④ 차량·시설의 유지관리

TIP 국토교통부장관은 철도안전경영, 위험관리, 사고 조사 및 보고, 내부점검, 비상대응계획, 비상대응훈련, 교육훈련, 안전정보관리, 운행안전관리, 차량·시설의 유지관리(차량의 기대수명에 관한 사항을 포함한다) 등 철도운영 및 철도시설의 안전관리에 필요한 기술기준을 정하여 고시하여야 한다〈철도안전법 제7조 제5항〉.

12 철도안전법령상 국토교통부장관이 안전관리체계 위반 여부를 확인하기 위해 실시하는 검사로 옳은 것은?

① 임시검사와 예비검사
② 정기검사와 임의검사
③ 정기검사와 수시검사
④ 수시검사와 비상검사

TIP 국토교통부장관은 안전관리체계 위반 여부확인 및 철도사고예방 등을 위하여 철도운영자 등이 안전관리체계를 지속적으로 유지하는지의 여부를 정기검사와 수시검사를 통해 국토교통부령으로 정하는 바에 따라 점검·확인할 수 있다〈철도안전법 제8조 제2항 진단〉.

13 철도안전법령상 안전관리체계의 유지에 관한 설명으로 옳지 않은 것은?

① 국토교통부장관은 검사를 통해 안전관리체계의 유지여부를 점검·확인할 수 있다.
② 철도운영자등은 안전관리체계를 승인받아 유지해야 한다.
③ 국토교통부장관은 검사 결과 안전관리체계가 유지되지 않으면 시정조치를 명할 수 있다.
④ 안전관리체계를 승인받은 후에는 수시로 변경하여 유지할 수 있다.

TIP 철도운영자 등은 승인받은 안전관리체계를 변경(안전관리기준의 변경에 따른 안전관리체계의 변경을 포함한다)하려는 경우에는 국토교통부장관의 변경승인을 받아야 한다〈철도안전법 제7조 제3항〉.

14 철도안전법령상 안전관리체계의 승인을 취소해야 하는 경우로 옳은 것은?

① 안전관리체계를 지속적으로 유지하지 아니하여 철도운영이나 철도시설의 관리에 중대한 지장을 초래한 경우

② 안전관리체계에 관한 시정조치명령을 정당한 사유 없이 이행하지 아니한 경우

③ 부정한 방법이나 거짓으로 승인을 받은 경우

④ 변경승인을 받지 아니하거나 변경신고를 하지 아니하고 안전관리체계를 변경한 경우

TIP 승인의 취소 등〈철도안전법 제9조 제1항〉 … 국토교통부장관은 안전관리체계의 승인을 받은 철도운영자등이 다음 각 호의 어느 하나에 해당하는 경우에는 그 승인을 취소하거나 6개월 이내의 기간을 정하여 업무의 제한이나 정지를 명할 수 있다. 다만, 제1호에 해당하는 경우에는 그 승인을 취소하여야 한다.
1. 거짓이나 그 밖의 부정한 방법으로 승인을 받은 경우
2. 변경승인을 받지 아니하거나 변경신고를 하지 아니하고 안전관리체계를 변경한 경우
3. 안전관리체계를 지속적으로 유지하지 아니하여 철도운영이나 철도시설의 관리에 중대한 지장을 초래한 경우
4. 시정조치명령을 정당한 사유 없이 이행하지 아니한 경우

15 철도안전법령상 철도운영자등의 업무제한이나 정지명령이 공익을 해할 우려가 있는 경우에 업무의 제한이나 정지를 갈음하여 부과할 수 있는 과징금의 금액은?

① 5억 원 이하
② 10억 원 이하
③ 20억 원 이하
④ 30억 원 이하

TIP 국토교통부장관은 철도운영자등에 대하여 업무의 제한이나 정지를 명하여야 하는 경우로서 그 업무의 제한이나 정지가 철도 이용자 등에게 심한 불편을 주거나 그 밖에 공익을 해할 우려가 있는 경우에는 업무의 제한이나 정지를 갈음하여 30억 원 이하의 과징금을 부과할 수 있다〈철도안전법 제9조의2 제1항〉.

16 철도안전법령상 과징금징수에 대한 설명으로 옳지 않은 것은?

① 과징금은 국토교통부장관이 부과 · 징수한다.

② 과징금을 납부기한까지 내지 않으면 국세 체납처분의 예에 따라 징수한다.

③ 과징금은 납부기한까지 납부하지 않을 경우 연체료가 부과된다.

④ 과징금을 줄이거나 가중하여 부과할 수 있다.

TIP 국토교통부장관은 과징금을 내야 할 자가 납부기한까지 과징금을 내지 아니하는 경우에는 국세 체납처분의 예에 따라 징수한다〈철도안전법 제9조의2 제3항〉.

Answer 11.③ 12.③ 13.④ 14.③ 15.④ 16.③

17 철도안전법령상 과장금납부를 통지받은 자가 과징금을 납부해야 하는 기한은? (통지를 받은 날을 기준으로 한다)

① 7일 이내   ② 15일 이내
③ 20일 이내   ④ 30일 이내

> **TIP** 과징금의 통지를 받은 자는 통지를 받은 날부터 20일 이내에 국토교통부장관이 정하는 수납기관에 과징금을 내야 한다〈철도안전법 시행령 제7조 제2항〉.

18 철도안전법령상 과징금의 부가기준에 대한 설명으로 옳지 않은 것은?

① 위반행위의 횟수에 따른 과징금의 가중된 부과기준은 최근 2년간 같은 위반행위로 과징금 부과처분을 받은 경우에 적용한다.
② 가중된 부과처분을 하는 경우 가중처분의 적용차수는 그 위반행위 전 부과처분차수의 다음차수로 한다.
③ 위반행위가 둘 이상 모두 업무정지인 경우에는 무거운 처분기준에 해당하는 과징금 금액의 30%의 범위에서 가중할 수 있다.
④ 과징금을 체납하고 있는 위반행위자의 경우에는 과징금의 금액을 줄일 수 없다.

> **TIP** 위반행위가 둘 이상인 경우로서 각 처분내용이 모두 업무정지인 경우에는 각 처분기준에 따른 과징금을 합산한 금액을 넘지 않는 범위에서 무거운 처분기준에 해당하는 과징금 금액의 2분의 1의 범위에서 가중할 수 있다〈철도안전법 시행령 제6조 별표1 제1호 다목〉.

19 철도안전법령상 1차 위반 시 과징금의 부과 금액이 가장 적은 경우는?

① 시정조치명령을 정당한 사유 없이 이행하지 않은 경우
② 변경승인을 받지 않고 안전관리체계를 변경한 경우
③ 철도사고로 인한 사망자 수가 1명 이상 3명 미만인 경우
④ 변경신고를 하지 않고 안전관리체계를 변경한 경우

> **TIP** 1차 위반 시의 과징금 부과금액〈철도안전법 시행령 제6조 별표1 제2호〉
> 1. 변경신고를 하지 않고 안전관리체계를 변경한 경우 : 경고
> 2. 변경승인을 받지 않고 안전관리체계를 변경한 경우 : 120백만 원
> 3. 시정조치명령을 정당한 사유 없이 이행하지 않은 경우 : 240백만 원
> 4. 철도사고로 인한 사망자 수가 1명 이상 3명 미만인 경우 : 360백만 원

20 철도안전법령상 변경승인을 받지 않고 안전관리체계를 변경한 경우의 과징금 금액으로 틀린 것은?

① 1차 위반 : 120백만 원

② 2차 위반 : 240백만 원

③ 3차 위반 : 480백만 원

④ 4차 이상 위반 : 1,440백만 원

TIP 변경승인을 받지 않고 안전관리체계를 변경한 경우〈철도안전법 시행령 제6조 별표1 제2호 가목〉
  1. 1차 위반 : 120백만 원
  2. 2차 위반 : 240백만 원
  3. 3차 위반 : 480백만 원
  4. 4차 이상 위반 : 960백만 원

21 철도안전법령상 다음에 의한 철도사고로 3명 이상 5명 미만의 사망자 수가 발생한 경우에 과징금의 금액은?

> 철도운영자 등이 안전관리체계를 지속적으로 유지하지 않아 철도운영이나 철도시설의 관리에 중대한 지장을 초래한 경우

① 360백만 원

② 720백만 원

③ 1,440백만 원

④ 2,160백만 원

TIP 안전관리체계를 유지하지 않아 철도운영 및 시설관리에 중대한 지장을 초래한 철도사고에서 사망자 수에 따른 과징금의 금액〈철도안전법 시행령 제6조 별표1 제2호 다목〉
  1. 1명 이상 3명 미만 : 360백만 원
  2. 3명 이상 5명 미만 : 720백만 원
  3. 5명 이상 10명 미만 : 1,440백만 원
  4. 10명 이상 : 2,160백만 원

Answer   17.③ 18.③ 19.④ 20.④ 21.②

22 철도안전법령상 안전관리체계를 유지하지 않아 철도운영 및 시설관리에 지장을 초래한 철도사고 또는 운행 장애로 인한 재산피해액에 따른 과징금으로 볼 수 없는 금액은?

① 120백만 원

② 180백만 원

③ 360백만 원

④ 720백만 원

TIP 안전관리체계를 유지하지 않아 철도운영 및 시설관리에 지장을 초래한 철도사고 또는 운행 장애로 인한 재산피해액에 따른 과징금의 금액〈철도안전법 시행령 제6조 별표1 제2호 다목〉

1. 5억 원 이상 10억 원 미만 : 180백만 원
2. 10억 원 이상 20억 원 미만 : 360백만 원
3. 20억 원 이상 : 720백만 원

23 철도안전법령상 철도운영자등의 자발적인 안전관리를 통한 철도안전수준의 향상을 위하여 국토교통부장관이 평가할 수 있는 것은?

① 철도서비스 수준평가

② 철도시설 안전평가

③ 철도자산 품질평가

④ 안전관리 수준평가

TIP 국토교통부장관은 철도운영자등의 자발적인 안전관리를 통한 철도안전 수준의 향상을 위하여 철도운영자등의 안전관리 수준에 대한 평가를 실시할 수 있다〈철도안전법 제9조의3 제1항〉.

24 철도안전법령상 국토교통부장관이 안전관리 수준평가 결과에 따라 철도운영자 등을 대상으로 지정할 수 있는 것은?

① 철도안전우수운영자
② 철도안전관리자
③ 안전관리평가지도자
④ 철도안전우수관리자

TIP 국토교통부장관은 안전관리수준평가 결과에 따라 철도운영자등을 대상으로 철도안전 우수운영자를 지정할 수 있다 〈철도안전법 제9조의4 제1항〉.

25 철도안전법령상 우수운영자 지정을 반드시 취소해야 하는 경우로 볼 수 없는 것은?

① 부정한 방법으로 철도안전 우수운영자 지정을 받은 경우
② 국토교통부령으로 정한 지정기준에 부적합한 경우
③ 안전관리체계의 승인이 취소된 경우
④ 철도안전 우수운영자 지정을 거짓으로 받은 경우

TIP 우수운영자 지정의 취소〈철도안전법 제9조의5〉… 국토교통부장관은 제9조의4에 따라 철도안전 우수운영자 지정을 받은 자가 다음 각 호의 어느 하나에 해당하는 경우에는 그 지정을 취소할 수 있다. 다만, 제1호 또는 제2호에 해당하는 경우에는 지정을 취소하여야 한다.
1. 거짓이나 그 밖의 부정한 방법으로 철도안전 우수운영자 지정을 받은 경우
2. 안전관리체계의 승인이 취소된 경우
3. 지정기준에 부적합하게 되는 등 그 밖에 국토교통부령으로 정하는 사유가 발생한 경우

Answer 22.① 23.④ 24.① 25.②

CHAPTER 03

철도차량의 운전면허

1 철도차량 운전면허 취득 및 종류

① 철도차량 운전면허〈법 제10조〉

　㉠ 철도차량 운전면허 취득

　　• 철도차량을 운전하려는 사람은 국토교통부장관으로부터 철도차량 운전면허(이하 "운전면허"라 한다)를 받아야 한다.

　　• 교육훈련 또는 운전면허시험을 위하여 철도차량을 운전하는 경우 등 <u>대통령령으로 정하는 경우</u>에는 운전면허 없이 운전할 수 있다.

　㉡ 노면전차 운전면허 취득 : 노면전차를 운전하려는 사람은 운전면허 외에 자동차 운전면허를 받아야 한다.

　㉢ 종류별로 면허취득 : 철도차량 운전면허는 대통령령으로 정하는 바에 따라 철도차량의 종류별로 받아야 한다.

② 운전면허 없이 운전할 수 있는 경우〈시행령 제10조〉

　㉠ 운전면허 없이 운전할 수 있도록 대통령령으로 정하는 경우

　　• 철도차량 운전에 관한 전문 교육훈련기관(이하 "운전교육훈련기관"이라 한다)에서 실시하는 운전교육훈련을 받기 위하여 철도차량을 운전하는 경우

　　• 운전면허시험을 치르기 위하여 철도차량을 운전하는 경우

　　• 철도차량을 제작·조립·정비하기 위한 공장 안의 선로에서 철도차량을 운전하여 이동하는 경우

　　• 철도사고 등을 복구하기 위하여 열차운행이 중지된 선로에서 사고복구용 특수차량을 운전하여 이동하는 경우

　㉡ 철도차량의 앞면 유리에의 표지부착 및 담당자가 승차해야 하는 경우

　　• 운전교육훈련기관 철도차량 : 철도차량에 운전교육훈련을 담당하는 사람 승차

　　• 운전면허시험을 치르기 위한 철도차량 : 운전면허시험에 대한 평가를 담당하는 사람 승차

　　※ 국토교통부령으로 정하는 표지를 해당 철도차량의 앞면 유리에 붙여야 한다.

② 운전면허의 종류〈시행령 제11조〉

　㉠ 고속철도차량 운전면허 : 고속철도차량과 철도장비차량을 운전할 수 있다.

　㉡ 제1종 전기차량 운전면허 : 전기기관차와 철도장비차량을 운전할 수 있다.

ⓒ 제2종 전기차량 운전면허 : 전기동차와 철도장비차량을 운전할 수 있다.

ⓔ 디젤차량 운전면허 : 디젤기관차, 디젤동차, 증기기관차 및 철도장비차량을 운전할 수 있다.

ⓜ 철도장비 운전면허 : 철도건설과 유지보수에 필요한 기계나 장비, 철도시설의 검측장비, 철도와 도로를 모두 운행할 수 있는 철도복구장비, 전용철도에서 시속 25km 이하로 운전하는 차량, 사고복구용 기중기, 입환작업을 위해 원격제어가 가능한 장치를 설치하여 시속 25킬로미터 이하로 운전하는 동력차를 운전할 수 있다.

ⓗ 노면전차 운전면허 : 노면전차를 운전할 수 있다.

※ **운전이 가능한 철도차량** … 운전면허를 받은 사람이 운전할 수 있는 철도차량의 종류는 국토교통부령으로 정한다.

2 운전면허의 결격사유 및 개인정보 제공

① 운전면허의 결격사유〈법 제11조〉

　㉠ 결격사유

　　• 19세 미만인 사람

　　• 철도차량 운전상의 위험과 장해를 일으킬 수 있는 정신질환자 또는 뇌전증환자로서 <u>대통령령으로 정하는 사람</u>

　　• 철도차량 운전상의 위험과 장해를 일으킬 수 있는 약물(환각물질) 또는 알코올 중독자로서 <u>대통령령으로 정하는 사람</u>

　　• 두 귀의 청력 또는 두 눈의 시력을 완전히 상실한 사람

　　• 운전면허가 취소된 날부터 2년이 지나지 아니하였거나 운전면허의 효력정지기간 중인 사람

　　대통령령으로 정하는 사람〈시행령 제12조〉

　　해당 분야 전문의가 정상적인 운전을 할 수 없다고 인정하는 사람

　㉡ 정보제공의 요청

　　• 국토교통부장관은 결격사유의 확인을 위하여 개인정보를 보유하고 있는 기관의 장에게 해당 정보의 제공을 요청할 수 있다. 이 경우 요청을 받은 기관의 장은 특별한 사유가 없으면 이에 따라야 한다.

　　• 요청하는 대상기관과 개인정보의 내용 및 제공방법 등에 필요한 사항은 <u>대통령령</u>으로 정한다.

② 운전면허의 결격사유 관련 개인정보의 제공요청〈시행령 제12조의2〉

　㉠ 요청기관 및 목적

　　• 요청할 수 있는 기관 : 국토교통부장관

　　• 요청목적 : 운전면허의 결격사유 확인을 위하여 해당 기관이 보유하고 있는 개인정보의 제공을 요청

ⓒ 개인정보제공 대상기관의 장

- 보건복지부장관
- 병무청장
- 시·도지사 또는 시장·군수·구청장(자치구의 구청장을 말한다. 이하 같다)
- 육군참모총장, 해군참모총장, 공군참모총장 또는 해병대사령관

ⓒ 전자적 방법제공 : 대상기관의 장은 개인정보를 제공하는 경우에는 국토교통부령으로 정하는 서식에 따라 서면 또는 전자적 방법으로 제공해야 한다.

ⓒ 운전면허의 결격사유 확인을 위하여 요청할 수 있는 개인정보의 내용〈시행령 제12조의2 별표1의2〉

보유기관	개인정보의 내용
보건복지부장관 또는 시·도지사	마약류 중독자로 판명되거나 마약류 중독으로 치료보호기관에서 치료 중인 사람에 대한 자료
병무청장	정신질환 및 뇌전증으로 신체등급이 5급 또는 6급으로 판정된 사람에 대한 자료
특별자치시장·특별자치도지사·시장·군수 또는 구청장	• 시각장애인 또는 청각장애인으로 등록된 사람에 대한 자료 • 정신질환으로 6개월 이상 입원·치료 중인 사람에 대한 자료
육군참모총장, 해군참모총장, 공군참모총장 또는 해병대사령관	군 재직 중 정신질환 또는 뇌전증으로 전역 조치된 사람에 대한 자료

3 운전면허의 신체검사 및 적성검사

① 운전면허의 신체검사〈법 제12조〉

ⓐ 신체검사 실시 : 운전면허를 받으려는 사람은 철도차량 운전에 적합한 신체상태를 갖추고 있는지를 판정받기 위하여 국토교통부장관이 실시하는 신체검사에 합격하여야 한다.

ⓑ 검사방법 및 절차 : 신체검사의 합격기준, 검사방법 및 절차 등에 관하여 필요한 사항은 국토교통부령으로 정한다.

ⓒ 신체검사 실시 의료기관〈법 제13조〉: 의원, 병원, 종합병원

◆ 의료기관의 구분〈의료법 제3조 제2항〉

- 의원급 의료기관 : 의사, 치과의사 또는 한의사가 주로 외래환자를 대상으로 각각 그 의료행위를 하는 의료기관으로 의원, 치과의원, 한의원으로 구분한다.
- 조산원 : 조산사가 조산과 임산부 및 신생아를 대상으로 보건활동과 교육·상담을 하는 의료기관을 말한다.
- 병원급 의료기관 : 의사, 치과의사 또는 한의사가 주로 입원환자를 대상으로 의료행위를 하는 의료기관으로 병원, 치과병원, 한방병원, 요양병원, 정신병원, 종합병원으로 구분한다.

② 운전적성검사〈법 제15조〉

    ㉠ 적성검사의 목적 및 실시

      • 목적 : 운전면허를 받으려는 사람은 철도차량 운전에 적합한 적성을 갖추고 있는지를 판정받기 위함이다.

      • 실시 : 국토교통부장관이 실시하는 적성검사(이하 "운전적성검사"라 한다)에 합격하여야 한다.

    ㉡ 운전적성검사를 받을 수 없는 기간

      • 운전적성검사에 불합격한 사람 : 검사일부터 3개월

      • 운전적성검사 과정에서 부정행위를 한 사람 : 검사일부터 1년

    ㉢ 검사방법 및 절차 : 운전적성검사의 합격기준, 검사의 방법 및 절차 등에 관하여 필요한 사항은 국토교통부령으로 정한다.

④ 운전적성검사기관

① 운전적성검사기관의 지정〈법 제15조 제4·5·6항〉

    ㉠ 지정 : 국토교통부장관은 운전적성검사에 관한 전문기관(이하 "운전적성검사기관"이라 한다)을 지정하여 운전적성검사를 하게 할 수 있다.

    ㉡ 지정기준 및 절차 : 운전적성검사기관의 지정기준, 지정절차 등에 관하여 필요한 사항은 대통령령으로 정한다.

    ㉢ 업무거부 금지 : 운전적성검사기관은 정당한 사유 없이 운전적성검사 업무를 거부하여서는 아니 되고, 거짓이나 그 밖의 부정한 방법으로 운전적성검사 판정서를 발급하여서는 아니 된다.

② 운전적성검사기관 지정절차〈시행령 제13조〉

    ㉠ 지정신청 : 운전적성검사기관으로 지정을 받으려는 자는 국토교통부장관에게 지정신청을 하여야 한다.

    ㉡ 지정여부의 결정 : 국토교통부장관은 운전적성검사기관 지정신청을 받은 경우에는 지정기준을 갖추었는지 여부, 운전적성검사기관의 운영계획, 운전업무종사자의 수급상황 등을 종합적으로 심사한 후 그 지정여부를 결정하여야 한다.

    ㉢ 지정 후 관보에의 고시 : 국토교통부장관은 운전적성검사기관을 지정한 경우에는 그 사실을 관보에 고시하여야 한다.

    ㉣ 지정절차의 세부사항 : 운전적성검사기관 지정절차에 관한 세부적인 사항은 국토교통부령으로 정한다.

③ 운전적성검사기관 지정기준〈시행령 제14조〉

    ㉠ 운전적성검사기관의 지정기준

      • 운전적성검사 업무의 통일성을 유지하고 운전적성검사 업무를 원활히 수행하는데 필요한 상설 전담 조직을 갖출 것

- 운전적성검사 업무를 수행할 수 있는 전문검사인력을 3명 이상 확보할 것
- 운전적성검사 시행에 필요한 사무실, 검사장과 검사 장비를 갖출 것
- 운전적성검사기관의 운영 등에 관한 업무규정을 갖출 것

ⓒ 지정기준의 세부사항 : 운전적성검사기관 지정기준에 관한 세부적인 사항은 국토교통부령으로 정한다.

④ 운전적성검사기관의 변경사항 통지〈시행령 제15조〉

ㄱ 변경통지 및 통지기한
- 변경통지 : 운전적성검사기관은 그 명칭·대표자·소재지나 그 밖에 운전적성검사 업무의 수행에 중대한 영향을 미치는 사항의 변경이 있는 경우
- 통지기한 : 해당 사유가 발생한 날부터 15일 이내에 국토교통부장관에게 그 사실을 알려야 한다.

ⓒ 관보에의 고시 : 국토교통부장관은 제1항에 따라 통지를 받은 때에는 그 사실을 관보에 고시하여야 한다.

⑤ 운전적성검사기관의 지정취소 및 업무정지〈법 제15조의2〉

ㄱ 지정취소 및 업무정지 기관 : 국토교통부장관이 운전적성검사기관의 지정취소 및 업무정지 처분

ⓒ 지정을 취소하거나 6개월 이내의 기간을 정하여 업무의 정지를 명할 수 있는 경우
- 거짓이나 그 밖의 부정한 방법으로 지정을 받았을 때
- 업무정지 명령을 위반하여 그 정지기간 중 운전적성검사 업무를 하였을 때
- 지정기준에 맞지 아니하게 되었을 때
- 정당한 사유 없이 운전적성검사 업무를 거부하였을 때
- 거짓이나 그 밖의 부정한 방법으로 운전적성검사 판정서를 발급하였을 때

ⓒ 지정을 취소해야 하는 경우
- 거짓이나 그 밖의 부정한 방법으로 지정을 받았을 때
- 업무정지 명령을 위반하여 그 정지기간 중 운전적성검사 업무를 하였을 때

ㄹ 지정취소 및 업무정지의 세부기준 : 지정취소 및 업무정지의 세부기준 등에 관하여 필요한 사항은 국토교통부령으로 정한다.

ㅁ 지정취소자의 지정금지 : 국토교통부장관은 지정이 취소된 운전적성검사기관이나 그 기관의 설립·운영자 및 임원이 그 지정이 취소된 날부터 2년이 지나지 아니하고 설립·운영하는 검사기관을 운전적성검사기관으로 지정하여서는 아니 된다.

5 운전교육훈련

① 운전교육훈련〈법 제16조〉

ㄱ 운전교육훈련의 수료
- 수료대상 : 운전면허를 받으려는 사람은 철도차량의 안전한 운행을 위하여 국토교통부장관이 실시하는 운전에 필요한 지식과 능력을 습득할 수 있는 교육훈련(이하 "운전교육훈련"이라 한다)을 받아야 한다.

- 운전교육훈련의 기간 · 방법 : 운전교육훈련의 기간, 방법 등에 관하여 필요한 사항은 국토교통부령으로 정한다.
  - ⓛ 운전교육훈련기관의 지정
    - 지정 · 실시 : 국토교통부장관은 철도차량 운전에 관한 전문 교육훈련기관(이하 "운전교육훈련기관"이라 한다)을 지정하여 운전교육훈련을 실시하게 할 수 있다.
    - 지정기준 및 절차 : 운전교육훈련기관의 지정기준, 지정절차 등에 관하여 필요한 사항은 대통령령으로 정한다.

② 운전교육훈련기관 지정절차⟨시행령 제13조⟩
  - ㉠ 지정신청 : 운전교육훈련에 관한 전문기관(이하 "운전교육훈련기관"이라 한다)으로 지정을 받으려는 자는 국토교통부장관에게 지정신청을 하여야 한다.
  - ㉡ 지정여부의 결정 : 국토교통부장관은 운전교육훈련기관 지정 신청을 받은 경우에는 지정기준을 갖추었는지 여부, 운전교육훈련기관의 운영계획, 운전업무종사자의 수급상황 등을 종합적으로 심사한 후 그 지정 여부를 결정하여야 한다.
  - ㉢ 지정 후 관보에의 고시 : 국토교통부장관은 운전교육훈련기관을 지정한 경우에는 그 사실을 관보에 고시하여야 한다.
  - ㉣ 지정절차의 세부사항 : 운전교육훈련기관 지정절차에 관한 세부적인 사항은 국토교통부령으로 정한다.

③ 운전교육훈련기관 지정기준⟨시행령 제14조⟩
  - ㉠ 운전교육훈련기관의 지정기준
    - 운전교육훈련 업무의 통일성을 유지하고 운전교육훈련 업무를 원활히 수행하는데 필요한 상설 전담 조직을 갖출 것
    - 운전교육훈련 업무를 수행할 수 있는 전문검사인력을 3명 이상 확보할 것
    - 운전교육훈련 시행에 필요한 사무실, 검사장과 검사 장비를 갖출 것
    - 운전교육훈련기관의 운영 등에 관한 업무규정을 갖출 것
  - ㉡ 지정기준의 세부사항 : 운전교육훈련기관 지정기준에 관한 세부적인 사항은 국토교통부령으로 정한다.

② 운전교육훈련기관 지정절차⟨시행령 제16조⟩
  - ㉠ 지정신청 및 결정
    - 지정신청 : 운전교육훈련기관으로 지정을 받으려는 자는 국토교통부장관에게 지정신청을 하여야 한다.
    - 지정여부의 결정 : 국토교통부장관은 운전교육훈련기관의 지정신청을 받은 경우에는 지정기준을 갖추었는지 여부, 운전교육훈련기관의 운영계획 및 운전업무종사자의 수급 상황 등을 종합적으로 심사한 후 그 지정 여부를 결정하여야 한다.
  - ㉡ 지정 후 관보에의 고시 : 국토교통부장관은 운전교육훈련기관을 지정한 때에는 그 사실을 관보에 고시하여야 한다.
  - ㉢ 지정절차의 세부사항 : 운전교육훈련기관의 지정절차에 관한 세부적인 사항은 국토교통부령으로 정한다.

③ 운전교육훈련기관 지정기준〈시행령 제17조〉

　　㉠ 운전교육훈련기관 지정기준
　　　• 운전교육훈련 업무 수행에 필요한 상설 전담조직을 갖출 것
　　　• 운전면허의 종류별로 운전교육훈련 업무를 수행할 수 있는 전문 인력을 확보할 것
　　　• 운전교육훈련 시행에 필요한 사무실·교육장과 교육 장비를 갖출 것
　　　• 운전교육훈련기관의 운영 등에 관한 업무규정을 갖출 것

　　㉡ 지정기준의 세부사항 : 운전교육훈련기관 지정기준에 관한 세부적인 사항은 국토교통부령으로 정한다.

④ 운전교육훈련기관의 변경사항 통지〈시행령 제18조〉

　　㉠ 변경사항의 통지
　　　• 통지 : 운전교육훈련기관이 국토교통부장관에게
　　　• 통지할 사항 : 명칭·대표자·소재지나 그 밖에 운전교육훈련 업무의 수행에 중대한 영향을 미치는 사항의 변경이 있는 경우
　　　• 통지기한 : 해당 사유가 발생한 날부터 15일 이내에 국토교통부장관에게 그 사실을 알려야 한

　　㉡ 관보에의 고시 : 국토교통부장관은 통지를 받은 경우에는 그 사실을 관보에 고시하여야 한다.

6 운전면허시험

① 운전면허시험〈법 제17조〉

　　㉠ 시험실시 : 운전면허를 받으려는 사람은 국토교통부장관이 실시하는 철도차량 운전면허시험(이하 "운전면허시험"이라 한다)에 합격하여야 한다.

　　㉡ 시험응시 : 운전면허시험에 응시하려는 사람은 신체검사 및 운전적성검사에 합격한 후 운전교육훈련을 받아야 한다.

　　㉢ 시험과목 및 절차 : 운전면허시험의 과목, 절차 등에 관하여 필요한 사항은 국토교통부령으로 정한다.

② 운전면허증의 발급〈법 제18조〉

　　㉠ 발급권자 : 국토교통부장관

　　㉡ 발급 : 운전면허시험에 합격하여 운전면허를 받은 사람에게 국토교통부령으로 정하는 바에 따라 철도차량 운전면허증(이하 "운전면허증"이라 한다)을 발급하여야 한다.

　　㉢ 재발급 및 기재사항변경 신청
　　　• 운전면허를 받은 사람(이하 "운전면허 취득자"라 한다)이 운전면허증을 잃어버렸거나 운전면허증이 헐어서 쓸 수 없게 되었을 때
　　　• 운전면허증의 기재사항이 변경되었을 때

　　㉣ 재발급 신청방법 : 국토교통부령으로 정하는 바에 따라 운전면허증의 재발급이나 기재사항의 변경을 신청할 수 있다.

③ 운전면허의 갱신〈법 제19조〉

　㉠ 유효기간 : 운전면허의 유효기간은 10년으로 한다.

　㉡ 갱신

　　• 갱신발급권자 : 국토교통부장관

　　• 갱신발급 : 운전면허 취득자로서 유효기간 이후에도 그 운전면허의 효력을 유지하려는 사람은 운전
　　면허의 유효기간 만료 전에 국토교통부령으로 정하는 바에 따라 운전면허의 갱신을 받아야 한다.

　㉢ 운전면허의 갱신 신청자 중 운전면허증을 갱신하여 발급해야 하는 경우

　　• 운전면허의 갱신을 신청하는 날 전 10년 이내에 국토교통부령으로 정하는 철도차량의 운전업무에
　　종사한 경력이 있거나 국토교통부령으로 정하는 바에 따라 이와 같은 수준 이상의 경력이 있다고
　　인정되는 경우

　　• 국토교통부령으로 정하는 교육훈련을 받은 경우

　㉣ 갱신하지 않은 자에 대한 효력정지

　　• 운전면허 취득자가 운전면허의 갱신을 받지 아니하면 그 운전면허의 유효기간이 만료되는 날의 다
　　음 날부터 그 운전면허의 효력이 정지된다.

　　• 운전면허의 효력이 정지된 사람이 기간 내에 운전면허 갱신을 받은 경우 해당 운전면허의 유효기간
　　은 갱신 받기 전 운전면허의 유효기간 만료일 다음 날부터 기산한다〈시행령 제19조 제1항〉.

　　• 운전면허의 효력이 정지된 사람이 6개월의 범위에서 대통령령으로 정하는 기간 내에 운전면허의 갱
　　신을 신청하여 운전면허의 갱신을 받지 아니하면 그 기간이 만료되는 날의 다음 날부터 그 운전면
　　허는 효력을 잃는다.

　　▌대통령령으로 정하는 기간〈시행령 제19조 제2항〉

　　6개월

　㉤ 갱신안내 통지

　　• 통지권자 : 국토교통부장관

　　• 운전면허 취득자에게 그 운전면허의 유효기간이 만료되기 전에 국토교통부령으로 정하는 바에 따라
　　운전면허의 갱신에 관한 내용을 통지하여야 한다.

　㉥ 갱신절차의 일부면제 : 국토교통부장관은 운전면허의 효력이 실효된 사람이 운전면허를 다시 받으려
　　는 경우 대통령령으로 정하는 바에 따라 그 절차의 일부를 면제할 수 있다.

　　▌대통령령으로 정하는 바에 따라 운전면허 취득절차의 일부 면제〈시행령 제20조〉

　　운전면허의 효력이 실효된 사람이 운전면허가 실효된 날부터 3년 이내에 실효된 운전면허와 동일한 운
　　전면허를 취득하려는 경우에는 다음의 구분에 따라 운전면허 취득절차의 일부를 면제한다.

　　• 법 제19조 제3항 각 호에 해당하지 아니하는 경우 : 운전교육훈련 면제

　　• 법 제19조 제3항 각 호에 해당하는 경우 : 운전교육훈련과 운전면허시험 중 필기시험 면제

철도안전법 제19조 제3항
- 운전면허의 갱신을 신청하는 날 전 10년 이내에 국토교통부령으로 정하는 철도차량의 운전업무에 종사한 경력이 있거나 국토교통부령으로 정하는 바에 따라 이와 같은 수준 이상의 경력이 있다고 인정되는 경우
- 국토교통부령으로 정하는 교육훈련을 받은 경우

⑤ **운전면허증의 대여 등 금지〈법 제19조의2〉**

　㉠ **대여 및 알선금지** : 누구든지 운전면허증을 다른 사람에게 빌려주거나 빌리거나 이를 알선하여서는 아니 된다.

　㉡ **벌칙** : 1년 이하의 징역 또는 1천만 원 이하의 벌금에 처한다.

⑥ **운전면허의 취소 · 정지〈법 제20조〉**

　㉠ **취소 · 정지권자** : 국토교통부장관

　㉡ **운전면허를 취소하거나 1년 이내의 기간을 정하여 운전면허의 효력을 정지시킬 수 있는 경우**
- 거짓이나 그 밖의 부정한 방법으로 운전면허를 받았을 때
- 철도안전법 제11조 제1항 제2호부터 제4호까지의 규정에 해당하게 되었을 때

조문참고 **제11조 제1항**
- 철도차량 운전상의 위험과 장해를 일으킬 수 있는 정신질환자 또는 뇌전증환자로서 대통령령으로 정하는 사람
- 철도차량 운전상의 위험과 장해를 일으킬 수 있는 약물(마약류 및 환각물질) 또는 알코올 중독자로서 대통령령으로 정하는 사람
- 두 귀의 청력 또는 두 눈의 시력을 완전히 상실한 사람
- 운전면허의 효력정지기간 중 철도차량을 운전하였을 때
- 운전면허증을 다른 사람에게 빌려주었을 때
- 철도차량을 운전 중 고의 또는 중과실로 철도사고를 일으켰을 때
- 철도안전법 제40조의2 제1항 또는 제5항을 위반하였을 때

조문참고 **제40조의2 제1항 또는 제5항**
- 운전업무종사자는 철도차량의 운전업무 수행 중 다음의 사항을 준수하여야 한다.
　철도차량 출발 전 국토교통부령으로 정하는 조치 사항을 이행할 것
　국토교통부령으로 정하는 철도차량 운행에 관한 안전 수칙을 준수할 것
- 철도사고 등이 발생하는 경우 해당 철도차량의 운전업무종사자와 여객승무원은 철도사고등의 현장을 이탈하여서는 아니 되며, 철도차량 내 안전 및 질서유지를 위하여 승객 구호조치 등 국토교통부령으로 정하는 후속조치를 이행하여야 한다. 다만, 의료기관으로의 이송이 필요한 경우 등 국토교통부령으로 정하는 경우에는 그러하지 아니하다.
- 술을 마시거나 약물을 사용한 상태에서 철도차량을 운전하였을 때
- 술을 마시거나 약물을 사용한 상태에서 업무를 하였다고 인정할 만한 상당한 이유가 있음에도 불구하고 국토교통부장관 또는 시 · 도지사의 확인 또는 검사를 거부하였을 때
- 철도안전법에 따라 철도의 안전 및 보호와 질서유지를 위하여 한 명령 · 처분을 위반하였을 때

ⓒ 운전면허를 취소해야 하는 경우

- 거짓이나 그 밖의 부정한 방법으로 운전면허를 받았을 때
- 철도안전법 제11조 제1항 제2호부터 제4호까지의 규정에 해당하게 되었을 때

조문참고 제11조 제1항 제2호부터 제4호

- 철도차량 운전상의 위험과 장해를 일으킬 수 있는 정신질환자 또는 뇌전증환자로서 대통령령으로 정하는 사람
- 철도차량 운전상의 위험과 장해를 일으킬 수 있는 약물(환각물질을 말한다) 또는 알코올 중독자로서 대통령령으로 정하는 사람
- 두 귀의 청력 또는 두 눈의 시력을 완전히 상실한 사람

- 운전면허의 효력정지기간 중 철도차량을 운전하였을 때
- 운전면허증을 다른 사람에게 빌려주었을 때

ⓓ 취소 및 정지처분에 대한 통고 : 국토교통부장관이 운전면허의 취소 및 효력정지 처분을 하였을 때에는 국토교통부령으로 정하는 바에 따라 그 내용을 해당 운전면허 취득자와 운전면허 취득자를 고용하고 있는 철도운영자등에게 통지하여야 한다.

ⓔ 운전면허증 반납 : 운전면허의 취소 또는 효력정지 통지를 받은 운전면허 취득자는 그 통지를 받은 날부터 15일 이내에 운전면허증을 국토교통부장관에게 반납하여야 한다.

ⓕ 운전면허증 반환 : 국토교통부장관은 제3항에 따라 운전면허의 효력이 정지된 사람으로부터 운전면허증을 반납 받았을 때에는 보관하였다가 정지기간이 끝나면 즉시 돌려주어야 한다.

ⓖ 세부기준 및 절차 : 취소 및 효력정지 처분의 세부기준 및 절차는 그 위반의 유형 및 정도에 따라 국토교통부령으로 정한다.

ⓗ 자료의 유지·관리 : 국토교통부장관은 국토교통부령으로 정하는 바에 따라 운전면허의 발급, 갱신, 취소 등에 관한 자료를 유지·관리하여야 한다.

7 운전업무

① 운전업무 실무수습〈법 제21조〉

ㄱ 실무수습 대상 : 철도차량의 운전업무에 종사하려는 사람

ㄴ 실무수습 이수 : 국토교통부령으로 정하는 바에 따라 실무수습 이수

② 무자격자의 운전업무 금지〈법 제21조의2〉

ㄱ 운전업무 금지대상 : 철도운영자등은 운전면허를 받지 아니하거나(운전면허가 취소되거나 그 효력이 정지된 경우 포함) 실무수습을 이수하지 아니한 사람

ㄴ 운전업무 종사금지 : 철도차량의 운전업무에 종사하게 하여서는 아니 된다.

(1) 노면전차를 운전하려는 사람은 철도차량 운전면허 외에 (　　)를 받아야 한다.

(2) 운전면허가 취소된 날부터 (　　)이 지나지 않았거나 운전면허의 효력정지기간 중인 사람은 운전면허를 받을 수 없다.

(3) 신체검사를 실시할 수 있는 의료기관은 (　　), (　　). (　　)이 있다.

(4) 운전면허를 받으려는 사람은 철도차량 운전에 적합한 적성을 갖추고 있는지를 판정받기 위하여 국토교통부장관이 실시하는 (　　)에 합격하여야 한다.

(5) 운전적성검사기관의 지정기준에 맞지 아니하게 되었을 때에는 지정을 취소하거나 (　　)의 기간을 정하여 업무의 정지를 명할 수 있다.

(6) 운전교육훈련기관의 지정기준 및 지정절차 등에 관하여 필요한 사항은 (　　)으로 정한다.

(7) 운전면허시험에 응시하려는 사람은 (　　) 및 운전적성검사에 합격한 후 (　　)을 받아야 한다.

(8) 운전면허의 유효기간은 (　　)으로 하며, 운전면허 취득자로서 유효기간 이후에도 그 운전면허의 효력을 유지하려는 사람은 운전면허의 유효기간 만료 전에 (　　)으로 정하는 바에 따라 운전면허의 갱신을 받아야 한다.

(9) 운전면허 종류에는 (　　) 운전면허, 제1종 전기차량 운전면허, 제2종 전기차량 운전면허, (　　) 운전면허, 철도장비 운전면허, 노면전차 운전면허가 있다.

(10) 운전적성검사기관으로 지정을 받으려는 자는 국토교통부장관에게 (　　)을 하여야 한다.

(11) 운전면허의 효력이 정지된 사람이 (　　) 내에 운전면허 갱신을 받은 경우 해당 운전면허의 유효기간은 갱신 받기 전 운전면허의 유효기간 만료일 다음 날부터 기산한다.

(12) 운전적성검사기관 지정기준
　㉠ 운전적성검사 업무의 통일성을 유지하고 운전적성검사 업무를 원활히 수행하는데 필요한 상설전담조직을 갖출 것
　㉡ 운전적성검사 업무를 수행할 수 있는 전문검사인력을 (　　) 이상 확보할 것
　㉢ 운전적성검사 시행에 필요한 사무실, 검사장과 (　　)를 갖출 것
　㉣ 운전적성검사기관의 운영 등에 관한 (　　)을 갖출 것

(13) 운전적성검사기관은 그 명칭·대표자·소재지나 그 밖에 운전적성검사 업무의 수행에 중대한 영향을 미치는 사항의 변경이 있는 경우에는 해당 사유가 발생한 날부터 (　　)에 국토교통부장관에게 그 사실을 알려야 한다.

(14) 운전면허의 효력이 정지된 사람이 (　　)의 범위에서 (　　)으로 정하는 기간 내에 운전면허의 갱신을 신청하여 운전면허의 갱신을 받지 아니하면 그 기간이 만료되는 날의 다음 날부터 그 운전면허는 효력을 잃는다.

(15) 철도운영자등은 운전면허를 받지 아니하거나(운전면허가 취소되거나 그 효력이 정지된 경우를 포함한다) (　　)을 이수하지 아니한 사람을 철도차량의 (　　)에 종사하게 하여서는 아니 된다.

정답 및 해설

(1) 자동차운전면허
(2) 2년
(3) 의원, 병원, 종합병원
(4) 운전적성검사
(5) 6개월 이내

(6) 대통령령
(7) 신체검사, 운전교육훈련
(8) 10년, 국토교통부령
(9) 고속철도차량, 디젤차량
(10) 지정신청

(11) 6개월
(12) 3명, 검사장비, 업무규정
(13) 15일 이내
(14) 6개월, 대통령령
(15) 실무수습, 운전업무

1 철도안전법령상 철도차량 운전면허에 대한 설명으로 옳지 않은 것은?

① 철도차량을 운전하려는 사람은 한국교통안전공단으로부터 철도차량 운전면허를 받아야 한다.

② 운전면허시험을 치르기 위하여 철도차량을 운전하는 경우에는 운전면허 없이 운전할 수 있다.

③ 노면전차를 운전하려는 사람은 운전면허 외에 자동차운전면허를 받아야 한다.

④ 철도차량 운전면허는 철도차량의 종류별로 받아야 한다.

TIP 철도차량을 운전하려는 사람은 국토교통부장관으로부터 철도차량 운전면허를 받아야 한다〈철도안전법 제10조 제1항〉.

2 철도안전법령상 철도차량 운전면허를 발급하는 주체는?

① 행정안전부장관

② 국토교통부장관

③ 시 · 도경찰청장

④ 한국교통안전공단

TIP 철도차량을 운전하려는 사람은 국토교통부장관으로부터 철도차량 운전면허를 받아야 한다〈철도안전법 제10조 제1항〉.

Answer 1.① 2.②

3 철도안전법령상 철도차량 운전면허의 종류로 옳지 않은 것은?

① 철도장비 운전면허   ② 제1종 전기차량 운전면허

③ 제2종 전기차량 운전면허   ④ 특수차량 운전면허

TIP 운전면허의 종류〈철도안전법 시행령 제11조〉
1. 고속철도차량 운전면허
2. 제1종 전기차량 운전면허
3. 제2종 전기차량 운전면허
4. 디젤차량 운전면허
5. 철도장비 운전면허
6. 노면전차 운전면허

4 철도안전법령상 운전면허의 결격사유에 해당하지 않는 사람은?

① 두 귀의 청력을 완전히 상실한 사람

② 20세 미만인 사람

③ 철도차량 운전면허의 효력정지기간 중에 있는 사람

④ 철도차량 운전상의 위험과 장해를 일으킬 수 있는 마약류 중독자로서 대통령령으로 정하는 사람

TIP 20세 미만인 사람이 아니고 19세 미만인 사람이 결격사유에 해당한다〈철도안전법 제11조 제1항 제1호〉.

5 철도안전법령상 국토교통부장관이 운전면허의 결격사유와 관련하여 개인정보의 제공요청을 할 수 있는 기관장으로 옳지 않은 것은?

① 보건복지부장관   ② 병무청장

③ 경찰청장   ④ 시장 · 군수 · 구청장

TIP 경찰청장은 운전면허의 결격사유 관련 개인정보의 제공요청기관이 아니다〈철도안전법 시행령 제12조의2 제1항〉

※ 운전면허의 결격사유 관련 개인정보의 제공 요청〈철도안전법 시행령 제12조의2 제1항〉
1. 보건복지부장관
2. 병무청장
3. 시 · 도지사 또는 시장 · 군수 · 구청장(자치구의 구청장을 말한다)
4. 육군참모총장, 해군참모총장, 공군참모총장 또는 해병대사령관

6 철도안전법령상 국토교통부장관이 운전면허의 결격사유 확인을 위하여 개인정보를 요청할 수 있는 기관과 내용을 연결한 것으로 옳지 않은 것은?

① 보건복지부장관 : 마약류 중독으로 치료보호기관에서 치료 중인 사람에 대한 자료
② 특별자치시장 · 특별자치도지사 : 정신질환으로 3개월 이상 입원 · 치료 중인 사람에 대한 자료
③ 병무청장 : 정신질환 및 뇌전증으로 신체등급이 5급 또는 6급으로 판정된 사람에 대한 자료
④ 공군참모총장 : 군 재직 중 정신질환 또는 뇌전증으로 전역 조치된 사람에 대한 자료

TIP 특별자치시장 · 특별자치도지사 · 시장 · 군수 또는 구청장은 시각장애인 또는 청각장애인으로 등록된 사람에 대한 자료 또는 정신질환으로 6개월 이상 입원 · 치료 중인 사람에 대한 자료를 요청할 수 있다〈철도안전법 시행령 제12조의2 별표 1의2〉.

※ 운전면허의 결격사유 확인을 위하여 요청할 수 있는 개인정보의 내용〈철도안전법 시행령 제12조의2 별표 1의2 제3호〉

보유기관	개인정보의 내용
보건복지부장관 또는 시 · 도지사	마약류 중독자로 판명되거나 마약류 중독으로 치료보호기관에서 치료 중인 사람에 대한 자료
병무청장	정신질환 및 뇌전증으로 신체등급이 5급 또는 6급으로 판정된 사람에 대한 자료
특별자치시장 · 특별자치도지사 · 시장 · 군수 또는 구청장	• 시각장애인 또는 청각장애인으로 등록된 사람에 대한 자료 • 정신질환으로 6개월 이상 입원 · 치료 중인 사람에 대한 자료
육군참모총장, 해군참모총장, 공군참모총장 또는 해병대사령관	군 재직 중 정신질환 또는 뇌전증으로 전역 조치된 사람에 대한 자료

7 철도안전법령상 운전면허 취득절차에 대한 설명으로 옳지 않은 것은?

① 운전면허를 받으려는 사람은 철도차량의 안전한 운행을 위하여 운전교육훈련을 받아야 한다.
② 운전면허시험에 응시하기 위해서는 결격사유에 해당하지 않아야 한다.
③ 운전적성검사는 국토교통부장관이 실시한다.
④ 운전면허를 받으려는 사람은 체력검사에 합격하여야 한다.

TIP 운전면허를 받으려는 사람은 철도차량 운전에 적합한 신체상태를 갖추고 있는지를 판정받기 위하여 신체검사에 합격하여야 한다〈철도안전법 제12조 제1항〉.

8 철도안전법령상 신체검사를 실시할 수 있는 의료기관은?

① 한의원

② 요양병원

③ 정신병원

④ 의원

TIP 신체검사 실시 의료기관〈철도안전법 제13조〉… 신체검사를 실시할 수 있는 의료기관은 다음 각 호와 같다.
　　1. 「의료법」 제3조 제2항 제1호 가목의 의원
　　2. 「의료법」 제3조 제2항 제3호 가목의 병원
　　3. 「의료법」 제3조 제2항 제3호 마목의 종합병원
　　※ 의료기관〈의료법 제3조 제2항〉… 의료기관은 다음 각 호와 같이 구분한다.
　　　　1. 의원급 의료기관 : 의사, 치과의사 또는 한의사가 주로 외래환자를 대상으로 각각 그 의료행위를 하는 의료기관으로서 그 종류는 다음 각 목과 같다.
　　　　　가. 의원
　　　　　나. 치과의원
　　　　　다. 한의원
　　　　2. 조산원 : 조산사가 조산과 임산부 및 신생아를 대상으로 보건활동과 교육·상담을 하는 의료기관을 말한다.
　　　　3. 병원급 의료기관 : 의사, 치과의사 또는 한의사가 주로 입원환자를 대상으로 의료행위를 하는 의료기관으로서 그 종류는 다음 각 목과 같다.
　　　　　가. 병원
　　　　　나. 치과병원
　　　　　다. 한방병원
　　　　　라. 요양병원(「장애인복지법」 제58조 제1항 제4호에 따른 의료재활시설로서 제3조의2의 요건을 갖춘 의료기관을 포함한다. 이하 같다)
　　　　　마. 정신병원
　　　　　바. 종합병원

9 철도안전법령상 운전적성검사에 대한 설명으로 옳지 않은 것은?

① 운전면허를 받으려는 사람은 철도차량 운전에 적합한 적성을 갖추고 있는지를 판정받기 위하여 운전적성검사에 합격하여야 한다.

② 운전적성검사의 합격기준 및 절차 등에 관한 사항은 국토교통부령으로 정한다.

③ 운전적성검사에 불합격한 사람은 기간을 정하여 응시를 제한할 수 있다.

④ 운전적성검사기관의 지정기준 및 지정절차 등에 관한 사항은 국토교통부령으로 정한다.

TIP 운전적성검사기관의 지정기준 및 지정절차 등에 관하여 필요한 사항은 대통령령으로 정한다〈철도안전법 제15조 제5항〉.

10 철도안전법령상 운전적성검사 과정에서 부정행위를 한 사람이 운전적성검사를 다시 받고자 할 때 받을 수 있는 때는?

① 검사일부터 6개월 이후

② 검사일부터 9개월

③ 검사일부터 1년 이후

④ 검사일부터 2년 이후

TIP 운전적성검사 과정에서 부정행위를 한 사람은 검사일부터 1년 동안 운전적성검사를 받을 수 없다〈철도안전법 제15조 제2항 제2호〉.

11 철도안전법령상 운전적성검사기관의 지정여부를 결정할 때 심사해야 할 사항으로 옳지 않은 것은?

① 운전적성검사기관의 운영계획

② 운전적성검사기관의 재무상태

③ 지정기준을 갖추었는지 여부

④ 운전업무종사자의 수급상황

TIP 국토교통부장관은 운전적성검사기관 지정 신청을 받은 경우에는 지정기준을 갖추었는지 여부, 운전적성검사기관의 운영계획, 운전업무종사자의 수급상황 등을 종합적으로 심사한 후 그 지정 여부를 결정하여야 한다〈철도안전법 시행령 제13조 제2항〉.

12 철도안전법령상 운전적성검사기관의 지정절차 및 지정기준에 관한 세부적인 사항을 정하는 기준으로 옳은 것은?

① 대통령령

② 국토교통부령

③ 운전적성검사기관의 규칙

④ 한국교통안전공단법령

TIP 운전적성검사기관 지정절차 및 지정기준에 관한 세부적인 사항은 국토교통부령으로 정한다〈철도안전법 시행령 제13조 제4항 및 제14조 제2항〉.

Answer 8.④ 9.④ 10.③ 11.② 12.②

13 철도안전법령상 다음은 운전적성검사기관의 변경사항 통지에 대한 설명이다. (   ) 안에 알맞은 것은?

> 운전적성검사기관은 그 명칭·대표자·소재지나 그 밖에 운전적성검사 업무의 수행에 중대한 영향을
> 미치는 사항의 변경이 있는 경우에는 해당 사유가 발생한 날부터 (   ) 이내에 국토교통부장관에게
> 그 사실을 알려야 한다.

① 7일

② 10일

③ 15일

④ 30일

TIP 운전적성검사기관은 그 명칭·대표자·소재지나 그 밖에 운전적성검사 업무의 수행에 중대한 영향을 미치는 사항의
　　　변경이 있는 경우에는 해당 사유가 발생한 날부터 15일 이내에 국토교통부장관에게 그 사실을 알려야 한다〈철도안
　　　전법 시행령 제15조 제1항〉.

14 철도안전법령상 운전적성검사기관의 지정취소 및 업무정지해야 할 사항으로 옳지 않은 것은?

① 부정한 방법으로 지정을 받았을 때

② 지정기준에 맞지 아니하게 되었을 때

③ 운전적성검사 업무를 정당한 사유 없이 거부하였을 때

④ 운전적성검사기관의 소속임원 중 결격사유에 해당하는 자가 있을 때

TIP 운전적성검사기관의 지정취소 및 업무정지〈철도안전법 제15조의2 제1항〉… 국토교통부장관은 운전적성검사기관이 다
　　　음 각 호의 어느 하나에 해당할 때에는 지정을 취소하거나 6개월 이내의 기간을 정하여 업무의 정지를 명할 수 있
　　　다. 다만, 제1호 및 제2호에 해당할 때에는 지정을 취소하여야 한다.
　　　1. 거짓이나 그 밖의 부정한 방법으로 지정을 받았을 때
　　　2. 업무정지 명령을 위반하여 그 정지기간 중 운전적성검사 업무를 하였을 때
　　　3. 지정기준에 맞지 아니하게 되었을 때
　　　4. 정당한 사유 없이 운전적성검사 업무를 거부하였을 때
　　　5. 거짓이나 그 밖의 부정한 방법으로 운전적성검사 판정서를 발급하였을 때

15 철도안전법령상 운전적성검사기관의 지정취소에 대한 설명으로 (   ) 안에 알맞은 것은?

> 국토교통부장관은 지정이 취소된 운전적성검사기관이나 그 기관의 설립·운영자 및 임원이 그 지정이 취소된 날부터 (   )이 지나지 아니하고 설립·운영하는 검사기관을 운전적성검사기관으로 지정하여서는 아니 된다.

① 6개월
② 1년
③ 2년
④ 5년

TIP 국토교통부장관은 지정이 취소된 운전적성검사기관이나 그 기관의 설립·운영자 및 임원이 그 지정이 취소된 날부터 2년이 지나지 아니하고 설립·운영하는 검사기관을 운전적성검사기관으로 지정하여서는 아니 된다〈철도안전법 제15조의2 제3항〉.

16 철도안전법령상 운전면허를 받으려는 사람이 철도차량의 안전한 운행을 위하여 국토교통부장관으로부터 받아야 하는 것은?

① 신체검사
② 운전적성검사
③ 운전교육훈련
④ 정기교육

TIP 운전면허를 받으려는 사람은 철도차량의 안전한 운행을 위하여 국토교통부장관이 실시하는 운전에 필요한 지식과 능력을 습득할 수 있는 교육훈련을 받아야 한다〈철도안전법 제16조 제1항〉.

17 철도안전법령상 운전교육훈련기관이 거짓이나 그 밖의 부정한 방법으로 발급해서는 아니 되는 서류는?

① 운전적성검사 판정서
② 운전교육훈련 수료증
③ 운전면허증
④ 운전교육훈련 판정서

TIP 운전교육훈련기관은 정당한 사유 없이 운전교육훈련 업무를 거부하여서는 아니 되고, 거짓이나 그 밖의 부정한 방법으로 운전교육훈련 수료증을 발급하여서는 아니 된다〈철도안전법 제16조 제5항 → 철도안전법 제15조 제6항 준용〉.

Answer   13.③   14.④   15.③   16.③   17.②

18 철도안전법령상 운전교육훈련기관의 지정절차를 설명한 것이다. 옳지 않은 것은?

① 운전교육훈련기관으로 지정받으려는 자는 국토교통부장관에게 지정신청을 해야 한다.

② 운전교육훈련기관의 지정절차에 관한 세부적인 사항은 대통령령으로 정한다.

③ 국토교통부장관은 운전교육훈련기관을 지정한 때에는 그 사실을 관보에 고시하여야 한다.

④ 지정기준을 심사할 때에는 운전교육훈련기관의 운영계획 및 운전업무종사자의 수급상황 등도 심사해야 한다.

TIP 운전교육훈련기관의 지정절차에 관한 세부적인 사항은 국토교통부령으로 정한다〈철도안전법 시행령 제16조 제4항〉.

19 철도안전법령상 운전교육훈련기관의 변경사항 통지에 대한 설명으로 옳지 않은 것은?

① 운전교육훈련기관의 변경사실은 국토교통부장관에게 통보해야 한다.

② 운전교육훈련기관의 명칭 및 소재지·임원의 변경이 있는 경우에 통보해야 된다.

③ 해당 사유가 발생한 날부터 15일 이내에 통보해야 한다.

④ 국토교통부장관은 통지받은 사실을 관보에 고시하여야 한다.

TIP 운전교육훈련기관의 변경사항 통지〈철도안전법 시행령 제18조〉
　① 운전교육훈련기관은 그 명칭·대표자·소재지나 그 밖에 운전교육훈련 업무의 수행에 중대한 영향을 미치는 사항의 변경이 있는 경우에는 해당 사유가 발생한 날부터 15일 이내에 국토교통부장관에게 그 사실을 알려야 한다.
　② 국토교통부장관은 통지를 받은 경우에는 그 사실을 관보에 고시하여야 한다.

20 철도안전법령상 운전면허의 유효기간은?

① 5년

② 7년

③ 10년

④ 15년

TIP 운전면허의 유효기간은 10년으로 한다〈철도안전법 제19조 제1항〉.

21 철도안전법령상 다음은 운전면허의 갱신 신청자 중 다음에 해당하는 경우로 옳은 설명은?

> • 운전면허의 갱신을 신청하는 날 전 10년 이내에 국토교통부령으로 정하는 철도차량의 운전업무에 종사한 경력이 있거나 국토교통부령으로 정하는 바에 따라 이와 같은 수준 이상의 경력이 있다고 인정되는 경우
> • 국토교통부령으로 정하는 교육훈련을 받은 경우

① 다른 종류의 운전면허 취득대상이다.　　② 운전면허 갱신의 면제대상이다.
③ 운전적성검사 대상이다.　　④ 운전면허 발급대상이다.

TIP 운전면허의 갱신〈철도안전법 제19조 제3항〉 … 국토교통부장관은 운전면허의 갱신을 신청한 사람이 다음 각 호의 어느 하나에 해당하는 경우에는 운전면허증을 갱신하여 발급하여야 한다.
1. 운전면허의 갱신을 신청하는 날 전 10년 이내에 국토교통부령으로 정하는 철도차량의 운전업무에 종사한 경력이 있거나 국토교통부령으로 정하는 바에 따라 이와 같은 수준 이상의 경력이 있다고 인정되는 경우
2. 국토교통부령으로 정하는 교육훈련을 받은 경우

22 철도안전법령상 운전면허의 효력이 정지된 사람이 운전면허의 효력을 유지하기 위하여 갱신을 신청해야 하는 기한은?

① 3개월　　　　　　　　　② 5개월
③ 6개월　　　　　　　　　④ 12개월

TIP 운전면허의 효력이 정지된 사람이 6개월의 범위에서 대통령령으로 정하는 기간 내에 운전면허의 갱신을 신청하여 운전면허의 갱신을 받지 아니하면 그 기간이 만료되는 날의 다음 날부터 그 운전면허는 효력을 잃는다〈철도안전법 제19조 제5항〉.

※ 대통령령으로 정하는 기간 … 6개월을 말한다〈철도안전법 시행령 제19조 제2항〉.

23 철도안전법령상 운전면허의 효력이 정지된 사람이 기간 내에 운전면허 갱신을 받은 경우 해당 운전면허 유효기간의 기산일로 옳은 것은?

① 갱신 받기 전 운전면허의 유효기간 만료일 다음 날부터 기산한다.
② 갱신을 받은 날부터 기산한다.
③ 갱신을 받은 다음 날부터 기산한다.
④ 갱신 신청일의 다음 날부터 기산한다.

TIP 운전면허의 효력이 정지된 사람이 갱신기간인 6개월 내에 운전면허 갱신을 받은 경우 해당 운전면허의 유효기간은 갱신 받기 전 운전면허의 유효기간 만료일 다음 날부터 기산한다〈철도안전법 시행령 제19조 제1항〉.

Answer 19.② 20.③ 21.④ 22.③ 23.① 24.③

24 철도안전법령상 운전면허를 취소해야 할 사람 중 전문의의 판단을 받아야 하는 경우로 옳지 않은 것은?

① 환각물질 중독자   ② 정신질환자

③ 술을 마신 자   ④ 두 귀의 청력을 완전히 상실한 사람

TIP 운전면허의 취소·정지 등〈철도안전법 제20조 제1항〉… 국토교통부장관은 운전면허 취득자가 다음 각 호의 어느 하나에 해당할 때에는 운전면허를 취소하거나 1년 이내의 기간을 정하여 운전면허의 효력을 정지시킬 수 있다. 다만, 제1호부터 제4호까지의 규정에 해당할 때에는 운전면허를 취소하여야 한다.

1. 거짓이나 그 밖의 부정한 방법으로 운전면허를 받았을 때
2. 제11조(운전면허의 결격사유 등) 제1항 제2호부터 제4호까지의 규정에 해당하게 되었을 때
3. 운전면허의 효력정지기간 중 철도차량을 운전하였을 때
4. 운전면허증을 다른 사람에게 빌려주었을 때
5. 철도차량을 운전 중 고의 또는 중과실로 철도사고를 일으켰을 때
5의2. 제40조의2(철도종사자의 준수사항) 제1항 또는 제5항을 위반하였을 때
6. 술을 마시거나 약물을 사용한 상태에서 철도차량을 운전하였을 때
7. 술을 마시거나 약물을 사용한 상태에서 업무를 하였다고 인정할 만한 상당한 이유가 있음에도 불구하고 국토교통부장관 또는 시·도지사의 확인 또는 검사를 거부하였을 때
8. 이 법 또는 이 법에 따라 철도의 안전 및 보호와 질서유지를 위하여 한 명령·처분을 위반하였을 때

25 철도안전법령상 운전면허 취소 및 운전면허 효력 정지 대상으로 옳지 않은 것은?

① 운전면허 기재사항의 변경신고를 하지 않았을 때

② 철도차량을 운전 중 고의 또는 중과실로 철도사고를 일으켰을 때

③ 술을 마시거나 약물을 사용한 상태에서 철도차량을 운전하였을 때

④ 철도종사자가 철도차량 운행에 관한 안전수칙을 준수하지 않았을 때

TIP 운전면허의 취소·정지 등〈철도안전법 제20조 제1항〉… 국토교통부장관은 운전면허 취득자가 다음 각 호의 어느 하나에 해당할 때에는 운전면허를 취소하거나 1년 이내의 기간을 정하여 운전면허의 효력을 정지시킬 수 있다. 다만, 제1호부터 제4호까지의 규정에 해당할 때에는 운전면허를 취소하여야 한다.

1. 거짓이나 그 밖의 부정한 방법으로 운전면허를 받았을 때
2. 제11조(운전면허의 결격사유 등) 제1항 제2호부터 제4호까지의 규정에 해당하게 되었을 때
3. 운전면허의 효력정지기간 중 철도차량을 운전하였을 때
4. 운전면허증을 다른 사람에게 빌려주었을 때
5. 철도차량을 운전 중 고의 또는 중과실로 철도사고를 일으켰을 때
5의2. 제40조의2(철도종사자의 준수사항) 제1항 또는 제5항을 위반하였을 때
6. 술을 마시거나 약물을 사용한 상태에서 철도차량을 운전하였을 때
7. 술을 마시거나 약물을 사용한 상태에서 업무를 하였다고 인정할 만한 상당한 이유가 있음에도 불구하고 국토교통부장관 또는 시·도지사의 확인 또는 검사를 거부하였을 때
8. 이 법 또는 이 법에 따라 철도의 안전 및 보호와 질서유지를 위하여 한 명령·처분을 위반하였을 때

26 철도안전법령상 운전면허의 취소 또는 효력정지 통지를 받은 자가 운전면허증을 반납해야 하는 기한은?

① 통지를 받은 날부터 7일 이내

② 통지를 받은 날부터 10일 이내

③ 통지를 받은 날부터 15일 이내

④ 통지를 받은 날부터 20일 이내

TIP 운전면허의 취소 또는 효력정지 통지를 받은 운전면허 취득자는 그 통지를 받은 날부터 15일 이내에 운전면허증을 국토교통부장관에게 반납하여야 한다〈철도안전법 제20조 제3항〉.

27 철도안전법령상 철도운영자등이 운전업무를 금지시켜야 할 대상으로 옳지 않은 사람은?

① 운전면허를 받지 않은 사람

② 운전면허가 취소된 사람

③ 실무수습을 이수하지 않은 사람

④ 운전면허의 효력정지기간이 지난 사람

TIP 철도운영자 등은 운전면허를 받지 아니하거나(운전면허가 취소되거나 그 효력이 정지된 경우를 포함한다) 실무수습을 이수하지 아니한 사람을 철도차량의 운전업무에 종사하게 하여서는 아니 된다〈철도안전법 제21조의2〉.

CHAPTER 04

철도교통관제사 자격증명

1 관제자격증명

① 관제자격증명〈법 제21조의3〉

  ㉠ **취득** : 관제업무에 종사하려는 사람은 국토교통부장관으로부터 철도교통관제사 자격증명(이하 "관제자격증명"이라 한다)을 받아야 한다.

  ㉡ **종류별 취득** : 관제자격증명은 대통령령으로 정하는 바에 따라 관제업무의 종류별로 받아야 한다.

② 관제자격증명의 종류〈시행령 제20조의2〉

  ㉠ 도시철도 차량에 관한 관제업무: 도시철도 관제자격증명

  ㉡ 철도차량에 관한 관제업무(도시철도 차량에 관한 관제업무 포함) : 철도 관제자격증명

  ※ **도시철도** … 도시교통의 원활한 소통을 위하여 도시교통권역에서 건설·운영하는 철도·모노레일·노면전차·선형유도전동기·자기부상열차 등 궤도에 의한 교통시설 및 교통수단을 말한다.

2 결격사유 및 신체검사

① 관제자격증명의 결격사유〈법 제21조의4〉

  ㉠ 19세 미만인 사람

  ㉡ 관제업무상의 위험과 장해를 일으킬 수 있는 정신질환자 또는 뇌전증환자로서 <u>대통령령으로 정하는 사람</u>

  ㉢ 관제업무상의 위험과 장해를 일으킬 수 있는 약물(마약류 및 환각물질) 또는 알코올 중독자로서 <u>대통령령으로 정하는 사람</u>

  ▌**대통령령으로 정하는 사람**〈시행령 제12조〉

  해당 분야 전문의가 정상적인 관제업무를 할 수 없다고 인정하는 사람

  ㉣ 두 귀의 청력 또는 두 눈의 시력을 완전히 상실한 사람

  ㉤ 관제자격증명이 취소된 날부터 2년이 지나지 아니하였거나 관제자격증명의 효력정지기간 중인 사람

② 관제자격증명의 신체검사〈법 제21조의5 → 법 제12조 및 제13조 준용〉

ⓐ 신체검사합격 : 관제자격증명을 받으려는 사람은 관제업무에 적합한 신체상태를 갖추고 있는지 판정 받기 위하여 국토교통부장관이 실시하는 신체검사에 합격하여야 한다.

ⓑ 신체검사 실시〈법 제12조〉
- 국토교통부장관은 신체검사를 의료기관에서 실시하게 할 수 있다.
- 신체검사의 합격기준, 검사방법 및 절차 등에 관하여 필요한 사항은 국토교통부령으로 정한다.

ⓒ 신체검사 실시 의료기관〈법 제13조〉
- 의료법에 따른 의원
- 의료법에 따른 병원
- 의료법에 따른 종합병원

③ 관제적성검사

① 관제적성검사〈법 제21조의6〉

ⓐ 적성검사 합격 : 관제자격증명을 받으려는 사람은 관제업무에 적합한 적성을 갖추고 있는지 판정받기 위하여 국토교통부장관이 실시하는 적성검사(이하 "관제적성검사"라 한다)에 합격하여야 한다.

ⓑ 관제적성검사를 받을 수 없는 경우〈법 제15조 제2항〉
- 관제적성검사에 불합격한 사람
- 관제적성검사 과정에서 부정행위를 한 사람

ⓒ 관제적성검사를 받을 수 없는 기간〈법 제15조 제2항〉
- 관제적성검사에 불합격한 사람 : 검사일부터 3개월
- 관제적성검사 과정에서 부정행위를 한 사람 : 검사일부터 1년

ⓓ 검사방법 및 절차 : 관제적성검사의 합격기준, 검사의 방법 및 절차 등에 관하여 필요한 사항은 국토 교통부령으로 정한다〈법 제15조 제3항〉.

ⓔ 관제적성검사기관 지정
- 국토교통부장관은 관제적성검사에 관한 전문기관(이하 "관제적성검사기관"이라 한다)을 지정하여 관제적성검사를 하게 할 수 있다.
- 관제적성검사기관의 지정기준 및 지정절차 등에 필요한 사항은 대통령령으로 정한다.

② 관제적성검사기관 지정절차〈시행령 제13조〉

ⓐ 지정신청 : 관제적성검사에 관한 전문기관(이하 "관제적성검사기관"이라 한다)으로 지정을 받으려는 자는 국토교통부장관에게 지정신청을 하여야 한다.

ⓑ 지정여부의 결정 : 국토교통부장관은 관제적성검사기관 지정신청을 받은 경우에는 지정기준을 갖추었는지 여부, 관제적성검사기관의 운영계획, 운전업무종사자의 수급상황 등을 종합적으로 심사한 후 그 지정 여부를 결정하여야 한다.

ⓒ 지정 후 관보에의 고시 : 국토교통부장관은 관제적성검사기관을 지정한 경우에는 그 사실을 관보에 고시하여야 한다.

ⓔ 지정절차의 세부사항 : 관제적성검사기관 지정절차에 관한 세부적인 사항은 국토교통부령으로 정한다.

③ 관제적성검사기관 지정기준〈시행령 제14조〉

ⓐ 관제적성검사기관의 지정기준
- 관제적성검사 업무의 통일성을 유지하고 관제적성검사 업무를 원활히 수행하는데 필요한 상설 전담 조직을 갖출 것
- 관제적성검사 업무를 수행할 수 있는 전문검사인력을 3명 이상 확보할 것
- 관제적성검사 시행에 필요한 사무실, 검사장과 검사 장비를 갖출 것
- 관제적성검사기관의 운영 등에 관한 업무규정을 갖출 것

ⓑ 지정기준의 세부사항 : 관제적성검사기관 지정기준에 관한 세부적인 사항은 국토교통부령으로 정한다.

④ 관제적성검사기관의 변경사항 통지〈시행령 제15조〉

ⓐ 변경통지 및 통지기한
- 변경통지 : 관제적성검사기관은 그 명칭·대표자·소재지나 그 밖에 관제적성검사 업무의 수행에 중대한 영향을 미치는 사항의 변경이 있는 경우
- 통지기한 : 해당 사유가 발생한 날부터 15일 이내에 국토교통부장관에게 그 사실을 알려야 한다.

ⓑ 관보에의 고시 : 국토교통부장관은 통지를 받은 때에는 그 사실을 관보에 고시하여야 한다.

⑤ 관제적성검사기관의 지정취소 및 업무정지〈법 제15조의2〉

ⓐ 지정취소 및 업무정지 기관 : 국토교통부장관이 관제적성검사기관의 지정취소 및 업무정지 처분

ⓑ 지정을 취소하거나 6개월 이내의 기간을 정하여 업무의 정지를 명할 수 있는 경우
- 거짓이나 그 밖의 부정한 방법으로 지정을 받았을 때
- 업무정지 명령을 위반하여 그 정지기간 중 관제적성검사 업무를 하였을 때
- 지정기준에 맞지 아니하게 되었을 때
- 정당한 사유 없이 관제적성검사 업무를 거부하였을 때
- 거짓이나 그 밖의 부정한 방법으로 관제적성검사 판정서를 발급하였을 때

ⓒ 지정을 취소해야 하는 경우
- 거짓이나 그 밖의 부정한 방법으로 지정을 받았을 때
- 업무정지 명령을 위반하여 그 정지기간 중 관제적성검사 업무를 하였을 때

ⓔ 지정취소 및 업무정지의 세부기준 : 지정취소 및 업무정지의 세부기준 등에 관하여 필요한 사항은 국토교통부령으로 정한다.

ⓕ 지정취소자의 지정금지 : 국토교통부장관은 지정이 취소된 관제적성검사기관이나 그 기관의 설립·운영자 및 임원이 그 지정이 취소된 날부터 2년이 지나지 아니하고 설립·운영하는 검사기관을 관제적성검사기관으로 지정하여서는 아니 된다.

③ 관제교육훈련

① 관제교육훈련〈법 제21조의7〉

　㉠ 관제자격증명의 취득 : 관제자격증명을 받으려는 사람은 관제업무의 안전한 수행을 위하여 국토교통부장관이 실시하는 관제업무에 필요한 지식과 능력을 습득할 수 있는 교육훈련(이하 "관제교육훈련"이라 한다)을 받아야 한다.

　㉡ 국토교통부령으로 정하는 바에 따라 관제교육훈련의 일부 면제대상

　　• 국토교통부령으로 정하는 관제업무 관련 교과목을 이수한 사람

　　• 다음의 어느 하나에 해당하는 업무에 대하여 5년 이상의 경력을 취득한 사람

　　－철도차량의 운전업무

　　－철도신호기ㆍ선로전환기ㆍ조작판의 취급업무

　　• 관제자격증명을 받은 후 다른 종류의 관제자격증명을 받으려는 사람

　㉢ 훈련기간 및 방법 : 관제교육훈련의 기간 및 방법 등에 필요한 사항은 국토교통부령으로 정한다.

　㉣ 관제교육훈련기관의 지정

　　• 국토교통부장관은 관제업무에 관한 전문 교육훈련기관(이하 "관제교육훈련기관"이라 한다)을 지정하여 관제교육훈련을 실시하게 할 수 있다.

　　• 관제교육훈련기관의 지정기준 및 지정절차 등에 필요한 사항은 대통령령으로 정한다.

② 관제교육훈련기관 지정절차〈시행령 제16조〉

　㉠ 지정신청 및 결정

　　• 지정신청 : 관제교육훈련기관으로 지정을 받으려는 자는 국토교통부장관에게 지정신청을 하여야 한다.

　　• 지정여부의 결정 : 국토교통부장관은 관제교육훈련기관의 지정신청을 받은 경우에는 지정기준을 갖추었는지 여부, 관제교육훈련기관의 운영계획 및 관제업무종사자의 수급 상황 등을 종합적으로 심사한 후 그 지정 여부를 결정하여야 한다.

　㉡ 지정 후 관보에의 고시 : 국토교통부장관은 관제교육훈련기관을 지정한 때에는 그 사실을 관보에 고시하여야 한다.

　㉢ 지정절차의 세부사항 : 관제교육훈련기관의 지정절차에 관한 세부적인 사항은 국토교통부령으로 정한다.

③ 관제교육훈련기관 지정기준〈시행령 제17조〉

　㉠ 관제교육훈련기관 지정기준

　　• 관제교육훈련 업무 수행에 필요한 상설 전담조직을 갖출 것

　　• 운전면허의 종류별로 관제교육훈련 업무를 수행할 수 있는 전문 인력을 확보할 것

　　• 관제교육훈련 시행에 필요한 사무실ㆍ교육장과 교육 장비를 갖출 것

　　• 관제교육훈련기관의 운영 등에 관한 업무규정을 갖출 것

　㉡ 지정기준의 세부사항 : 관제교육훈련기관 지정기준에 관한 세부적인 사항은 국토교통부령으로 정한다.

④ 관제교육훈련기관의 변경사항 통지〈시행령 제18조〉

　　㉠ 변경사항의 통지
　　　• 통지 : 관제교육훈련기관이 국토교통부장관에게
　　　• 통지할 사항 : 명칭·대표자·소재지나 그 밖에 관제교육훈련 업무의 수행에 중대한 영향을 미치는 사항의 변경이 있는 경우
　　　• 통지기한 : 해당 사유가 발생한 날부터 15일 이내에 국토교통부장관에게 그 사실을 알려야 한
　　㉡ 관보에의 고시 : 국토교통부장관은 통지를 받은 경우에는 그 사실을 관보에 고시하여야 한다.

⑤ 관제교육훈련기관의 지정취소 및 업무정지〈법 제15조의2〉

　　㉠ 지정취소 및 업무정지 기관 : 국토교통부장관이 관제교육훈련기관의 지정취소 및 업무정지 처분
　　㉡ 지정을 취소하거나 6개월 이내의 기간을 정하여 업무의 정지를 명할 수 있는 경우
　　　• 거짓이나 그 밖의 부정한 방법으로 지정을 받았을 때
　　　• 업무정지 명령을 위반하여 그 정지기간 중 관제교육훈련 업무를 하였을 때
　　　• 지정기준에 맞지 아니하게 되었을 때
　　　• 정당한 사유 없이 관제교육훈련 업무를 거부하였을 때
　　　• 거짓이나 그 밖의 부정한 방법으로 관제교육훈련 수료증을 발급하였을 때
　　㉢ 지정을 취소해야 하는 경우
　　　• 거짓이나 그 밖의 부정한 방법으로 지정을 받았을 때
　　　• 업무정지 명령을 위반하여 그 정지기간 중 관제교육훈련 업무를 하였을 때
　　㉣ 지정취소 및 업무정지의 세부기준 : 지정취소 및 업무정지의 세부기준 등에 관하여 필요한 사항은 국토교통부령으로 정한다.
　　㉤ 지정취소자의 지정금지 : 국토교통부장관은 지정이 취소된 관제교육훈련기관이나 그 기관의 설립·운영자 및 임원이 그 지정이 취소된 날부터 2년이 지나지 아니하고 설립·운영하는 검사기관을 관제교육훈련기관으로 지정하여서는 아니 된다.

④ 관제자격증명

① 관제자격증명시험〈법 제21조의8〉

　　㉠ 학과시험 및 실기시험 실시 : 관제자격증명을 받으려는 사람은 관제업무에 필요한 지식 및 실무역량에 관하여 국토교통부장관이 실시하는 학과시험 및 실기시험(이하 "관제자격증명시험"이라 한다)에 합격하여야 한다.
　　㉡ 시험응시 절차 : 관제자격증명시험에 응시하려는 사람은 신체검사와 관제적성검사에 합격한 후 관제교육훈련을 받아야 한다.

© 국토교통부장관이 국토교통부령으로 정하는 바에 따라 관제자격증명시험의 일부를 면제할 수 있는 대상
- 운전면허를 받은 사람
- 관제자격증명을 받은 후 다른 종류의 관제자격증명에 필요한 시험에 응시하려는 사람

② 시험방법 및 절차 : 관제자격증명시험의 과목, 방법 및 절차 등에 필요한 사항은 국토교통부령으로 정한다.

② 관제자격증명서의 발급〈법 제18조〉

㉠ 발급권자 : 국토교통부장관

㉡ 발급 : 관제자격증명시험에 합격하여 관제자격증명을 받은 사람에게 국토교통부령으로 정하는 바에 따라 철도차량 관제자격증명서(이하 "관제자격증명서"라 한다)를 발급하여야 한다.

㉢ 재발급 및 기재사항변경 신청
- 관제자격증명을 받은 사람(이하 "관제자격증명 취득자"라 한다)이 관제자격증명서를 잃어버렸거나 관제자격증명서가 헐어서 쓸 수 없게 되었을 때
- 관제자격증명서의 기재사항이 변경되었을 때

㉣ 재발급 신청방법 : 국토교통부령으로 정하는 바에 따라 관제자격증명서의 재발급이나 기재사항의 변경을 신청할 수 있다.

③ 관제자격증명의 갱신〈법 제19조〉

㉠ 유효기간 : 관제자격증명의 유효기간은 10년으로 한다.

㉡ 갱신
- 갱신발급권자 : 국토교통부장관
- 갱신발급 : 관제자격증명 취득자로서 유효기간 이후에도 그 관제자격증명의 효력을 유지하려는 사람은 관제자격증명의 유효기간 만료 전에 국토교통부령으로 정하는 바에 따라 관제자격증명의 갱신을 받아야 한다.

㉢ 관제자격증명의 갱신 신청자 중 관제자격증명서를 갱신하여 발급해야 하는 경우
- 관제자격증명의 갱신을 신청하는 날 전 10년 이내에 국토교통부령으로 정하는 관제업무에 종사한 경력이 있거나 국토교통부령으로 정하는 바에 따라 이와 같은 수준 이상의 경력이 있다고 인정되는 경우
- 국토교통부령으로 정하는 교육훈련을 받은 경우

㉣ 갱신하지 않은 자에 대한 효력정지
- 관제자격증명 취득자가 관제자격증명의 갱신을 받지 아니하면 그 관제자격증명의 유효기간이 만료되는 날의 다음 날부터 그 관제자격증명의 효력이 정지된다.
- 관제자격증명의 효력이 정지된 사람이 기간 내에 관제자격증명 갱신을 받은 경우 해당 관제자격증명의 유효기간은 갱신 받기 전 관제자격증명의 유효기간 만료일 다음 날부터 기산한다〈시행령 제19조 제1항〉.

- 관제자격증명의 효력이 정지된 사람이 6개월의 범위에서 <u>대통령령으로 정하는 기간</u> 내에 관제자격증명의 갱신을 신청하여 관제자격증명의 갱신을 받지 아니하면 그 기간이 만료되는 날의 다음 날부터 그 관제자격증명은 효력을 잃는다.

대통령령으로 정하는 기간〈시행령 제19조 제2항〉

6개월

ⓜ 갱신안내 통지
- 통지권자 : 국토교통부장관
- 관제자격증명 취득자에게 그 관제자격증명의 유효기간이 만료되기 전에 국토교통부령으로 정하는 바에 따라 관제자격증명의 갱신에 관한 내용을 통지하여야 한다.

ⓗ 갱신절차의 일부면제 : 국토교통부장관은 관제자격증명의 효력이 실효된 사람이 관제자격증명을 다시 받으려는 경우 <u>대통령령으로 정하는 바에 따라 그 절차의 일부를 면제할 수 있다.</u>

대통령령으로 정하는 바에 따라 관제자격증명 취득절차의 일부 면제〈시행령 제20조〉

관제자격증명의 효력이 실효된 사람이 관제자격증명이 실효된 날부터 3년 이내에 실효된 관제자격증명과 동일한 관제자격증명을 취득하려는 경우에는 다음의 구분에 따라 관제자격증명 취득절차의 일부를 면제한다.
- 법 제19조 제3항 각 호에 해당하지 아니하는 경우 : 운전교육훈련 면제
- 법 제19조 제3항 각 호에 해당하는 경우 : 운전교육훈련과 관제자격증명시험 중 학과시험 면제

조문참고 철도안전법 제19조 제3항
- 관제자격증명의 갱신을 신청하는 날 전 10년 이내에 국토교통부령으로 정하는 관제업무에 종사한 경력이 있거나 국토교통부령으로 정하는 바에 따라 이와 같은 수준 이상의 경력이 있다고 인정되는 경우
- 국토교통부령으로 정하는 교육훈련을 받은 경우

④ 관제자격증명서의 대여 등 금지〈법 제21조의10〉

㉠ 대여 및 알선금지 : 누구든지 관제자격증명서를 다른 사람에게 빌려주거나 빌리거나 이를 알선하여서는 아니 된다.

㉡ 벌칙 : 관제자격증명을 취소한다.

⑤ 관제자격증명의 취소 · 정지〈법 제21조의11〉

㉠ 취소 · 정지권자 : 국토교통부장관

㉡ 관제자격증명을 취소하거나 1년 이내의 기간을 정하여 관제자격증명의 효력을 정지시킬 수 있는 경우
- 거짓이나 그 밖의 부정한 방법으로 관제자격증명을 취득하였을 때
- 철도안전법 제11조 제1항 제2호부터 제4호까지의 어느 하나에 해당하게 되었을 때

조문참고 철도안전법 제11조 제1항
- 철도차량 운전상의 위험과 장해를 일으킬 수 있는 정신질환자 또는 뇌전증환자로서 대통령령으로 정하는 사람
- 철도차량 운전상의 위험과 장해를 일으킬 수 있는 약물(마약류 및 환각물질을 말한다) 또는 알코올 중독자로서 대통령령으로 정하는 사람
- 두 귀의 청력 또는 두 눈의 시력을 완전히 상실한 사람

- 관제자격증명의 효력정지 기간 중에 관제업무를 수행하였을 때
- 관제자격증명서를 다른 사람에게 빌려주었을 때
- 관제업무 수행 중 고의 또는 중과실로 철도사고의 원인을 제공하였을 때
- 철도안전법 제40조의2 제2항을 위반하였을 때

조문참고 철도안전법 제40조의2 제2항
  - 국토교통부령으로 정하는 바에 따라 운전업무종사자 등에게 열차 운행에 관한 정보를 제공할 것
  - 철도사고, 철도준사고 및 운행장애(이하 "철도사고등"이라 한다) 발생 시 국토교통부령으로 정하는 조치 사항을 이행할 것
- 술을 마시거나 약물을 사용한 상태에서 관제업무를 수행하였을 때
- 술을 마시거나 약물을 사용한 상태에서 관제업무를 하였다고 인정할 만한 상당한 이유가 있음에도 불구하고 국토교통부장관 또는 시ㆍ도지사의 확인 또는 검사를 거부하였을 때

ⓒ 관제자격증명을 취소해야 하는 경우
- 거짓이나 그 밖의 부정한 방법으로 관제자격증명을 취득하였을 때
- 철도안전법 제11조 제1항 제2호부터 제4호까지의 어느 하나에 해당하게 되었을 때

조문참고 철도안전법 제11조 제1항
  - 철도차량 운전상의 위험과 장해를 일으킬 수 있는 정신질환자 또는 뇌전증환자로서 대통령령으로 정하는 사람
  - 철도차량 운전상의 위험과 장해를 일으킬 수 있는 약물(마약류 및 환각물질을 말한다) 또는 알코올 중독 자로서 대통령령으로 정하는 사람
  - 두 귀의 청력 또는 두 눈의 시력을 완전히 상실한 사람
- 관제자격증명의 효력정지 기간 중에 관제업무를 수행하였을 때
- 관제자격증명서를 다른 사람에게 빌려주었을 때

ⓓ 취소 및 정지처분에 대한 통고 : 국토교통부장관이 관제자격증명의 취소 및 효력정지 처분을 하였을 때에는 국토교통부령으로 정하는 바에 따라 그 내용을 해당 관제자격증명 취득자와 관제자격증명 취득자를 고용하고 있는 철도운영자등에게 통지하여야 한다.

ⓔ 관제자격증명 반납 : 관제자격증명의 취소 또는 효력정지 통지를 받은 관제자격증명 취득자는 그 통지를 받은 날부터 15일 이내에 관제자격증명서를 국토교통부장관에게 반납하여야 한다.

ⓕ 관제자격증명 반환 : 국토교통부장관은 제3항에 따라 관제자격증명의 효력이 정지된 사람으로부터 관제자격증명서를 반납 받았을 때에는 보관하였다가 정지기간이 끝나면 즉시 돌려주어야 한다.

ⓖ 세부기준 및 절차 : 취소 및 효력정지 처분의 세부기준 및 절차는 그 위반의 유형 및 정도에 따라 국토교통부령으로 정한다.

ⓗ 자료의 유지ㆍ관리 : 국토교통부장관은 국토교통부령으로 정하는 바에 따라 관제자격증명의 발급, 갱신, 취소 등에 관한 자료를 유지ㆍ관리하여야 한다.

⑤ 관제업무

① 관제업무의 실무수습〈법 제22조〉

   ㉠ 실무수습 대상 : 관제업무에 종사하려는 사람

   ㉡ 실무수습 이수 : 국토교통부령으로 정하는 바에 따라 실무수습 이수

② 무자격자의 관제업무 금지〈법 제22조의2〉

   ㉠ 관제업무 금지대상 : 철도운영자 등은 관제자격증명을 받지 아니하거나(관제자격증명이 취소되거나 그 효력이 정지된 경우 포함) 실무수습을 이수하지 아니한 사람

   ㉡ 관제업무 종사금지 : 관제업무에 종사하게 하여서는 아니 된다.

암기요약 … 핵심조문 빈칸 채우기

⑴ 관제자격증명은 대통령령으로 정하는 바에 따라 관제업무의 (   )별로 받아야 한다.

⑵ 관제자격증명의 종류

　㉠ 도시철도 차량에 관한 관제업무 : (   ) 관제자격증명

　㉡ 철도차량에 관한 관제업무(도시철도 차량에 관한 관제업무 포함) : (   ) 관제자격증명

⑶ 관제자격증명의 결격사유

　㉠ (   )세 미만인 사람

　㉡ 관제업무상의 위험과 장해를 일으킬 수 있는 (   ) 또는 뇌전증환자로서 대통령령으로 정하는 사람

　㉢ 관제업무상의 위험과 장해를 일으킬 수 있는 약물(마약류 및 환각물질을 말한다) 또는 알코올 중독자로서 대통령령으로 정하는 사람

　㉣ 두 귀의 청력 또는 두 눈의 시력을 완전히 상실한 사람

　㉤ 관제자격증명이 취소된 날부터 (   )이 지나지 아니하였거나 관제자격증명의 효력정지기간 중인 사람

⑷ 관제자격증명을 받으려는 사람은 관제업무에 적합한 적성을 갖추고 있는지 판정받기 위하여 국토교통부장관이 실시하는 (   )에 합격하여야 한다.

⑸ 관제자격증명을 받으려는 사람은 관제업무의 안전한 수행을 위하여 국토교통부장관이 실시하는 관제업무에 필요한 지식과 능력을 습득할 수 있는 (   )을 받아야 한다.

⑹ 관제교육훈련기관의 지정기준 및 지정절차 등에 필요한 사항은 (   )으로 정한다.

⑺ 관제자격증명을 받으려는 사람은 관제업무에 필요한 지식 및 실무역량에 관하여(   )이 실시하는 (   )시험 및 (   ) 시험 합격하여야 한다.

⑻ 관제자격증명시험에 응시하려는 사람은 (   )와(   )에 합격한 후 관제교육훈련을 받아야 한다.

⑼ 국토교통부장관은 (   )를 받은 사람, 관제자격증명을 받은 후 다른 종류의 (   )에 필요한 시험에 응시하려는 사람에게는 국토교통부령으로 정하는 바에 따라 관제자격증명시험의 일부를 면제할 수 있다.

⑽ 누구든지 관제자격증명서를 다른 사람에게 빌려주거나 빌리거나 이를 (   )하여서는 아니 된다.

⑾ 관제자격증명의 (   ) 기간 중에 관제업무를 수행하였을 때에는 관제자격증명을 (   )하여야 한다.

⑿ 관제업무에 종사하려는 사람은 국토교통부령으로 정하는 바에 따라 (   )을 이수하여야 한다.

⒀ 관제자격증명의 효력을 (   )시킬 경우에는 (   ) 이내의 기간을 정하여 관제자격증명의 효력을 정지시킬 수 있다.

⒁ 관제자격증명시험의 시험과목, 방법 및 절차 등에 필요한 사항은 (   )으로 정한다.

⒂ 국토교통부장관은 운전면허의 발급, 갱신, 취소 등에 관한 자료를 (   )하여야 한다.

정답 및 해설

⑴ 종류	⑹ 대통령령	⑾ 효력정지, 취소
⑵ 도시철도, 철도	⑺ 국토교통부장관, 학과, 실기	⑿ 실무수습
⑶ 19, 정신질환자, 2년	⑻ 신체검사, 관제적성검사	⒀ 정지, 1년
⑷ 관제적성검사	⑼ 운전면허, 관제자격증명	⒁ 국토교통부령
⑸ 관제교육훈련	⑽ 알선	⒂ 유지·관리

1 철도안전법령상 관제업무에 종사하려는 사람이 국토교통부장관으로부터 받아야 하는 것은?

① 운전면허증
② 관제자격증명
③ 관제훈련수료증
④ 적성검사판정서

TIP 관제업무에 종사하려는 사람은 국토교통부장관으로부터 철도교통관제사 자격증명(관제자격증명)을 받아야 한다〈철도안전법 제21조의3 제1항〉.

2 철도안전법령상 관제자격증명은 관제업무의 종류별로 받아야 한다. 관제자격증명은 몇 개로 구분되는가?

① 2개
② 3개
③ 4개
④ 5개

TIP 관제자격증명의 종류〈철도안전법 시행령 제20조의2〉… 철도교통관제사 자격증명(이하 "관제자격증명"이라 한다)은 같은 조 제2항에 따라 다음 각 호의 구분에 따른 관제업무의 종류별로 받아야 한다.
1. 「도시철도법」제2조 제2호에 따른 도시철도 차량에 관한 관제업무 : 도시철도 관제자격증명
2. 철도차량에 관한 관제업무(제1호에 따른 도시철도 차량에 관한 관제업무를 포함한다) : 철도 관제자격증명

3 철도안전법령상 관제자격증명의 신체검사에 대한 설명으로 옳지 않은 것은?

① 관제자격증명을 받으려는 사람은 신체검사를 받아야 한다.
② 국토교통부장관은 신체검사를 의료기관에서 실시하게 할 수 있다.
③ 신체검사의 검사방법 및 절차 등에 관한 사항은 국토교통부령으로 정한다.
④ 신체검사를 실시하는 의료기관은 의원, 한방병원, 종합병원이 있다.

TIP 신체검사를 실시할 수 있는 의료기관은 의료법에서 정하고 있는 의원, 병원, 종합병원이다〈철도안전법 제13조 준용〉.

4 철도안전법령상 관제자격증명을 받으려는 사람이 합격해야 하는 것으로 옳지 않은 것은?

① 운전면허시험　　　　　　　　　　② 관제교육훈련

③ 관제적성검사　　　　　　　　　　④ 신체검사

TIP 관제자격증명시험에 응시하려는 사람은 신체검사와 관제적성검사에 합격한 후 관제교육훈련을 받아야 한다〈철도안
　　전법 제21조의8 제2항〉.

5 철도안전법령상 관제적성검사기관 지정절차를 설명한 것으로 옳지 않은 것은?

① 관제적성검사기관의 지정신청은 국토교통부장관에게 한다.

② 관제적성검사기관을 지정한 경우에는 그 사실을 관보에 고시하여야 한다.

③ 관제적성검사기관 지정절차에 관한 세부적인 사항은 대통령령으로 정한다.

④ 관제적성검사기관의 지정여부는 국토교통부장관이 한다.

TIP 관제적성검사기관 지정절차〈철도안전법 시행령 제13조 준용〉
　　① 관제적성검사기관으로 지정을 받으려는 자는 국토교통부장관에게 지정 신청을 하여야 한다.
　　② 국토교통부장관은 관제적성검사기관 지정 신청을 받은 경우에는 지정기준을 갖추었는지 여부, 운전적성검사기관
　　　의 운영계획, 운전업무종사자의 수급상황 등을 종합적으로 심사한 후 그 지정 여부를 결정하여야 한다.
　　③ 국토교통부장관은 관제적성검사기관을 지정한 경우에는 그 사실을 관보에 고시하여야 한다.
　　④ 관제적성검사기관 지정절차에 관한 세부적인 사항은 국토교통부령으로 정한다.

Answer 1.② 2.① 3.④ 4.① 5.③

6 철도안전법령상 관제적성검사기관 지정기준에 대한 설명으로 옳지 않은 것은?

① 관제적성검사기관의 운영 등에 관한 업무규정을 갖출 것

② 관제적성검사 업무를 위한 관제교육훈련장을 갖출 것

③ 관제적성검사 업무의 통일성을 유지할 것

④ 관제적성검사 업무를 원활히 수행하는데 필요한 상설 전담조직을 갖출 것

TIP 관제적성검사기관 지정기준〈철도안전법 시행령 제14조 제1항 준용〉
  1. 관제적성검사 업무의 통일성을 유지하고 관제적성검사 업무를 원활히 수행하는데 필요한 상설 전담조직을 갖출 것
  2. 관제적성검사 업무를 수행할 수 있는 전문검사인력을 3명 이상 확보할 것
  3. 관제적성검사 시행에 필요한 사무실, 검사장과 검사 장비를 갖출 것
  4. 관제적성검사기관의 운영 등에 관한 업무규정을 갖출 것

7 철도안전법령상 관제적성검사기관의 변경사항이 발생한 경우에 대한 설명으로 옳지 않은 것은?

① 관제적성검사기관의 명칭이나 대표자 · 소재지가 변경된 경우에는 통지해야 한다.

② 변경사유가 발생한 날부터 15일 이내에 국토교통부장관에게 통지해야 한다.

③ 관제적성검사기관은 관제적성검사 업무수행에 중대한 영향을 미치는 사항의 변경이 있는 경우경우에는 통지해야 한다.

④ 관제적성검사기관은 변경사항에 대한 통지를 한 후 그 사실을 홈페이지에 게시하여야 한다.

TIP 국토교통부장관이 변경사항의 통지를 받은 때에는 그 사실을 관보에 고시하여야 한다〈철도안전법 시행령 제15조 제2항 준용〉.
  ※ 관제교육훈련기관의 변경사항 통지에 관한 규정도 준용한다〈철도안전법 시행령 제20조의4〉.

8 철도안전법령상 관제교육훈련에 대한 설명으로 옳지 않은 것은?

① 관제교육훈련의 기간 및 방법 등에 필요한 사항은 국토교통부령으로 정한다.

② 관제교육훈련기관은 지정은 국토교통부장관이 할 수 있다.

③ 관제교육훈련기관의 지정기준 및 지정절차 등에 필요한 사항은 대통령령으로 정한다.

④ 관제교육훈련은 필기시험에 합격한 후 받아야 하는 교육절차이다.

TIP 관제자격증명을 받으려는 사람은 관제업무의 안전한 수행을 위하여 관제교육훈련을 받아야 한다〈철도안전법 제21조의7 제1항〉.

9 철도안전법령상 관제교육훈련기관의 지정취소에 대한 설명으로 (   ) 안에 알맞은 것은?

> 국토교통부장관은 지정이 취소된 관제교육훈련기관이나 그 기관의 설립·운영자 및 임원이 그 지정이 취소된 날부터 (   )이 지나지 아니하고 설립·운영하는 검사기관을 관제교육훈련기관으로 지정하여 서는 아니 된다.

① 6개월   ② 1년
③ 2년   ④ 5년

TIP 국토교통부장관은 지정이 취소된 관제교육훈련기관이나 그 기관의 설립·운영자 및 임원이 그 지정이 취소된 날부터 2년이 지나지 아니하고 설립·운영하는 검사기관을 관제교육훈련기관으로 지정하여서는 아니 된다〈철도안전법 제15조의2 제3항〉.

※ 운전교육훈련기관의 지정취소 및 업무정지 등에 관하여는 철도안전법 제15조의2를 준용한다〈철도안전법 제21조의7 제5항〉.

10 철도안전법령상 관제교육훈련기관의 지정기준으로 옳지 않은 것은

① 관제교육훈련 시행에 필요한 교육 장비를 갖출 것
② 관제교육훈련기관의 운영 등에 관한 업무규정을 갖출 것
③ 관제교육훈련기관 내 편의시설을 갖출 것
④ 관제교육훈련 업무 수행에 필요한 상설 전담조직을 갖출 것

TIP 관제교육훈련기관 지정기준〈철도안전법 시행령 제20조의4 → 시행령 제17조 제1항 준용〉
1. 관제교육훈련 업무 수행에 필요한 상설 전담조직을 갖출 것
2. 운전면허의 종류별로 관제교육훈련 업무를 수행할 수 있는 전문 인력을 확보할 것
3. 관제교육훈련 시행에 필요한 사무실·교육장과 교육 장비를 갖출 것
4. 관제교육훈련기관의 운영 등에 관한 업무규정을 갖출 것

Answer   6.② 7.④ 8.④ 9.③ 10.③

11 철도안전법령상 관제자격증명시험에 대한 설명으로 옳지 않은 것은?

① 관제자격증명을 받으려면 관제업무에 필요한 지식 및 실무역량에 관한 시험에 합격하여야 한다.
② 관제자격증명시험에 응시하려면 관제교육훈련을 받은 후 관제적성검사에 합격하여야 한다.
③ 시험과목 및 시험절차 등에 필요한 사항은 국토교통부령으로 정한다.
④ 관제자격증명시험의 일부를 국토교통부령으로 정하는 바에 따라 면제할 수 있다.

TIP 관제자격증명시험에 응시하려는 사람은 신체검사와 관제적성검사에 합격한 후 관제교육훈련을 받아야 한다〈철도안전법 제21조의8 제2항〉.

12 철도안전법령상 관제자격증명서의 발급에 대한 설명으로 옳지 않은 것은?

① 국토교통부장관이 학과시험을 주관하고 경찰청에서 관제자격증명서를 발급한다.
② 철도차량 관제자격증명서를 관제자격증명서라 한다.
③ 국토교통부령으로 정하는 바에 따라 관제자격증명서를 발급한다.
④ 관제자격증명서를 발급받으려면 관제자격증명시험에 합격해야 한다.

TIP 국토교통부장관은 관제자격증명시험에 합격하여 관제자격증명을 받은 사람에게 국토교통부령으로 정하는 바에 따라 철도차량 관제자격증명서를 발급하여야 한다〈철도안전법 제21조의9 → 철도안전법 제18조 제1항 준용〉.

13 철도안전법령상 관제자격증명의 갱신에 대한 설명으로 옳지 않은 것은?

① 국토교통부장관이 관제자격증명의 유효기간만료 전에 관제자격증명의 갱신에 관한 내용을 통지한다.
② 관제자격증명의 효력이 정지된 사람이 3개월 내에 관제자격증명을 갱신하지 않으면 효력을 잃는다.
③ 관제자격증명의 갱신은 유효기간 이후에도 관제자격증명의 효력을 유지하고자 하는 사람만 받으면 된다.
④ 관제자격증명의 유효기간은 10년이다.

TIP 관제자격증명의 효력이 정지된 사람이 6개월 내에 관제자격증명의 갱신을 신청하여 관제자격증명의 갱신을 받지 아니하면 그 기간이 만료되는 날의 다음 날부터 그 관제자격증명은 효력을 잃는다.〈철도안전법 제21조의9 → 철도안전법 제19조 제5항 준용〉.

14 철도안전법령상 관제자격증명을 다시 받을 경우 운전교육훈련과 관제자격증명시험 중 학과시험을 면제하는 경우로 옳은 것은?

① 국토교통부령으로 정하는 교육훈련을 받은 경우

② 운전교육훈련기관에서 종사한 경우

③ 국토교통부령으로 정하는 관제업무 관련 교과목을 이수한 경우

④ 운전교육훈련에 관련된 업무를 수행한 경우

TIP 운전면허의 갱신⟨철도안전법 제21조의9 → 철도안전법 제19조 제3항 준용⟩
1. 관제자격증명의 갱신을 신청하는 날 전 10년 이내에 국토교통부령으로 정하는 관제업무에 종사한 경력이 있거나 국토교통부령으로 정하는 바에 따라 이와 같은 수준 이상의 경력이 있다고 인정되는 경우
2. 국토교통부령으로 정하는 교육훈련을 받은 경우

15 철도안전법령상 다음에서 관제자격증명을 취소해야 하는 경우를 모두 고르면?

㉠ 다른 사람에게 관제자격증명서를 빌려주었을 때

㉡ 정신질환자로서 대통령령으로 정하는 사람

㉢ 두 귀의 청력을 완전히 상실한 사람

㉣ 부정한 방법으로 관제자격증명을 취득하였을 때

㉤ 관제자격증명의 효력정지 기간 중에 관제업무를 수행하였을 때

㉥ 알코올 중독자로서 대통령령으로 정하는 사람

---

① ㉠㉡㉢㉣㉤

② ㉠㉡㉢㉣㉥

③ ㉡㉢㉣㉤㉥

④ ㉠㉡㉢㉣㉤㉥

TIP 관제자격증명을 취소해야 하는 경우⟨철도안전법 제21조의11 제1항⟩
1. 거짓이나 그 밖의 부정한 방법으로 관제자격증명을 취득하였을 때
2. 철도차량 운전상의 위험과 장해를 일으킬 수 있는 정신질환자 또는 뇌전증환자로서 대통령령으로 정하는 사람
3. 철도차량 운전상의 위험과 장해를 일으킬 수 있는 약물(마약류 및 환각물질을 말한다) 또는 알코올 중독자로서 대통령령으로 정하는 사람
4. 두 귀의 청력 또는 두 눈의 시력을 완전히 상실한 사람
5. 관제자격증명의 효력정지 기간 중에 관제업무를 수행하였을 때
6. 관제자격증명서를 다른 사람에게 빌려주었을 때

Answer 11.② 12.① 13.② 14.① 15.④

16 철도안전법령상 관제업무 중에 음주사실이 인정되어 시·도지사의 음주측정을 거부하였을 때 취소 및 효력정지 처분에 대한 설명으로 옳은 것은?

① 2천만 원 이하의 과태료를 부과해야 한다.

② 관제자격증명을 반드시 취소해야 한다.

③ 관제자격증명의 취소 또는 1년 이내의 정치처분을 해야 한다.

④ 6개월 이내로 관제자격증명의 효력정지 처분해야 한다.

TIP 국토교통부장관은 관제자격증명을 받은 사람이 음주 또는 약물상태의 확인 또는 검사에 불응한 경우에는 관제자격 증명을 취소하거나 1년 이내의 기간을 정하여 관제자격증명의 효력을 정지시킬 수 있다〈철도안전법 제21조의11 제1항 제7호〉.

※ 음주 또는 약물상태의 확인 또는 검사에 불응한 자는 2년 이하의 징역 또는 2천만 원 이하의 벌금에 처한다〈철도안전법 제79조 제3항 제15호〉.

17 철도안전법령상 국토교통부장관이 관제자격증명의 취소 및 효력정지 처분을 하였을 때 통지해야할 대상은?

① 시·도지사

② 관제적성검사기관

③ 관제자격증명시험 실시기관

④ 관제자격증명 취득자를 고용하고 있는 철도운영자등

TIP 국토교통부장관이 관제자격증명의 취소 및 효력정지 처분을 하였을 때에는 국토교통부령으로 정하는 바에 따라 그 내용을 해당 관제자격증명 취득자와 관제자격증명 취득자를 고용하고 있는 철도운영자 등에게 통지하여야 한다〈철도안전법 제21조의11 제2항 → 철도안전법 제20조 제2항 준용〉.

18 철도안전법령상 철도운영자등이 관제업무를 배제해야 할 사람으로 옳지 않은 것은?

① 관제자격증명이 취소된 사람

② 관제자격증명서가 없는 사람

③ 관제자격증명서를 분실한 사람

④ 실무수습을 이수하지 않은 사람

TIP 철도운영자 등은 관제자격증명을 받지 아니하거나(관제자격증명이 취소되거나 그 효력이 정지된 경우를 포함한다) 실무수습을 이수하지 아니한 사람을 관제업무에 종사하게 하여서는 아니 된다〈철도안전법 제22조의2〉.

Answer 16.③ 17.④ 18.③

CHAPTER 05 철도종사자 및 철도차량정비기술자

1 운전 · 관제업무 및 철도종사자

① 운전업무종사자 등의 관리〈법 제23조〉

    ㉠ 신체검사 · 적성검사

- 철도차량 운전 · 관제업무 등 <u>대통령령으로 정하는 업무에 종사하는 철도종사자</u>는 정기적으로 신체검사와 적성검사를 받아야 한다.
- 신체검사 · 적성검사의 시기, 방법 및 합격기준 등에 관하여 필요한 사항은 국토교통부령으로 정한다.

> **대통령령으로 정하는 업무에 종사하는 철도종사자(신체검사 · 적성검사를 받아야 하는 철도종사자)〈시행령 제21조〉**
> - 운전업무종사자
> - 관제업무종사자
> - 정거장에서 철도신호기 · 선로전환기 및 조작판 등을 취급하는 업무를 수행하는 사람

    ㉡ 신체검사 · 적성검사에 불합격자 : 철도운영자등은 업무에 종사하는 철도종사자가 신체검사 · 적성검사에 불합격하였을 때에는 그 업무에 종사하게 하여서는 아니 된다.

    ㉢ 적성검사를 받을 수 없는 기간〈법 제15조 제2항〉

- 적성검사에 불합격한 사람 : 검사일부터 3개월
- 적성검사 과정에서 부정행위를 한 사람 : 검사일부터 1년

    ㉣ 신체검사 · 적성검사 위탁 : 철도운영자등은 신체검사와 적성검사를 신체검사 실시 의료기관 및 운전적성검사기관 · 관제적성검사기관에 각각 위탁할 수 있다.

② 철도종사자에 대한 안전 및 직무교육〈법 제24조〉

    ㉠ 철도안전교육 실시 : 철도운영자등 또는 철도운영자등과의 계약에 따라 철도운영이나 철도시설 등의 업무에 종사하는 사업주(이 조에서 "사업주"라 한다)는 자신이 고용하고 있는 철도종사자에 대하여 정기적으로 철도안전에 관한 교육을 실시하여야 한다.

    ㉡ 직무교육 실시 : 철도운영자등은 자신이 고용하고 있는 철도종사자가 적정한 직무수행을 할 수 있도록 정기적으로 직무교육을 실시하여야 한다.

    ㉢ 철도운영자등의 교육확인

- 철도운영자등은 사업주의 안전교육 실시 여부를 확인하여야 한다.
- 확인 결과 사업주가 안전교육을 실시하지 아니한 경우 안전교육을 실시하도록 조치하여야 한다.

ⓔ 교육대상 및 내용 : 철도운영자등 및 사업주가 실시하여야 하는 교육의 대상, 내용 및 그 밖에 필요한 사항은 국토교통부령으로 정한다.

2 철도차량정비기술자

① 철도차량정비기술자의 인정〈법 제24조의2〉

 ㉠ 자격인정신청 : 철도차량정비기술자로 인정을 받으려는 사람은 국토교통부장관에게 자격인정을 신청하여야 한다.

 ㉡ 자격인정 : 국토교통부장관은 신청인이 대통령령으로 정하는 자격, 경력 및 학력 등 철도차량정비기술자의 인정기준에 해당하는 경우에는 철도차량정비기술자로 인정하여야 한다.

 ㉢ 철도차량정비경력증 발급 : 국토교통부장관은 신청인을 철도차량정비기술자로 인정하면 철도차량정비기술자로서의 등급 및 경력 등에 관한 증명서(이하 "철도차량정비경력증"이라 한다)를 그 철도차량정비기술자에게 발급하여야 한다.

 ⓔ 발급 및 관리 : 인정의 신청, 철도차량정비경력증의 발급 및 관리 등에 필요한 사항은 국토교통부령으로 정한다.

② 철도차량정비기술자의 인정기준〈시행령 제21조의2 별표 1의3〉

 ㉠ 등급별 세부기준 : 철도차량정비기술자는 자격, 경력 및 학력에 따라 등급별로 구분

등급구분	역량지수
1등급 철도차량정비기술자	80점 이상
2등급 철도차량정비기술자	60점 이상 80점 미만
3등급 철도차량정비기술자	40점 이상 60점 미만
4등급 철도차량정비기술자	10점 이상 40점 미만

 ㉡ 역량지수의 계산식

$$역량지수 = 자격별 \ 경력점수 \ + \ 학력점수$$

 ㉢ 자격별 경력점수

국가기술자격 구분	점수
기술사 및 기능장	10점 / 년
기사	8점 / 년
산업기사	7점 / 년
기능사	6점 / 년
국가기술자격증이 없는 경우	3점 / 년

1) 철도차량정비기술자의 자격별 경력에 포함되는 국가기술자격의 종목은 국토교통부장관이 정하여 고시한다. 이 경우 둘 이상의 다른 종목 국가기술자격을 보유한 사람의 경우 그 중 점수가 높은 종목의 경력점수만 인정한다.

2) 경력점수는 다음 업무를 수행한 기간에 따른 점수의 합을 말하며, 마) 및 바)의 경력의 경우 100분의 50을 인정한다.

   가) 철도차량의 부품·기기·장치 등의 마모·손상, 변화 상태 및 기능을 확인하는 등 철도차량 점검 및 검사에 관한 업무

   나) 철도차량의 부품·기기·장치 등의 수리, 교체, 개량 및 개조 등 철도차량 정비 및 유지관리에 관한 업무

   다) 철도차량 정비 및 유지관리 등에 관한 계획수립 및 관리 등에 관한 행정업무

   라) 철도차량의 안전에 관한 계획수립 및 관리, 철도차량의 점검·검사, 철도차량에 대한 설계·기술검토·규격관리 등에 관한 행정업무

   마) 철도차량 부품의 개발 등 철도차량 관련 연구 업무 및 철도관련 학과 등에서의 강의 업무

   바) 그 밖에 기계설비·장치 등의 정비와 관련된 업무

3) 2)를 적용할 때 다음의 어느 하나에 해당하는 경력은 제외한다.

   가) 18세 미만인 기간의 경력(국가기술자격을 취득한 이후의 경력은 제외한다)

   나) 주간학교 재학 중의 경력(현장실습계약에 따라 산업체에 근무한 경력은 제외한다)

   다) 이중취업으로 확인된 기간의 경력

   라) 철도차량정비업무 외의 경력으로 확인된 기간의 경력

4) 경력점수는 월 단위까지 계산한다. 이 경우 월 단위의 기간으로 산입되지 않는 일수의 합이 30일 이상인 경우 1개월로 본다.

ㄹ 학력점수

학력 구분	점 수	
	철도차량정비 관련 학과	철도차량정비 관련 학과 외의 학과
석사 이상	25점	10점
학사	20점	9점
전문학사(3년제)	15점	8점
전문학사(2년제)	10점	7점
고등학교 졸업	5점	

1) "철도차량정비 관련 학과"란 철도차량 유지보수와 관련된 학과 및 기계·전기·전자·통신 관련 학과를 말한다. 다만, 대상이 되는 학력점수가 둘 이상인 경우 그 중 점수가 높은 학력점수에 따른다.

2) 철도차량정비 관련 학과의 학위 취득자 및 졸업자의 학력 인정 범위

구분	내용
석사 이상	(1) 철도차량정비 관련 학과의 석사 또는 박사 학위과정을 이수하고 졸업한 사람 (2) 그 밖에 관계 법령에 따라 국내 또는 외국에서 (1)과 같은 수준 이상의 학력이 있다고 인정되는 사람
학사	(1) 철도차량정비 관련 학과의 학사 학위과정을 이수하고 졸업한 사람 (2) 그 밖에 관계 법령에 따라 국내 또는 외국에서 (1)과 같은 수준의 학력이 있다고 인정되는 사람
전문학사(3년제)	(1) 철도차량정비 관련 학과의 전문학사 학위과정을 이수하고 졸업한 사람(철도차량정비 관련 학과의 학위과정 3년을 이수한 사람을 포함한다) (2) 그 밖의 관계 법령에 따라 국내 또는 외국에서 (1)과 같은 수준의 학력이 있다고 인정되는 사람
전문학사(2년제)	(1) 4년제 대학, 2년제 대학 또는 전문대학에서 2년 이상 철도차량정비 관련 학과의 교육과정을 이수한 사람 (2) 그 밖에 관계 법령에 따라 국내 또는 외국에서 (1)과 같은 수준의 학력이 있다고 인정되는 사람
고등학교 졸업	(1) 철도차량정비 관련 학과의 고등학교 과정을 이수하고 졸업한 사람 (2) 그 밖에 관계 법령에 따라 국내 또는 외국에서 (1)과 같은 수준의 학력이 있다고 인정되는 사람

3) 철도차량정비 관련 학과 외의 학위 취득자 및 졸업자의 학력 인정 범위

구분	내용
석사 이상	(1) 석사 또는 박사 학위과정을 이수하고 졸업한 사람 (2) 그 밖에 관계 법령에 따라 국내 또는 외국에서 (1)과 같은 수준 이상의 학력이 있다고 인정되는 사람
학사	(1) 학사 학위과정을 이수하고 졸업한 사람 (2) 그 밖에 관계 법령에 따라 국내 또는 외국에서 (1)과 같은 수준의 학력이 있다고 인정되는 사람
전문학사(3년제)	(1) 전문학사 학위과정을 이수하고 졸업한 사람(전문학사 학위과정 3년을 이수한 사람을 포함한다) (2) 그 밖의 관계 법령에 따라 국내 또는 외국에서 (1)과 같은 수준의 학력이 있다고 인정되는 사람
전문학사(2년제)	(1) 4년제 대학, 2년제 대학 또는 전문대학에서 2년 이상 교육과정을 이수한 사람 (2) 그 밖에 관계 법령에 따라 국내 또는 외국에서 (1)과 같은 수준의 학력이 있다고 인정되는 사람
고등학교 졸업	(1) 고등학교 과정을 이수하고 졸업한 사람 (2) 그 밖에 관계 법령에 따라 국내 또는 외국에서 (1)과 같은 수준의 학력이 있다고 인정되는 사람

③ 철도차량정비기술자의 명의 대여금지〈법 제24조의3〉

　㉠ 명의 대여금지 : 철도차량정비기술자는 자기의 성명을 사용하여 다른 사람에게 철도차량정비 업무를 수행하게 하거나 철도차량정비경력증을 빌려 주어서는 아니 된다.

　㉡ 명의 빌리는 행위금지 : 누구든지 다른 사람의 성명을 사용하여 철도차량정비 업무를 수행하거나 다른 사람의 철도차량정비경력증을 빌려서는 아니 된다.

　㉢ 금지행위 알선금지 : 누구든지 금지된 명의대여 및 빌리는 행위를 알선해서는 아니 된다.

④ 철도차량정비기술자의 인정취소〈법 제24조의5〉

　㉠ 인정취소권자 : 국토교통부장관

　㉡ 철도차량정비기술자의 인정을 취소해야 하는 경우

　　• 거짓이나 그 밖의 부정한 방법으로 철도차량정비기술자로 인정받은 경우

　　• 철도차량정비기술자의 자격기준에 해당하지 아니하게 된 경우

　　• 철도차량정비 업무 수행 중 고의로 철도사고의 원인을 제공한 경우

　㉡ 철도차량정비기술자의 1년의 범위에서 철도차량정비기술자의 인정을 정지시킬 수 있는 경우

　　• 다른 사람에게 철도차량정비경력증을 빌려 준 경우

　　• 철도차량정비 업무 수행 중 중과실로 철도사고의 원인을 제공한 경우

3 철도차량정비기술교육훈련

① 철도차량정비기술교육훈련〈법 제24조의4〉

　　㉠ 정비교육훈련 수료 : 철도차량정비기술자는 업무 수행에 필요한 소양과 지식을 습득하기 위하여 대통령령으로 정하는 바에 따라 국토교통부장관이 실시하는 교육·훈련(이하 "정비교육훈련"이라 한다)을 받아야 한다.

　　㉡ 정비교육훈련 실시 : 국토교통부장관은 철도차량정비기술자를 육성하기 위하여 철도차량정비 기술에 관한 전문 교육훈련기관(이하 "정비교육훈련기관"이라 한다)을 지정하여 정비교육훈련을 실시하게 할 수 있다.

　　㉢ 지정기준 및 절차 : 정비교육훈련기관의 지정기준 및 절차 등에 필요한 사항은 대통령령으로 정한다.

　　㉣ 부정 수료증 발급금지 : 정비교육훈련기관은 정당한 사유 없이 정비교육훈련 업무를 거부하여서는 아니 되고, 거짓이나 그 밖의 부정한 방법으로 정비교육훈련 수료증을 발급하여서는 아니 된다.

② 정비교육훈련기관의 지정취소 및 업무정지〈법 제15조의2〉

　　㉠ 지정취소 및 업무정지 기관 : 국토교통부장관이 정비교육훈련기관의 지정취소 및 업무정지 처분

　　㉡ 지정을 취소하거나 6개월 이내의 기간을 정하여 업무의 정지를 명할 수 있는 경우
　　　• 거짓이나 그 밖의 부정한 방법으로 지정을 받았을 때
　　　• 업무정지 명령을 위반하여 그 정지기간 중 정비교육훈련 업무를 하였을 때
　　　• 지정기준에 맞지 아니하게 되었을 때
　　　• 정당한 사유 없이 정비교육훈련 업무를 거부하였을 때
　　　• 거짓이나 그 밖의 부정한 방법으로 정비교육훈련 수료증을 발급하였을 때

　　㉢ 지정을 취소해야 하는 경우
　　　• 거짓이나 그 밖의 부정한 방법으로 지정을 받았을 때
　　　• 업무정지 명령을 위반하여 그 정지기간 중 정비교육훈련 업무를 하였을 때

　　㉣ 지정취소 및 업무정지의 세부기준 : 지정취소 및 업무정지의 세부기준 등에 관하여 필요한 사항은 국토교통부령으로 정한다.

　　㉤ 지정취소자의 지정금지 : 국토교통부장관은 지정이 취소된 정비교육훈련기관이나 그 기관의 설립·운영자 및 임원이 그 지정이 취소된 날부터 2년이 지나지 아니하고 설립·운영하는 검사기관을 정비교육훈련기관으로 지정하여서는 아니 된다.

③ 정비교육훈련 실시기준〈시행령 제21조의3〉

　　㉠ 교육내용 및 교육방법
　　　• 철도차량정비에 관한 법령
　　　• 기술기준 및 정비기술 등 실무에 관한 이론 및 실습 교육

　　㉡ 교육시간 : 철도차량정비업무의 수행기간 5년마다 35시간 이상

　　㉢ 구체적인 사항 : 정비교육훈련에 필요한 구체적인 사항은 국토교통부령으로 정한다.

4 정비교육훈련기관

① 정비교육훈련기관 지정기준 및 절차〈시행령 제21조의4〉

    ㉠ 정비교육훈련기관의 지정기준

      • 정비교육훈련 업무 수행에 필요한 상설 전담조직을 갖출 것

      • 정비교육훈련 업무를 수행할 수 있는 전문인력을 확보할 것

      • 정비교육훈련에 필요한 사무실, 교육장 및 교육 장비를 갖출 것

      • 정비교육훈련기관의 운영 등에 관한 업무규정을 갖출 것

    ㉡ 지정신청 : 정비교육훈련기관으로 지정을 받으려는 자는 지정기준을 갖추어 국토교통부장관에게 정비교육훈련기관 지정신청을 해야 한다.

    ㉢ 지정여부의 결정 : 국토교통부장관은 정비교육훈련기관 지정신청을 받으면 지정기준을 갖추었는지 여부 및 철도차량정비기술자의 수급 상황 등을 종합적으로 심사한 후 그 지정여부를 결정해야 한다.

    ㉣ 국토교통부장관이 정비교육훈련기관을 지정한 때에 관보에 고시해야 할 사항

      • 정비교육훈련기관의 명칭 및 소재지

      • 대표자의 성명

      • 정비교육훈련에 중요한 영향을 미친다고 국토교통부장관이 인정하는 사항

    ㉤ 지정기준 및 절차 : 정비교육훈련기관의 지정기준 및 절차 등에 관한 세부적인 사항은 국토교통부령으로 정한다.

② 정비교육훈련기관의 변경사항 통지〈시행령 제21조의5〉

    ㉠ 통지해야 할 주체 : 정비교육훈련기관이 국토교통부장관에게 통지

    ㉡ 변경내용의 통지 : 정비교육훈련기관을 지정한 때에 <u>시행령 제21조의4 제4항 각 호의 사항</u>이 변경된 때에는 그 사유가 발생한 날부터 15일 이내에 국토교통부장관에게 그 내용을 통지해야 한다.

    `조문참고` 시행령 제21조의4 제4항 각 호의 사항

        국토교통부장관은 정비교육훈련기관을 지정한 때에는 다음 각 호의 사항을 관보에 고시해야 한다.

        • 정비교육훈련기관의 명칭 및 소재지

        • 대표자의 성명

        • 그 밖에 정비교육훈련에 중요한 영향을 미친다고 국토교통부장관이 인정하는 사항

    ㉢ 관보에 고시 : 국토교통부장관은 통지를 받은 때에는 그 내용을 관보에 고시해야 한다.

(1) 철도차량 운전·관제업무 등 대통령령으로 정하는 업무에 종사하는 철도종사자는 정기적으로 (　　)와 (　　)를 받아 야 한다.

(2) 철도차량 운전·관제업무 등 대통령령으로 정하는 업무에 종사하는 철도종사자로서 적성검사에 불합격한 사람은 검 사일부터 (　　) 또는 적성검사 과정에서 부정행위를 한 사람은 검사일부터 (　　) 동안 적성검사를 받을 수 없다.

(3) 신체검사 등을 받아야 하는 철도종사자는 (　　), 관제업무종사자, 정거장에서 (　　)·선로전환기 및 조작판 등을 취 급하는 업무를 수행하는 사람을 말한다.

(4) 정비교육훈련 실시기준
　　㉠ 교육내용 및 교육방법 : (　　), 기술기준 및 정비기술 등 실무에 관한 이론 및 실습 교육
　　㉡ 교육시간 : 철도차량정비업무의 수행기간 (　　)마다 (　　)시간 이상

(5) 철도운영자등 또는 철도운영자등과의 계약에 따라 철도운영이나 철도시설 등의 업무에 종사하는 사업주는 자신이 고 용하고 있는 철도종사자에 대하여 정기적으로 (　　)을 실시하여야 한다.

(6) 철도운영자등은 자신이 고용하고 있는 철도종사자가 적정한 직무수행을 할 수 있도록 정기적으로 (　　)을 실시하여 야 한다.

(7) 철도차량정비기술자로 인정을 받으려는 사람이 자격인정신청을 하면 자격인정신청인이 대통령령으로 정하는 (　　), (　　) 및 (　　) 등 철도차량정비기술자의 인정기준에 해당하는 경우에는 철도차량정비기술자로 인정하여야 한다.

(8) 국토교통부장관은 신청인을 철도차량정비기술자로 인정하면 철도차량정비기술자로서의 등급 및 경력 등에 관한 증명 서인 (　　)을 그 철도차량정비기술자에게 발급하여야 한다.

(9) 정비교육훈련기관 지정기준
　　㉠ 정비교육훈련 업무 수행에 필요한 상설 전담조직 및 정비교육훈련에 필요한 (　　) 및 교육 장비를 갖출 것
　　㉡ 정비교육훈련 업무를 수행할 수 있는 (　　)을 확보할 것
　　㉢ 정비교육훈련에 필요한 사무실, 교육장 및 교육 장비를 갖출 것
　　㉣ 정비교육훈련기관의 운영 등에 관한 (　　)을 갖출 것

(10) 철도차량정비기술자는 업무 수행에 필요한 소양과 지식을 습득하기 위하여 대통령령으로 정하는 바에 따라 국토교통 부장관이 실시하는 (　　)을 받아야 한다.

(11) 정비교육훈련기관의 지정기준 및 절차 등에 필요한 사항은 (　　)으로 정한다.

(12) 철도차량정비기술자가 자격기준에 해당하지 아니하게 된 경우에 해당하는 경우 그 인정을 (　　)하여야 한다.

(13) 국토교통부장관은 철도차량정비기술자가 다른 사람에게 철도차량정비경력증을 빌려 준 경우에는 (　　)의 범위에서 철도차량정비기술자의 인정을 정지시킬 수 있다.

정답 및 해설

(1) 신체검사, 적성검사
(2) 3개월, 1년
(3) 운전업무종사자, 철도신호기
(4) 철도차량정비에 관한 법령, 5년, 35
(5) 철도안전에 관한 교육

(6) 직무교육
(7) 자격, 경력, 학력
(8) 철도차량정비경력증
(9) 교육장, 전문인력, 업무규정
(10) 정비교육훈련

(11) 대통령령
(12) 취소
(13) 1년

1 철도안전법령상 철도차량 운전 및 관제업무 등 대통령령으로 정하는 업무에 종사하는 철도종사자가 정기적으로 받아야 하는 검사로 옳은 것은?

① 직무적성검사   ② 적성검사와 체력검사

③ 신체검사와 적성검사   ④ 심리검사

TIP 철도차량 운전 · 관제업무 등 대통령령으로 정하는 업무에 종사하는 철도종사자는 정기적으로 신체검사와 적성검사를 받아야 한다〈철도안전법 제23조 제1항〉.

2 철도안전법령상 철도운영자가 신체검사 및 적성검사를 위탁할 수 있는 기관으로 옳지 않은 곳은?

① 운전적성검사기관   ② 관제적성검사기관

③ 신체검사 실시 의료기관   ④ 적성검사전문기관

TIP 철도운영자 등은 신체검사와 적성검사를 신체검사 실시 의료기관 및 운전적성검사기관 · 관제적성검사기관에 각각 위탁할 수 있다〈철도안전법 제23조 제5항〉.

3 철도안전법령상 다음 중 신체검사 및 적성검사를 정기적으로 받아야 하는 철도종사자가 아닌 사람은?

① 철도차량 정비업무종사자   ② 관제업무종사자

③ 정거장에서 철도신호기 등을 취급하는 사람   ④ 운전업무종사자

TIP 신체검사 등을 받아야 하는 철도종사자〈철도안전법 시행령 제21조〉
    1. 운전업무종사자
    2. 관제업무종사자
    3. 정거장에서 철도신호기 · 선로전환기 및 조작판 등을 취급하는 업무를 수행하는 사람

Answer   1.③   2.④   3.①

4 철도안전법령상 철도운영자등과의 계약에 따라 철도운영이나 철도시설 등의 업무에 종사하는 사업주가 자신이 고용한 철도종사자에게 정기적으로 실시해야 하는 교육은?

① 철도안전교육

② 심리교육

③ 직무교육

④ 응급처치교육

TIP 철도운영자 등 또는 철도운영자 등과의 계약에 따라 철도운영이나 철도시설 등의 업무에 종사하는 사업주는 자신이 고용하고 있는 철도종사자에 대하여 정기적으로 철도안전에 관한 교육을 실시하여야 한다〈철도안전법 제24조 제1항〉.

5 철도안전법령상 철도운영자등과 계약한 사업주가 안전교육을 실시하지 않은 경우 철도운영자등가 취해야 할 조치로 옳은 것은?

① 사업주에게 안전교육을 실시하도록 조치

② 안전교육을 사업주에게 직접 실시

③ 국토교통부에 안전교육을 실시하지 않은 사업주 보고

④ 사업주와 체결된 계약의 해지

TIP 철도운영자 등은 사업주의 안전교육 실시 여부를 확인하여야 하고, 확인 결과 사업주가 안전교육을 실시하지 아니한 경우 안전교육을 실시하도록 조치하여야 한다〈철도안전법 제24조 제3항〉.

※ 철도운영자등 및 사업주가 실시하여야 하는 교육의 대상, 내용 및 그 밖에 필요한 사항은 국토교통부령으로 정한다〈철도안전법 제24조 제4항〉.

6 철도안전법령상 철도차량정비기술자로 인정을 받기 위해 자격의 인정을 신청해야 하는 기관은?

① 국토교통부장관

② 산업인력공단

③ 철도운영자

④ 교통안전공단

TIP 철도차량정비기술자로 인정을 받으려는 사람은 국토교통부장관에게 자격인정을 신청하여야 한다〈철도안전법 제24조의2 제1항〉.

7 철도안전법령상 철도차량정비기술자의 자격인정기준으로 옳지 않은 것은?

① 자격

② 경력

③ 학력

④ 연령

> **TIP** 국토교통부장관은 자격인정의 신청인이 대통령령으로 정하는 자격, 경력 및 학력 등 철도차량정비기술자의 인정기준에 해당하는 경우에는 철도차량정비기술자로 인정하여야 한다〈철도안전법 제24조의2 제2항〉.

8 철도안전법령상 철도차량정비기술자의 인정기준에서 역량지수를 계산할 때 국가기술자격의 경력점수로 옳은 것은?

① 기술사 및 기능장 : 10점 / 년

② 기사 : 7점 / 년

③ 산업기사 : 6점 / 년

④ 기능사 : 4점 / 년

> **TIP** 자격별 경력점수〈철도안전법 시행령 제21조의2 별표 1의3 제2호 가목〉

국가기술자격 구분	점수
기술사 및 기능장	10점 / 년
기사	8점 / 년
산업기사	7점 / 년
기능사	6점 / 년
국가기술자격증이 없는 경우	3점 / 년

※ 경력점수는 다음 업무를 수행한 기간에 따른 점수의 합을 말하며, 제5호 및 제6호의 경력의 경우 100분의 50을 인정한다.

1. 철도차량의 부품·기기·장치 등의 마모·손상, 변화 상태 및 기능을 확인하는 등 철도차량 점검 및 검사에 관한 업무
2. 철도차량의 부품·기기·장치 등의 수리, 교체, 개량 및 개조 등 철도차량 정비 및 유지관리에 관한 업무
3. 철도차량 정비 및 유지관리 등에 관한 계획수립 및 관리 등에 관한 행정업무
4. 철도차량의 안전에 관한 계획수립 및 관리, 철도차량의 점검·검사, 철도차량에 대한 설계·기술검토·규격관리 등에 관한 행정업무
5. 철도차량 부품의 개발 등 철도차량 관련 연구 업무 및 철도관련 학과 등에서의 강의 업무
6. 그 밖에 기계설비·장치 등의 정비와 관련된 업무

9 철도안전법령상 철도차량정비기술자의 인정기준에서 역량지수를 계산할 때 국가기술자격의 경력점수로 제외되는 경우로 옳지 않은 것은?

① 이중취업으로 확인된 기간의 경력

② 19세 미만인 기간의 경력

③ 철도차량정비업무 외의 경력으로 확인된 기간의 경력

④ 현장실습계약에 따라 산업체에 근무한 경력

TIP 경력점수에서 제외되는 경력〈철도안전법 시행령 제21조의2 별표 1의3 제2호 가목〉
   1. 18세 미만인 기간의 경력(국가기술자격을 취득한 이후의 경력은 제외한다)
   2. 주간학교 재학 중의 경력(현장실습계약에 따라 산업체에 근무한 경력은 제외한다)
   3. 이중취업으로 확인된 기간의 경력
   4. 철도차량정비업무 외의 경력으로 확인된 기간의 경력

   ※ 경력점수는 월 단위까지 계산한다. 이 경우 월 단위의 기간으로 산입되지 않는 일수의 합이 30일 이상인 경우 1개월로 본다.

10 철도안전법령상 철도차량정비기술자의 인정기준에서 역량지수를 계산할 때 학력구분과 점수를 옳게 연결한 것은?

① 철도차량정비 관련 학과 : 학사 20점

② 철도차량정비 관련 학과 외의 학과 : 전문학사(3년제) 9점

③ 철도차량정비 관련 학과 : 전문학사(2년제) 9점

④ 철도차량정비 관련 학과 외의학과 : 전문학사(2년제) 9점

TIP 학력점수〈철도안전법 시행령 제21조의2 별표 1의3 제2호 나목〉

학력 구분	점 수	
	철도차량정비 관련 학과	철도차량정비 관련 학과 외의 학과
석사 이상	25점	10점
학사	20점	9점
전문학사(3년제)	15점	8점
전문학사(2년제)	10점	7점
고등학교 졸업	5점	

11 철도안전법령상 철도차량정비기술자가 업무수행에 필요한 소양과 지식을 습득하기 위해 받아야 하는 교육·훈련은?

① 소양평가훈련

② 안전관리체계훈련

③ 정비교육훈련

④ 철도정비면허교육

TIP 업무 수행에 필요한 소양과 지식을 습득하기 위하여 대통령령으로 정하는 바에 따라 국토교통부장관이 실시하는 교육·훈련을 말하며, 철도차량정비기술자는 정비교육훈련을 받아야 한다〈철도안전법 제24조의4 제1항〉.

12 철도안전법령상 다음 중 정비교육훈련기관에 대한 설명으로 옳지 않은 것은?

① 대통령령으로 정한 기준에 따라 정비교육훈련기관을 지정된다.

② 정비교육훈련기관은 국토교통부장관에게 신고 후 정비교육훈련 업무를 중단할 수 있다.

③ 국토교통부장관이 정비교육훈련기관을 지정할 수 있다.

④ 정비교육훈련기관에서 수료증을 발급한다.

TIP 정비교육훈련기관은 정당한 사유 없이 정비교육훈련 업무를 거부하여서는 아니 되고, 거짓이나 그 밖의 부정한 방법으로 정비교육훈련 수료증을 발급하여서는 아니 된다〈철도안전법 제24조의4 제4항〉.

13 철도안전법령상 국토교통부장관이 정비교육훈련기관의 지정을 취소해야 하는 경우는?

① 정지기간 중 정비교육훈련 업무를 한 경우

② 정비교육훈련기관의 지정기준에 맞지 않은 경우

③ 정비교육훈련 수료증을 발급하지 않았을 때

④ 정당한 사유 없이 정비교육훈련 업무를 거부한 경우

TIP 운전적성검사기관의 지정취소 및 업무정지〈철도안전법 제15조의2 제1항〉… 국토교통부장관은 운전적성검사기관이 다음 각 호의 어느 하나에 해당할 때에는 지정을 취소하거나 6개월 이내의 기간을 정하여 업무의 정지를 명할 수 있다. 다만, 제1호 및 제2호에 해당할 때에는 지정을 취소하여야 한다.
1. 거짓이나 그 밖의 부정한 방법으로 지정을 받았을 때
2. 업무정지 명령을 위반하여 그 정지기간 중 운전적성검사 업무를 하였을 때
3. 지정기준에 맞지 아니하게 되었을 때
4. 정당한 사유 없이 운전적성검사 업무를 거부하였을 때
5. 거짓이나 그 밖의 부정한 방법으로 운전적성검사 판정서를 발급하였을 때

Answer 9.② 10.① 11.③ 12.② 13.①

14 철도안전법령상 정비교육훈련을 실시할 때 교육내용 및 교육방법의 실시기준으로 옳지 않은 것은?

① 정비기술의 실무에 관한 이론교육

② 기술기준 및 정비기술 교환교육

③ 기술기준의 실무에 관한 실습교육

④ 철도차량정비에 관한 법령

TIP 정비교육훈련 실시기준〈제21조의3 제1항〉 ··· 정비교육훈련(이하 "정비교육훈련"이라 한다)의 실시기준은 다음 각 호와 같다.
   1. 교육내용 및 교육방법 : 철도차량정비에 관한 법령, 기술기준 및 정비기술 등 실무에 관한 이론 및 실습 교육
   2. 교육시간 : 철도차량정비업무의 수행기간 5년마다 35시간 이상

15 철도안전법령상 정비교육훈련기관의 지정을 신청하는 주체는?

① 철도운영자

② 국토교통부장관

③ 정비교육훈련기관으로 지정을 받으려는 자

④ 철도차량정비기술자

TIP 정비교육훈련기관으로 지정을 받으려는 자는 지정기준을 갖추어 국토교통부장관에게 정비교육훈련기관 지정 신청을 해야 한다〈철도안전법 시행령 제21조의4 제2항〉.

16 철도안전법령상 정비교육훈련기관의 지정기준 및 절차에 대한 설명으로 옳지 않은 것은?

① 정비교육훈련기관의 지정받기 위해서는 정비교육훈련기관의 운영 등에 관한 업무규정을 갖추어야 한다.

② 정비교육훈련기관의 지정신청은 국토교통부장관에게 한다.

③ 정비교육훈련기관을 지정한 때에는 정비교육훈련기관의 명칭 및 소재지 등을 관보에 고시해야 한다.

④ 정비교육훈련기관의 지정기준 및 절차 등에 관한 세부적인 사항은 대통령령으로 정한다.

TIP 정비교육훈련기관의 지정기준 및 절차 등에 관한 세부적인 사항은 국토교통부령으로 정한다〈철도안전법 시행령 제21조의4 제5항〉.

17 철도안전법령상 정비교육훈련기관이 변경사항을 통지할 때 통지기한은?

① 사유가 발생한 날부터 7일 이내

② 사유가 발생한 날부터 10일 이내

③ 사유가 발생한 날부터 15일 이내

④ 사유가 발생한 날부터 21일 이내

TIP 정비교육훈련기관은 관보에 고시한 사항이 변경된 때에는 그 사유가 발생한 날부터 15일 이내에 국토교통부장관에게 그 내용을 통지해야 한다〈철도안전법 시행령 제21조의5 제1항〉.

18 철도안전법령상 철도차량정비기술자의 인정을 정지시킬 수 있는 사유로 옳은 것은?

① 철도차량정비기술교육훈련을 받지 않은 경우

② 철도차량정비 업무수행 중 중과실로 철도사고의 원인을 제공한 경우

③ 철도종사자에 대한 안전 및 직무교육을 받지 않은 경우

④ 자격기준에 해당하지 아니하게 된 경우

TIP 철도차량정비기술자의 인정취소 등〈철도안전법 제24조의5〉… 국토교통부장관은 철도차량정비기술자가 다음 각 호의 어느 하나에 해당하는 경우 1년의 범위에서 철도차량정비기술자의 인정을 정지시킬 수 있다.
1. 다른 사람에게 철도차량정비경력증을 빌려 준 경우
2. 철도차량정비 업무 수행 중 중과실로 철도사고의 원인을 제공한 경우

CHAPTER 06

철도차량 운행안전 및 운수종사자

1 철도차량의 운행 및 철도교통관제

① 철도차량의 운행〈법 제39조〉

    ㉠ **안전운행에 필요한 사항** : 열차의 편성, 철도차량 운전 및 신호방식 등 철도차량의 안전운행에 필요한 사항은 국토교통부령으로 정한다.

        ※ 국토교통부령은 「철도차량운전규칙」을 말한다.

    ㉡ **철도차량운전규칙** : 과거 철도청의 조직내규이던 「운전관계규정」을 국가법령의 영역으로 승격·명문화시킨 행정규칙으로 철도차량의 운전에 있어 기본적인 틀이라 할 수 있다.

② 철도교통관제〈법 제39조의2〉

    ㉠ **국토교통부장관의 명령** : 철도차량을 운행하는 자는 국토교통부장관이 지시하는 이동·출발·정지 등의 명령과 운행 기준·방법·절차 및 순서 등에 따라야 한다.

    ㉡ **조언과 정보제공** : 국토교통부장관은 철도차량의 안전하고 효율적인 운행을 위하여 철도시설의 운용상태 등 철도차량의 운행과 관련된 조언과 정보를 철도종사자 또는 철도운영자등에게 제공할 수 있다.

    ㉢ **안전조치의 마련** : 국토교통부장관은 철도차량의 안전한 운행을 위하여 철도시설 내에서 사람, 자동차 및 철도차량의 운행제한 등 필요한 안전조치를 취할 수 있다.

    ㉣ **내용 및 절차** : 국토교통부장관이 행하는 업무의 대상, 내용 및 절차 등에 관하여 필요한 사항은 국토교통부령으로 정한다.

2 영상기록장치

① 영상기록장치의 설치·운영〈법 제39조의3 제1항〉

    ㉠ **설치·운영의 목적** : 철도운영자등은 철도차량의 운행상황 기록, 교통사고 상황 파악, 안전사고 방지, 범죄 예방 등을 위한 목적이다.

    ㉡ **설치 기준 및 방법** : 영상기록장치의 설치 기준, 방법 등은 대통령령으로 정한다.

② 철도차량 또는 철도시설에 설치·운영해야 하는 영상기록장치〈시행령 제30조〉

    ㉠ 철도차량 중 대통령령으로 정하는 동력차 및 객차

        • 열차의 맨 앞에 위치한 동력차로서 운전실 또는 운전설비가 있는 동력차

        • 승객설비를 갖추고 여객을 수송하는 객차

ⓛ 승강장 등 대통령령으로 정하는 안전사고의 우려가 있는 역 구내

- 승강장
- 대합실 및 승강설비

ⓒ 대통령령으로 정하는 차량정비기지

- 고속철도차량을 정비하는 차량정비기지
- 철도차량을 중정비하는 차량정비기지
- 대지면적이 3천 제곱미터 이상인 차량정비기지

  ※ **중정비** … 철도차량을 완전히 분해하여 검수·교환하거나 탈선·화재 등으로 중대하게 훼손된 철도차량을 정비하는 것을 말한다.

ⓔ 변전소 등 대통령령으로 정하는 안전확보가 필요한 철도시설

- 변전소(구분소를 포함), 무인기능실(전철전력설비, 정보통신설비, 신호 또는 열차 제어설비 운영과 관련된 경우만 해당)
- 노선이 분기되는 구간에 설치된 분기기(선로전환기 포함), 역과 역 사이에 설치된 건넘선
- 국가중요시설로 지정된 교량 및 터널
- 고속철도에 설치된 길이 1킬로미터 이상의 터널

  ※ **변전소** … 발전소에서 생산한 전력을 송전선로나 배전선로를 통하여 수요자에게 보내는 과정에서 전압이나 전류의 성질을 바꾸기 위하여 설치하는 시설을 말한다.

ⓜ 건널목으로서 대통령령으로 정하는 안전확보가 필요한 건널목

- 개량건널목으로 지정된 건널목
- 입체교차화 또는 구조 개량된 건널목은 제외한다.

  ※ **건널목** … 철도와 도로가 평면 교차되는 곳을 말한다.

③ 영상기록장치의 안내판 설치

ⓐ 설치자 : 철도운영자 등

ⓑ 안내판설치 : 영상기록장치를 설치하는 경우 운전업무종사자, 여객 등이 쉽게 인식할 수 있도록 대통령령으로 정하는 바에 따라 안내판설치 등 필요한 조치를 하여야 한다.

ⓒ 안내판 설치안내〈시행령 제31조〉

- 설치이유 : 운전업무종사자 및 여객 등 정보주체가 영상기록장치 설치를 쉽게 인식할 수 있게 함이다.
- 설치위치 : 운전실 및 객차 출입문 등에 설치해야 한다.

ⓓ 안내판에 표시되어야 할 사항

- 영상기록장치의 설치목적
- 영상기록장치의 설치 위치, 촬영 범위 및 촬영 시간
- 영상기록장치 관리 책임 부서, 관리책임자의 성명 및 연락처
- 철도운영자 등이 필요하다고 인정하는 사항

④ 임의조작 및 제3자에 제공금지

  ㉠ 임의조작금지 : 철도운영자등은 설치 목적과 다른 목적으로 영상기록장치를 임의로 조작하거나 다른 곳을 비추어서는 아니 되며, 운행기간 외에는 영상기록(음성기록을 포함)을 하여서는 아니 된다.

  ㉡ 제3자에 제공금지 : 철도운영자등은 영상기록을 이용하거나 다른 자에게 제공하여서는 아니 된다.

  ㉢ 철도운영자등이 영상기록을 이용하거나 다른 자에게 제공할 수 있는 경우
    • 교통사고 상황 파악을 위하여 필요한 경우
    • 범죄의 수사와 공소의 제기 및 유지에 필요한 경우
    • 법원의 재판업무수행을 위하여 필요한 경우

⑤ 운영 · 관리지침 및 영상기록의 이용 · 제공

  ㉠ 운영 · 관리지침
    • 운영 · 관리지침 마련 주체 : 철도운영자 등
    • 영상기록장치에 기록된 영상이 분실 · 도난 · 유출 · 변조 또는 훼손되지 아니하도록 대통령령으로 정하는 바에 따라 영상기록장치의 운영 · 관리 지침을 마련하여야 한다.

  ㉡ 영상기록장치 운영 · 관리 지침 마련 시 포함되어야 할 사항〈시행령 제32조〉
    • 영상기록장치의 설치 근거 및 설치 목적
    • 영상기록장치의 설치 대수, 설치 위치 및 촬영 범위
    • 관리책임자, 담당 부서 및 영상기록에 대한 접근 권한이 있는 사람
    • 영상기록의 촬영 시간, 보관기간, 보관장소 및 처리방법
    • 철도운영자등의 영상기록 확인 방법 및 장소
    • 정보주체의 영상기록 열람 등 요구에 대한 조치
    • 영상기록에 대한 접근 통제 및 접근 권한의 제한 조치
    • 영상기록을 안전하게 저장 · 전송할 수 있는 암호화 기술의 적용 또는 이에 상응하는 조치
    • 영상기록 침해사고 발생에 대응하기 위한 접속기록의 보관 및 위조 · 변조 방지를 위한 조치
    • 영상기록에 대한 보안프로그램의 설치 및 갱신
    • 영상기록의 안전한 보관을 위한 보관시설의 마련 또는 잠금장치의 설치 등 물리적 조치
    • 영상기록장치의 설치 · 운영 및 관리에 필요한 사항

  ㉢ 영상기록의 이용 · 제공 : 영상기록장치의 설치 · 관리 및 영상기록의 이용 · 제공 등은 「개인정보 보호법」에 따라야 한다.

  ㉣ 보관기준 및 기간 : 영상기록의 제공과 그 밖에 영상기록의 보관기준 및 보관기간 등에 필요한 사항은 국토교통부령으로 정한다.

3 **열차운행의 일시중지**〈법 제40조〉

① 열차운행의 일시중지

　㉠ 열차운행을 일시중지할 수 있는 자 : 철도운영자

　㉡ 열차운행을 일시중지할 수 있는 경우 : 다음의 어느 하나에 해당하는 경우로서 열차의 안전운행에 지
　　장이 있다고 인정하는 경우에는 열차운행을 일시 중지할 수 있다.

　　• 지진, 태풍, 폭우, 폭설 등 천재지변 또는 악천후로 인하여 재해가 발생하였거나 재해가 발생할 것
　　　으로 예상되는 경우

　　• 열차운행에 중대한 장애가 발생하였거나 발생할 것으로 예상되는 경우

② 열차운행의 일시중지 요청

　㉠ 열차운행의 일시중지 요청할 수 있는 자 : 철도종사자

　㉡ 일시중지 요청 : 철도사고 및 운행장애의 징후가 발견되거나 발생 위험이 높다고 판단되는 경우에는
　　관제업무종사자에게 열차운행을 일시 중지할 것을 요청할 수 있다.

　㉢ 열차운행 중지 : 요청을 받은 관제업무종사자는 특별한 사유가 없으면 즉시 열차운행을 중지하여야 한다.

③ 불이익 조치의 제한

　㉠ 법적 책임면책 : 철도종사자는 열차운행의 중지요청과 관련하여 고의 또는 중대한 과실이 없는 경우
　　에는 민사상 책임을 지지 아니한다.

　㉡ 불이익조치 제한 : 누구든지 열차운행의 중지를 요청한 철도종사자에게 이를 이유로 불이익한 조치를
　　하여서는 아니 된다.

4 **철도종사자의 준수사항 및 금지사항**

① 철도종사자의 준수사항〈법 제40조의2〉

　㉠ 운전업무종사자 : 철도차량의 운전업무 수행 중 준수해야 할 사항

　　• 철도차량 출발 전 국토교통부령으로 정하는 조치사항을 이행할 것

　　• 국토교통부령으로 정하는 철도차량 운행에 관한 안전수칙을 준수할 것

　㉡ 관제업무종사자 : 관제업무 수행 중 준수해야 할 사항

　　• 국토교통부령으로 정하는 바에 따라 운전업무종사자 등에게 열차운행에 관한 정보를 제공할 것

　　• 철도사고, 철도준사고 및 운행장애(이하 "철도사고 등"이라 한다) 발생 시 국토교통부령으로 정하는
　　　조치 사항을 이행할 것

　㉢ 작업책임자 : 철도차량의 운행선로 또는 그 인근에서 철도시설의 건설 또는 관리와 관련된 작업 수행
　　중 준수해야 할 사항

- 국토교통부령으로 정하는 바에 따라 작업 수행 전에 작업원을 대상으로 안전교육을 실시할 것
- 국토교통부령으로 정하는 작업안전에 관한 조치 사항을 이행할 것

 ② **철도운행안전관리자** : 철도차량의 운행선로 또는 그 인근에서 철도시설의 건설 또는 관리와 관련된 작업 수행 중 준수해야 할 사항
- 작업일정 및 열차의 운행일정을 작업수행 전에 조정할 것
- 작업일정 및 열차의 운행일정을 작업과 관련하여 관할 역의 관리책임자(정거장에서 철도신호기·선로전환기 또는 조작판 등을 취급하는 사람을 포함한다) 및 관제업무종사자와 협의하여 조정할 것
- 국토교통부령으로 정하는 열차운행 및 작업안전에 관한 조치 사항을 이행할 것

 ⑩ **철도사고 등의 발생 시**
- 철도사고 등이 발생하는 경우 해당 철도차량의 운전업무종사자와 여객승무원은 철도사고등의 현장을 이탈하여서는 아니 된다.
- 철도차량 내 안전 및 질서유지를 위하여 승객 구호조치 등 국토교통부령으로 정하는 후속조치를 이행하여야 한다.
- 의료기관으로의 이송이 필요한 경우 등 국토교통부령으로 정하는 경우에는 그러하지 아니하다.

 ⑪ **협의내용의 작성·보관** : 철도운행안전관리자와 관할 역의 관리책임자 및 관제업무종사자는 관리책임자 및 관제업무종사자와 협의를 거친 경우에는 그 협의내용을 국토교통부령으로 정하는 바에 따라 작성·보관하여야 한다.

② **철도종사자의 흡연금지**〈법 제40조의3〉

 ㉠ **금지대상** : 철도종사자(운전업무 실무수습을 하는 사람을 포함한다)

 ㉡ **금지시기 및 장소** : 업무에 종사하는 동안에는 열차 내에서 흡연을 하여서는 아니 된다.

③ **철도종사자의 음주제한 등**〈법 제41조〉

 ㉠ **음주·약물사용 제한** : 철도종사자(실무수습 중인 사람을 포함한다)는 술을 마시거나 약물을 사용한 상태에서 업무를 하여서는 아니 된다.

 ㉡ **음주·약물사용 제한 대상 철도종사자(실무수습 중인 사람 포함)**
- 운전업무종사자
- 관제업무종사자
- 여객승무원
- 작업책임자
- 철도운행안전관리자
- 정거장에서 철도신호기·선로전환기 및 조작판 등을 취급하거나 열차의 <u>조성업무</u>를 수행하는 사람
  ※ **조성업무** … 철도차량을 연결하거나 분리하는 작업을 말한다.
- 철도차량 및 철도시설의 점검·정비 업무에 종사하는 사람

④ 음주측정 · 약물사용 검사〈법 제41조 제2항 및 제3항〉

　㉠ 측정 및 검사자 : 국토교통부장관 또는 시 · 도지사

　　※ 시 · 도지사가 음주측정이 가능한 경우 … 도시철도 및 지방자치단체로부터 도시철도의 건설과 운영의 위탁을 받은 법인이 건설 · 운영하는 도시철도만 해당한다.

　㉡ 측정 및 검사시기

　　• 철도안전과 위험방지를 위하여 필요하다고 인정하는 때

　　• 철도종사자가 술을 마시거나 약물을 사용한 상태에서 업무를 하였다고 인정할 만한 상당한 이유가 있을 때

　㉢ 음주측정 및 약물검사

　　• 철도종사자에 대하여 술을 마셨거나 약물을 사용하였는지 확인 또는 검사할 수 있다.

　　• 음주측정 시 철도종사자는 국토교통부장관 또는 시 · 도지사의 확인 또는 검사를 거부하여서는 아니 된다.

　㉣ 음주 및 약물을 했다고 판단하는 기준

　　• 음주

혈중 알코올 농도	판단기준 대상 철도종사자
0.02퍼센트 이상	• 운전업무종사자 • 관제업무종사자 • 여객승무원 • 철도차량 및 철도시설의 점검 · 정비 업무에 종사하는 사람
0.03퍼센트 이상	• 작업책임자 • 철도운행안전관리자 • 정거장에서 철도신호기 · 선로전환기 및 조작판 등을 취급하거나 열차의 조성업무를 수행하는 사람

　　• 약물 : 양성으로 판정된 경우

　㉤ 검사방법 및 절차 : 확인 또는 검사의 방법 · 절차 등에 관하여 필요한 사항은 대통령령으로 정한다.

⑤ 철도종사자의 음주확인 또는 검사방법〈시행령 제43조의2〉

　㉠ 음주측정 검사

　　• 술을 마셨는지에 대한 확인 또는 검사는 호흡측정기 검사의 방법으로 실시한다.

　　• 검사결과에 불복하는 사람에 대해서는 그 철도종사자의 동의를 받아 혈액채취 등의 방법으로 다시 측정할 수 있다.

　㉡ 약물복용 검사 : 약물을 사용하였는지에 대한 확인 또는 검사는 소변 검사 또는 모발 채취 등의 방법으로 실시한다.

　㉢ 검사절차와 방법 : 확인 또는 검사의 세부절차와 방법 등 필요한 사항은 국토교통부장관이 정한다.

⑥ 위해물품의 휴대금지〈법 제42조〉

　ㄱ 금지대상 : 누구든지 위해물품을 열차에서 휴대하거나 적재할 수 없다.

　ㄴ 위해물품 : 무기, 화약류, 허가물질, 제한물질, 금지물질, 유해화학물질 또는 인화성이 높은 물질 등 공중(公衆)이나 여객에게 위해를 끼치거나 끼칠 우려가 있는 물건 또는 물질을 말한다.

　ㄷ 허가받은 후 적재 : 국토교통부장관 또는 시·도지사의 허가를 받은 경우 또는 국토교통부령으로 정하는 특정한 직무를 수행하기 위한 경우에는 휴대하거나 적재할 수 있다.

　ㄹ 세부사항 : 위해물품의 종류, 휴대 또는 적재허가를 받은 경우의 안전조치 등에 관하여 필요한 세부사항은 국토교통부령으로 정한다.

조문참고 시행령 제78조 제1항

- 화약류 :「총포·도검·화약류 등의 안전관리에 관한 법률」에 따른 화약·폭약·화공품과 그 밖에 폭발성이 있는 물질
- 고압가스 : 섭씨 50도 미만의 임계온도를 가진 물질, 섭씨 50도에서 300킬로파스칼을 초과하는 절대압력(진공을 0으로 하는 압력을 말한다. 이하 같다)을 가진 물질, 섭씨 21.1도에서 280킬로파스칼을 초과하거나 섭씨 54.4도에서 730킬로파스칼을 초과하는 절대압력을 가진 물질이나, 섭씨 37.8도에서 280킬로파스칼을 초과하는 절대가스압력(진공을 0으로 하는 가스압력을 말한다)을 가진 액체상태의 인화성 물질
- 인화성 액체 : 밀폐식 인화점 측정법에 따른 인화점이 섭씨 60.5도 이하인 액체나 개방식 인화점 측정법에 따른 인화점이 섭씨 65.6도 이하인 액체
- 가연성 물질류 : 다음 각 목에서 정하는 물질
  - 가연성고체 : 화기 등에 의하여 용이하게 점화되며 화재를 조장할 수 있는 가연성 고체
  - 자연발화성 물질 : 통상적인 운송상태에서 마찰·습기흡수·화학변화 등으로 인하여 자연발열하거나 자연발화하기 쉬운 물질
  - 그 밖의 가연성물질 : 물과 작용하여 인화성 가스를 발생하는 물질
- 산화성 물질류 : 다음 각 목에서 정하는 물질
  - 산화성 물질 : 다른 물질을 산화시키는 성질을 가진 물질로서 유기과산화물 외의 것
  - 유기과산화물 : 다른 물질을 산화시키는 성질을 가진 유기물질
- 독물류 : 다음 각 목에서 정하는 물질
  - 독물 : 사람이 흡입·접촉하거나 체내에 섭취한 경우에 강력한 독작용이나 자극을 일으키는 물질
  - 병독을 옮기기 쉬운 물질 : 살아 있는 병원체 및 살아 있는 병원체를 함유하거나 병원체가 부착되어 있다고 인정되는 물질
- 방사성 물질 :「원자력안전법」제2조에 따른 핵물질 및 방사성물질이나 이로 인하여 오염된 물질로서 방사능의 농도가 킬로그램당 74킬로베크렐(그램당 0.002마이크로큐리) 이상인 것
- 부식성 물질 : 생물체의 조직에 접촉한 경우 화학반응에 의하여 조직에 심한 위해를 주는 물질이나 열차의 차체·적하물 등에 접촉한 경우 물질적 손상을 주는 물질
- 마취성 물질 : 객실승무원이 정상근무를 할 수 없도록 극도의 고통이나 불편함을 발생시키는 마취성이 있는 물질이나 그와 유사한 성질을 가진 물질
- 총포·도검류 등 :「총포·도검·화약류 등의 안전관리에 관한 법률」에 따른 총포·도검 및 이에 준하는 흉기류
- 그 밖의 유해물질 : 제1호부터 제10호까지 외의 것으로서 화학변화 등에 의하여 사람에게 위해를 주거나 열차 안에 적재된 물건에 물질적인 손상을 줄 수 있는 물질

암기요약 ··· 핵심조문 빈칸 채우기

(1) 열차의 편성, 철도차량 운전 및 신호방식 등 철도차량의 안전운행에 필요한 사항은 (   )으로 정한다.

(2) 철도차량을 운행하는 자는 (   )이 지시하는 이동 · 출발 · 정지 등의 명령에 따라야 한다.

(3) 국토교통부장관은 철도차량의 안전한 운행을 위하여 철도시설 내에서 사람, 자동차 및 철도차량의 운행제한 등 필요한 (   )를 취할 수 있다.

(4) 철도운영자등은 철도차량의 운행상황 기록, 교통사고 상황파악, 안전사고방지, 범죄예방 등을 위하여 (   ) 또는 철도시설에 (   )를 설치 · 운영하여야 한다.

(5) 철도운영자등은 영상기록장치를 설치하는 경우 운전업무종사자, (   ) 등이 쉽게 인식할 수 있도록 대통령령으로 정하는 바에 따라 (   ) 설치 등 필요한 조치를 하여야 한다.

(6) 영상기록장치 설치대상
ㄱ 철도차량 중 대통령령으로 정하는 (   ) 및 객차
ㄴ 승강장 등 대통령령으로 정하는 안전사고의 우려가 있는 역 구내
ㄷ 대통령령으로 정하는 (   )
ㄹ 변전소 등 대통령령으로 정하는 안전확보가 필요한 철도시설
ㅁ 대통령령으로 정하는 안전확보가 필요한 (   )

(7) 열차운행을 일시 중지할 수 있는 경우
ㄱ 지진, (   ), 폭우, 폭설 등 천재지변 또는 (   )로 인하여 재해가 발생하였거나 발생할 것으로 예상되는 경우
ㄴ 열차운행에 중대한 (   )가 발생하였거나 발생할 것으로 예상되는 경우

(8) (   )의 준수사항
ㄱ 철도차량 출발 전 국토교통부령으로 정하는 조치 사항을 이행할 것
ㄴ 국토교통부령으로 정하는 철도차량 운행에 관한 안전 수칙을 준수할 것

(9) 작업책임자는 철도차량의 운행선로 또는 그 인근에서 철도시설의 건설 또는 관리와 관련된 작업 수행 중 국토교통부령으로 정하는 바에 따라 작업수행 전에 (   )을 대상으로 (   )을 실시하여야 한다.

(10) 운전업무종사자의 음주측정 결과 음주를 하였다고 판단하는 기준은 혈중 알코올농도가 (   )% 이상인 경우이다.

(11) 철도종사자가 약물을 사용하였다고 판단하는 기준은 약물사용여부 검사 후 (   )으로 판정된 경우이다.

(12) 약물을 사용하였는지에 대한 확인 또는 검사는 소변검사 또는 (   ) 등의 방법으로 실시한다.

(13) 음주 및 약물의 확인 또는 검사의 세부절차와 방법 등 필요한 사항은 (   )이 정한다.

(14) 누구든지 (   )을 열차에서 휴대하거나 적재할 수 없다.

(15) 위해물품의 휴대 또는 적재허가를 받은 경우의 안전조치 등에 관하여 필요한 세부사항은 (   )으로 정한다.

정답 및 해설

(1) 국토교통부령
(2) 국토교통부장관
(3) 안전조치
(4) 철도차량, 영상기록장치
(5) 여객, 안내판
(6) 동력차, 차량정비기지, 건널목
(7) 태풍, 악천후, 장애
(8) 운전업무종사자
(9) 작업원, 안전교육
(10) 0.02
(11) 양성
(12) 모발채취
(13) 국토교통부장관
(14) 위해물품
(15) 국토교통부령

1 철도안전법령상 철도차량의 안전운행에 대하여 필요한 사항에 대한 규정을 정하는 기관은?

① 국토교통부   ② 행정안전부

③ 지방자치단체   ④ 지방경찰청

TIP 열차의 편성, 철도차량 운전 및 신호방식 등 철도차량의 안전운행에 필요한 사항은 국토교통부령으로 정한다〈철도안전법 제39조〉.

2 철도안전법령상 철도차량의 운행 및 철도교통관제에 대한 설명으로 옳지 않은 것은?

① 철도차량의 안전운행에 필요한 사항은 국토교통부령으로 정한다.

② 철도차량을 운행하는 자는 이동·출발·정지 등 철도운영자가 지시하는 명령을 준수해야 한다.

③ 국토교통부장관이 행하는 업무의 내용 및 절차 등에 관한 사항은 국토교통부령으로 정한다.

④ 철도차량을 운행하는 자는 운행 기준·방법·절차 및 순서 등에 따라야 한다.

TIP 철도차량을 운행하는 자는 국토교통부장관이 지시하는 이동·출발·정지 등의 명령과 운행 기준·방법·절차 및 순서 등에 따라야 한다〈철도안전법 제39조의2 제1항〉.

3 철도안전법령상 국토교통부장관이 철도차량의 안전하고 효율적인 운행과 관련하여 철도종사자 또는 철도운영자등에게 제공할 수 있는 것은?

① 철도차량의 제작정보   ② 열차의 편성표

③ 조언과 정보   ④ 철도차량 운전 및 신호방식

TIP 국토교통부장관은 철도차량의 안전하고 효율적인 운행을 위하여 철도시설의 운용상태 등 철도차량의 운행과 관련된 조언과 정보를 철도종사자 또는 철도운영자등에게 제공할 수 있다〈철도안전법 제39조의2 제2항〉.

4 철도안전법령상 영상기록장치를 설치·운영해야 하는 철도차량 또는 철도시설로 옳지 않은 것은?

① 동력차 및 객차　　　　　　② 물류시설 및 편의시설

③ 승강장　　　　　　　　　　④ 차량정비기지

TIP 영상기록장치의 설치·운영 등〈철도안전법 제39조의3 제1항〉
1. 철도차량 중 대통령령으로 정하는 동력차 및 객차
2. 승강장 등 대통령령으로 정하는 안전사고의 우려가 있는 역 구내
3. 대통령령으로 정하는 차량정비기지
4. 변전소 등 대통령령으로 정하는 안전확보가 필요한 철도시설
5. 대통령령으로 정하는 안전확보가 필요한 건널목

5 철도안전법령상 영상기록장치를 설치해야 하는 승강장 등으로 옳지 않은 시설은?

① 대합실　　　　　　　　　　② 승강설비

③ 편의시설　　　　　　　　　④ 역 구내 승차장

TIP "승강장 등 대통령령으로 정하는 안전사고의 우려가 있는 역 구내"란 승강장, 대합실 및 승강설비를 말한다〈철도안전법 시행령 제30조 제2항〉.

6 철도안전법령상 영상기록장치를 설치해야 하는 변전소 등으로 옳지 않은 시설은?

① 신호 또는 열차 제어설비 운영과 관련된 무인기능실

② 역과 역 사이에 설치된 건넘선

③ 국가중요시설로 지정된 교량 및 터널

④ 고속철도에 설치된 길이 3킬로미터 이상의 터널

TIP 영상기록장치 설치대상〈철도안전법 시행령 제30조 제4항〉… "변전소 등 대통령령으로 정하는 안전확보가 필요한 철도시설"이란 다음 각 호의 철도시설을 말한다.
1. 변전소(구분소를 포함한다), 무인기능실(전철전력설비, 정보통신설비, 신호 또는 열차 제어설비 운영과 관련된 경우만 해당한다)
2. 노선이 분기되는 구간에 설치된 분기기(선로전환기를 포함한다), 역과 역 사이에 설치된 건넘선
3. 「통합방위법」에 따라 국가중요시설로 지정된 교량 및 터널
4. 「철도의 건설 및 철도시설 유지관리에 관한 법률」에 따른 고속철도에 설치된 길이 1킬로미터 이상의 터널

Answer 1.① 2.② 3.③ 4.② 5.③ 6.④

7 철도안전법령상 철도운영자 등이 영상기록장치를 설치·운영해야 하는 목적으로 틀린 것은?

① 철도차량의 운행상황 기록
② 교통사고 상황 파악
③ 승객보호 및 편의증진
④ 범죄 예방

TIP 철도운영자 등은 철도차량의 운행상황 기록, 교통사고 상황 파악, 안전사고 방지, 범죄 예방 등을 위하여 철도차량 또는 철도시설에 영상기록장치를 설치·운영하여야 한다〈철도안전법 제39조의3 제1항〉.

8 철도안전법령상 철도운영자 등이 영상기록을 이용하거나 제공할 수 있는 경우로 옳지 않은 것은?

① 법원의 재판업무 수행을 위하여 필요한 경우
② 교통사고 상황 파악을 위하여 필요한 경우
③ 범죄의 수사와 공소 제기에 필요한 경우
④ 철도차량의 정기점검을 위하여 필요한 경우

TIP 영상기록장치의 설치·운영 등〈철도안전법 제39조의3 제4항〉… 철도운영자 등은 다음 각 호의 어느 하나에 해당하는 경우 외에는 영상기록을 이용하거나 다른 자에게 제공하여서는 아니 된다.
1. 교통사고 상황 파악을 위하여 필요한 경우
2. 범죄의 수사와 공소의 제기 및 유지에 필요한 경우
3. 법원의 재판업무수행을 위하여 필요한 경우

9 철도안전법령상 철도운영자 등이 영상기록장치에 기록된 영상을 관리할 때 준수해야 하는 법령은?

① 개인정보 보호법
② 정보통신망법
③ 공공기록물 관리에 관한 법률
④ 형사소송법

TIP 영상기록장치의 설치·관리 및 영상기록의 이용·제공 등은 「개인정보 보호법」에 따라야 한다〈철도안전법 제39조의3 제6항〉.

10 철도안전법령상 영상기록장치의 안내판 설치에 대한 설명으로 옳지 않은 것은?

① 안내판에는 영상기록장치의 설치위치 및 촬영시간 등을 표시해야 한다.
② 운전업무종사자 및 여객 등 정보주체가 쉽게 인식할 수 있게 설치해야 한다.
③ 영상기록장치의 안내판은 철도시설관리자가 설치해야 한다.
④ 운전실 및 객차 출입문 등에 안내판을 설치해야 한다.

TIP 철도운영자 등은 운전업무종사자 및 여객 등 정보주체가 쉽게 인식할 수 있는 운전실 및 객차 출입문 등에 안내판을 설치해야 한다〈철도안전법 시행령 제31조 전단〉.

11 철도안전법령상 영상기록장치의 운영·관리지침을 마련할 때 포함되어야 할 사항으로 옳지 않은 것은?

① 영상기록장치의 설치대수, 설치위치 및 촬영범위

② 철도운영자등의 영상기록 확인방법 및 장소

③ 영상기록의 촬영시간, 보관기간, 보관장소 및 처리방법

④ 영상기록에 대한 접근권한이 있는 사람의 인적사항의 공개여부

TIP 관리책임자, 담당부서 및 영상기록에 대한 접근권한이 있는 사람이 포함된 운영·관리지침을 마련해야 한다〈철도안전법 시행령 제32조 제3호〉.

12 철도안전법령상 철도운영자가 열차운행을 일시중지할 수 있는 사유로 옳지 않은 것은?

① 지진이나 태풍 등의 천재지변으로 인한 재해 발생이 예상되는 경우

② 열차운행에 중대한 장애가 발생할 것으로 예상되는 경우

③ 폭설로 인하여 열차의 승객 수가 예상보다 적은 경우

④ 폭우로 인해 재해가 발생할 것으로 예상되는 경우

TIP 열차운행의 일시 중지〈철도안전법 제40조 제1항〉… 철도운영자는 다음 각 호의 어느 하나에 해당하는 경우로서 열차의 안전운행에 지장이 있다고 인정하는 경우에는 열차운행을 일시 중지할 수 있다.
  1. 지진, 태풍, 폭우, 폭설 등 천재지변 또는 악천후로 인하여 재해가 발생하였거나 재해가 발생할 것으로 예상되는 경우
  2. 그 밖에 열차운행에 중대한 장애가 발생하였거나 발생할 것으로 예상되는 경우

13 철도안전법령상 철도종사자가 관제업무종사자에게 열차운행을 일시중지하도록 요청할 수 있는 경우는?

① 열차의 연착이 예상되는 경우

② 철도사고 및 운행장애의 징후가 발견된 경우

③ 열차 내 승객 간 다툼이 발생한 경우

④ 열차의 정기점검이 필요한 경우

TIP 철도종사자는 철도사고 및 운행장애의 징후가 발견되거나 발생 위험이 높다고 판단되는 경우에는 관제업무종사자에게 열차운행을 일시 중지할 것을 요청할 수 있다. 이 경우 요청을 받은 관제업무종사자는 특별한 사유가 없으면 즉시 열차운행을 중지하여야 한다〈철도안전법 제40조 제2항〉.

Answer 7.③ 8.④ 9.① 10.③ 11.④ 12.③ 13.②

14 철도안전법령상 관제업무종사자가 관제업무수행 중 준수해야 할 사항으로 옳지 않은 것은?

① 철도차량의 출발을 승인할 것

② 운전업무종사자에게 열차 운행정보를 제공할 것

③ 철도사고 발생 시 국토교통부령으로 정하는 조치사항을 이행할 것

④ 운행장애가 발생 시 정보를 신속하게 전달할 것

TIP 철도종사자의 준수사항〈철도안전법 제40조의2 제2항〉… 관제업무종사자는 관제업무 수행 중 다음 각 호의 사항을 준수하여야 한다.
1. 국토교통부령으로 정하는 바에 따라 운전업무종사자 등에게 열차 운행에 관한 정보를 제공할 것
2. 철도사고, 철도준사고 및 운행장애(이하 "철도사고 등"이라 한다) 발생 시 국토교통부령으로 정하는 조치 사항을 이행할 것

15 철도안전법령상 철도운행안전관리자가 준수해야 할 사항으로 옳지 않은 것은?

① 열차운행 및 작업안전에 관한 조치사항을 이행할 것

② 철도운행안전관리자는 열차의 운행일정을 관제업무종사자에게 통지할 것

③ 작업과 관련된 일정은 관할 역의 관리책임자 및 관제업무종사자와 협의할 것

④ 작업일정 및 열차의 운행일정을 작업수행 전에 조정할 것

TIP 철도종사자의 준수사항〈철도안전법 제40조의2 제4항〉… 철도운행안전관리자는 철도차량의 운행선로 또는 그 인근에서 철도시설의 건설 또는 관리와 관련된 작업 수행 중 다음 각 호의 사항을 준수하여야 한다.
1. 작업일정 및 열차의 운행일정을 작업수행 전에 조정할 것
2. 제1호의 작업일정 및 열차의 운행일정을 작업과 관련하여 관할 역의 관리책임자(정거장에서 철도신호기·선로전환기 또는 조작판 등을 취급하는 사람을 포함한다. 이하 이 조에서 같다) 및 관제업무종사자와 협의하여 조정할 것
3. 국토교통부령으로 정하는 열차운행 및 작업안전에 관한 조치 사항을 이행할 것

16 철도안전법령상 철도사고발생 시 철도차량여객승무원이 준수해야 할 사항으로 옳지 않은 것은?

① 철도사고 등의 현장을 이탈하지 않아야 한다.

② 철도차량 내 안전을 위하여 승객을 대피시켜야 한다.

③ 사고발생 즉시 안전을 위하여 철도차량에서 탈출해야 한다.

④ 승객의 안전 및 질서유지를 위하여 적절한 조치를 취해야 한다.

TIP 철도사고 등이 발생하는 경우 해당 철도차량의 운전업무종사자와 여객승무원은 철도사고 등의 현장을 이탈하여서는 아니 되며, 철도차량 내 안전 및 질서유지를 위하여 승객 구호조치 등 국토교통부령으로 정하는 후속조치를 이행하여야 한다. 다만, 의료기관으로의 이송이 필요한 경우 등 국토교통부령으로 정하는 경우에는 그러하지 아니하다〈철도안전법 제40조의2 제5항〉.

17 철도안전법령상 업무 중 음주제한 대상의 철도종사자로 옳지 않은 사람?

① 여객서비스업무 종사자

② 철도운행안전관리자

③ 관제업무종사자

④ 철도시설의 점검·정비 업무에 종사하는 사람

TIP 철도종사자의 음주 제한 등〈철도안전법 제41조 제1항〉
1. 운전업무종사자 및 관제업무종사자
2. 여객승무원
3. 작업책임자 및 철도운행안전관리자
4. 정거장에서 철도신호기·선로전환기 및 조작판 등을 취급하거나 열차의 조성업무를 수행하는 사람
5. 철도차량 및 철도시설의 점검·정비 업무에 종사하는 사람
※ 조성업무 ··· 철도차량을 연결하거나 분리하는 작업을 말한다.

18 철도안전법령상 철도운행안전관리자가 술을 마시고 업무를 수행했다고 판단하는 혈중 알코올농도의 기준으로 옳은 것은?

① 0.01퍼센트 이상

② 0.02퍼센트 이상

③ 0.03퍼센트 이상

④ 0.05퍼센트 이상

TIP 철도종사자의 음주측정 기준〈철도안전법 제41조 제3항〉

혈중알코올농도	판단기준 대상 철도종사자
0.02퍼센트 이상	• 운전업무종사자 • 관제업무종사자 • 여객승무원 • 철도차량 및 철도시설의 점검·정비 업무에 종사하는 사람
0.03퍼센트 이상	• 작업책임자 • 철도운행안전관리자 • 정거장에서 철도신호기·선로전환기 및 조작판 등을 취급하거나 열차의 조성업무를 수행하는 사람

19 철도안전법령상 철도종사자의 음주 및 약물사용여부 등에 대한 검사방법으로 옳지 않은 설명은?

① 술을 마셨는지에 대한 검사는 호흡측정기 검사방법으로 실시한다.

② 검사결과에 불복하는 사람에 대해서는 혈액채취 등의 방법으로 다시 측정할 수 있다

③ 약물의 사용여부에 대한 검사는 소변검사 또는 혈액채취 등의 방법으로 실시한다.

④ 검사의 세부절차와 방법 등 필요한 사항은 국토교통부장관이 정한다.

TIP 약물을 사용하였는지에 대한 확인 또는 검사는 소변검사 또는 모발채취 등의 방법으로 실시한다〈철도안전법 시행령 제43조의2 제3항〉.

20 철도안전법령상 다음에서 설명하고 있는 것은?

> 무기, 화약류, 허가물질, 제한물질, 금지물질, 유해화학물질 또는 인화성이 높은 물질 등 공중이나 여객에게 위해를 끼치거나 끼칠 우려가 있는 물건 또는 물질을 말한다.

① 위험물질

② 특수위험물

③ 유해화학물질

④ 위해물품

TIP 누구든지 무기, 화약류, 허가물질, 제한물질, 금지물질, 유해화학물질 또는 인화성이 높은 물질 등 공중(公衆)이나 여객에게 위해를 끼치거나 끼칠 우려가 있는 물건 또는 물질(이하 "위해물품"이라 한다)을 열차에서 휴대하거나 적재(積載)할 수 없다. 다만, 국토교통부장관 또는 시·도지사의 허가를 받은 경우 또는 국토교통부령으로 정하는 특정한 직무를 수행하기 위한 경우에는 그러하지 아니하다〈철도안전법 제42조 제1항〉.

Answer 19.③ 20.④

철도차량 운행안전 및 철도보호

1 위험물의 운송금지

① 위험물의 운송위탁 및 운송금지〈법 제43조〉

   ㉠ 위험물 운송금지

     • 누구든지 위험물의 운송을 위탁할 수 없다.

     • 철도운영자는 위험물을 철도로 운송할 수 없다.

   ㉡ 운송금지대상 : 점화류 또는 점폭약류를 붙인 폭약, 니트로글리세린, 건조한 기폭약, 뇌홍질화연에 속하는 것 등 대통령령으로 정하는 위험물

② 금지위험물 및 관련용어

   ㉠ 운송위탁 및 운송금지 위험물〈시행령 제44조〉

     • 점화 또는 점폭약류를 붙인 폭약   • 니트로글리세린

     • 건조한 기폭약   • 뇌홍질화연에 속하는 것

     • 사람에게 위해를 주거나 물건에 손상을 줄 수 있는 물질로서 국토교통부장관이 정하여 고시하는 위험물

   ㉡ 위험물 관련 용어

     • 점화류 : 불을 붙이는 데 사용되는 물질 또는 장치들을 말한다.

     • 점폭약류 : 특정한 자극인 점화나 충격에 의해 폭발하는 물질들을 말한다.

     • 기폭약 : 폭발을 일으키기 위해 사용하는 약품이다.

     • 뇌홍 : 뇌관이나 소형폭발장치에 사용되는 고감도 폭발성 화합물로, 주로 충격에 의해 폭발한다.

     • 질화연 : 강력한 기폭약 중 하나로, 충격이나 마찰에 민감하여 폭발을 일으킨다.

2 위험물운송 및 취급관리

① 위험물의 운송〈법 제44조 제1항〉

   ㉠ 위험물 : <u>대통령령으로 정하는 위험물</u> 말한다.

     대통령령으로 정하는 위험물〈시행령 제45조〉

     • 철도운송 중 폭발할 우려가 있는 것

     • 마찰 · 충격 · 흡습 등 주위의 상황으로 인하여 발화할 우려가 있는 것

- 인화성 · 산화성 등이 강하여 그 물질 자체의 성질에 따라 발화할 우려가 있는 것
- 용기가 파손될 경우 내용물이 누출되어 철도차량 · 레일 · 기구 또는 다른 화물 등을 부식시키거나 침해할 우려가 있는 것
- 유독성 가스를 발생시킬 우려가 있는 것
- 화물의 성질상 철도시설 · 철도차량 · 철도종사자 · 여객 등에 위해나 손상을 끼칠 우려가 있는 것

 ㄱ 위험물취급자 : 운송을 위탁하여 철도로 운송하려는 자와 이를 운송하는 철도운영자를 말한다.

 ㄷ 위험물취급 : 국토교통부령으로 정하는 바에 따라 철도운행상의 위험 방지 및 인명보호를 위하여 위험물을 안전하게 포장 · 적재 · 관리 · 운송의 취급하는 것을 말한다.

② 위험물취급의 안전조치〈법 제44조 제2항〉

 ㄱ 안전조치를 해야 할 자 : 위험물의 운송을 위탁하여 철도로 운송하려는 자

 ㄴ 철도운영자의 안전조치 : 위험물을 안전하게 운송하기 위하여 철도운영자의 안전조치 등에 따라야 한다.

❸ 위험물포장 및 포장 · 용기검사기관

① 위험물포장 및 용기의 검사〈법 제44조의2 제1항~제3항〉

 ㄱ 안전성검사 실시기관 : 국토교통부장관

 ㄴ 안전성검사의 합격 : 위험물을 철도로 운송하는 데 사용되는 포장 및 용기(부속품을 포함한다)를 제조 · 수입하여 판매하려는 자 또는 이를 소유하거나 임차하여 사용하는 자는 국토교통부장관이 실시하는 포장 및 용기의 안전성에 관한 검사에 합격하여야 한다.

 ㄷ 합격기준 · 방법 및 절차 : 위험물 포장 및 용기의 검사의 합격기준 · 방법 및 절차 등에 필요한 사항은 국토교통부령으로 정한다.

 ㄹ 안전성에 관한 검사의 전부 또는 일부를 면제할 수 있는 경우
- 「고압가스 안전관리법」에 따른 검사에 합격하거나 검사가 생략된 경우
- 「선박안전법」에 따른 검사에 합격한 경우
- 「항공안전법」에 따른 검사에 합격한 경우
- 대한민국이 체결한 협정 또는 대한민국이 가입한 협약에 따라 검사하여 외국 정부 등이 발행한 증명서가 있는 경우
- 국토교통부령으로 정하는 경우
  ※ 국토교통부령으로 정하는 바에 따라 위험물 포장 및 용기의 안전성에 관한 검사의 전부 또는 일부를 면제할 수 있다.

② 위험물 포장 · 용기 검사기관〈법 제44조의2 제4항~제7항〉

 ㄱ 검사기관 지정 및 취소권자 : 국토교통부장관

 ㄴ 검사기관 검사

- 국토교통부장관은 위험물 포장 및 용기에 관한 전문검사기관(이하 "위험물 포장·용기검사기관"이라 한다)을 지정하여 안전성검사를 하게 할 수 있다.
- 위험물 포장·용기검사기관의 지정 기준·절차 등에 필요한 사항은 국토교통부령으로 정한다.

ⓒ 검사기관의 지정을 취소하거나 6개월 이내의 기간을 정하여 업무의 전부 또는 일부의 정지를 명할 수 있는 경우
- 거짓이나 그 밖의 부정한 방법으로 위험물 포장·용기검사기관으로 지정받은 경우
- 업무정지 기간 중에 안전성검사 업무를 수행한 경우
- 포장 및 용기의 검사방법·합격기준 등을 위반하여 안전성검사를 한 경우
- 지정기준에 맞지 아니하게 된 경우

ⓔ 지정을 취소해야 하는 경우
- 거짓이나 그 밖의 부정한 방법으로 위험물 포장·용기검사기관으로 지정받은 경우
- 업무정지 기간 중에 안전성검사 업무를 수행한 경우

ⓜ 지정취소 및 정지처분의 세부기준 : 지정취소 및 정지처분의 세부기준 등에 필요한 사항은 국토교통부령으로 정한다.

❹ 위험물취급에 관한 교육

① 위험물취급에 관한 교육〈법 제44조의3 제1항~제2항〉

   ㉠ 실시기관 : 국토교통부장관

   ㉡ 위험물취급안전교육 : 위험물취급자는 자신이 고용하고 있는 종사자(철도로 운송하는 위험물을 취급하는 종사자에 한정한다)가 위험물취급에 관하여 국토교통부장관이 실시하는 교육(이하 "위험물취급안전교육"이라 한다)을 받도록 하여야 한다.

   ㉢ 위험물취급안전교육의 전부 또는 일부를 면제할 수 있는 종사자
   - 철도안전에 관한 교육을 통하여 위험물취급에 관한 교육을 이수한 철도종사자
   - 「화학물질관리법」에 따른 유해화학물질 안전교육을 이수한 유해화학물질 취급 담당자
   - 「위험물안전관리법」에 따른 안전교육을 이수한 위험물의 안전관리와 관련된 업무를 수행하는 자
   - 「고압가스 안전관리법」에 따른 안전교육을 이수한 운반책임자
   - 그 밖에 국토교통부령으로 정하는 경우

   ㉣ 대상·내용·방법·시기 : 위험물취급안전교육의 대상·내용·방법·시기 등 위험물취급안전교육에 필요한 사항은 국토교통부령으로 정한다.

② 위험물취급전문교육기관〈법 제44조의3 제3항~제6항〉

   ㉠ 전문교육기관 지정 및 실시권자 : 국토교통부장관

   ㉡ 전문교육기관의 지정·실시

- 국토교통부장관은 교육을 효율적으로 하기 위하여 위험물취급안전교육을 수행하는 전문교육기관(이하 "위험물취급전문교육기관"이라 한다)을 지정하여 위험물취급안전교육을 실시하게 할 수 있다.
- 교육시설·장비 및 인력 등 위험물취급전문교육기관의 지정기준 및 운영 등에 필요한 사항은 국토교통부령으로 정한다.

ⓒ 위험물취급전문교육기관의 지정을 취소하거나 6개월 이내의 기간을 정하여 업무의 전부 또는 일부의 정지를 명할 수 있는 경우
- 거짓이나 그 밖의 부정한 방법으로 위험물취급전문교육기관으로 지정받은 경우
- 업무정지 기간 중에 위험물취급안전교육을 수행한 경우
- 전문교육기관지정기준에 맞지 아니하게 된 경우

ⓔ 지정을 취소해야 하는 경우
- 거짓이나 그 밖의 부정한 방법으로 위험물취급전문교육기관으로 지정받은 경우
- 업무정지 기간 중에 위험물취급안전교육을 수행한 경우

ⓜ 지정취소 및 정지처분의 세부기준 : 지정취소 및 정지처분의 세부기준 및 절차 등에 필요한 사항은 국토교통부령으로 정한다.

⑤ 철도보호지구의 행위제한

① 철도보호지구에서의 행위제한〈법 제45조〉

ㄱ 철도보호지구의 개념
- 철도 : 철도경계선으로부터 30미터 이내
- 노면전차 : 도시철도 중 노면전차의 경우에는 10미터 이내의 지역
  ※ 철도경계선 … 가장 바깥쪽 궤도의 끝선을 말한다.

ㄴ 철도보호지구의 행위 시 신고기관 : 국토교통부장관 또는 시·도지사에게 신고

ㄷ 철도보호지구 내 행위의 신고대상
- 토지의 형질변경 및 굴착
- 토석, 자갈 및 모래의 채취
- 건축물의 신축·개축·증축 또는 인공구조물의 설치
- 나무의 식재(대통령령으로 정하는 경우만 해당한다)

> **대통령령으로 정하는 철도보호지구에서의 나무 식재 금지행위〈시행령 제47조〉**
> - 철도차량 운전자의 전방 시야 확보에 지장을 주는 경우
> - 나뭇가지가 전차선이나 신호기 등을 침범하거나 침범할 우려가 있는 경우
> - 호우나 태풍 등으로 나무가 쓰러져 철도시설물을 훼손시키거나 열차의 운행에 지장을 줄 우려가 있는 경우

- 철도시설을 파손하거나 철도차량의 안전운행을 방해할 우려가 있는 행위로서 <u>대통령령으로 정하는</u> 철도보호지구에서의 안전운행 저해행위

███ 대통령령으로 정하는 철도보호지구에서의 안전운행 저해행위〈시행령 제48조〉

- 폭발물이나 인화물질 등 위험물을 제조ㆍ저장하거나 전시하는 행위
- 철도차량 운전자 등이 선로나 신호기를 확인하는 데 지장을 주거나 줄 우려가 있는 시설이나 설비를 설치하는 행위
- 철도신호등으로 오인할 우려가 있는 시설물이나 조명 설비를 설치하는 행위
- 전차선로에 의하여 감전될 우려가 있는 시설이나 설비를 설치하는 행위
- 시설 또는 설비가 선로의 위나 밑으로 횡단하거나 선로와 나란히 되도록 설치하는 행위
- 열차의 안전운행과 철도 보호를 위하여 필요하다고 인정하여 국토교통부장관이 정하여 고시하는 행위

② 노면전차 철도보호지구의 바깥쪽 경계선으로부터 20미터 이내의 지역에서 행위의 신고대상
- 신고대상 : 굴착, 인공구조물의 설치 등 철도시설을 파손하거나 철도차량의 안전운행을 방해할 우려가 있는 행위로서 <u>대통령령으로 정하는 노면전차의 안전운행 저해행위</u>를 하려는 자
- 신고 : 대통령령으로 정하는 바에 따라 국토교통부장관 또는 시ㆍ도지사에게 신고하여야 한다.

███ 대통령령으로 정하는 노면전차의 안전운행 저해행위〈시행령 제48조의2 제1항〉

- 깊이 10미터 이상의 굴착
- 건설기계 중 최대높이가 10미터 이상인 건설기계를 설치하는 행위
- 높이가 10미터 이상인 인공구조물을 설치하는 행위
- 위험물을 지정수량 이상 제조ㆍ저장하거나 전시하는 행위

② 안전조치명령 및 시설 등의 제거명령

㉠ 안전조치의 명령 : 국토교통부장관 또는 시ㆍ도지사는 철도차량의 안전운행 및 철도보호를 위하여 필요하다고 인정할 때에는 행위를 하는 자에게 그 행위의 금지 또는 제한을 명령하거나 <u>대통령령으로 정하는 철도보호를 위한 안전조치</u>를 하도록 명령할 수 있다.

███ 대통령령으로 정하는 철도보호를 위한 안전조치〈시행령 제49조〉

- 공사로 인하여 약해질 우려가 있는 지반에 대한 보강대책 수립ㆍ시행
- 선로 옆의 제방 등에 대한 흙막이공사 시행
- 굴착공사에 사용되는 장비나 공법 등의 변경
- 지하수나 지표수 처리대책의 수립ㆍ시행
- 시설물의 구조 검토ㆍ보강
- 먼지나 티끌 등이 발생하는 시설ㆍ설비나 장비를 운용하는 경우 방진막, 물을 뿌리는 설비 등 분진방지시설 설치
- 신호기를 가리거나 신호기를 보는데 지장을 주는 시설이나 설비 등의 철거
- 안전울타리나 안전통로 등 안전시설의 설치
- 철도시설의 보호 또는 철도차량의 안전운행을 위하여 필요한 안전조치

    ⓛ **시설 등의 제거명령** : 국토교통부장관 또는 시·도지사는 철도차량의 안전운행 및 철도 보호를 위하여 필요하다고 인정할 때에는 토지, 나무, 시설, 건축물, 그 밖의 공작물(이하 "시설 등"이라 한다)의 소유자나 점유자에게 다음의 조치를 하도록 명령할 수 있다.

- 시설 등이 시야에 장애를 주면 그 장애물을 제거할 것
- 시설 등이 붕괴하여 철도에 위해를 끼치거나 끼칠 우려가 있으면 그 위해를 제거하고 필요하면 방지시설을 할 것
- 철도에 토사 등이 쌓이거나 쌓일 우려가 있으면 그 토사 등을 제거하거나 방지시설을 할 것

    ⓒ **철도운영자 등의 요청** : 철도운영자 등은 철도차량의 안전운행 및 철도 보호를 위하여 필요한 경우 국토교통부장관 또는 시·도지사에게 행위의 금지·제한 또는 조치 명령을 할 것을 요청할 수 있다.

⑥ 철도보호지구에서의 행위신고 절차

① **철도보호지구에서의 행위 신고절차〈시행령 제46조〉**

    ㉠ **행위의 신고 및 변경신고**
- 신고기관 : 국토교통부장관 또는 시·도지사
- 신고내용 : 해당 행위의 목적, 공사기간 등이 기재된 신고서에 설계도서(필요한 경우에 한정한다) 등을 첨부하여 제출하여야 한다.

    ㉡ **안전조치 등의 명령검토 및 조치**
- 국토교통부장관 또는 시·도지사는 신고나 변경신고를 받은 경우에는 신고인에게 행위의 금지 또는 제한을 명령하거나 안전조치(이하 "안전조치 등"이라 한다)를 명령할 필요성이 있는지를 검토하여야 한다.
- 국토교통부장관 또는 시·도지사는 검토결과 안전조치 등을 명령할 필요가 있는 경우에는 신고를 받은 날부터 30일 이내에 신고인에게 그 이유를 분명히 밝히고 안전조치 등을 명하여야 한다.

    ㉢ **행위신고 및 안전조치** : 철도보호지구에서의 행위에 대한 신고와 안전조치 등에 관하여 필요한 세부적인 사항은 국토교통부장관이 정하여 고시한다.

② **노면전차 철도보호지구의 바깥쪽 경계선으로부터 20미터 이내의 지역에서의 행위 신고절차〈시행령 제48조의2 제2항 → 시행령 제46조 준용〉**

    ㉠ **행위의 신고 및 변경신고**
- 신고기관 : 국토교통부장관 또는 시·도지사
- 신고내용 : 해당 행위의 목적, 공사기간 등이 기재된 신고서에 설계도서(필요한 경우에 한정한다) 등을 첨부하여 제출하여야 한다.

    ㉡ **안전조치 등의 명령검토 및 조치**

- 국토교통부장관 또는 시·도지사는 신고나 변경신고를 받은 경우에는 신고인에게 행위의 금지 또는 제한을 명령하거나 안전조치(이하 "안전조치 등"이라 한다)를 명령할 필요성이 있는지를 검토하여야 한다.
- 국토교통부장관 또는 시·도지사는 검토결과 안전조치 등을 명령할 필요가 있는 경우에는 신고를 받은 날부터 30일 이내에 신고인에게 그 이유를 분명히 밝히고 안전조치 등을 명하여야 한다.
- ⓒ 행위신고 및 안전조치 : 노면전차 철도보호지구의 바깥쪽 경계선으로부터 20미터 이내의 지역에서의 행위에 대한 신고와 안전조치 등에 관하여 필요한 세부적인 사항은 국토교통부장관이 정하여 고시한다.

7 손실보상 및 재결신청

① 손실보상〈법 제46조〉

ⓐ 손실보상주체 : 국토교통부장관, 시·도지사 또는 철도운영자등

ⓑ 손실의 보상 : 국토교통부장관, 시·도지사 또는 철도운영자등은 행위의 금지·제한 또는 조치 명령으로 인하여 손실을 입은 자가 있을 때에는 그 손실을 보상하여야 한다.

ⓒ 손실보상협의 : 손실의 보상에 관하여는 국토교통부장관, 시·도지사 또는 철도운영자등이 그 손실을 입은 자와 협의하여야 한다.

② 재결의 신청

ⓐ 재결신청 : 협의가 성립되지 아니하거나 협의를 할 수 없을 때에는 대통령령으로 정하는 바에 따라 토지수용위원회에 재결을 신청할 수 있다.

ⓑ 이의신청에 관하여는 「공익사업을 위한 토지 등의 취득 및 보상에 관한 법률」 제83조부터 제86조까지의 규정을 준용한다.

> **조문참고** 토지보상법 제83조부터 제86조
> - 제83조
>   - 중앙토지수용위원회의 재결에 이의가 있는 자는 중앙토지수용위원회에 이의를 신청할 수 있다.
>   - 지방토지수용위원회의 재결에 이의가 있는 자는 해당 지방토지수용위원회를 거쳐 중앙토지수용위원회에 이의를 신청할 수 있다.
>   - 이의의 신청은 재결서의 정본을 받은 날부터 30일 이내에 하여야 한다.
> - 제84조(이의신청에 대한 재결)
>   - 중앙토지수용위원회는 이의신청을 받은 경우 재결이 위법하거나 부당하다고 인정할 때에는 그 재결의 전부 또는 일부를 취소하거나 보상액을 변경할 수 있다.
>   - 보상금이 늘어난 경우 사업시행자는 재결의 취소 또는 변경의 재결서 정본을 받은 날부터 30일 이내에 보상금을 받을 자에게 그 늘어난 보상금을 지급하여야 한다.
> - 제85조(행정소송의 제기)

– 사업시행자, 토지소유자 또는 관계인은 재결에 불복할 때에는 재결서를 받은 날부터 90일 이내에, 이의 신청을 거쳤을 때에는 이의신청에 대한 재결서를 받은 날부터 60일 이내에 각각 행정소송을 제기할 수 있다.

– 제기하려는 행정소송이 보상금의 증감에 관한 소송인 경우 그 소송을 제기하는 자가 토지소유자 또는 관계인일 때에는 사업시행자를, 사업시행자일 때에는 토지소유자 또는 관계인을 각각 피고로 한다.

• 제86조(이의신청에 대한 재결의 효력)

– 기간 이내에 소송이 제기되지 아니하거나 그 밖의 사유로 이의신청에 대한 재결이 확정된 때에는 「민사소송법」상의 확정판결이 있은 것으로 보며, 재결서 정본은 집행력 있는 판결의 정본과 동일한 효력을 가진다.

– 사업시행자, 토지소유자 또는 관계인은 이의신청에 대한 재결이 확정되었을 때에는 관할 토지수용위원회에 대통령령으로 정하는 바에 따라 재결확정증명서의 발급을 청구할 수 있다.

③ 손실보상의 기준〈시행령 제50조〉

㉠ 손실보상기준 : 행위의 금지 또는 제한으로 인하여 손실을 받은 자에 대한 손실보상 기준 등에 관하여는 「공익사업을 위한 토지 등의 취득 및 보상에 관한 법률」 제68조, 제70조 제2항·제5항, 제71조, 제75조, 제75조의2, 제76조, 제77조 및 제78조 제6항부터 제8항까지의 규정을 준용한다.

㉡ 재결신청 : 재결신청에 대해서는 「공익사업을 위한 토지 등의 취득 및 보상에 관한 법률」 제80조 제2항을 준용한다.

8 금지행위

① 여객열차에서의 금지행위〈법 제47조〉

㉠ 여객열차에서 여객(무임승차자 포함)의 금지행위

• 정당한 사유 없이 국토교통부령으로 정하는 여객출입 금지장소에 출입하는 행위
• 정당한 사유 없이 운행 중에 비상정지버튼을 누르거나 철도차량의 옆면에 있는 승강용 출입문을 여는 등 철도차량의 장치 또는 기구 등을 조작하는 행위
• 여객열차 밖에 있는 사람을 위험하게 할 우려가 있는 물건을 여객열차 밖으로 던지는 행위
• 흡연하는 행위
• 철도종사자와 여객 등에게 성적(性的) 수치심을 일으키는 행위
• 술을 마시거나 약물을 복용하고 다른 사람에게 위해를 주는 행위
• 공중이나 여객에게 위해를 끼치는 행위로서 국토교통부령으로 정하는 행위

㉡ 폭행금지 : 여객은 여객열차에서 다른 사람을 폭행하여 열차운행에 지장을 초래하여서는 아니 된다.

㉢ 운전업무종사자, 여객승무원 또는 여객역무원은 금지행위를 한 사람에 필요한 조치를 할 수 있는 경우

• 금지행위의 제지
• 금지행위의 녹음·녹화 또는 촬영

ⓔ 금지행위자에 대한 조치안내 : 철도운영자는 국토교통부령으로 정하는 바에 따라 여객열차에서의 금지 행위에 관한 사항을 여객에게 안내하여야 한다.

② 철도보호 및 질서유지를 위한 금지행위〈법 제48조〉

　ⓐ 위반행위의 금지 : 누구든지 정당한 사유 없이 철도 보호 및 질서유지를 해치는 행위를 하여서는 아 니 된다.

　ⓑ 금지해야 하는 행위

- 철도시설 또는 철도차량을 파손하여 철도차량 운행에 위험을 발생하게 하는 행위
- 철도차량을 향하여 돌이나 그 밖의 위험한 물건을 던져 철도차량 운행에 위험을 발생하게 하는 행위
- 궤도의 중심으로부터 양측으로 폭 3미터 이내의 장소에 철도차량의 안전 운행에 지장을 주는 물건 을 방치하는 행위
- 철도교량 등 국토교통부령으로 정하는 시설 또는 구역에 국토교통부령으로 정하는 폭발물 또는 인 화성이 높은 물건 등을 쌓아 놓는 행위
- 선로(철도와 교차된 도로는 제외한다) 또는 국토교통부령으로 정하는 철도시설에 철도운영자등의 승낙 없이 출입하거나 통행하는 행위
- 역시설 등 공중이 이용하는 철도시설 또는 철도차량에서 폭언 또는 고성방가 등 소란을 피우는 행위
- 철도시설에 국토교통부령으로 정하는 유해물 또는 열차운행에 지장을 줄 수 있는 오물을 버리는 행위
- 역시설 또는 철도차량에서 노숙하는 행위
- 열차운행 중에 타고 내리거나 정당한 사유 없이 승강용 출입문의 개폐를 방해하여 열차운행에 지장 을 주는 행위
- 정당한 사유 없이 열차 승강장의 비상정지버튼을 작동시켜 열차운행에 지장을 주는 행위
- 철도시설 또는 철도차량에서 공중의 안전을 위하여 질서유지가 필요하다고 인정되어 국토교통부령 으로 정하는 금지행위

　ⓒ 금지행위자에 대한 조치 : 금지행위를 한 사람에 대한 조치에 관하여는 제47조 제3항을 준용한다.

> **조문참고** 철도안전법 제47조 제3항
> 운전업무종사자, 여객승무원 또는 여객역무원은 금지행위를 한 사람에 대하여 필요한 경우 다음 각 호의 조치를 할 수 있다.
> - 금지행위의 제지
> - 금지행위의 녹음·녹화 또는 촬영

❾ 여객 등의 안전 및 보안검색장비

① 여객 등의 안전 및 보안〈법 제48조의2〉

　　㉠ 보안검색실시
- 실시 : 국토교통부장관은 철도차량의 안전운행 및 철도시설의 보호를 위하여 필요한 경우에는 철도특별사법경찰관리로 하여금 실시하게 할 수 있다.
- 대상 : 여객열차에 승차하는 사람의 신체·휴대물품 및 수하물에 대한 보안검색을 실시한다.
  - ※ **철도특별사법경찰관리** ⋯ 국토교통부와 그 소속 기관에 근무하며 철도경찰 사무에 종사하는 4급부터 9급까지의 국가공무원을 말한다〈사법경찰직무법 제5조 제11호〉.

　　㉡ **철도보안정보체계의 구축·운영** : 국토교통부장관은 보안검색 정보 및 그 밖의 철도보안·치안 관리에 필요한 정보를 효율적으로 활용하기 위하여 철도보안정보체계를 구축·운영하여야 한다.

　　㉢ 차량운행정보의 요구
- 국토교통부장관은 철도보안·치안을 위하여 필요하다고 인정하는 경우에는 차량운행정보 등을 철도운영자에게 요구할 수 있다.
- 철도운영자는 정당한 사유 없이 그 요구를 거절할 수 없다.

　　㉣ **필요정보만 수집·관리** : 국토교통부장관은 철도보안정보체계를 운영하기 위하여 철도차량의 안전운행 및 철도시설의 보호에 필요한 최소한의 정보만 수집·관리하여야 한다.

　　㉤ **보안검색 및 철도보안정보체계에 필요한 사항** : 보안검색의 실시방법과 절차 및 보안검색장비 종류 등에 필요한 사항과 철도보안정보체계 및 정보 확인 등에 필요한 사항은 국토교통부령으로 정한다.

② 보안검색장비의 성능인증〈법 제48조의3〉

　　㉠ 보안검색장비의 사용
- 보안검색을 하는 경우에는 국토교통부장관으로부터 성능인증을 받은 보안검색장비를 사용하여야 한다.
- 성능인증을 위한 기준·방법·절차 등 운영에 필요한 사항은 국토교통부령으로 정한다.

　　㉡ 보안검색장비의 기준고시 및 점검
- 기준고시 : 국토교통부장관은 성능인증을 받은 보안검색장비의 운영, 유지관리 등에 관한 기준을 정하여 고시하여야 한다.
- 점검 : 국토교통부장관은 성능인증을 받은 보안검색장비가 운영 중에 계속하여 성능을 유지하고 있는지를 확인하기 위하여 국토교통부령으로 정하는 바에 따라 정기적으로 또는 수시로 점검을 실시하여야 한다.

　　㉢ 국토교통부장관이 성능인증을 받은 보안검색장비의 인증을 취소할 수 있는 경우
- 거짓이나 그 밖의 부정한 방법으로 인증을 받은 경우
- 보안검색장비가 성능인증 기준에 적합하지 아니하게 된 경우

　　㉣ 인증을 취소해야 하는 경우 : 거짓이나 그 밖의 부정한 방법으로 인증을 받은 경우

⑩ 보안검색장비의 시험기관

① 시험기관의 지정〈법 제48조의4〉

    ㉠ 지정기관 : 국토교통부장관

    ㉡ 시험기관의 지정 : 국토교통부장관은 성능인증을 위하여 보안검색장비의 성능을 평가하는 시험(이하 "성능시험"이라 한다)을 실시하는 기관(이하 "시험기관"이라 한다)을 지정할 수 있다.

    ㉢ 지정신청 : 시험기관의 지정을 받으려는 법인이나 단체는 국토교통부령으로 정하는 지정기준을 갖추어 국토교통부장관에게 지정신청을 하여야 한다.

    ㉣ 시험기관으로 지정받은 법인이나 단체의 지정을 취소하거나 1년 이내의 기간을 정하여 그 업무의 전부 또는 일부의 정지를 명할 수 있는 경우
- 거짓이나 그 밖의 부정한 방법을 사용하여 시험기관으로 지정을 받은 경우
- 업무정지 명령을 받은 후 그 업무정지 기간에 성능시험을 실시한 경우
- 정당한 사유 없이 성능시험을 실시하지 아니한 경우
- 기준·방법·절차 등을 위반하여 성능시험을 실시한 경우
- 시험기관 지정기준을 충족하지 못하게 된 경우
- 성능시험 결과를 거짓으로 조작하여 수행한 경우

    ㉤ 지정을 취소해야 하는 경우
- 거짓이나 그 밖의 부정한 방법을 사용하여 시험기관으로 지정을 받은 경우
- 업무정지 명령을 받은 후 그 업무정지 기간에 성능시험을 실시한 경우

② 인증업무의 위탁

    ㉠ 인증업무의 위탁 : 국토교통부장관은 인증업무의 전문성과 신뢰성을 확보하기 위하여 보안검색장비의 성능인증 및 점검 업무를 대통령령으로 정하는 기관(이하 "인증기관"이라 한다)에 위탁할 수 있다.

    ㉡ 인증업무의 위탁기관 : 국토교통부장관은 보안검색장비의 성능 인증 및 점검 업무를 한국철도기술연구원에 위탁한다〈시행령 제50조의2〉.

⑪ 직무장비의 휴대 및 사용

① 직무장비의 휴대 및 사용〈법 제48조의5 제1항 ~ 제2항〉

  ㉠ 직무장비의 휴대 · 사용할 수 있는 자 : 철도특별사법경찰관리

  ㉡ 직무장비의 개요

    • 직무장비의 개념 : 직무장비란 철도특별사법경찰관리가 휴대하여 범인검거와 피의자 호송 등의 직무 수행에 사용하는 수갑 등의 장비를 말한다.

    • 직무장비의 종류 : 수갑, 포승, 가스분사기, 가스발사총(고무탄 발사겸용인 것을 포함), 전자충격기, 경비봉 등이 있다.

  ㉢ 직무장비의 사용

    • 사용시기 : 철도특별사법경찰관리는 철도안전법 및 「사법경찰직무법」 제6조 제9호에 따른 직무를 수행하기 위하여 필요하다고 인정되는 상당한 이유가 있을 때

    • 사용 : 합리적으로 판단하여 필요한 한도에서 직무장비를 사용할 수 있다.

> **조문참고** 사법경찰직무법 제6조 제9호
> 철도특별사법경찰관리의 경우에는 소속관서 관할구역인 철도시설 및 열차 안에서 발생하는 「철도안전법」에 규정된 범죄와 그 소속관서 역 구내 및 열차 안에서의 범죄

② 안전교육 및 안전검사〈법 제48조의5 제3항 ~ 제4항〉

  ㉠ 직무장비사용 전 교육 및 검사 : 철도특별사법경찰관리가 직무수행 중 직무장비를 사용할 때 사람의 생명이나 신체에 위해를 끼칠 수 있는 직무장비(가스분사기, 가스발사총 및 전자충격기를 말한다)를 사용하는 경우에는 사전에 필요한 안전교육과 안전검사를 받은 후 사용하여야 한다.

  ㉡ 직무장비의 사용기준 : 직무장비의 사용기준, 안전교육과 안전검사 등에 관하여 필요한 사항은 국토교통부령으로 정한다.

12 **철도종사자의 직무상지시 및 퇴거조치**

① 철도종사자의 직무상 지시준수〈법 제49조〉

    ㉠ 직무상 지시준수 : 열차 또는 철도시설을 이용하는 사람은 철도안전법에 따라 철도의 안전·보호와 질서유지를 위하여 하는 철도종사자의 직무상 지시에 따라야 한다.

    ㉡ 직무집행 방해금지 : 누구든지 폭행·협박으로 철도종사자의 직무집행을 방해하여서는 아니 된다.

② 철도종사자의 권한표시〈시행령 제51조〉

    ㉠ 직무상 지시자 임을 표시 : 철도종사자는 복장·모자·완장·증표 등으로 그가 직무상 지시를 할 수 있는 사람임을 표시하여야 한다.

    ㉡ 철도운영자의 조치사항 : 철도운영자 등은 철도종사자가 표시를 할 수 있도록 복장·모자·완장·증표 등의 지급 등 필요한 조치를 하여야 한다.

③ 철도종사자의 사람 또는 물건에 대한 퇴거조치〈법 제50조〉

    ㉠ 퇴거 및 철거조치 : 철도종사자는 사람 또는 물건을 열차 밖이나 대통령령으로 정하는 지역 밖으로 퇴거시키거나 철거할 수 있다.

    ㉡ 퇴거지역의 범위〈시행령 제52조〉

    • 정거장

    • 철도신호기·철도차량정비소·통신기기·전력설비 등의 설비가 설치되어 있는 장소의 담장이나 경계선 안의 지역

    • 화물을 적하하는 장소의 담장이나 경계선 안의 지역

    ㉢ 철도종사자가 퇴거시키거나 철거할 수 있는 사람 또는 물건

    • 여객열차에서 위해물품을 휴대한 사람 및 그 위해물품

    • 운송금지 위험물을 운송위탁하거나 운송하는 자 및 그 위험물

    • 철도보호지구에서의 행위 금지·제한 또는 조치명령에 따르지 아니하는 사람 및 그 물건

    • 여객열차에서의 금지행위를 한 사람 및 그 물건

    • 철도보호 및 질서유지를 위한 금지행위를 한 사람 및 그 물건

    • 여객 등의 안전을 위한 보안검색에 따르지 아니한 사람

    • 철도종사자의 직무상 지시를 따르지 아니하거나 직무집행을 방해하는 사람

(1) 누구든지 점화류 또는 점폭약류를 붙인 폭약, ( ), 건조한 기폭약, ( )에 속하는 것 등 대통령령으로 정하는 위험물의 운송을 위탁할 수 없으며, 철도운영자는 이를 철도로 운송할 수 없다.

(2) 대통령령으로 정하는 위험물의 ( )는 국토교통부령으로 정하는 바에 따라 철도운행상의 위험 방지 및 인명보호를 위하여 위험물을 안전하게 ( )·적재·관리·운송하여야 한다.

(3) 위험물의 운송을 위탁하여 철도로 운송하려는 자는 위험물을 안전하게 운송하기 위하여 철도운영자의 ( ) 등에 따라야 한다.

(4) 위험물 포장 및 용기의 검사의 합격기준·방법 및 절차 등에 필요한 사항은 ( )으로 정한다.

(5) 위험물취급자는 자신이 고용하고 있는 철도로 운송하는 위험물을 취급하는 종사자가 위험물취급에 관하여 국토교통부장관이 실시하는 ( )을 받도록 하여야 한다.

(6) 철도보호지구에서 토지의 형질변경 및 굴착행위를 하려는 자는 대통령령으로 정하는 바에 따라 ( ) 또는 ( )에게 신고하여야 한다.

(7) 철도보호지구란 철도경계선으로부터 ( ) 이내의 지역을 말한다.

(8) 노면전차 철도보호지구의 바깥쪽 경계선으로부터 ( ) 이내의 지역에서 굴착, 인공구조물의 설치로 철도시설을 파손할 우려가 있는 행위를 하려는 자는국토교통부장관 또는 시·도지사에게 신고하여야 한다.

(9) 국토교통부장관은 철도보호지구에서의 ( ) 검토결과 안전조치등을 명령할 필요가 있는 경우에는 신고를 받은 날부터 ( ) 이내에 신고인에게 그 이유를 분명히 밝히고 안전조치등을 명하여야 한다.

(10) 국토교통부장관, ( ) 또는 ( )은 철도보호지구에서 행위의 금지·제한 또는 조치명령으로 인하여 손실을 입은 자가 있을 때에는 그 손실을 보상하여야 한다.

(11) 손실보상은 국토교통부장관, 시·도지사 또는 철도운영자등이 그 손실을 입은 자와 협의하여야 하며, 협의가 성립되지 않을 때에는 관할 ( )에 재결을 신청할 수 있다.

(12) 여객은 ( )에서 다른 사람을 폭행하여 열차운행에 지장을 초래하여서는 아니 된다.

(13) 운전업무종사자, ( ) 또는 여객역무원은 금지행위를 한 사람에게 필요한 경우 다음의 조치를 할 수 있다.
  ㉠ 금지행위의 제지
  ㉡ 금지행위의 ( )·녹화 또는 ( )

(14) 국토교통부장관은 철도차량의 안전운행 및 철도시설의 보호를 위하여 필요한 경우에는 ( )로 하여금 여객열차에 승차하는 사람의 신체·휴대물품 및 수하물에 대한 보안검색을 실시하게 할 수 있다.

(15) 누구든지 폭행·협박으로 철도종사자의 ( )을 방해하여서는 아니 된다.

정답 및 해설

(1) 니트로글리세린, 뇌홍질화연
(2) 위험물취급지, 포장
(3) 안전조치
(4) 국토교통부령
(5) 위험물취급안전교육

(6) 국토교통부장관, 시·도지사
(7) 30미터
(8) 20미터
(9) 행위신고, 30일
(10) 시·도지사, 철도운영자등

(11) 토지수용위원회
(12) 여객열차
(13) 여객승무원, 녹음, 촬영
(14) 철도특별사법경찰관리
(15) 직무집행

1 철도안전법령상 철도로 운송위탁을 금지하는 위험물로 옳지 않은 것은?

① 니트로글리세린
② 점폭약류를 붙인 폭약
③ 건조한 기폭약
④ 인화성 액체

TIP 누구든지 점화류 또는 점폭약류를 붙인 폭약, 니트로글리세린, 건조한 기폭약, 뇌홍질화연에 속하는 것 등 대통령령으로 정하는 위험물의 운송을 위탁할 수 없으며, 철도운영자는 이를 철도로 운송할 수 없다〈철도안전법 제43조〉.

2 철도안전법령상 위험물의 운송에 대한 설명으로 옳지 않은 것은?

① "위험물"이란 대통령령으로 정하는 위험물을 말한다.
② "위험물취급"이란 국토교통부령으로 정하는 바에 따라 철도운행상의 위험방지 및 인명보호를 위하여 위험물을 안전하게 포장·적재·관리·운송해야 하는 것을 말한다.
③ "위험물취급자"란 운송을 위탁하여 철도로 운송하려는 자와 이를 운송하는 철도운영자를 말한다.
④ "철도운영자의 안전조치"란 위험물의 운송을 위탁하여 철도로 운송하려는 자가 철도운영자에게 위험물을 안전하게 운송할 것을 요구하는 것을 말한다.

TIP 위험물의 운송을 위탁하여 철도로 운송하려는 자는 위험물을 안전하게 운송하기 위하여 철도운영자의 안전조치 등에 따라야 한다〈철도안전법 제44조 제2항〉.

Answer 1.④ 2.④

3 철도안전법령상 운송취급주의 위험물로 옳지 않은 것은?

① 인화성이 강하여 그 물질 자체의 성질에 따라 발화할 우려가 있는 것

② 유독성 가스를 발생시킬 우려가 있는 것

③ 유해화학물질로 특정한 직무를 수행하기 위한 것

④ 철도운송 중 폭발할 우려가 있는 것

TIP 대통령령으로 정하는 위험물(이하 "위험물"이라 한다)의 운송을 위탁하여 철도로 운송하려는 자와 이를 운송하는 철도운영자(이하 "위험물취급자"라 한다)는 국토교통부령으로 정하는 바에 따라 철도운행상의 위험 방지 및 인명(人命) 보호를 위하여 위험물을 안전하게 포장 · 적재 · 관리 · 운송(이하 "위험물취급"이라 한다)하여야 한다〈철도안전법 제 44조 제1항〉.

※ 운송취급주의 위험물〈철도안전법 시행령 제45조〉
1. 철도운송 중 폭발할 우려가 있는 것
2. 마찰 · 충격 · 흡습(吸濕) 등 주위의 상황으로 인하여 발화할 우려가 있는 것
3. 인화성 · 산화성 등이 강하여 그 물질 자체의 성질에 따라 발화할 우려가 있는 것
4. 용기가 파손될 경우 내용물이 누출되어 철도차량 · 레일 · 기구 또는 다른 화물 등을 부식시키거나 침해할 우려가 있는 것
5. 유독성 가스를 발생시킬 우려가 있는 것
6. 그 밖에 화물의 성질상 철도시설 · 철도차량 · 철도종사자 · 여객 등에 위해나 손상을 끼칠 우려가 있는 것

4 철도안전법령상 위험물 포장 및 용기의 안전성에 관한 검사를 면제하는 경우로서 옳지 않은 것은?

① 「고압가스 안전관리법」에 따른 검사에 합격한 경우

② 「항공안전법」에 따른 검사에 합격한 경우

③ 「위험물관리법」에 따른 검사에 합격한 경우

④ 「선박안전법」에 따른 검사에 합격한 경우

TIP 위험물 포장 및 용기의 검사 등〈철도안전법 제44조의2 제3항〉
1. 고압가스 안전관리법」에 따른 검사에 합격하거나 검사가 생략된 경우
2. 선박안전법」에 따른 검사에 합격한 경우
3. 항공안전법」에 따른 검사에 합격한 경우
4. 대한민국이 체결한 협정 또는 대한민국이 가입한 협약에 따라 검사하여 외국 정부 등이 발행한 증명서가 있는 경우
5. 그 밖에 국토교통부령으로 정하는 경우

5 철도안전법령상 위험물 포장 및 용기의 검사에 있어서 국토교통부령으로 정하는 사항이 아닌 것은?

① 위험물 포장·용기검사기관의 지정 기준·절차 등에 필요한 사항
② 위험물을 철도로 운송하는 데 사용되는 포장 및 용기의 제조·수입 등에 필요한 사항
③ 위험물 포장 및 용기의 검사의 합격기준·방법 및 절차 등에 필요한 사항
④ 지정취소 및 정지처분의 세부기준 등에 필요한 사항

TIP 위험물을 철도로 운송하는 데 사용되는 포장 및 용기를 제조·수입하여 판매하려는 자 또는 이를 소유하거나 임차하여 사용하는 자는 국토교통부장관이 실시하는 포장 및 용기의 안전성에 관한 검사에 합격하여야 한다〈철도안전법 제44조의2 제1항〉.

6 철도안전법령상 철도로 운송하는 위험물을 취급하는 종사자가 받아야 하는 교육은?

① 위험물취급안전교육
② 위험물운반자교육
③ 위험물취급전문교육
④ 위험물운반자실무교육

TIP 위험물취급자는 자신이 고용하고 있는 종사자 중 철도로 운송하는 위험물을 취급하는 종사자가 위험물취급에 관하여 국토교통부장관이 실시하는 위험물취급안전교육을 받아야 한다〈철도안전법 제44조의3 제1항〉.

7 철도안전법령상 국토교통부장관이 위험물취급전문교육기관의 업무에 관하여 전부 또는 일부를 정지할 수 있는 경우는?

① 지정기준에 맞지 아니하게 된 경우
② 부정한 방법으로 위험물취급전문교육기관으로 지정받은 경우
③ 업무정지 기간 중에 위험물취급안전교육을 수행한 경우
④ 거짓으로 위험물취급전문교육기관으로 지정받은 경우

TIP 위험물취급에 관한 교육 등〈철도안전법 제44조의3〉… 국토교통부장관은 위험물취급전문교육기관이 다음 각 호의 어느 하나에 해당하는 경우에는 그 지정을 취소하거나 6개월 이내의 기간을 정하여 그 업무의 전부 또는 일부의 정지를 명할 수 있다. 다만, 제1호 또는 제2호에 해당하는 경우에는 그 지정을 취소하여야 한다.
  1. 거짓이나 그 밖의 부정한 방법으로 위험물취급전문교육기관으로 지정받은 경우
  2. 업무정지 기간 중에 위험물취급안전교육을 수행한 경우

Answer 3.③ 4.③ 5.② 6.① 7.①

8   철도안전법령상 철도보호지구란?

① 철도경계선으로 부터 10미터 이내의 지역을 말한다.
② 철도경계선으로 부터 20미터 이내의 지역을 말한다.
③ 철도경계선으로 부터 30미터 이내의 지역을 말한다.
④ 철도경계선으로 부터 50미터 이내의 지역을 말한다.

TIP 철도보호지구에서의 행위제한 등〈철도안전법 제45조 제1항〉… 철도경계선(가장 바깥쪽 궤도의 끝선을 말한다)으로부터 30미터 이내[「도시철도법」제2조 제2호에 따른 도시철도 중 노면전차(이하 "노면전차"라 한다)의 경우에는 10미터 이내]의 지역(이하 "철도보호지구"라 한다)에서 다음 각 호의 어느 하나에 해당하는 행위를 하려는 자는 대통령령으로 정하는 바에 따라 국토교통부장관 또는 시·도지사에게 신고하여야 한다.
1. 토지의 형질변경 및 굴착(掘鑿)
2. 토석, 자갈 및 모래의 채취
3. 건축물의 신축·개축(改築)·증축 또는 인공구조물의 설치
4. 나무의 식재(대통령령으로 정하는 경우만 해당한다)
5. 그 밖에 철도시설을 파손하거나 철도차량의 안전운행을 방해할 우려가 있는 행위로서 대통령령으로 정하는 행위

9   철도안전법령상 철도보호지구에서 다음에 해당하는 행위로 옳지 않은 것은?

> 철도시설을 파손하거나 철도차량의 안전운행을 방해할 우려가 있는 행위로서 대통령령으로 정하는 철도보호지구에서의 안전운행 저해행위

① 나무를 선로와 나란히 되도록 식재하는 행위
② 인화물질을 제조·저장하거나 전시하는 행위
③ 철도신호등으로 오인할 우려가 있는 시설물을 설치하는 행위
④ 전차선로에 의하여 감전될 우려가 있는 설비를 설치하는 행위

TIP 철도보호지구에서의 안전운행 저해행위〈철도안전법 시행령 제48조〉
1. 폭발물이나 인화물질 등 위험물을 제조·저장하거나 전시하는 행위
2. 철도차량 운전자 등이 선로나 신호기를 확인하는 데 지장을 주거나 줄 우려가 있는 시설이나 설비를 설치하는 행위
3. 철도신호등으로 오인할 우려가 있는 시설물이나 조명설비를 설치하는 행위
4. 전차선로에 의하여 감전될 우려가 있는 시설이나 설비를 설치하는 행위
5. 시설 또는 설비가 선로의 위나 밑으로 횡단하거나 선로와 나란히 되도록 설치하는 행위
6. 열차의 안전운행과 철도 보호를 위하여 필요하다고 인정하여 국토교통부장관이 정하여 고시하는 행위

10 철도안전법령상 철도보호지구에서의 행위신고 절차에 대한 설명으로 옳지 않은 것은?

① 철도보호지구에서의 행위신고는 시 · 도지사 또는 시 · 군 · 구청장에게 해야 한다.

② 행위신고를 받은 기관장은 안전조치등의 명령을 할 필요성이 있는지를 검토해야 한다.

③ 신고내용검토 후 안전조치등의 명령은 신고를 받은 날부터 30일 이내에 해야 한다.

④ 철도보호지구에서의 행위의 안전조치등에 관한 세부적인 사항은 국토교통부장관이 정한다.

TIP 철도보호지구에서의 행위를 신고하려는 자는 해당 행위의 목적, 공사기간 등이 기재된 신고서를 국토교통부장관 또는 시 · 도지사에게 제출하여야 한다〈철도안전법 시행령 제46조 제1항〉.

11 철도안전법령상 시 · 도지사가 철도보호지구 시설 등의 소유자에게 명령할 수 있는 조치로 옳지 않은 것은?

① 시야에 장애를 주는 시설은 제거할 것

② 철도에 토사가 쌓일 우려가 있으면 방지시설을 할 것

③ 시야에 부담을 줄 우려가 있는 잔디는 제거할 것

④ 붕괴된 건축물이 철도에 위해를 끼칠 경우 그 위해를 제거하고 필요하면 방지시설을 할 것

TIP 철도보호지구에서의 행위제한 등〈철도안전법 제45조 제4항〉 … 국토교통부장관 또는 시 · 도지사는 철도차량의 안전운행 및 철도 보호를 위하여 필요하다고 인정할 때에는 토지, 나무, 시설, 건축물, 그 밖의 공작물(이하 "시설 등"이라 한다)의 소유자나 점유자에게 다음 각 호의 조치를 하도록 명령할 수 있다.
1. 시설 등이 시야에 장애를 주면 그 장애물을 제거할 것
2. 시설 등이 붕괴하여 철도에 위해(危害)를 끼치거나 끼칠 우려가 있으면 그 위해를 제거하고 필요하면 방지시설을 할 것
3. 철도에 토사 등이 쌓이거나 쌓일 우려가 있으면 그 토사 등을 제거하거나 방지시설을 할 것

12 철도안전법령상 국토교통부장관이 철도보호를 위하여 행위자에게 명령할 수 있는 안전조치로 옳지 않은 것은?

① 지하수나 지표수 처리대책의 수립 · 시행

② 철도시설의 보호를 위한 그늘막 및 분진방지시설 설치

③ 선로 옆의 제방 등에 대한 흙막이공사 시행

④ 안전울타리나 안전통로 등 안전시설의 설치

TIP 먼지나 티끌 등이 발생하는 시설 · 설비나 장비를 운용하는 경우 방진막, 물을 뿌리는 설비 등 분진방지시설 설치를 명령할 수 있다〈철도안전법 시행령 제49조 제6호〉.

13 철도안전법령상 행위의 금지 · 제한 또는 조치명령으로 인하여 손실을 입은 자에게 손실을 보상해야 하는 주체와 관련이 없는 자는?

① 기획재정부장관   ② 국토교통부장관

③ 시 · 도지사   ④ 철도운영자

TIP 국토교통부장관, 시 · 도지사 또는 철도운영자등은 행위의 금지 · 제한 또는 조치 명령으로 인하여 손실을 입은 자가 있을 때에는 그 손실을 보상하여야 한다〈철도안전법 제46조 제1항〉.

14 철도안전법령상 행위의 금지 · 제한 또는 조치명령으로 인한 손실보상협의가 성립되지 않았을 경우 재결을 신청할 수 있는 기관은?

① 토지수용심판원   ② 철도산업위원회

③ 국토교통위원회   ④ 토지수용위원회

TIP 협의가 성립되지 아니하거나 협의를 할 수 없을 때에는 대통령령으로 정하는 바에 따라 관할 토지수용위원회에 재결을 신청할 수 있다〈철도안전법 제46조 제3항〉.

15 철도안전법령상 여객열차에서의 금지행위로 옳지 않은 것은?

① 철도종사자와 여객 등에게 성적 수치심을 일으키는 행위

② 공중이나 여객에게 위해를 끼치는 행위로서 국토교통부령으로 정하는 행위

③ 정당한 사유 없이 노래를 부르는 행위

④ 여객열차 밖에 있는 사람을 위험하게 할 우려가 있는 물건을 여객열차 밖으로 던지는 행위

TIP 여객열차에서의 금지행위〈철도안전법 제47조 제1항〉

1. 정당한 사유 없이 국토교통부령으로 정하는 여객출입 금지장소에 출입하는 행위
2. 정당한 사유 없이 운행 중에 비상정지버튼을 누르거나 철도차량의 옆면에 있는 승강용 출입문을 여는 등 철도차량의 장치 또는 기구 등을 조작하는 행위
3. 여객열차 밖에 있는 사람을 위험하게 할 우려가 있는 물건을 여객열차 밖으로 던지는 행위
4. 흡연하는 행위
5. 철도종사자와 여객 등에게 성적 수치심을 일으키는 행위
6. 술을 마시거나 약물을 복용하고 다른 사람에게 위해를 주는 행위
7. 공중이나 여객에게 위해를 끼치는 행위로서 국토교통부령으로 정하는 행위
8. 여객이 여객열차에서 다른 사람을 폭행하여 열차운행에 지장을 초래하는 행위

16 철도안전법령상 다음은 철도보호 및 질서유지를 위한 금지행위이다. 옳지 않은 것은?

① 철도와 교차된 도로를 철도운영자등의 승낙 없이 통행하는 행위
② 궤도의 중심으로부터 양측으로 폭 3미터 이내의 장소에 물건을 방치하는 행위
③ 역시설 등 공중이 이용하는 철도차량에서 고성방가 등 소란을 피우는 행위
④ 열차운행 중에 타고 내려 열차운행에 지장을 주는 행위

TIP 철도와 교차된 도로를 철도운영자등의 승낙 없이 출입하거나 통행하는 행위는 금지행위에서 제외된다〈철도안전법 제48조 제1항 제5호〉.

※ 철도보호 및 질서유지를 위한 금지행위〈철도안전법 제48조 제1항〉

1. 철도시설 또는 철도차량을 파손하여 철도차량 운행에 위험을 발생하게 하는 행위
2. 철도차량을 향하여 돌이나 그 밖의 위험한 물건을 던져 철도차량 운행에 위험을 발생하게 하는 행위
3. 궤도의 중심으로부터 양측으로 폭 3미터 이내의 장소에 철도차량의 안전운행에 지장을 주는 물건을 방치하는 행위
4. 철도교량 등 국토교통부령으로 정하는 시설 또는 구역에 국토교통부령으로 정하는 폭발물 또는 인화성이 높은 물건 등을 쌓아 놓는 행위
5. 선로(철도와 교차된 도로는 제외한다) 또는 국토교통부령으로 정하는 철도시설에 철도운영자등의 승낙 없이 출입하거나 통행하는 행위
6. 역시설 등 공중이 이용하는 철도시설 또는 철도차량에서 폭언 또는 고성방가 등 소란을 피우는 행위
7. 철도시설에 국토교통부령으로 정하는 유해물 또는 열차운행에 지장을 줄 수 있는 오물을 버리는 행위
8. 역시설 또는 철도차량에서 노숙하는 행위
9. 열차운행 중에 타고 내리거나 정당한 사유 없이 승강용 출입문의 개폐를 방해하여 열차운행에 지장을 주는 행위
10. 정당한 사유 없이 열차 승강장의 비상정지버튼을 작동시켜 열차운행에 지장을 주는 행위
11. 철도시설 또는 철도차량에서 공중의 안전을 위하여 질서유지가 필요하다고 인정되어 국토교통부령으로 정하는 금지행위

17 철도안전법령상 여객열차에 승차하는 사람의 신체·휴대물품 및 수하물에 대한 보안검색을 실시할 수 있는 사람은?

① 철도청원경찰　　　　　　　　　　② 여객승무원
③ 철도특별사법경찰관리　　　　　　④ 보안사법경찰관리

> **TIP** 국토교통부장관은 철도차량의 안전운행 및 철도시설의 보호를 위하여 필요한 경우에는 철도특별사법경찰관리로 하여금 여객열차에 승차하는 사람의 신체·휴대물품 및 수하물에 대한 보안검색을 실시하게 할 수 있다〈철도안전법 제48조의2 제1항〉.

18 철도안전법령상 보안검색장비의 성능인증을 취소해야 하는 경우로 옳은 것은?

① 부정한 방법으로 인증을 받은 경우
② 보안검색장비가 성능인증기준에 적합하지 아니하게 된 경우
③ 사용 중에 보안검색장비의 고장이 발생 한 경우
④ 보안 및 안전관리체계가 변경된 경우

> **TIP** 거짓이나 그 밖의 부정한 방법으로 인증을 받은 경우에는 보안검색장비의 성능인증을 취소해야 한다〈철도안전법 제48조의3 제5항 제1호〉.

19 철도안전법령상 시험기관의 지정을 취소해야 하는 경우는?

① 정당한 사유 없이 성능시험을 실시하지 아니한 경우
② 성능시험 결과를 거짓으로 조작하여 수행한 경우
③ 업무정지 명령을 받은 후 그 업무정지 기간에 성능시험을 실시한 경우
④ 시험기관 지정기준을 충족하지 못하게 된 경우

> **TIP** 시험기관의 지정을 취소하여야 한다〈철도안전법 제48조의4 제3항 후단〉.
> ※ 시험기관지정을 취소하거나 1년 이내의 기간을 정하여 업무정지를 명할 수 있는 경우〈철도안전법 제48조의4 제3항〉
> 　1. 거짓이나 그 밖의 부정한 방법을 사용하여 시험기관으로 지정을 받은 경우
> 　2. 업무정지 명령을 받은 후 그 업무정지 기간에 성능시험을 실시한 경우
> 　3. 정당한 사유 없이 성능시험을 실시하지 아니한 경우
> 　4. 기준·방법·절차 등을 위반하여 성능시험을 실시한 경우
> 　5. 시험기관 지정기준을 충족하지 못하게 된 경우
> 　6. 성능시험 결과를 거짓으로 조작하여 수행한 경우
> ※ 제1호 또는 제2호에 해당하는 때에는 시험기관의 지정을 취소하여야 한다〈철도안전법 제48조의4 제3항〉.

20 철도안전법령상 직무장비의 휴대 및 사용에 대한 설명으로 옳지 않은 것은?

① 직무장비는 철도특별사법경찰관리가 사용할 수 있다

② 철도안전법에 따른 직무수행을 위하여 적극적으로 직무장비를 사용하여야 한다.

③ 직무장비 중 가스분사기, 가스발사총 및 전자충격기의 사용을 위해 사전에 안전교육과 안전검사를 받아야 한다.

④ 철도특별사법경찰관리가 휴대하는 경비봉도 직무장비에 포함된다.

TIP 철도특별사법경찰관리는 철도안전법 및 사법경찰직무법에 따른 직무를 수행하기 위하여 필요하다고 인정되는 상당한 이유가 있을 때에는 합리적으로 판단하여 필요한 한도에서 직무장비를 사용할 수 있다〈철도안전법 제48조의5 제1항〉.

21 철도안전법령상 직무장비휴대 및 사용에 있어서 국토교통부령으로 정하는 사항으로 옳지 않은 것은?

① 직무장비의 종류   ② 안전교육

③ 안전검사   ④ 직무장비의 사용기준

TIP 직무장비의 사용기준, 안전교육과 안전검사 등에 관하여 필요한 사항은 국토교통부령으로 정한다〈철도안전법 제48조의5 제4항〉.

22 철도안전법령상 철도종사자가 철도의 안전 · 보호와 질서유지를 위하여 직무상지시를 할 수 있는 대상으로 옳지 않은 사람은?

① 여객열차를 이용하는 사람   ② 역시설 중 편의시설을 이용하는 사람

③ 여객에게 역무서비스를 제공하는 사람   ④ 철도시설을 이용하는 사람

TIP 열차 또는 철도시설을 이용하는 사람은 철도안전법에 따라 철도의 안전 · 보호와 질서유지를 위하여 하는 철도종사자의 직무상 지시에 따라야 한다〈철도안전법 제49조 제1항〉.

※ 누구든지 폭행 · 협박으로 철도종사자의 직무집행을 방해하여서는 아니 된다〈철도안전법 제49조 제2항〉.

23 철도안전법령상 철도안전법을 위반한 사람 또는 물건을 퇴거조치 할 경우 퇴거지역의 범위가 아닌 지역은?

① 정거장
② 철도선로 밖의 10미터 이내의 지역
③ 철도차량정비소 경계선 안의 지역
④ 화물을 적하하는 장소의 담장

TIP 퇴거지역의 범위〈철도안전법 시행령 제52조〉
　　1. 정거장
　　2. 철도신호기 · 철도차량정비소 · 통신기기 · 전력설비 등의 설비가 설치되어 있는 장소의 담장이나 경계선 안의 지역
　　3. 화물을 적하하는 장소의 담장이나 경계선 안의 지역

24 철도안전법령상 철도안전법을 위반한 사람이나 물건에 대하여 퇴거조치를 할 경우 그 대상으로 보기 어려운 것은?

① 여객열차에서의 금지행위를 한 사람 및 그 물건
② 무임승차를 하였거나 다른 사람에게 위해를 주는 행위를 한 사람
③ 철도종사자의 직무상 지시를 따르지 아니한 사람
④ 운송금지 위험물을 운송위탁하거나 운송하는 자 및 그 위험물

TIP 사람 또는 물건에 대한 퇴거조치의 대상〈철도안전법 제50조〉
　　1. 여객열차에서 위해물품을 휴대한 사람 및 그 위해물품
　　2. 운송금지 위험물을 운송위탁하거나 운송하는 자 및 그 위험물
　　3. 철도보호지구에서의 행위 금지 · 제한 또는 조치명령에 따르지 아니하는 사람 및 그 물건
　　4. 여객열차에서의 금지행위를 한 사람 및 그 물건
　　5. 철도보호 및 질서유지를 위한 금지행위를 한 사람 및 그 물건
　　6. 여객 등의 안전을 위한 보안검색에 따르지 아니한 사람
　　7. 철도종사자의 직무상 지시를 따르지 아니하거나 직무집행을 방해하는 사람

Answer 23.② 24.②

CHAPTER 08

철도사고조사 · 처리

1 철도사고

① 철도사고의 개념

 ㉠ 철도사고 : 철도(도시철도 포함)에서 철도차량 또는 열차의 운행 중에 사람의 사상이나 물자의 파손이 발생한 사고를 말한다〈항공철도사고조사법 제2조 제1항 제6호〉.

> ◆ 철도(도시철도 포함)에 해당하는 사고
> - 열차의 충돌 또는 탈선사고
> - 철도차량 또는 열차에서 화재가 발생하여 운행을 중지시킨 사고
> - 철도차량 또는 열차의 운행과 관련하여 3명 이상의 사상자가 발생한 사고
> - 철도차량 또는 열차의 운행과 관련하여 5천만 원 이상의 재산피해가 발생한 사고

 ㉡ 철도사고 등 : 철도사고, 철도준사고 및 운행장애를 말한다〈시행령 제3조 제1호〉.

② 철도사고의 범위〈시행규칙 제1조의2〉

 ㉠ 철도교통사고
- 충돌사고 : 철도차량이 다른 철도차량 또는 장애물(동물 및 조류는 제외한다)과 충돌하거나 접촉한 사고
- 탈선사고 : 철도차량이 궤도를 이탈하는 사고
- 열차화재사고 : 철도차량에서 화재가 발생하는 사고
- 기타철도교통사고 : 충돌사고, 탈선사고, 열차화재사고에 해당하지 않는 사고로서 철도차량의 운행과 관련된 사고

 ㉡ 철도안전사고
- 철도화재사고 : 철도역사, 기계실 등 철도시설에서 화재가 발생하는 사고
- 철도시설파손사고 : 교량 · 터널 · 선로, 신호 · 전기 · 통신 설비 등의 철도시설이 파손되는 사고
- 기타철도안전사고 : 철도화재사고 및 철도시설파손사고에 해당하지 않는 사고로서 철도시설 관리와 관련된 사고

③ 철도준사고 및 운행장애의 범위

 ㉠ 철도준사고의 범위〈시행규칙 제1조의3〉
- 운행허가를 받지 않은 구간으로 열차가 주행하는 경우

- 열차가 운행하려는 선로에 장애가 있음에도 진행을 지시하는 신호가 표시되는 경우. 다만, 복구 및 유지 보수를 위한 경우로서 관제 승인을 받은 경우에는 제외한다.
- 열차 또는 철도차량이 승인 없이 정지신호를 지난 경우
- 열차 또는 철도차량이 역과 역사이로 미끄러진 경우
- 열차운행을 중지하고 공사 또는 보수작업을 시행하는 구간으로 열차가 주행한 경우
- 안전운행에 지장을 주는 레일 파손이나 유지보수 허용범위를 벗어난 선로 뒤틀림이 발생한 경우
- 안전운행에 지장을 주는 철도차량의 차륜, 차축, 차축베어링에 균열 등의 고장이 발생한 경우
- 철도차량에서 화약류 등 위험물 또는 위해물품이 누출된 경우
- 철도준사고에 준하는 것으로서 철도사고로 이어질 수 있는 것

ⓒ 운행장애의 범위〈시행규칙 제1조의4〉
- 관제의 사전승인 없는 정차역 통과
- 다음의 구분에 따른 운행 지연
-고속열차 및 전동열차 : 20분 이상
-일반여객열차 : 30분 이상
-화물열차 및 기타열차 : 60분 이상
  ※ 다른 철도사고 또는 운행장애로 인한 운행지연은 제외한다.

② 철도사고조사

① 철도사고조사의 개요

ⓐ 철도사고조사의 개념 : 철도사고와 관련된 정보·자료 등의 수집·분석 및 원인규명과 철도안전에 관한 안전권고 등 철도사고 등의 예방을 목적으로 철도사고조사위원회가 수행하는 과정 및 활동을 말한다〈항공철도사고조사법 제2조 제1항 제7호〉.

ⓑ 철도사고조사의 목적
- 사고원인 규명 : 기술적, 인적, 환경적 요소들을 조사하여 사고의 근본 원인 파악
- 재발방지대책 수립 : 사고 원인에 대한 분석을 통해 사고가 반복되지 않도록 개선책 제시
- 책임규명 : 사고에 대한 책임이 있는 당사자나 시스템의 결함 식별
- 안전기준 강화 : 철도 안전 관련 규정과 기준을 강화하여 향후 사고 예방

② 철도사고조사위원회

ⓐ 철도사고조사위원회의 구성〈항공철도사고조사법 제4조〉
- 철도사고 등의 원인규명과 예방을 위한 사고조사를 독립적으로 수행하기 위하여 국토교통부에 철도사고조사위원회를 둔다.
- 국토교통부장관은 일반적인 행정사항에 대하여는 위원회를 지휘·감독하되, 사고조사에 대하여는 관여하지 못한다.

ⓛ 철도사고조사위원회의 업무〈항공철도사고조사법 제5조〉
- 사고조사
- 사고조사보고서의 작성 · 의결 및 공표
- 안전권고 등
- 사고조사에 필요한 조사 · 연구
- 사고조사 관련 연구·교육기관의 지정
- 항공사고조사에 관하여 규정하고 있는 국제민간항공조약 및 국제민간항공조약 부속서에서 정한 사항

3 철도사고발생 시 조치

① 철도사고 등의 발생 시 조치〈법 제60조〉

ㄱ 철도사고 등이 발생 시 필요한 조치를 해야 할 자 : 철도운영자 등

※ **철도운영자 등** … 철도운영자 및 철도시설관리자를 말한다〈철도안전법 제4조 제2항〉.

ⓛ **인명피해 및 재산피해의 최소화** : 철도운영자 등은 철도사고 등이 발생하였을 때에는 사상자구호, 유류품관리, 여객수송 및 철도시설복구 등 인명피해 및 재산피해를 최소화하고 열차를 정상적으로 운행할 수 있도록 필요한 조치를 하여야 한다.

※ **유류품(遺留品)** … 사람이 떠난 후에 남겨두고 간 물건을 말한다.

ⓒ **사상자구호 및 여객수송 등** : 철도사고 등이 발생하였을 때의 사상자구호, 여객수송 및 철도시설복구 등에 필요한 사항은 대통령령으로 정한다.

ⓒ 국토교통부장관의 지시

- 사고보고를 받은 후 필요하다고 인정하는 경우에는 철도운영자 등에게 사고수습 등에 관하여 필요한 지시를 할 수 있다.
- 지시를 받은 철도운영자 등은 특별한 사유가 없으면 지시에 따라야 한다.

② 철도사고 등의 발생 시 조치사항〈시행령 제56조〉

ㄱ 철도사고 등이 발생 시 : 철도사고 등이 발생한 경우 철도운영자 등은 준수사항을 따라야 한다.

ⓛ 철도운영자 등가 준수해야 할 사항

- 사고수습이나 복구작업을 하는 경우에는 인명의 구조와 보호에 가장 우선순위를 둘 것
- 사상자가 발생한 경우에는 안전관리체계에 포함된 비상대응계획에서 정한 절차(이하 "비상대응절차"라 한다)에 따라 응급처치, 의료기관으로 긴급이송, 유관기관과의 협조 등 필요한 조치를 신속히 할 것
- 철도차량 운행이 곤란한 경우에는 비상대응절차에 따라 대체교통수단을 마련하는 등 필요한 조치를 할 것

4 철도사고의 보고

① 철도사고등 의무보고〈법 제61조〉

    ㉠ 국토교통부장관에게 즉시보고 : 철도운영자등은 <u>사상자가 많은 사고 등 대통령령으로 정하는 철도사고</u> 등이 발생하였을 때에는 국토교통부령으로 정하는 바에 따라 즉시 국토교통부장관에게 보고하여야 한다.

    ㉡ 사고내용 조사 후 보고 : 철도운영자 등은 철도사고 등을 제외한 철도사고 등이 발생하였을 때에는 국토교통부령으로 정하는 바에 따라 사고 내용을 조사하여 그 결과를 국토교통부장관에게 보고하여야 한다.

② 국토교통부장관에게 즉시 보고하여야 하는 철도사고〈시행령 제57조〉

    ㉠ 보고 : 철도운영자 등이 즉시 국토교통부장관에게 보고해야 한다.

    ㉡ 사상자가 많은 사고 등 대통령령으로 정하는 철도사고 등

- 열차의 충돌이나 탈선사고
- 철도차량이나 열차에서 화재가 발생하여 운행을 중지시킨 사고
- 철도차량이나 열차의 운행과 관련하여 3명 이상 사상자가 발생한 사고
- 철도차량이나 열차의 운행과 관련하여 5천만 원 이상의 재산피해가 발생한 사고

5 철도차량고장 및 철도안전 보고

① 철도차량 등에 발생한 고장 등 보고의무〈법 제61조의2〉

    ㉠ 철도차량 또는 철도용품에 대한보고

- 보고대상
- –철도차량 또는 철도용품에 대하여 형식승인을 받은 자
- –철도차량 또는 철도용품에 대하여 제작자승인을 받은 자
- 보고해야 하는 경우 : 그 승인받은 철도차량 또는 철도용품이 설계 또는 제작의 결함으로 인하여 국토교통부령으로 정하는 고장, 결함 또는 기능장애가 발생한 것을 알게 된 경우
- 사실보고 : 국토교통부령으로 정하는 바에 따라 국토교통부장관에게 그 사실을 보고하여야 한다.

    ㉡ 철도차량 정비조직인증에 대한보고

- 보고대상 : 철도차량 정비조직인증을 받은 자
- 보고해야 하는 경우 : 철도차량을 운영하거나 정비하는 중에 국토교통부령으로 정하는 고장, 결함 또는 기능장애가 발생한 것을 알게 된 경우
- 사실보고 : 국토교통부령으로 정하는 바에 따라 국토교통부장관에게 그 사실을 보고하여야 한다.

② 철도안전 자율보고〈법 제61조의3〉

　　㉠ 철도안전위험요인의 보고대상
- 철도안전을 해치거나 해칠 우려가 있는 사건·상황·상태 등(이하 "철도안전위험요인"이라 한다)을 발생시킨 사람
- 철도안전위험요인이 발생한 것을 안 사람 또는 철도안전위험요인이 발생할 것이 예상된다고 판단하는 사람
- 국토교통부장관에게 그 사실을 보고할 수 있다.

　　㉡ 철도안전 자율보고자의 신분보장
- 국토교통부장관은 보고(이하 "철도안전 자율보고"라 한다)를 한 사람의 의사에 반하여 보고자의 신분을 공개해서는 아니 된다.
- 철도안전 자율보고를 사고예방 및 철도안전 확보목적 외의 다른 목적으로 사용해서는 아니 된다.
- 누구든지 철도안전 자율보고를 한 사람에 대하여 이를 이유로 신분이나 처우와 관련하여 불이익한 조치를 하여서는 아니 된다.

　　㉢ 보고 방법 및 절차 : 철도안전 자율보고에 포함되어야 할 사항, 보고 방법 및 절차는 국토교통부령으로 정한다.

(1) 철도운영자등은 철도사고 등이 발생하였을 때에는 (   ), (   ), 여객수송 및 철도시설복구 등 인명피해 및 재산피해를 최소화하고 열차를 정상적으로 운행할 수 있도록 필요한 조치를 하여야 한다.

(2) 철도사고등이 발생하였을 때의 사상자 구호, 여객 수송 및 철도시설 복구 등에 필요한 사항은 (   )으로 정한다.

(3) 국토교통부장관은 철도사고 보고를 받은 후 필요하다고 인정하는 경우에는 (   )에게 사고수습 등에 관하여 필요한 지시를 할 수 있다.

(4) 철도사고 등의 발생 시 조치사항
　　㉠ 사고수습이나 복구작업을 하는 경우에는 인명의 구조와 보호에 가장 우선순위를 둘 것
　　㉡ 사상자가 발생한 경우에는 안전관리체계에 포함된 (   )에서 정한 절차에 따라 응급처치, 의료기관으로 긴급이송, 유관기관과의 협조 등 필요한 조치를 신속히 할 것
　　㉢ 철도차량 운행이 곤란한 경우에는 비상대응절차에 따라 대체교통수단을 마련하는 등 필요한 조치를 할 것

(5) 철도운영자 등은 사상자가 많은 사고 등 (   )으로 정하는 철도사고등이 발생하였을 때에는 (   )령으로 정하는 바에 따라 즉시 국토교통부장관에게 보고하여야 한다.

(6) 국토교통부장관에게 즉시 보고하여야 하는 철도사고등
　　㉠ 열차의 충돌이나 (   )사고
　　㉡ 철도차량이나 열차에서 (   )가 발생하여 운행을 중지시킨 사고
　　㉢ 철도차량이나 열차의 운행과 관련하여 (   ) 이상 사상자가 발생한 사고
　　㉣ 철도차량이나 열차의 운행과 관련하여 (   ) 원 이상의 재산피해가 발생한 사고

(7) 철도차량에 대하여 형식승인을 받거나 철도용품에 대하여 제작자승인을 받은 자는 그 승인받은 철도차량 또는 철도용품이 설계 또는 제작의 결함으로 인하여 (   )령으로 정하는 고장, 결함 또는 기능장애가 발생한 것을 알게 된 경우에는 국토교통부령으로 정하는 바에 따라 (   )에게 그 사실을 보고하여야 한다.

(8) 철도차량 (   )을 받은 자가 철도차량을 운영하거나 정비하는 중에 국토교통부령으로 정하는 고장, 결함 또는 기능장애가 발생한 것을 알게 된 경우에는 국토교통부령으로 정하는 바에 따라 국토교통부장관에게 그 사실을 보고하여야 한다.

(9) 철도안전을 해치거나 해칠 우려가 있는 사건·상황·상태 등을 (   )이라 한다.

(10) 철도안전 자율보고를 한 사람의 의사에 반하여 보고자의 신분을 공개해서는 아니 되며, 철도안전 자율보고를 사고예방 및 (   ) 외의 다른 목적으로 사용해서는 아니 된다.

(11) 철도안전 자율보고에 포함되어야 할 사항, 보고 방법 및 절차는 (   )으로 정한다.

(12) 누구든지 철도안전 자율보고를 한 사람에 대하여 이를 이유로 신분이나 처우와 관련하여 (   ) 조치를 하여서는 아니 된다.

정답 및 해설

(1) 사상자구호, 유류품관리	(6) 탈선, 화재, 3명, 5천만	(11) 국토교통부령
(2) 대통령령	(7) 국토교통부, 국토교통부장관	(12) 불이익한
(3) 철도운영자등	(8) 정비조직인증	(13)
(4) 비상대응계획	(9) 철도안전위험요인	(14)
(5) 대통령령, 국토교통부령	(10) 철도안전 확보목적	(15)

1 철도안전법령상 다음에서 설명하고 있는 것은?

> 철도에서 철도차량 또는 열차의 운행 중에 사람의 사상이나 물자의 파손이 발생한 사고를 말한다

① 철도사고

② 운행장애

③ 운전장애

④ 철도준사고

TIP 철도(도시철도 포함)에서 철도차량 또는 열차의 운행 중에 사람의 사상이나 물자의 파손이 발생한 사고를 말한다〈항공철도사고조사법 제2조 제1항 제6호〉.

2 철도안전법령상 철도안전사고의 범위에 속하는 것으로 옳은 것은?

① 철도차량의 운행과 관련된 사고

② 철도시설이 파손된 사고

③ 철도차량이 궤도를 이탈하는 사고

④ 철도차량에서 화재가 발생하는 사고

TIP 철도안전사고의 범위〈철도안전법 시행규칙 제1조의2 제2호〉
  1. 철도화재사고 : 철도역사, 기계실 등 철도시설에서 화재가 발생하는 사고
  2. 철도시설파손사고 : 교량 · 터널 · 선로, 신호 · 전기 · 통신설비 등의 철도시설이 파손되는 사고
  3. 기타 철도안전사고 : 철도화재사고 및 철도시설파손사고에 해당하지 않는 사고로서 철도시설 관리와 관련된 사고

Answer 1.① 2.②

3 철도안전법령상 철도준사고로 볼 수 없는 것은?

① 열차 또는 철도차량이 승인 없이 정지신호를 지난 경우
② 열차운행을 중지하고 보수작업을 시행하는 구간으로 열차가 주행한 경우
③ 운행허가를 받지 않은 구간으로 열차가 주행하는 경우
④ 관제의 사전승인 없는 정차역을 통과하는 경우

> **TIP** 철도준사고의 범위〈철도안전법 시행규칙 제1조의3〉
> 1. 운행허가를 받지 않은 구간으로 열차가 주행하는 경우
> 2. 열차가 운행하려는 선로에 장애가 있음에도 진행을 지시하는 신호가 표시되는 경우. 다만, 복구 및 유지 보수를 위한 경우로서 관제 승인을 받은 경우에는 제외한다.
> 3. 열차 또는 철도차량이 승인 없이 정지신호를 지난 경우
> 4. 열차 또는 철도차량이 역과 역사이로 미끄러진 경우
> 5. 열차운행을 중지하고 공사 또는 보수작업을 시행하는 구간으로 열차가 주행한 경우
> 6. 안전운행에 지장을 주는 레일 파손이나 유지보수 허용범위를 벗어난 선로 뒤틀림이 발생한 경우
> 7. 안전운행에 지장을 주는 철도차량의 차륜, 차축, 차축베어링에 균열 등의 고장이 발생한 경우
> 8. 철도차량에서 화약류 등 위험물 또는 위해물품이 누출된 경우
> 9. 철도준사고에 준하는 것으로서 철도사고로 이어질 수 있는 것

4 철도안전법령상 철도사고가 발생한 경우 철도운영자등이 우선적으로 해야 할 조치로 옳은 것은?

① 유류품을 먼저 관리할 것
② 비상대응절차에 따라 대체교통수단을 마련할 것
③ 인명의 구조와 보호에 가장 우선순위를 둘 것
④ 철도차량 복구작업을 먼저 실시할 것

> **TIP** 철도사고 등의 발생 시 철도운영자 등이 준수해야 할 사항〈철도안전법 시행령 제56조〉
> 1. 사고수습이나 복구작업을 하는 경우에는 인명의 구조와 보호에 가장 우선순위를 둘 것
> 2. 사상자가 발생한 경우에는 비상대응절차에 따라 응급처치, 의료기관으로 긴급이송, 유관기관과의 협조 등 필요한 조치를 신속히 할 것
> 3. 철도차량 운행이 곤란한 경우에는 비상대응절차에 따라 대체교통수단을 마련하는 등 필요한 조치를 할 것

5 철도안전법령상 국토교통부장관에게 즉시 보고하여야 하는 철도사고등에 해당하는 사고로 옳지 않은 것은?

① 철도차량이나 열차의 운행과 관련하여 1억 원 이상의 재산피해가 발생한 사고
② 철도차량이나 열차에서 화재가 발생하여 운행을 중지시킨 사고
③ 철도차량이나 열차의 운행과 관련하여 3명 이상 사상자가 발생한 사고
④ 열차의 충돌이나 탈선사고

TIP 국토교통부장관에게 즉시 보고하여야 하는 철도사고 등〈철도안전법 시행령 제57조〉
  1. 열차의 충돌이나 탈선사고
  2. 철도차량이나 열차에서 화재가 발생하여 운행을 중지시킨 사고
  3. 철도차량이나 열차의 운행과 관련하여 3명 이상 사상자가 발생한 사고
  4. 철도차량이나 열차의 운행과 관련하여 5천만 원 이상의 재산피해가 발생한 사고

6 철도안전법령상 철도차량이나 철도용품의 설계 또는 제작결함으로 고장이나 기능장애가 발생했을 때 이를 국토교통부장관에게 보고해야 하는 사람은?

① 철도차량정비기술자
② 철도차량 또는 철도용품의 형식승인을 받은 자
③ 철도운영자 등
④ 철도종사자

TIP 철도차량 또는 철도용품에 대하여 형식승인을 받거나 철도차량 또는 철도용품에 대하여 제작자승인을 받은 자는 그 승인받은 철도차량 또는 철도용품이 설계 또는 제작의 결함으로 인하여 국토교통부령으로 정하는 고장, 결함 또는 기능장애가 발생한 것을 알게 된 경우에는 국토교통부령으로 정하는 바에 따라 국토교통부장관에게 그 사실을 보고하여야 한다〈철도안전법 제61조의2 제1항〉.

7 철도안전법령상 철도안전 자율보고에 대한 설명을 옳지 않은 것은?

① 철도안전 자율보고의 내용은 철도안전을 위하여 즉시 승객에게 알려야 한다.
② 철도안전위험요인이 발생할 것이 예상된다고 판단하는 사람도 철도안전 자율보고를 할 수 있다.
③ 철도안전 자율보고를 한 사람의 의사에 반하여 보고자의 신분을 공개할 수 없다.
④ 누구든지 철도안전 자율보고를 한 사람에 대하여 이를 이유로 불이익한 조치를 할 수 없다.

TIP 철도안전 자율보고〈철도안전법 제61조의3〉
  ① 철도안전을 해치거나 해칠 우려가 있는 사건·상황·상태 등(이하 "철도안전위험요인"이라 한다)을 발생시켰거나 철도안전위험요인이 발생한 것을 안 사람 또는 철도안전위험요인이 발생할 것이 예상된다고 판단하는 사람은 국토교통부장관에게 그 사실을 보고할 수 있다.
  ② 국토교통부장관은 ①에 따른 보고(이하 "철도안전 자율보고"라 한다)를 한 사람의 의사에 반하여 보고자의 신분을 공개해서는 아니 되며, 철도안전 자율보고를 사고예방 및 철도안전 확보 목적 외의 다른 목적으로 사용해서는 아니 된다.
  ③ 누구든지 철도안전 자율보고를 한 사람에 대하여 이를 이유로 신분이나 처우와 관련하여 불이익한 조치를 하여서는 아니 된다.
  ④ ①부터 ③까지에서 규정한 사항 외에 철도안전 자율보고에 포함되어야 할 사항, 보고 방법 및 절차는 국토교통부령으로 정한다.

Answer   3.④ 4.③ 5.① 6.② 7.①

CHAPTER 09 보칙

1 보고 · 검사 및 수수료

① 보고 및 검사〈법 제73조〉

㉠ 보고 및 자료제출 명령권 자 : 국토교통부장관이나 관계 지방자치단체가 철도관계기관등에 대하여

㉡ 대통령령으로 정하는 바에 따라 보고 및 자료제출을 명할 수 있는 경우

- 철도안전 종합계획 또는 시행계획의 수립 또는 추진을 위하여 필요한 경우
- 철도안전투자의 공시가 적정한지를 확인하려는 경우
- 안전관리체계의 위반여부의 점검 · 확인을 위하여 필요한 경우
- 안전관리 수준평가를 위하여 필요한 경우
- 운전적성검사기관, 관제적성검사기관, 운전교육훈련기관, 관제교육훈련기관, 안전전문기관, 정비교육훈련기관, 정밀안전진단기관, 인증기관, 시험기관, 위험물 포장 · 용기검사기관 및 위험물취급전문교육기관의 업무 수행 또는 지정기준 부합 여부에 대한 확인이 필요한 경우
- 철도운영자등의 무자격자의 운전업무 금지, 무자격자의 관제업무 금지 또는 철도종사자가 신체검사 · 적성검사에 불합격하였을 때 그 업무에 종사금지에 따른 철도종사자 관리의무 준수 여부에 대한 확인이 필요한 경우
- 철도운영자가 열차운행을 일시 중지한 경우로서 그 결정 근거 등의 적정성에 대한 확인이 필요한 경우
- 위험물을 안전하게 운송하기 위한 철도운영자의 안전조치 등이 적정한지에 대한 확인이 필요한 경우
- 위험물 포장 및 용기의 안전성에 대한 확인이 필요한 경우
- 철도로 운송하는 위험물을 취급하는 종사자의 위험물취급안전교육 이수 여부에 대한 확인이 필요한 경우
- 철도사고 등 의무보고와 관련하여 사실 확인 등이 필요한 경우

㉢ 사업장출입 및 서류의 검사

- 사업장의 출입 : 국토교통부장관이나 관계 지방자치단체이 보고 및 자료제출을 명할 경우
- 질문 또는 서류검사 : 소속공무원으로 하여금 철도관계기관등의 사무소 또는 사업장에 출입하여 관계인에게 질문하게 하거나 서류를 검사하게 할 수 있다.

㉣ 증표제시

- 출입 · 검사를 하는 공무원은 국토교통부령으로 정하는 바에 따라 그 권한을 표시하는 증표를 지니고 이를 관계인에게 보여주어야 한다.
- 증표에 관하여 필요한 사항은 국토교통부령으로 정한다.

② 보고 및 자료제출의 기간〈시행령 제61조〉

  ㉠ 국토교통부장관 또는 관계 지방자치단체의 장이 보고 또는 자료의 제출을 명할 때

  • 자료제출 기간 : 7일 이상의 기간을 주어야 한다.

  • 공무원이 철도사고등이 발생한 현장에 출동하는 등 긴급한 상황인 경우에는 그러하지 아니하다.

  ㉡ 전문가의 위촉 및 자문

  • 위촉 및 자문할 수 있는 기관 : 국토교통부장관

  • 위촉 및 자문 : 검사 등의 업무를 효율적으로 수행하기 위하여 특히 필요하다고 인정하는 경우에는 철도안전에 관한 전문가를 위촉하여 검사 등의 업무에 관하여 자문에 응하게 할 수 있다.

③ 수수료〈법 제74조〉

  ㉠ 수수료의 납부

  • 납부대상 : 철도안전법에 따른 교육훈련, 면허, 검사, 진단, 성능인증 및 성능시험 등을 신청하는 자

  • 납부금액 : 국토교통부령으로 정하는 수수료를 내야 한다.

  ㉡ 수수료 납부기관

  • 대행기관 : 철도안전법에 따라 국토교통부장관의 지정을 받은 운전적성검사기관, 관제적성검사기관, 운전교육훈련기관, 관제교육훈련기관, 정비교육훈련기관, 정밀안전진단기관, 인증기관, 시험기관, 안전전문기관, 위험물 포장·용기검사기관 및 위험물취급전문교육기관 등이 정하는 수수료를 대행기관에 내야 한다.

  • 수탁기관 : 철도안전법에 따라 국토교통부장관의 업무를 위탁받은 수탁기관이 정하는 수수료를 수탁기관에 내야 한다.

  ㉢ 수수료의 결정

  • 수수료를 정하려는 대행기관 또는 수탁기관은 그 기준을 정하여 국토교통부장관의 승인을 받아야 한다.

  • 승인받은 사항을 변경하려는 경우에도 또한 같다.

② 청문·통보 및 징계권고

① 청문〈법 제75조〉

  ㉠ 청문실시 : 국토교통부장관이 승인취소 및 효력정지 처분을 하는 경우에는 청문을 하여야 한다.

  ㉡ 청문을 해야 하는 경우

  • 안전관리체계의 승인 취소

  • 운전적성검사기관의 지정취소(준용하는 경우 포함)

  • 운전면허의 취소 및 효력정지

  • 관제자격증명의 취소 또는 효력정지

- 철도차량정비기술자의 인정 취소
- 위험물 포장·용기검사기관의 지정 취소 또는 업무정지
- 위험물취급전문교육기관의 지정 취소 또는 업무정지
- 시험기관의 지정 취소

② 통보 및 징계권고〈법 제75조의2〉

　　㉠ 수사기관에 내용통보 : 국토교통부장관은 철도안전법 등 철도안전과 관련된 법규의 위반에 따른 범죄혐의가 있다고 인정할 만한 상당한 이유가 있을 때에는 관할 수사기관에 그 내용을 통보할 수 있다.

　　㉡ 징계권고
- 국토교통부장관은 철도안전법 등 철도안전과 관련된 법규의 위반에 따라 사고가 발생했다고 인정할 만한 상당한 이유가 있을 때에는 사고에 책임이 있는 사람을 징계할 것을 해당 철도운영자등에게 권고할 수 있다.
- 권고를 받은 철도운영자등은 이를 존중하여야 하며 그 결과를 국토교통부장관에게 통보하여야 한다.

③ 벌칙적용에서 공무원 의제〈법 제76조〉

　　㉠ 적용법률 : 「형법」 제129조부터 제132조까지의 규정

　　㉡ 공무원으로 보는 사람
- 운전적성검사 업무에 종사하는 운전적성검사기관의 임직원 또는 관제적성검사 업무에 종사하는 관제적성검사기관의 임직원
- 운전교육훈련 업무에 종사하는 운전교육훈련기관의 임직원 또는 관제교육훈련 업무에 종사하는 관제교육훈련기관의 임직원
- 정비교육훈련 업무에 종사하는 정비교육훈련기관의 임직원
- 정밀안전진단 업무에 종사하는 정밀안전진단기관의 임직원
- 성능시험 업무에 종사하는 시험기관의 임직원 및 성능인증·점검 업무에 종사하는 인증기관의 임직원
- 위험물 포장·용기검사 업무에 종사하는 위험물 포장·용기검사기관의 임직원
- 위험물취급안전교육 업무에 종사하는 위험물취급전문교육기관의 임직원
- 위탁업무에 종사하는 철도안전 관련 기관 또는 단체의 임직원

3 권한의 위임·위탁

① 권한의 위임·위탁〈법 제77조〉

　　㉠ 위임·위탁할 권한 : 철도안전법에 따른 국토교통부장관의 권한 및 위탁의 일부

　　㉡ 위임방법 : 대통령령으로 정하는 바에 따라

　　㉢ 국토교통부장관의 권한 위임 대상 : 소속 기관의 장 또는 시·도지사에게 위임할 수 있다.

　　㉣ 국토교통부장관의 업무 위탁 대상 : 철도안전 관련 기관 또는 단체에 위탁할 수 있다.

② 권한의 위임〈시행령 제62조〉

　　㉠ **국토교통부장관이 해당 시·도지사에게 권한 위임**

　　　• 국토교통부장관은 특별시·광역시·특별자치시·도 또는 특별자치도의 소관 <u>도시철도</u>에 대한 권한을 해당 시·도지사에게 위임한다.

　　　　※ **도시철도** ⋯ 도시철도 또는 도시철도건설사업 또는 도시철도운송사업을 위탁받은 법인이 건설·운영하는 도시철도를 말한다.

　　　• **국토교통부장관이 해당 시·도지사에게 위임할 권한**

　　　－이동·출발 등의 명령과 운행기준 등의 지시, 조언·정보의 제공 및 안전조치 업무

　　　－안전조치를 따르지 아니한 자에 대한 과태료의 부과·징수

　　㉡ **국토교통부장관이 철도특별사법경찰대장에게 위임할 권한**

　　　• 술을 마셨거나 약물을 사용하였는지에 대한 확인 또는 검사

　　　• 철도보안정보체계의 구축·운영

　　　• **다음 위반행위자에 대한 과태료의 부과·징수**

　　　－철도종사자의 직무상 지시에 따르지 아니한 사람

　　　－철도종사자의 준수사항을 위반한 자

　　　－여객출입 금지장소에 출입하거나 물건을 여객열차 밖으로 던지는 행위를 한 사람

　　　－철도시설(선로는 제외)에 승낙 없이 출입하거나 통행한 사람

　　　－철도시설에 유해물 또는 오물을 버리거나 열차운행에 지장을 준 사람

　　　－업무에 종사하는 동안에 열차 내에서 흡연을 한 사람

　　　－여객열차에서 흡연을 한 사람

　　　－선로에 승낙 없이 출입하거나 통행한 사람

　　　－공중이나 여객에게 위해를 끼치는 행위를 한 사람

③ 업무의 위탁〈시행령 제63조〉

　　㉠ **국토교통부장관이 한국교통안전공단에 위탁하는 업무**

　　　• 안전관리기준에 대한 적합 여부 검사

　　　• 기술기준의 제정 또는 개정을 위한 연구·개발

　　　• 안전관리체계에 대한 정기검사 또는 수시검사

　　　• 철도운영자등에 대한 안전관리 수준평가

　　　• 운전면허시험의 실시

　　　• 운전면허증 또는 관제자격증명서의 발급과 운전면허증 또는 관제자격증명서의 재발급이나 기재사항의 변경

　　　• 운전면허증 또는 관제자격증명서의 갱신 발급과 운전면허 또는 관제자격증명 갱신에 관한 내용 통지

　　　• 운전면허증 또는 관제자격증명서의 반납의 수령 및 보관

　　　• 운전면허 또는 관제자격증명의 발급·갱신·취소 등에 관한 자료의 유지·관리

- 관제자격증명시험의 실시
- 철도차량정비기술자의 인정 및 철도차량정비경력증의 발급·관리
- 철도차량정비기술자 인정의 취소 및 정지에 관한 사항
- 종합시험운행 결과의 검토
- 철도차량의 이력관리에 관한 사항
- 철도차량 정비조직의 인증 및 변경인증의 적합 여부에 관한 확인
- 정비조직운영기준의 작성
- 정밀안전진단기관이 수행한 해당 정밀안전진단의 결과 평가
- 철도안전 자율보고의 접수
- 철도안전에 관한 지식 보급과 철도안전에 관한 정보의 종합관리를 위한 정보체계 구축 및 관리
- 철도차량정비기술자의 인정 취소에 관한 청문

ⓛ 국토교통부장관이 한국철도기술연구원에 위탁하는 업무
- 철도차량 형식승인검사, 철도차량 제작자승인검사, 철도용품 형식승인검사, 철도용품 제작자승인검사에 따른 기술기준의 제정 또는 개정을 위한 연구·개발
- 안전관리체계의 유지여부에 대한 정기검사 또는 수시검사
- 철도차량 개조승인검사
- 다음의 철도차량·철도용품 표준규격의 제정·개정 등에 관한 업무
  - 표준규격의 제정·개정·폐지에 관한 신청의 접수
  - 표준규격의 제정·개정·폐지 및 확인 대상의 검토
  - 표준규격의 제정·개정·폐지 및 확인에 대한 처리결과 통보
  - 표준규격서의 작성
  - 표준규격서의 기록 및 보관

ⓒ 국토교통부장관이 철도보호지구 등의 관리에 관하여 국가철도공단에 위탁하는 업무
- 철도보호지구에서의 행위의 신고 수리
- 노면전차 철도보호지구의 바깥쪽 경계선으로부터 20미터 이내의 지역에서의 행위의 신고 수리 및 행위 금지·제한이나 필요한 조치명령
- 손실보상과 손실보상에 관한 협의

ⓔ 국토교통부장관이 지정하여 고시하는 철도안전에 관한 전문기관이나 단체에 위탁하는 자격부여 등에 관한 업무 중 다음의 업무
- 자격부여신청 접수
- 자격증명서 발급
- 자격부여에 관한 관계 자료 제출 요청
- 자격부여에 관한 자료의 유지·관리 업무

❹ 민감정보 및 고유식별정보의 처리 및 규제의 재검토

① 민감정보 및 고유식별정보의 처리〈시행령 제63조의2〉

    ㉠ 고유식별정보를 처리할 수 있는 기관

- 국토교통부장관
- 신체검사 실시 의료기관
- 운전적성검사기관
- 운전교육훈련기관
- 관제적성검사기관
- 관제교육훈련기관

    ㉡ 민감정보 및 고유식별정보

- 건강에 관한 정보
- 주민등록번호가 포함된 자료
- 여권번호가 포함된 자료

    ㉢ 고유식별정보로 수행할 수 있는 사무

- 운전면허의 신체검사에 관한 사무
- 운전적성검사에 관한 사무
- 운전교육훈련에 관한 사무
- 운전면허시험에 관한 사무
- 관제자격증명의 신체검사에 관한 사무
- 관제적성검사에 관한 사무
- 관제교육훈련에 관한 사무
- 관제자격증명시험에 관한 사무
- 철도차량정비기술자의 인정에 관한 사무
- 위의 사무를 수행하기 위하여 필요한 사무

◆ 고유식별정보

- **개요** : 고유식별정보란 특정개인을 식별할 수 있는 정보를 말한다.
- **종류** : 주민등록번호, 여권번호, 운전면허번호, 외국인등록번호 등이 있다.
- **관리** : 고유식별정보는 개인정보 보호법에 따라 엄격하게 관리되며, 불법 수집이나 사용이 금지되고 있다.

---

② 규제의 재검토〈시행령 제63조의3〉

    ㉠ 재검토기관 : 국토교통부장관

    ㉡ 타당성검토 대상 및 기준일

- 운송위탁 및 운송 금지 위험물 등 : 2017년 1월 1일
- 철도안전 전문인력의 자격기준 : 2017년 1월 1일

ⓒ 검토시기 및 조치

• 기준일을 기준으로 3년마다(매 3년이 되는 해의 기준일과 같은 날 전까지를 말한다)
• 타당성을 검토하여 개선 등의 조치를 하여야 한다.

◆ 규제의 재검토

• 규제의 재검토란 법률. 규제. 정책 등의 유효성과 필요성을 정기적으로 점검하고 재평가하는 과정을 말한다.
• 재평가하는 과정에서는 기존 규제가 목적을 달성하고 있는지와 시장 환경의 변화나 새로운 기술의 등장으로 인해 수정이 필요한지 등을 평가한다.
• 규제가 불필요하게 부담을 주거나 비효율적으로 작용하지 않도록 하고 개선 또는 폐지할 규제를 찾아내는 것이 목적이다.

4 과태료 부과기준〈시행령 제64조 별표 6〉

① 일반기준

ⓐ 가중된 부과기준 적용

• 위반행위의 횟수에 따른 과태료의 가중된 부과기준은 최근 1년간 같은 위반행위로 과태료 부과처분을 받은 경우에 적용한다.
• 기간의 계산은 위반행위에 대하여 과태료 부과처분을 받은 날과 그 처분 후 다시 같은 위반행위를 하여 적발된 날을 기준으로 한다.

ⓑ 적용차수 : ⓐ에 따라 가중된 부과처분을 하는 경우 가중처분의 적용차수는 그 위반행위 전 부과처분 차수(ⓐ에 따른 기간 내에 과태료 부과처분이 둘 이상 있었던 경우에는 높은 차수를 말한다)의 다음 차수로 한다.

◆ 적용차수

• **개요** : 과태료를 부과할 때. 동일한 위반행위에 대해 첫 번째, 두 번째, 세 번째 등 몇 번째 적용되는지를 나타내는 횟수를 말한다.
• **사용** : 위반행위가 반복될 경우 그 횟수를 기준으로 과태료를 다르게 부과하기 위해 사용된다.

ⓒ 하나의 행위가 둘 이상의 위반행위일 때 : 하나의 행위가 둘 이상의 위반행위에 해당하는 경우에는 그 중 무거운 과태료의 부과기준에 따른다.

ⓓ 위반행위자의 개별기준에 따른 과태료 금액의 2분의 1의 범위에서 그 금액을 감경할 수 있는 경우

• 위반행위가 사소한 부주의나 오류로 인한 것으로 인정되는 경우
• 위반행위자가 법 위반상태를 시정하거나 해소하기 위해 노력한 것이 인정되는 경우
• 위반행위의 정도, 위반행위의 동기와 그 결과 등을 고려하여 과태료를 줄일 필요가 있다고 인정되는 경우

※ 과태료를 체납하고 있는 위반행위자의 경우에는 감경할 수 없다.

ⓜ 위반행위자의 개별기준에 따른 과태료 금액의 2분의 1의 범위에서 그 금액을 늘릴 수 있는 경우
  • 위반의 내용·정도가 중대하여 공중에게 미치는 피해가 크다고 인정되는 경우
  • 위반행위의 정도, 위반행위의 동기와 그 결과 등을 고려하여 늘릴 필요가 있다고 인정되는 경우

※ 철도안전법 제82조 제1항(1천만 원), 제2항(5백만 원), 제3항(3백만 원), 제4항(1백만 원), 제5항(50만 원)의 규정에 따른 과태료 금액의 상한을 넘을 수 없다.

② 개별기준

위반행위	위반수별 과태료 금액		
	1회	2회	3회 이상
안전관리체계의 변경승인을 받지 않고 안전관리체계를 변경한 경우	300만 원	600만 원	900만 원
안전관리체계의 변경신고를 하지 않고 안전관리체계를 변경한 경우	150만 원	300만 원	450만 원
안전관리체계가 유지되지 않음에도 정당한 사유 없이 시정조치 명령에 따르지 않은 경우	300만 원	600만 원	900만 원
우수운영자로 지정되었음을 나타내는 표시를 하거나 이와 유사한 표시를 한 경우	90만 원	180만 원	270만 원
우수운영자로 지정되었음을 나타내는 표시를 하거나 이와 유사한 표시를 함으로써 시정조치명령을 따르지 않은 경우	300만 원	600만 원	900만 원
운전면허 취소 또는 효력정지 통지를 받은 운전자가 운전면허증을 반납하지 않은 경우	90만 원	180만 원	270만 원
철도운영자 등이 안전교육을 실시하지 않거나 직무교육을 실시하지 않은 경우	150만 원	300만 원	450만 원
철도운영자 등이 안전교육 실시 여부를 확인하지 않거나 안전교육을 실시하도록 조치하지 않은 경우	150만 원	300만 원	450만 원
철도시설 내에서 사람, 자동차 및 철도차량의 운행제한 등의 안전조치를 따르지 않은 경우	300만 원	600만 원	900만 원
영상기록장치를 설치·운영하지 않은 경우	300만 원	600만 원	900만 원
철도종사자의 준수사항을 위반한 경우	150만 원	300만 원	450만 원
업무에 종사하는 동안에 열차 내에서 흡연을 한 경우	30만 원	60만 원	90만 원
위험물취급의 방법, 절차 등을 따르지 않고 위험물취급을 한 경우 (위험물을 철도로 운송한 경우는 제외한다)	150만 원	300만 원	450만 원
위험물 포장 및 용기의 안전성검사를 받지 않고 포장 및 용기를 판매 또는 사용한 경우	150만 원	300만 원	450만 원
위험물취급자가 자신이 고용하고 있는 종사자가 위험물취급안전교육을 받도록 하지 않은 경우	150만 원	300만 원	450만 원

시설 등의 철거조치명령을 따르지 않은 경우	15만 원	30만 원	45만 원
여객출입 금지장소에 출입하거나 물건을 여객열차 밖으로 던지는 행위를 한 경우	150만 원	300만 원	450만 원
여객열차에서 흡연을 한 경우	30만 원	60만 원	90만 원
공중이나 여객에게 위해를 끼치는 행위를 한 경우	15만 원	30만 원	45만 원
여객열차에서의 금지행위에 관한 사항을 안내하지 않은 경우	150만 원	300만 원	450만 원
철도시설(선로는 제외한다)에 승낙 없이 출입하거나 통행한 경우	150만 원	300만 원	450만 원
선로에 승낙 없이 출입하거나 통행한 경우	30만 원	60만 원	90만 원
철도시설에 유해물 또는 오물을 버리거나 열차운행에 지장을 준 경우	150만 원	300만 원	450만 원
국토교통부장관의 성능인증을 받은 보안검색장비를 사용하지 않은 경우	300만 원	600만 원	900만 원
인증기관 및 시험기관이 보안검색장비의 성능인증을 위한 기준·방법·절차 등을 위반한 경우	150만 원	300만 원	450만 원
철도종사자의 직무상 지시에 따르지 않은 경우	300만 원	600만 원	900만 원
즉시보고해야 하는 철도사고 등의 보고를 하지 않거나 거짓으로 보고한 경우	300만 원	600만 원	900만 원
즉시보고해야 하는 철도사고 등를 제외한 보고를 하지 않거나 거짓으로 보고한 경우	150만 원	300만 원	450만 원
철도차량 또는 철도용품이 설계 또는 제작의 결함을 발견하고도 보고를 하지 않거나 거짓으로 보고한 경우	300만 원	600만 원	900만 원
철도관계기관 등에 보고하게 하였으나 보고를 하지 않거나 거짓으로 보고한 경우	300만 원	600만 원	900만 원
철도관계기관 등이 자료제출을 거부, 방해 또는 기피한 경우	300만 원	600만 원	900만 원
소속 공무원의 출입·검사를 거부, 방해 또는 기피한 경우	300만 원	600만 원	900만 원

(1) 국토교통부장관 또는 관계 지방자치단체의 장은 보고 또는 자료의 제출을 명할 때에는 (   )의 기간을 주어야 한다. 다만, 공무원이 철도사고등이 발생한 현장에 출동하는 등 긴급한 상황인 경우에는 그러하지 아니하다.

(2) 국토교통부장관은 다음의 권한을 해당 시 · 도지사에게 위임한다.
　㉠ 이동 · 출발 등의 명령과 운행기준 등의 지시, 조언 · 정보의 제공 및 안전조치 업무
　㉡ 안전조치를 따르지 아니한 자의 (   )

(3) 국토교통부장관이 권한위임 및 업무를 위탁할 수 있는 기관
　㉠ 권한의 위임 : 시 · 도지사, (   )
　㉡ 업무의 위탁 : 한국교통안전공단, 한국철도기술연구원, (   ), 국토교통부장관이 지정하여 고시하는 철도안전에 관한 전문기관이나 단체

(4) 국토교통부장관은 술을 마셨거나 약물을 사용하였는지에 대한 확인 또는 검사에 대한 권한을 (   )에게 위임한다.

(5) 국토교통부장관이 시 · 도지사 및 철도특별사법경찰대장에게 (   )에 대한 권한을 위임한다.

(6) 국토교통부장관은 철도보호지구에서의 손실보상과 손실보상에 관한 협의에 관한 업무를 (   )에 위탁한다.

(7) 국토교통부장관은 안전관리기준에 대한 적합여부의 검사업무를 (   )에 위탁한다.

(8) 국토교통부장관은 철도차량 · 철도용품 표준규격의 제정 · 개정 등에 관한 업무 중 표준규격서의 기록 및 보관에 관한 업무를 (   )에 위탁한다.

(9) 국토교통부장관은 운전면허시험 및 관제자격증명시험의 실시업무를 (   )에 위탁한다.

(10) 국토교통부장관은 철도보호지구에서 행위의 신고수리에 관한 업무를 (   )에 위탁한다.

(11) 국토교통부장관은 철도차량 형식승인검사에 따른 기술기준의 제정 또는 개정을 위한 연구 · 개발에 관한 업무를 (   )에 위탁한다.

(12) 국토교통부장관은 자격부여 등에 관한 업무 중 (   ), (   ) 발급, 관계 자료제출요청 및 자격부여에 관한 자료의 유지 · 관리업무를 국토교통부장관이 지정하여 고시하는 철도안전에 관한 전문기관이나 단체에 위탁한다.

(13) 국토교통부장관, 신체검사의료기관, (   ), 운전교육훈련기관, 관제적성검사기관 및 관제교육훈련기관의 사무를 수행하기 위하여 건강에 관한 정보나 (   ) 또는 여권번호가 포함된 자료를 처리할 수 있다.

(14) 국토교통부장관은 운전면허의 취소에 해당하는 처분을 하는 경우에는 (   )을 하여야 한다.

(15) 국토교통부장관은 철도안전관련법규위반에 따른 범죄혐의가 있을 때에는 관할 (   )에 그 내용을 통보할 수 있다.

(1) 7일 이상
(2) 과태료부과 · 징수
(3) 철도특별사법경찰대장, 국가철도공단
(4) 철도특별사법경찰대상
(5) 과태료의 부과 · 징수

(6) 국가철도공단
(7) 한국교통안전공단
(8) 한국철도기술연구원
(9) 한국교통안전공단
(10) 국가철도공단

(11) 한국철도기술연구원
(12) 자격부여신청 접수, 자격증명서
(13) 운전적성검사기관, 주민등록번호
(14) 청문
(15) 수사기관

1 국토교통부장관이 철도관계기관 등에 대하여 필요한 사항을 보고하게 할 수 있는 경우를 모두 고르면?

> ㉠ 안전관리 수준평가를 위하여 필요한 경우
> ㉡ 종합시험운행 검토를 위하여 필요한 경우
> ㉢ 형식승인 등의 사후관리 조치의무 준수 여부를 확인하려는 경우
> ㉣ 철도횡단교량 개축·개량비용의 지원을 결정하기 위하여 필요한 경우
> ㉤ 철도안전 종합계획 또는 시행계획의 수립 또는 추진을 위하여 필요한 경우
> ㉥ 안전관리체계의 유지의 점검·확인을 위하여 필요한 경우

① ㉠㉡㉢㉣㉤
② ㉠㉢㉣㉤㉥
③ ㉡㉢㉣㉤㉥
④ ㉠㉡㉢㉣㉤㉥

TIP 보고 및 검사〈철도안전법 제73조 제1항〉 … 국토교통부장관이나 관계 지방자치단체는 다음 각 호의 어느 하나에 해당하는 경우 대통령령으로 정하는 바에 따라 철도관계기관 등에 대하여 필요한 사항을 보고하게 하거나 자료의 제출을 명할 수 있다.
1. 철도안전 종합계획 또는 시행계획의 수립 또는 추진을 위하여 필요한 경우
1의2. 철도안전투자의 공시가 적정한지를 확인하려는 경우
2. 점검·확인을 위하여 필요한 경우
2의2. 안전관리 수준평가를 위하여 필요한 경우
3. 운전적성검사기관, 관제적성검사기관, 운전교육훈련기관, 관제교육훈련기관, 안전전문기관, 정비교육훈련기관, 정밀안전진단기관, 인증기관, 시험기관, 위험물 포장·용기검사기관 및 위험물취급전문교육기관의 업무 수행 또는 지정기준 부합 여부에 대한 확인이 필요한 경우
4. 철도운영자 등의 철도종사자 관리의무 준수 여부에 대한 확인이 필요한 경우
4의2. 조치의무 준수 여부를 확인하려는 경우
5. 검토를 위하여 필요한 경우
5의2. 준수사항 이행 여부를 확인하려는 경우
6. 철도운영자가 열차운행을 일시 중지한 경우로서 그 결정 근거 등의 적정성에 대한 확인이 필요한 경우
7. 철도운영자의 안전조치 등이 적정한지에 대한 확인이 필요한 경우
7의2. 위험물 포장 및 용기의 안전성에 대한 확인이 필요한 경우
7의3. 철도로 운송하는 위험물을 취급하는 종사자의 위험물취급안전교육 이수 여부에 대한 확인이 필요한 경우
8. 사실 확인 등이 필요한 경우
9. 시책을 마련하기 위하여 필요한 경우
10. 비용의 지원을 결정하기 위하여 필요한 경우

2 다음 중 철도안전법에 따라 국토교통부령으로 정하는 수수료를 납부해야 하는 자는?

① 철도차량 운전면허를 소지한 자

② 성능인증검사를 신청하는 자

③ 성능시험을 신청하는 자

④ 교육훈련을 신청하는 자

TIP 철도안전법에 따른 교육훈련, 면허, 검사, 진단, 성능인증 및 성능시험 등을 신청하는 자는 국토교통부령으로 정하는 수수료를 내야 한다. 다만, 철도안전법에 따라 국토교통부장관의 지정을 받은 대행기관 또는 수탁기관의 경우에는 대행기관 또는 수탁기관이 정하는 수수료를 대행기관 또는 수탁기관에 내야 한다〈철도안전법 제74조 제1항〉.

3 다음 중 국토교통부장관이 청문을 해야 하는 처분으로 옳지 않은 것은?

① 운전적성검사기관의 지정취소   ② 우수운영자 지정의 취소

③ 형식승인 및 제작자승인의 취소   ④ 시험기관의 지정 취소

TIP 청문〈철도안전법 제75조〉 … 국토교통부장관은 다음 각 호의 어느 하나에 해당하는 처분을 하는 경우에는 청문을 하여야 한다.

1. 안전관리체계의 승인 취소

2. 운전적성검사기관의 지정취소(제16조제5항, 제21조의6제5항, 제21조의7제5항, 제24조의4제5항 또는 제69조제7항에서 준용하는 경우를 포함한다)

3. 삭제〈2015. 7. 24.〉

4. 운전면허의 취소 및 효력정지

4의2. 관제자격증명의 취소 또는 효력정지

4의3. 철도차량정비기술자의 인정 취소

5. 형식승인의 취소

6. 제작자승인의 취소

7. 인증정비조직의 인증 취소

8. 정밀안전진단기관의 지정 취소

8의2. 위험물 포장 · 용기검사기관의 지정 취소 또는 업무정지

8의3. 위험물취급전문교육기관의 지정 취소 또는 업무정지

9. 시험기관의 지정 취소

10. 철도운행안전관리자의 자격 취소

11. 철도안전전문기술자의 자격 취소

4 철도안전법령상 형법에 따라 공무원으로 보는 사람이 아닌 자는?

① 운전적성검사 업무에 종사하는 운전적성검사기관의 임직원
② 정비교육훈련 업무에 종사하는 정비교육훈련기관의 임직원
③ 철도운전업무에 종사자하는 임직원
④ 위탁받은 검사 업무에 종사하는 기관 또는 단체의 임직원

TIP 벌칙 적용에서 공무원 의제〈철도안전법 제76조〉… 다음 각 호의 어느 하나에 해당하는 사람은 「형법」 제129조부터 제132조까지의 규정을 적용할 때에는 공무원으로 본다.
1. 운전적성검사 업무에 종사하는 운전적성검사기관의 임직원 또는 관제적성검사 업무에 종사하는 관제적성검사기관의 임직원
2. 운전교육훈련 업무에 종사하는 운전교육훈련기관의 임직원 또는 관제교육훈련 업무에 종사하는 관제교육훈련기관의 임직원
2의2. 정비교육훈련 업무에 종사하는 정비교육훈련기관의 임직원
2의3. 정밀안전진단 업무에 종사하는 정밀안전진단기관의 임직원
2의4. 위탁받은 검사 업무에 종사하는 기관 또는 단체의 임직원
2의5. 성능시험 업무에 종사하는 시험기관의 임직원 및 성능인증ㆍ점검 업무에 종사하는 인증기관의 임직원
2의6. 철도안전 전문인력의 양성 및 자격관리 업무에 종사하는 안전전문기관의 임직원
2의7. 위험물 포장ㆍ용기검사 업무에 종사하는 위험물 포장ㆍ용기검사기관의 임직원
2의8. 위험물취급안전교육 업무에 종사하는 위험물취급전문교육기관의 임직원
3. 위탁업무에 종사하는 철도안전 관련 기관 또는 단체의 임직원

5 국토교통부장관이 권한위임 또는 업무를 위탁을 할 수 있는 기관으로 볼 수 없는 대상은?

① 시ㆍ도지사
② 경찰청장
③ 한국교통안전공단
④ 한국철도기술연구원

TIP 국토교통부장관은 권한의 일부를 경찰청이 아닌 철도특별사법경찰대장에게 위임할 수 있다〈철도안전법 시행령 제62조 제2항〉.
※ 국토교통부장관이 권한위임 및 업무를 위탁할 수 있는 기관
ㄱ 권한의 위임〈철도안전법 시행령 제62조〉
• 시ㆍ도지사
• 철도특별사법경찰대장
ㄴ 업무의 위탁〈철도안전법 시행령 제63조〉
• 한국교통안전공단
• 한국철도기술연구원
• 국가철도공단
• 국토교통부장관이 지정하여 고시하는 철도안전에 관한 전문기관이나 단체

6 다음 중 국토교통부장관이 철도특별사법경찰대장에게 위임하는 권한으로 옳지 않은 것은?

① 술을 마셨거나 약물을 사용하였는지에 대한 확인 또는 검사

② 철도보안정보체계의 구축 · 운영

③ 철도안전 자율보고의 접수

④ 여객열차에서 흡연을 한 사람에 대한 과태료의 부과 · 징수

TIP 권한의 위임〈철도안전법 시행령 제62조〉… 국토교통부장관은 법 제77조제1항에 따라 다음 각 호의 권한을 「국토교통부와 그 소속기관 직제」 제40조에 따른 철도특별사법경찰대장에게 위임한다.
1. 술을 마셨거나 약물을 사용하였는지에 대한 확인 또는 검사
2. 철도보안정보체계의 구축 · 운영
3. 과태료의 부과 · 징수
4. 삭제〈2020. 10. 8.〉

Answer 4.③ 5.② 6.③

7 국토교통부장관이 운전면허증 또는 관제자격증명서에 관한 업무를 한국교통안전공단에 위탁할 때 그에 해당하지 않은 업무는?

① 운전면허증의 발급 · 갱신 · 취소 등에 관한 자료의 유지 · 관리
② 운전면허시험 및 관제자격증명시험의 시험방법의 규칙 제정
③ 관제자격증명서의 반납의 수령 및 보관
④ 운전면허시험 및 관제자격증명시험의 실시

TIP 업무의 위탁〈철도안전법 시행령 제63조 제1항〉… 국토교통부장관은 법 제77조제2항에 따라 다음 각 호의 업무를 한국교통안전공단에 위탁한다.
1. 안전관리기준에 대한 적합 여부 검사
1의2. 기술기준의 제정 또는 개정을 위한 연구 · 개발
1의3. 안전관리체계에 대한 정기검사 또는 수시검사
1의4. 철도운영자등에 대한 안전관리 수준평가
2. 운전면허시험의 실시
3. 운전면허증 또는 관제자격증명서의 발급과 운전면허증 또는 관제자격증명서의 재발급이나 기재사항의 변경
4. 운전면허증 또는 관제자격증명서의 갱신 발급과 운전면허 또는 관제자격증명 갱신에 관한 내용 통지
5. 운전면허증 또는 관제자격증명서의 반납의 수령 및 보관
6. 운전면허 또는 관제자격증명의 발급 · 갱신 · 취소 등에 관한 자료의 유지 · 관리
6의2. 관제자격증명시험의 실시
6의3. 철도차량정비기술자의 인정 및 철도차량정비경력증의 발급 · 관리
6의4. 철도차량정비기술자 인정의 취소 및 정지에 관한 사항
6의5. 종합시험운행 결과의 검토
6의6. 철도차량의 이력관리에 관한 사항
6의7. 철도차량 정비조직의 인증 및 변경인증의 적합 여부에 관한 확인
6의8. 정비조직운영기준의 작성
6의9. 정밀안전진단기관이 수행한 해당 정밀안전진단의 결과 평가
6의10. 철도안전 자율보고의 접수
7. 철도안전에 관한 지식 보급과 철도안전에 관한 정보의 종합관리를 위한 정보체계 구축 및 관리
7의2. 철도차량정비기술자의 인정 취소에 관한 청문

8 국토교통부장관이 철도보호지구 등의 관리에 관하여 국가철도공단에 위탁하는 업무로 옳지 않은 것은?

① 노면전차 철도보호지구의 바깥쪽 경계선으로부터 20미터 이내의 지역에서의 행위신고수리

② 손실보상과 손실보상에 관한 협의

③ 철도보호지구에서의 행위제한 조치점검

④ 철도보호지구에서의 행위의 신고수리,

> **TIP** 업무의 위탁〈철도안전법 시행령 제63조 제3항〉… 국토교통부장관은 철도보호지구 등의 관리에 관한 다음 각 호의 업무를 「국가철도공단법」에 따른 국가철도공단에 위탁한다.
> 1. 철도보호지구에서의 행위의 신고 수리, 같은 조 제2항에 따른 노면전차 철도보호지구의 바깥쪽 경계선으로부터 20미터 이내의 지역에서의 행위의 신고 수리 및 같은 조 제3항에 따른 행위 금지·제한이나 필요한 조치명령
> 2. 손실보상과 손실보상에 관한 협의

9 고유식별정보를 처리할 수 있는 기관이 할 수 있는 사무로 옳지 않은 것은?

① 운전면허의 재발급에 관한 사무

② 운전면허의 신체검사에 관한 사무

③ 철도차량정비기술자의 인정에 관한 사무

④ 관제교육훈련에 관한 사무

> **TIP** 민감정보 및 고유식별 정보의 처리〈철도안전법 시행령 제63조의2〉
> 1. 운전면허의 신체검사에 관한 사무
> 2. 운전적성검사에 관한 사무
> 3. 운전교육훈련에 관한 사무
> 4. 운전면허시험에 관한 사무
> 5. 관제자격증명의 신체검사에 관한 사무
> 6. 관제적성검사에 관한 사무
> 7. 관제교육훈련에 관한 사무
> 8. 관제자격증명시험에 관한 사무
> 9. 철도차량정비기술자의 인정에 관한 사무
> 10. 제1호부터 제9호까지의 규정에 따른 사무를 수행하기 위하여 필요한 사무

10 다음에서 과태료 부과금액이 다른 위반행위를 두 개 고르면? (1회 위반한 경우에 한함)

ㄱ 영상기록장치를 설치·운영하지 않은 경우

ㄴ 철도관계기관 등이 자료제출을 거부, 방해 또는 기피한 경우

ㄷ 국토교통부장관의 성능인증을 받은 보안검색장비를 사용하지 않은 경우

ㄹ 안전관리체계의 변경신고를 하지 않고 안전관리체계를 변경한 경우

ㅁ 철도종사자의 직무상 지시에 따르지 않은 경우

ㅂ 여객열차에서의 금지행위에 관한 사항을 안내하지 않은 경우

---

① ㄱㄷ

② ㄴㄹ

③ ㄷㅂ

④ ㄹㅂ

TIP ㄱㄴㄷㅁ 과태료 부과금액이 1회 위반한 경우에는 300만 원이다〈철도안전법 시행령 제64조 별표6 제2호〉.
ㄹㅂ 과태료 부과금액이 1회 위반한 경우에는 150만 원이다〈철도안전법 시행령 제64조 별표6 제2호〉.

11 철도안전법령상 다음에 해당하는 위반행위를 3회 했을 때 과태료의 부과금액은 얼마인가?

철도운영자등이 안전교육을 실시하지 않거나 직무교육을 실시하지 않은 경우

---

① 900만 원

② 450만 원

③ 270만 원

④ 90만 원

TIP 위의 경우 1회 위반했을 때의 과태료 부과금액이 150만 원이다. 따라서 3회 위반했으므로 과태료 부과금액은 450만 원이 된다〈철도안전법 시행령 제64조 별표6 제2호〉.

Answer 10.④ 11.②

CHAPTER

10 벌칙

1 벌칙

① 벌칙〈법 제78조〉

ⓐ 무기징역 또는 5년 이상의 징역
- 사람이 탑승하여 운행 중인 철도차량에 불을 놓아 소훼한 사람
- 사람이 탑승하여 운행 중인 철도차량을 탈선 또는 충돌하게 하거나 파괴한 사람
  ※ 소훼 … 불에 타서 없어지거나 불에 태워 없애는 것을 말한다.

ⓑ 10년 이하의 징역 또는 1억 원 이하의 벌금 : 철도시설 또는 철도차량을 파손하여 철도차량 운행에 위험을 발생하게 한 사람

ⓒ 1년 이하의 징역 또는 1천만 원 이하의 벌금
- 과실로 사람이 탑승하여 운행 중인 철도차량에 불을 놓아 소훼한 사람
- 과실로 사람이 탑승하여 운행 중인 철도차량을 탈선 또는 충돌하게 하거나 파괴한 사람

ⓓ 1천만 원 이하의 벌금 : 과실로 철도시설 또는 철도차량을 파손하여 철도차량 운행에 위험을 발생하게 한 사람

ⓔ 3년 이하의 징역 또는 3천만 원 이하의 벌금
- 업무상 과실이나 중대한 과실로 사람이 탑승하여 운행 중인 철도차량에 불을 놓아 소훼한 사람
- 업무상 과실이나 중대한 과실로 사람이 탑승하여 운행 중인 철도차량을 탈선 또는 충돌하게 하거나 파괴한 사람

ⓕ 2년 이하의 징역 또는 2천만 원 이하의 벌금 : 업무상 과실이나 중대한 과실로 철도시설 또는 철도차량을 파손하여 철도차량 운행에 위험을 발생하게 한 사람

ⓖ 미수범 : ⓐ 및 ⓑ의 미수범은 처벌한다.

② 벌칙〈법 제79조〉

ⓐ 5년 이하의 징역 또는 5천만 원 이하의 벌금 : 폭행·협박으로 철도종사자의 직무집행을 방해한 자

ⓑ 3년 이하의 징역 또는 3천만 원 이하의 벌금
- 안전관리체계의 승인을 받지 아니하고 철도운영을 하거나 철도시설을 관리한 자
- 철도사고등 발생 시 사람을 사상에 이르게 하거나 철도차량 또는 철도시설을 파손에 이르게 한 자
- 술을 마시거나 약물을 사용한 상태에서 업무를 한 사람

- 운송 금지 위험물의 운송을 위탁하거나 그 위험물을 운송한 자
- 위험물취급을 위반하여 위험물을 운송한 자
- 여객열차에서 다른 사람을 폭행하여 열차운행에 지장을 초래한 자
- <u>제48조 제1항 제2호부터 제4호까지</u>의 규정에 따른 금지행위를 한 자

조문참고 철도안전법 제48조 제1항 제2호부터 제4호
- 철도차량을 향하여 돌이나 그 밖의 위험한 물건을 던져 철도차량 운행에 위험을 발생하게 하는 행위
- 궤도의 중심으로부터 양측으로 폭 3미터 이내의 장소에 철도차량의 안전 운행에 지장을 주는 물건을 방치하는 행위
- 철도교량 등 국토교통부령으로 정하는 시설 또는 구역에 국토교통부령으로 정하는 폭발물 또는 인화성이 높은 물건 등을 쌓아 놓는 행위

ⓒ 2년 이하의 징역 또는 2천만 원 이하의 벌금
- 거짓이나 그 밖의 부정한 방법으로 안전관리체계의 승인을 받은 자
- 철도운영이나 철도시설의 관리에 중대하고 명백한 지장을 초래한 자
- 거짓이나 그 밖의 부정한 방법으로 운전적성검사기관, 운전교육훈련기관, 관제적성검사기관, 관제교육훈련기관, 정비교육훈련기관의 지정을 받은 자
- 업무정지 기간 중에 해당 업무를 한 자(준용하는 경우 포함)
- 철도사고 및 운행장애의 징후가 발견되거나 발생 위험이 높다고 판단되는 경우에 특별한 사유 없이 열차운행을 중지하지 아니한 자
- 열차운행의 중지를 요청한 철도종사자에게 불이익한 조치를 한 자
- 술을 마셨거나 약물을 사용하였는지 확인 또는 검사에 불응한 자
- 정당한 사유 없이 위해물품을 휴대하거나 적재한 사람
- 철도보호지구에서의 행위 신고를 하지 아니하거나 같은 조 제3항에 따른 명령에 따르지 아니한 자
- 운행 중 비상정지버튼을 누르거나 승강용 출입문을 여는 행위를 한 사람
- 철도안전 자율보고를 한 사람에게 불이익한 조치를 한 자

ⓓ 1년 이하의 징역 또는 1천만 원 이하의 벌금
- 운전면허를 받지 아니하고(운전면허가 취소되거나 그 효력이 정지된 경우 포함) 철도차량을 운전한 사람
- 거짓이나 그 밖의 부정한 방법으로 운전면허를 받은 사람
- 거짓이나 그 밖의 부정한 방법으로 관제자격증명을 받은 사람
- 거짓이나 그 밖의 부정한 방법으로 철도차량정비기술자로 인정받은 사람
- 운전면허증을 다른 사람에게 빌려주거나 빌리거나 이를 알선한 사람
- 실무수습을 이수하지 아니하고 철도차량의 운전업무에 종사한 사람
- 운전면허를 받지 아니하거나(운전면허가 취소되거나 그 효력이 정지된 경우 포함) 실무수습을 이수하지 아니한 사람을 철도차량의 운전업무에 종사하게 한 철도운영자등
- 관제자격증명을 받지 아니하고(관제자격증명이 취소되거나 그 효력이 정지된 경우 포함다) 관제업무에 종사한 사람

- 관제자격증명서를 다른 사람에게 빌려주거나 빌리거나 이를 알선한 사람
- 실무수습을 이수하지 아니하고 관제업무에 종사한 사람
- 관제자격증명을 받지 아니하거나(관제자격증명이 취소되거나 그 효력이 정지된 경우 포함) 실무수습을 이수하지 아니한 사람을 관제업무에 종사하게 한 철도운영자등
- 신체검사와 적성검사를 받지 아니하거나 신체검사와 적성검사에 합격하지 아니하고 업무를 한 사람 및 그로 하여금 그 업무에 종사하게 한 자
- 다음의 어느 하나에 해당하는 사람
  - 다른 사람에게 자기의 성명을 사용하여 철도차량정비 업무를 수행하게 하거나 자신의 철도차량정비경력증을 빌려 준 사람
  - 다른 사람의 성명을 사용하여 철도차량정비 업무를 수행하거나 다른 사람의 철도차량정비경력증을 빌린 사람
  - 위의 행위를 알선한 사람
- 철도교통관제 지시를 따르지 아니한 자
- 설치 목적과 다른 목적으로 영상기록장치를 임의로 조작하거나 다른 곳을 비춘 자 또는 운행기간 외에 영상기록을 한 자
- 영상기록을 목적 외의 용도로 이용하거나 다른 자에게 제공한 자
- 안전성 확보에 필요한 조치를 하지 아니하여 영상기록장치에 기록된 영상정보를 분실 · 도난 · 유출 · 변조 또는 훼손당한 자
- 술을 마시거나 약물을 복용하고 다른 사람에게 위해를 주는 행위를 한 사람
- 거짓이나 부정한 방법으로 철도운행안전관리자 자격을 받은 사람

ⓜ 500만 원 이하의 벌금 : 철도종사자와 여객 등에게 성적 수치심을 일으키는 행위를 한 자

② 형의 가중 및 양벌규정

① 형의 가중〈법 제80조〉

  ㉠ 사형, 무기징역 또는 7년 이상의 징역 : 제78조 제1항의 죄를 지어 사람을 사망에 이르게 한 자

  조문참고 철도안전법 제78조 제1항
    1. 사람이 탑승하여 운행 중인 철도차량에 불을 놓아 소훼(燒燬)한 사람
    2. 사람이 탑승하여 운행 중인 철도차량을 탈선 또는 충돌하게 하거나 파괴한 사람

  ㉡ 그 죄에 규정된 형의 2분의 1까지 가중 : 다음의 죄를 범하여 열차운행에 지장을 준 자
- 폭행 · 협박으로 철도종사자의 직무집행을 방해한 자
- 정당한 사유 없이 위해물품을 휴대하거나 적재한 사람
- 철도보호지구에서의 행위신고를 하지 아니하거나 행위제한명령에 따르지 아니한 자

ⓒ 5년 이하의 징역 또는 5천만 원 이하의 벌금 : 다음의 죄를 범하여 사람을 사상에 이르게 한 자
- 정당한 사유 없이 위해물품을 휴대하거나 적재한 사람
- 철도보호지구에서의 행위신고를 하지 아니하거나 행위제한명령에 따르지 아니한 자

② 양벌규정〈법 제81조〉

ㄱ 벌칙의 위반 : 법인의 대표자나 법인 또는 개인의 대리인, 사용인, 그 밖의 종업원이 그 법인 또는 개인의 업무에 관하여 제79조 제2항, 같은 조 제3항(제16호 제외) 및 제4항(제2호 제외) 또는 제80조(제79조 제3항 제17호의 가중죄를 범한 경우만 해당)의 어느 하나에 해당하는 위반행위를 하면 그 행위자를 벌하는 외에 그 법인 또는 개인에게도 해당 조문의 벌금형을 과(科)한다.

ㄴ 양벌규정적용 예외 : 법인 또는 개인이 그 위반행위를 방지하기 위하여 해당 업무에 관하여 상당한 주의와 감독을 게을리 하지 아니한 경우에는 그러하지 아니하다.

❸ 과태료 및 과태료 규정의 적용 특례

① 과태료〈법 제82조〉

ㄱ 1천만 원 이하의 과태료 부과
- 안전관리체계의 변경승인을 받지 아니하고 안전관리체계를 변경한 자
- 철도안전을 위한 시정조치에 정당한 사유 없이 시정조치 명령에 따르지 아니한 자
- 우수운영자 지정자표시의 시정조치 명령을 따르지 아니한 자
- 운행제한등의 안전조치를 따르지 아니한 자
- 영상기록장치를 설치·운영하지 아니한 자
- 국토교통부장관의 성능인증을 받은 보안검색장비를 사용하지 아니한 자
- 철도종사자의 직무상 지시에 따르지 아니한 사람
- 철도사고등 의무보고 및 철도차량 등에 발생한 고장 등의 보고를 하지 아니하거나 거짓으로 보고한 자
- 국토교통부장관에게 보고를 하지 아니하거나 거짓으로 보고한 자
- 자료제출을 거부, 방해 또는 기피한 자
- 소속 공무원의 출입·검사를 거부, 방해 또는 기피한 자

ㄴ 500만 원 이하의 과태료 부과
- 안전관리체계의 변경신고를 하지 아니하고 안전관리체계를 변경한 자
- 안전교육을 실시하지 아니한 자 또는 직무교육을 실시하지 아니한 자
- 안전교육 실시 여부를 확인하지 아니하거나 안전교육을 실시하도록 조치하지 아니한 철도운영자등
- 철도종사자의 준수사항을 위반한 자
- 위험물취급의 방법, 절차 등을 따르지 아니하고 위험물취급을 한 자(위험물을 철도로 운송한 자 제외)
- 검사를 받지 아니하고 포장 및 용기를 판매 또는 사용한 자

- 자신이 고용하고 있는 종사자가 위험물취급안전교육을 받도록 하지 아니한 위험물취급자
- 여객출입 금지장소에 출입하거나 물건을 여객열차 밖으로 던지는 행위를 한 사람
- 여객열차에서의 금지행위에 관한 사항을 안내하지 아니한 자
- 철도시설(선로제외)에 승낙 없이 출입하거나 통행한 사람
- 철도시설에 유해물 또는 오물을 버리거나 열차운행에 지장을 준 사람
- 보안검색장비의 성능인증을 위한 기준·방법·절차 등을 위반한 인증기관 및 시험기관
- 철도사고등을 제외한 철도사고등이 발생했을 때 보고를 하지 아니하거나 거짓으로 보고한 자

ⓒ 300만 원 이하의 과태료 부과
- 우수운영자로 지정되었음을 나타내는 표시를 하거나 이와 유사한 표시를 한 자
- 운전면허의 취소·정지되었음에도 운전면허증을 반납하지 아니한 사람

ⓔ 100만 원 이하의 과태료 부과
- 업무에 종사하는 동안에 열차 내에서 흡연을 한 사람
- 여객열차에서 흡연을 한 사람
- 선로에 승낙 없이 출입하거나 통행한 사람
- 폭언 또는 고성방가 등 소란을 피우는 행위를 한 사람

ⓜ 50만 원 이하의 과태료 부과
- 시설등의 소유자나 점유자에 조치한 명령을 따르지 아니한 자
- 공중이나 여객에게 위해를 끼치는 행위를 한 사람

② 과태료 부과·징수 및 과태료규정의 적용특례
　ㄱ 과태료 부과·징수 : 대통령령으로 정하는 바에 따라 국토교통부장관 또는 시·도지사가 부과·징수한다.
　ㄴ 과태료규정의 적용특례〈법 제83조〉: 과태료에 관한 규정을 적용할 때 과징금을 부과한 행위에 대해서는 과태료를 부과할 수 없다.

(1) 사람이 탑승하여 운행 중인 철도차량에 불을 놓아 소훼한 사람은 (   ) 이상의 징역에 처한다.

(2) 철도시설 또는 철도차량을 파손하여 철도차량운행에 위험을 초래 한 사람은 (   ) 이하의 벌금에 처한다.

(3) 과실로 사람이 탑승하여 운행 중인 철도차량을 충돌하게 하거나 파괴한 사람은 (   ) 이하의 벌금에 처한다.

(4) 폭행 · 협박으로 철도종사자의 직무집행을 방해한 자는 (   ) 이하의 벌금에 처한다.

(5) 술을 마시거나 약물을 사용한 상태에서 업무를 한 사람은 (   ) 이하의 벌금에 처한다.

(6) 거짓이나 그 밖의 부정한 방법으로 안전관리체계의 승인을 받은 자는 (   ) 이하의 벌금에 처한다.

(7) 다음의 어느 하나에 해당하는 자에게는 (   )를 부과한다.
    ㉠ 영상기록장치를 설치 · 운영하지 아니한 자
    ㉡ 운행제한등의 안전조치를 따르지 아니한 자
    ㉢ 철도종사자의 직무상 지시에 따르지 아니한 사람
    ㉣ 소속 공무원의 출입 · 검사를 거부, 방해 또는 기피한 자

(8) 거짓이나 그 밖의 부정한 방법으로 운전면허를 받은 사람은 (   )이하의 벌금에 처한다.

(9) 철도차량 또는 철도용품의 중지명령에 따르지 아니한 자는 (   ) 이하의 벌금에 처한다.

(10) 여객열차에서 다른 사람을 폭행하여 열차운행에 지장을 초래한 자는 (   ) 이하의 벌금에 처한다.

(11) 정기교육을 받지 않고 업무를 한 사람 및 그로 하여금 그 업무에 종사하게 한 자는 (   ) 이하의 벌금에 처한다.

(12) 철도종사자와 여객 등에게 성적 수치심을 일으키는 행위를 한 자는 (   ) 이하의 벌금에 처한다.

(13) 다음의 어느 하나에 해당하는 자에게는 (   ) 이하의 과태료를 부과한다.
    ㉠ 철도시설에 유해물 또는 오물을 버리거나 열차운행에 지장을 준 사람
    ㉡ 검사를 받지 아니하고 포장 및 용기를 판매 또는 사용한 자

(14) 운전면허의 취소 · 정지되었음에도 운전면허증을 반납하지 아니한 사람은 (   ) 이하의 과태료를 부과한다.

(15) 업무에 종사하는 동안에 열차 내에서 흡연을 한 사람, 선로에 승낙 없이 출입하거나 통행한 사람은 (   ) 이하의 과태료를 부과한다.

정답 및 해설

(1) 무기징역 또는 5년
(2) 10년 이하의 징역 또는 1억원
(3) 1년 이하의 징역 또는 1천만 원
(4) 5년 이하의 징역 또는 5천만 원
(5) 3년 이하의 징역 또는 3천만 원

(6) 2년 이하의 징역 또는 2천만 원
(7) 1천만 원 이하의 과태료
(8) 1년 이하의 징역 또는 1천만 원
(9) 2년 이하의 징역 또는 2천만 원
(10) 3년 이하의 징역 또는 3천만 원

(11) 1년 이하의 징역 또는 1천만 원
(12) 500만 원
(13) 500만 원
(14) 300만 원
(15) 100만 원

1 철도안전법령상 다음에 해당하는 자에 대한 처벌규정으로 옳은 것은?

> 사람이 탑승하여 운행 중인 철도차량을 탈선 또는 충돌하게 하거나 파괴한 사람

① 무기징역 또는 5년 이상의 징역에 처한다.
② 10년 이하의 징역 또는 1억원 이하의 벌금에 처한다.
③ 5년 이하의 징역 또는 5천만 원 이하의 벌금에 처한다.
④ 3년 이하의 징역 또는 3천만 원 이하의 벌금에 처한다.

TIP 벌칙〈철도안전법 제78조 제1항〉… 다음 각 호의 어느 하나에 해당하는 사람은 무기징역 또는 5년 이상의 징역에 처한다.
1. 사람이 탑승하여 운행 중인 철도차량에 불을 놓아 소훼한 사람
2. 사람이 탑승하여 운행 중인 철도차량을 탈선 또는 충돌하게 하거나 파괴한 사람

2 철다음 중 벌칙이 다른 하나는?

① 철도차량 제작자승인을 받지 아니하고 철도차량을 제작한 자
② 여객열차에서 다른 사람을 폭행하여 열차운행에 지장을 초래한 자
③ 폭행 · 협박으로 철도종사자의 직무집행을 방해한 자
④ 개조승인을 받지 아니하고 철도차량을 임의로 개조하여 운행한 자

TIP ③ 폭행 · 협박으로 철도종사자의 직무집행을 방해한 자는 5년 이하의 징역 또는 5천만 원 이하의 벌금에 처한다〈철도안전법 제79조 제1항〉.
①②④ 3년 이하의 징역 또는 3천만 원 이하의 벌금에 처한다〈철도안전법 제79조 제2항〉.

Answer 1.① 2.③

3 다음에 해당하는 자에 대한 벌칙은?

> • 철도용품 제작자승인을 받지 아니하고 철도용품을 제작한 자
> • 술을 마시거나 약물을 사용한 상태에서 업무를 한 사람
> • 운송 금지 위험물의 운송을 위탁하거나 그 위험물을 운송한 자
> • 위험물을 운송한 자
> • 안전관리체계의 승인을 받지 아니하고 철도운영을 하거나 철도시설을 관리한 자

① 5년 이하의 징역 또는 5천만 원 이하의 벌금에 처한다.

② 3년 이하의 징역 또는 3천만 원 이하의 벌금에 처한다.

③ 2년 이하의 징역 또는 2천만 원 이하의 벌금에 처한다.

④ 1년 이하의 징역 또는 1천만 원 이하의 벌금에 처한다.

TIP 3년 이하의 징역 또는 3천만 원 이하의 벌금에 처한다〈철도안전법 제79조 제2항〉.

4 철도안전법령상 "술을 마시거나 약물을 복용하고 다른 사람에게 위해를 주는 행위를 한 사람"에 대한 벌칙으로 옳은 것은?

① 1년 이하의 징역 또는 1천만 원 이하의 벌금에 처한다.

② 2년 이하의 징역 또는 2천만 원 이하의 벌금에 처한다.

③ 3년 이하의 징역 또는 3천만 원 이하의 벌금에 처한다.

④ 5년 이하의 징역 또는 5천만 원 이하의 벌금에 처한다.

TIP 술을 마시거나 약물을 복용하고 다른 사람에게 위해를 주는 행위를 한 사람에 대한 벌칙은 1년 이하의 징역 또는 1천만 원 이하의 벌금에 처한다〈철도안전법 제79조 제4항〉.

5 철도안전법령상 형의 가중에서 포함되는 내용으로 옳지 않은 것은?

① 1천만 원 이하의 과태료를 부과한다.

② 그 죄에 규정된 형의 2분의 1까지 가중한다.

③ 5년 이하의 징역 또는 5천만 원 이하의 벌금에 처한다.

④ 사형, 무기징역 또는 7년 이상의 징역에 처한다.

TIP 형의 가중〈철도안전법 제80조〉
① 사람을 사망에 이르게 한 자는 사형, 무기징역 또는 7년 이상의 징역에 처한다.
② 열차운행에 지장을 준 자는 그 죄에 규정된 형의 2분의 1까지 가중한다.
③ 사람을 사상에 이르게 한 자는 5년 이하의 징역 또는 5천만 원 이하의 벌금에 처한다.

6 다음 위반행위자 중 과태료 부과금액이 다른 한 사람은?

① 폭언 또는 고성방가 등 소란을 피우는 행위를 한 사람

② 여객열차에서의 금지행위에 관한 사항을 안내하지 아니한 자

③ 철도시설에 승낙 없이 출입하거나 통행한 사람

④ 철도시설에 유해물 또는 오물을 버리거나 열차운행에 지장을 준 사람

TIP ① 100만 원 이하의 과태료를 부과한다〈철도안전법 제82조 제4항〉.
②③④ 500만 원 이하의 과태료를 부과한다〈철도안전법 제82조 제2항〉.

7 시·도지사가 시설 등의 소유자에게 다음에 해당하는 조치를 명령했음에도 그 조치명령을 따르지 아니한 자에 대한 과태료를 부과할 수 있는 금액은?

> • 시설 등이 시야에 장애를 주면 그 장애물을 제거할 것
> • 시설 등이 붕괴하여 철도에 위해를 끼치거나 끼칠 우려가 있으면 그 위해를 제거하고 필요하면 방지시설을 할 것
> • 철도에 토사 등이 쌓이거나 쌓일 우려가 있으면 그 토사 등을 제거하거나 방지시설을 할 것

① 500만 원 이하의 과태료

② 300만 원 이하의 과태료

③ 100만 원 이하의 과태료

④ 50만 원 이하의 과태료

TIP 과태료〈철도안전법 제82조 제4항〉 … 다음 각 호의 어느 하나에 해당하는 자에게는 50만 원 이하의 과태료를 부과한다.
1. 조치명령을 따르지 아니한 자
2. 공중이나 여객에게 위해를 끼치는 행위를 한 사람

가볍게! 빠르게! 확인하는 용어사전 시리즈

가볍게! 빠르게! 한눈에 보는
시사용어사전 1228
상식연구소 편저

- 공기업 / 언론사 / 기업체 / 공무원 채용대비에 필요한 시사용어 수록
- 분야별 구성으로 최신ㆍ중요 시사용어 총 1228개 수록
- 자가진단 TEST 및 십자말 풀이, 파트별 점검퀴즈로 이해도와 응용력 강화
- 한눈에 확인할 수 있는 시리즈 상식을 통해 폭넓은 지식 확장

가볍게! 빠르게! 한눈에 보는
경제용어 사전 1050
상식연구소 편저

- 금융권 / 공기업 / 언론사 / 기업체 / 공무원 채용대비에 필요한 경제용어
- 사전식 구성으로 최신ㆍ중요 경제용어 총 1050개 수록
- 자가진단TEST 및 십자말 풀이, 파트별 실력점검 퀴즈로 이해도와 응용력 강화

가볍게! 빠르게! 한눈에 보는
부동산용어 사전 1310
상식연구소 편저

- 2024년 제35회 공인중개사 출제 용어 수록
- 부동산학개론 / 민법 및 민사특별법
  부동산 세법 / 부동산공법 / 중개업법 및 중개실무 / 부동산공시법
- 자가진단TEST 및 십자말 풀이, 파트별 실력점검 퀴즈로 이해도와 응용력 강화

시사용어사전 | 경제용어사전 | 부동산용어사전

시사용어사전 1228

매일 접하는 각종 기사와 정보! 공기업/언론사/기업체/공무원 채용을 준비하는 수험생과
현대인이 꼭 알아야 할 최신 시사상식을 쏙쏙 뽑아 이해하기 쉽도록 영역별로 정리

경제용어사전 1050

주요 경제용어는 거의 다 실었다! 금융권/공기업/언론사/기업체/공무원 채용을 준비하기 전에,
경제 공부를 시작하기 전에 읽어보면 경제가 쉬워지도록 사전식으로 구성

부동산용어사전 1310

부동산에 대한 이해를 높이고 부동산의 개발과 활용, 투자 및 부동산 용어 학습에도
적극적으로 이용할 수 있는 교재, 공인중개사 출제용어도 수록